Lenzen
*Jüdisches Leben und Sterben
im Namen Gottes*

Verena Lenzen

*Jüdisches Leben und Sterben
im Namen Gottes*

Studien über die Heiligung
des göttlichen Namens
(Kiddusch HaSchem)

Piper
München Zürich

ISBN 3-492-03732-1
© R. Piper GmbH & Co. KG, München 1995
Gesetzt aus der Sabon-Antiqua
Satz: Karl Pichler, München
Druck und Bindung: Clausen & Bosse, Leck
Printed in Germany

Inhalt

Schalom Ben-Chorin: Zum Geleit............ 7

Vorwort 9

I VOM WIDERSTAND DES BEGRIFFS
Hermeneutische Bedenken................. 15

II VOM WESEN UND WERDEN DES BEGRIFFS
Im geschichtstheologischen Kaleidoskop...... 21
    Vom Nennen des göttlichen Namens zur Nennung
    der Namenlosen......................... 21
    Vom Heiligen zur Heiligung................ 34
    Vom Opfer zum Selbstopfer oder Gewaltopfer..... 49
    Vom Blutzeugnis zum Lebenszeugnis........... 87

III VON DER KRISE DES BEGRIFFS
Im Schatten der Schoah................... 111
    Sprache und Schweigen.................... 111
    Zwischen Theodizee und Anthropodizee........ 130
    Von Kiddusch HaSchem zu Kiddusch HaChayim.. 150
    Ethik der Erinnerung 175

IV VON DER BOTSCHAFT DES BEGRIFFS
Moraltheologische Gedanken.............. 203

Anmerkungen 209

Literatur................................ 259

Zum Geleit

Der Begriff »Kiddusch HaSchem«, Heiligung des göttlichen Namens, gehört zum Zentrum des jüdischen Selbstverständnisses, denn Israel als das Volk der Erwählung soll durch seine Existenz den Namen Gottes heiligen.

Im Laufe der Entwicklung wurde dieser Begriff mehr und mehr eingeschränkt im Sinne des Martyriums zur Weihe oder Heiligung des göttlichen Namens. Die Anfänge dieser Interpretation reichen in die Zeit des makkabäischen Aufstandes zurück, wo uns am Martyrium des greisen Eleasar und der sieben Söhne der Hannah der Begriff des Martyriums an geschichtlichen Beispielen erläutert wird. Als Höhepunkt solcher Martyrologie galt die Verfolgung unter Kaiser Hadrian um 135 n. Chr., der auch Rabbi Akiba zum Opfer gefallen ist.

Der Begriff des Martyriums hat in unserer Zeit durch den Holocaust tragische Aktualität gewonnen, wobei allerdings zu bemerken ist, daß Hitler den Juden selbst noch die Würde und Weihe des Martyriums genommen hat. Opfer der Kreuzzüge oder der Inquisition waren vor die Wahl gestellt, den Tod in der Treue zum Glauben ihrer Väter zu wählen oder zu Kreuze zu kriechen und die Taufe zu nehmen.

In Auschwitz gab es diese Alternative nicht. Eine katholische Nonne wie Edith Stein wurde wegen ihrer jüdischen Abstammung genau so vergast wie Millionen anderer Juden. Nicht der Glaube, sondern die ethnische Herkunft besiegelte das Urteil.

Verena Lenzen durchbricht die Einschränkung des Begriffes »Kiddusch HaSchem« auf das Martyrium und führt die Vorstellung zurück in die Zeit der Erzväter am Beispiel der Bindung Isaaks auf dem Berge Morijah. Damit gewinnt der Begriff eine Erweiterung und Vertiefung, die seiner Zentralität gerecht wird.

Die katholische Moraltheologin Verena Lenzen ist tief in den Geist des Judentums eingedrungen, und ich bin ihr durch mannigfache Zusammenarbeit verbunden. Wir haben gemeinsam 1988 eine Anthologie »Jüdische Theologie im 20. Jahrhundert« herausgegeben, die beweist, wie die Verfasserin der vorliegenden

Studie das Phänomen erfaßte. Verena Lenzen hat auch den zweiten Band meiner »Theologia Judaica« (1992) gegliedert und herausgegeben, ebenso meine Sammlung »Begegnungen. Porträts bekannter und verkannter Zeitgenossen« (1991).

In eigenen Arbeiten hat sie sich mit dem Problem der Selbsttötung mehrfach auseinandergesetzt, und dieser Begriff ist vom Thema der vorliegenden Studie nicht zu trennen.

So ausgerüstet wendet sich die Verfasserin nun einem Zentralbegriff des Judentums zu und vermag aus der Perspektive ihrer eigenen christlichen Glaubenswelt ein Phänomen des Judentums zu deuten.

Es ist selten, daß christliche Theologen sich so kenntnisreich und einfühlsam in das Judentum einleben, das für allzuviele ein »unbekanntes Heiligtum« bleibt.

Mit der vorliegenden Arbeit ist so ein wesentlicher Beitrag zum christlich-jüdischen Dialog entstanden, den das Zweite Vatikanische Konzil in der Erklärung »Nostra aetate« als eine Aufgabe der Kirche in unserer Zeit erwähnt.

Jerusalem, im Frühjahr 1993   Schalom Ben-Chorin

Vorwort

> »Denn man wählt seine Stoffe nicht,
> sie drängen sich einem auf.«
> GUSTAVE FLAUBERT

In einem Alter, da andere Kinder davon träumen, Lokomotivführer oder Lottofee zu sein, beschloß ich schlicht und unbescheiden, eine Heilige zu werden. Ich weiß auch nicht mehr so recht, was mich zu diesem beruflichen Höhenflug anspornte; vielleicht erhoffte ich mir in kindlicher Raffinesse eine stille Allianz mit dem Christkind und dem Weihnachtsmann. Vielleicht war es aber auch die Sehnsucht nach dem Heiligen und der Sinn für das Numinose, das Mysterium des Göttlichen, das Kinder tiefer als Erwachsene hegen und hüten. Das Heilige duftete nach Weihrauch, es leuchtete in den Farben bunter Glasfenster, glänzte im Gold der Reliquiare, hüllte sich in festliche Gewänder, flüsterte geheimnisvoll im Beichtstuhl und feierte im ewigen Rhythmus der Feste, jener zyklischen, mythischen Zeit des Sakralen. Das Heilige besaß alle Attribute, die einem gedankenvollen Kind gefallen mochten, und so gefiel es mir.

Dann die Heiligen. Sie übertrafen alle Schöpfungen meiner Phantasie: Da war Katharina im Sternenkleid, die heilige Barbara mit einem Blitz in der Hand, die zarte Margaretha, die von einem ungeheuerlichen Drachen verschlungen, den Leib dieses Teufels wie Glas zerspringen ließ, da waren die wunderbaren Zwillinge Kosmas und Damian, die dem kalkweißen Kranken ein Mohrenbein verpflanzten. Ich war gefesselt von dieser wundertätigen Welt der Heiligen und lauschte die Legenden ab, welche Himmelsleiter mich zu ihnen führte.

Bis eines Tages, ich erinnere mich fotografisch an diesen Augenblick, der Religionslehrer feststellte, alle Menschen seien heilig. Mein heiliger Eifer erlahmte. Warum sich abmühen, wenn man es ohnehin schon war und wenn es obendrein noch alle waren! So stieß ich bereits als Kind auf jene Differenz, welche die gelehrte Wissenschaft mir später in klaren Begrifflichkeiten vermittelte: Es war die Unterscheidung von objektiver Heiligkeit im analogen Sinn und subjektiver Heiligkeit im ethischen Sinn. Ob es nun als Erfüllung oder Scheitern meines kindlichen Berufswunsches zu deuten ist, daß ich letztendlich Moraltheologin wurde, sei dem gewogenen Urteil anderer überlassen.

Der anekdotische Auftakt meines Vorworts soll lediglich die Ahnung, die Vermutung unterstreichen, daß wir unseren eigentlichen Themen, den literarischen wie wissenschaftlichen, schon sehr früh begegnen, und so sei erzählend, erinnernd der erste Schritt zur Entdeckung eines Themas beschrieben, das von der Welt des *Heiligen* bis zum Phänomen des *Martyriums* reicht und esoterischer klingt, als es ist: *Kiddusch HaSchem – die Heiligung des göttlichen Namens*.

In weiten Teilen zeigt sich der Begriff und das Phänomen des Kiddusch HaSchem als Synonym des *Martyriums* im Judentum, und in dieser Bedeutung erwähnte ich den Zeugentod »al Kiddusch HaSchem« bereits in meiner Dissertation über *Selbsttötung* (Düsseldorf 1987), die auch das Problem einer Grenzziehung zwischen Suizid und Martyrium berührte. Ich spürte die Notwendigkeit, das Verhältnis zwischen diesen – in objektiver Formulierung – verwandten und fernen »Formen der Hingabe des Lebens und der Annahme des Todes« klarer zu fassen. Zwischen beiden Phänomenen zeigten sich psychodynamisch und geschichtlich oft fließende Grenzen, während sie theologisch eine scheinbar unüberbrückbare Schlucht schied.

Nach meiner Promotion führte ich im Rahmen des Postdoktorandenprogramms der Deutschen Forschungsgemeinschaft ein dreijähriges Forschungsprojekt über *Jüdische Ethik* durch; ich bearbeitete es vorwiegend in Israel und den USA, an den Universitäten von Jerusalem und Tel Aviv, am Hebrew Union College/Jewish Institute of Religion in Cincinnati, Ohio, der amerikanischen Lehrstätte des Reformjudentums. In dieser Zeit veröffentlichte ich gemeinsam mit Professor DDr. Schalom Ben-Chorin eine Anthologie über *Jüdische Theologie im 20. Jahrhundert* (München 1988), die einen Beitrag mit dem Titel *Heiligung des göttlichen Namens (Kiddusch Haschem)* enthielt, verfaßt im Jahre 1913 von dem jüdischen Religionsphilosophen Hugo Bergmann (ebd. S. 161–171). Dieser Artikel war ebenso geistreich wie spekulativ, er ließ mich gedanklich nicht mehr los und schien mir schließlich, nachdem ich lange genug über den Ozean der jüdischen Ethik geirrt war, der Rettungsring zu sein, der Schiffbrüchige über Wasser hält und sogar an Land treibt: Es war die Idee des Kiddusch HaSchem als Sinnmitte jüdischer Ethik, Religion und Geschichte.

Der Schlüsselbegriff des Kiddusch HaSchem öffnete wie der Blick durch ein Schlüsselloch in den Konturen dieses Ausschnitts den weiten Raum jüdischer Religionsgeschichte.

In Cincinnati besprach ich meine Idee und erste Skizze mit Professor DDr. Jakob J. Petuchowski (1925–1991), der mich zur Ausführung des Konzepts ermutigte, und so ergab sich fast nahtlos der Gegenstand meiner Habilitationsschrift, welche die Deutsche Forschungsgemeinschaft durch ein Habilitationsstipendium seit April 1990 unterstützte.

Faszinierend ist die Vielschichtigkeit dieses Themas: Es streift Ethik, Liturgie, Religion und Theologie, Geschichte wie Literatur, es berührt fast alle großen Fragen unseres kleinen Erdendaseins: die Frage nach Gott und seinem Geschöpf, nach dem Heiligen und dem Profanen, nach Leben und Sterben im Antlitz Gottes, nach Sprache und Schweigen.

Und es handelt auch vom *Namen* und von Namen.

Namen der Geistesgeschichte und der Wissenschaften werden genannt, denen wir viele wichtige und wertvolle Gedanken verdanken.

Wie in jüdischen Jiskor-Büchern, welche trauernd und gedenkend die Namen der Toten verzeichnen, wird auf vielen Seiten dieser Schrift an die jüdischen Opfer der Geschichte erinnert, namentlich wie namenlos.

Und es wird, unerläßlich für jede Abhandlung über Kiddusch HaSchem, vom unaussprechlichen göttlichen Namen gesprochen, HaSchem, dem Namen schlechthin, der sich der akustischen Sphäre und dem Raum unserer Vorstellungen letztlich entzieht. Nach kabbalistischer Sprachtheorie bildet sich die Welt erst durch das Wirken und Auswirken des Urnamens, und daher hat das Unbenannte in dieser Welt kein Dasein.

Über die wissenschaftliche Diskussion jüdischer Namenstheologie hinaus erhellt sich die Tiefe und Bedeutung von Namen, die eben nicht nur »Schall und Rauch« sind.

In diesem Bewußtsein nenne ich abschließend einige Namen, denen ich mich in tiefer Dankbarkeit verbunden weiß. Ihnen allen wohnt etwas von der Kraft inne, die *der Name* besaß, den Rabbi Löw einst dem Golem belebend auf die Stirn schrieb, denn löschte er ihn, zerfiel der Homunkulus aus Lehm zu Asche.

Mein Dank gilt der Deutschen Forschungsgemeinschaft, der jene Funktion und Wichtigkeit für meine Arbeit zufällt, welche ein Fundament für ein Haus besitzt, die tragende.

Der Katholisch-Theologischen Fakultät der Rheinischen Friedrich-Wilhelms-Universität Bonn, besonders Prof. Dr. Gerhard Höver und Prof. Dr. Frank-Lothar Hossfeld, danke ich für die Unterstützung meines Habilitationsvorhabens und die Erteilung von Lehraufträgen in den Semestern 1990 bis 1993. Denn schließlich: »*Jedes* Bewußtsein ist eo ipso Minderungs- und mithin Minderwertigkeitsbewußtsein« und bedarf daher aktiver Kompensationen; was einer erkannte, der leider nie die gebührende Anerkennung erfuhr, Theodor Lessing (*Geschichte als Sinngebung des Sinnlosen,* Hamburg 1962, S. 156).

Dum docent, discunt: Die Studenten und Studentinnen, die an meinen Seminaren teilnahmen, haben mir nicht nur viele Anregungen, sondern vor allem Freude vermittelt, die Freude an der Lehre im Sinne des dialogisch wachsenden Wissens.

Nach Jerusalem schicke ich ein herzliches *todah rabbah* (»danke schön«) an Avital und Professor DDr. Schalom Ben-Chorin, mit denen ich über viele gute Gespräche, Besuche und Briefe hinaus im Herzen tief verbunden bin.

Der große alte Mann Israels, Professor DDr. Jeshajahu Leibowitz (1903–1994), hat mir mit seinem strengen Verstand und seiner scharfzüngigen Sprache kostbare Orientierungen vermittelt.

Auch meinen Bücherfreund Ernst Laske in Tel Aviv muß ich hier erwähnen, bevor ich diese Reise in die Bücherwelt antrete.

Professor Dr. Beat Zuber, der ungekrönte König der hebräischen Grammatik, half mir, so manches hebraistische Rätsel zu lösen, und überdies brachte er mir während seines franziskanischen Lebens im Heiligen Grab zu Jerusalem das Wesen des Heiligen näher als es gelehrte Lexikonartikel stapelweise vermögen.

Seit meiner ersten Veröffentlichung gilt mir Professor Dr. Bernhard Neumann SAC als *Lebendiges Zeugnis* der Offenheit und Beständigkeit.

Trotz der ewigen Unfertigkeit des Gedachten liegt diese Schrift nun reprofertig vor, was ich dem Lektor meines ersten Buches, Dr. Karl Pichler, verdanke, der auch der Redaktor meines hoffentlich nicht letzten Buchprojektes war.

Schreiben ist immer eine Robinsonade, und so lernt man schreibend besonders den Wert menschlicher Zuneigung und treuer Freundschaft zu schätzen. Daher danke ich meiner Familie und allen meinen Freunden und Freundinnen, deren Namen in meinem Herzen stehen. Dort sind auch die Urnamen meines Lebens eingraviert, die jeder Mensch als erste artikulieren lernt: meine Mutter und mein verstorbener Vater.

Diese Schrift widme ich dem Andenken jenes Namens, dem ich viel verdanke: meinem Doktorvater, Professor DDr. Franz Böckle, der am 8. Juli 1991 verstarb. Er ermutigte und bestärkte mich, so zu denken, so zu schreiben, wie ich bin.

Tel Aviv und Schevenhütte 1994/95   Verena Lenzen

I

Vom Widerstand des Begriffs
Hermeneutische Bedenken

>»Es ist gleich tödlich für den Geist,
>ein System zu haben, und keins zu haben.
>Er wird sich also wohl entschließen müssen,
>beides zu verbinden.«
>FRIEDRICH SCHLEGEL

Jedes Unterfangen, über das Judentum zu schreiben, muß von einer grundlegenden interpretativen Schwierigkeit, Fragwürdigkeit und Fragilität ausgehen: Judentum entzieht sich in seinem geschichtlichen Wandel, seiner geographischen Streuung, kulturellen Mehrsträngigkeit und religiösen Vielschichtigkeit jeder starren Definition, und wenn es überhaupt durch bestimmte Attribute zu charakterisieren ist, dann nur durch solche, deren Wesenheit selbst Komplexität und Dynamik umfaßt. In diesem Sinne können zwei zentrale Phänomene herausgestellt werden, die Glauben und Praxis des Judentums kennzeichnen: »Pluralismus und Evolution«[1].

Dieser ruhelosen Optik verpflichtet sich eine religionsgeschichtliche und theologische Annäherung an das Judentum, das »zu keiner Zeit eine monolithische Religion mit einem geschlossenen System von Normen«[2] war.

Der deutsch-jüdische Philosoph Hermann Cohen verwarf sogar die Anwendung des Systembegriffs auf die Religion als »eine methodische Verirrung«[3]. In seiner vernichtenden Kritik an Moritz Lazarus' *Ethik des Judenthums*[4], die den Anspruch einer ersten systematisch-wissenschaftlichen Darbietung jüdischer Ethik erhob, entlarvte er die methodische Naivität, jüdische Ethik und Religionsphilosophie apologetisch in der systematischen, szientifischen Manier christlicher Sittenlehre und Theologie zu deuten.

Die christliche Morallehre hat sich in ihrem spezifisch methodischen und systematischen Profil vor allem in der Patristik und Scholastik ausgebildet, und dieses geistige Erbe und Traditionsgut charakterisiert die christliche Ethik ebenso grundlegend wie fortdauernd.[5] Eine christlich moraltheologische Methodik kann daher nicht unreflektiert einem Thema der jüdischen Ethik, Religion und Geschichte aufoktroyiert werden. In der Moraltheologie, die systematischen Denkformen verschrieben ist, eine Studie vorzulegen, deren Sujet einen systematischen Zugriff in Frage stellt, wächst somit zur hermeneutischen Herausforderung.

Zwar verweist der Synonym-Duden unter dem Stichwort »Systematik« schlankweg auf die sinnverwandte Sparte »Theologie«, doch ist sich gerade die moderne Moraltheologie der Grenzen des Systemdenkens kritisch bewußt, denn Gehalt und Botschaft christlicher Ethik stehen immer in unlösbarer Spannung zum menschlichen Begreifen und damit zu sachlichen Begriffen. Die göttliche Offenbarungsweisheit, das heilsgeschichtliche Wirken Gottes am Menschen und mit dem Menschen ist nicht mit rein rationalen Denkmitteln zu rekonstruieren. Ebensowenig läßt sich das sittliche Leben in das Prokrustesbett einer normativen Systembildung zwingen. Die gebotene Offenheit moraltheologischer Systematik gründet geradezu in der Achtung der Lebendigkeit des Lebens: »Weil in der christlichen Lebensgestaltung echte Freiheit und großer Reichtum der Entwicklung herrscht, muß der gedankliche Bau einer theologischen Ethik bei aller inneren, die Mannigfaltigkeit der Teile verbindenden Einheit und bei aller erstrebten Totalität der vielen Einzelmomente stets ungeschlossen bleiben.«[6] Das menschliche Leben in seiner schöpferischen Vielfalt, Fülle und Freiheit läßt sich nicht schematisieren. Diese Erkenntnis ist keineswegs exklusiv christlich. Leben verlangt in seinen tieferen, emotionalen und irrationalen Schichten die lebensphilosophischen Zugangsweisen des Verstehens und der Intuition. Mit Diltheys Worten: »Leben kann nicht vor den Richterstuhl der Vernunft gebracht werden«[7], und so läßt sich das Leben auch nicht peripher einfangen und zu rationalistisch-gegenständlichen Begrifflichkeiten destillieren.

Die Heiligung des göttlichen Namens ist ein Schlüsselbegriff des Judentums und doch mehr als eine abstrakte Begriffsbildung, was mir eine Begegnung in Israel blitzhaft vergegenwärtigte: Als mich einmal ein orthodoxer Rabbiner nach dem Thema meiner Forschung fragte und ich erklärte, eine Studie über den Begriff Kiddusch HaSchem schreiben zu wollen, antwortete er schmunzelnd: »Aber Kiddusch HaSchem ist kein Begriff. Kiddusch HaSchem ist das ganze Leben!«

An einer Darstellung des Judentums im allgemeinen wie der Geschichte des Kiddusch HaSchem im besonderen scheitert jeder Versuch einer totalen Beherrschung des Themas.

Die Blindheit der großen Ordnungsschau – nach Arnold Gehlens Diktum »Übersicht gewinnt nur, wer vieles übersieht« – gerät zum Zynismus angesichts eines Themas, das weitgehend in der Leidensgeschichte des Judentums angesiedelt ist. »Es ist immer der Schmerz der anderen, den die großen Blicke der Theorie auf den ›Kosmos‹ einkassieren«, erkennt Peter Sloterdijk in seiner Phänomenologie des »Wissenszynismus«[8]. Eine rein systematische, theoretische Abhandlung über das Martyrium al Kiddusch HaSchem hieße, das Leiden und Sterben menschlicher Individuen aus der Vogelperspektive, im Maßstab der Ferne, Verkleinerung und Verniedlichung, überschauen zu wollen.

Das Konzept des Kiddusch HaSchem, der Heiligung des göttlichen Namens, zeigt sich beständig und doch wandlungsfähig in der bewegten und unwegsamen Geschichte des Judentums. Kiddusch HaSchem zieht sich als Phänomen und Begriff wie ein roter Faden durch die israelitische, jüdische und israelische Geschichte, ein oft blutroter Faden. Die Heiligung des göttlichen Namens ist Glaubenszeugnis im Lebenszeugnis, Blutzeugnis oder Wortzeugnis.

Es ist Provokation genug, eine pluralistische Größe wie das Judentum durch einen einzigen Begriff erschließen zu wollen; doch Kiddusch HaSchem erweist sich als begriffliche Sonde, welche die weitesten Zeiträume jüdischer Geschichte auszuloten und auszuleuchten vermag und »enthält somit auch in nuce eine Erklärung der Geschichte des Judentums«[9].

Der gerade Weg, eine *Geschichte* des Kiddusch HaSchem vom Makkabäeraufstand bis zur Schoah zu schreiben, wäre der kürzere und glattere gewesen, aber er hätte an der eigentlichen hermeneutischen Herausforderung des Themas vorbeigeführt, der metamorphen Eigenart des Begriffs Kiddusch HaSchem, seiner geradezu invasiven Durchdringung des gesamten jüdischen Lebens und Glaubens. Eine geschichtschronologische Darstellung der Heiligung des Namens wäre letztlich in jener Einbahnstraße geendet, die den Begriff zum Synonym des Martyriums und somit jüdische Geschichte zur Leidensgeschichte verengt. Daß diese Einspurigkeit vermieden werden soll, signalisiert schon der Titel meiner Studien über die Heiligung des Namens: *Jüdisches Leben und Sterben im Namen Gottes.*

Eine historisch-chronologische Deutung des Kiddusch HaSchem hätte zwangsläufig eine judentumsgeschichtliche Darstellung begründet, die zu Recht die Frage aufgeworfen hätte, warum diese Schrift in der Theologischen Ethik beheimatet sei. Indem die Thematik der Heiligung des Namens systematisch und synchron aufgeschlüsselt wird, bekennt sich die Interpretation – mit der eingangs begründeten Skepsis – schließlich doch zu einer systematischen Beschreibung der Thematik und entschließt sich so, beides zu verbinden: Systematik und kein System.

Der Gedankengang wird spiralförmig in verschiedenen Themenkreisen entfaltet, die einen entwicklungsgeschichtlichen Bogen beschreiben. »Forschung vollzieht sich – wie manche andere Erscheinungsform menschlicher Kultur – in Wellenform oder als Bewegung zwischen Extremen.«[10] Die Spannweite und die Pole der jeweiligen Problematik werden in den Titeln der verschiedenen Kapitel markiert. Die einzelnen Studien, die die offene Abgeschlossenheit und Eigenständigkeit des wissenschaftlichen Essays besitzen, skizzieren die wesentlichen Themen in ihrem Assoziationsraum und ihrer Ausrichtung auf die Leitidee des Kiddusch HaSchem.

Die Hauptbestandteile der Begrifflichkeit – der Name, das Heilige und das Opfer – werden in ihrem inneren Gefälle zum Phänomen und Begriff des Kiddusch HaSchem wahrgenommen, der sich erst in rabbinischer Zeit als terminus technicus ausbildete.

Die Krise des Begriffs im Schatten der Schoah bricht in den Reflexionen über Sprache, Glauben und Leben *nach* Auschwitz durch. Es sind Essays im Sinne des Versuchs, Zugänge zum Unzugänglichen zu wagen.

Schon Montaignes Essays fordern zu einer ethischen Entscheidung auf; in diesem Sinne sprach Jean Starobinski einmal von der »Ethik des Essays«[11]. Meine essayistische Annäherung an die jüdische Lehre des Kiddusch HaSchem mündet in eine *Ethik der Erinnerung*. Erinnerung ist, mehr als nur ein Thema, Charakter und Ziel der gesamten Schrift.

Wie ein Kaleidoskop erzeugen diese Studien in einzelnen Motivsplittern ein Bild des Kiddusch HaSchem, ein Bild, das je nach Lage und Überlagerung der gedanklichen Fragmente wandelbar bleibt. In verschiedenen Motivkreisen werden thematische Facetten beschrieben, die sich im irisierenden Begriff des Kiddusch HaSchem kombinieren lassen.

Das Paradox, einen Schlüsselbegriff, der keine Fiktion, sondern eine reale Größe ist, zu umkreisen, ist nur in einer sprachlichen Form möglich, die demselben hermeneutischen Paradox entspringt, und das ist der Essay. Der Poet und Philosoph Max Bense charakterisierte den Essayisten als einen »Kombinatoriker, ein(en) unermüdliche(n) Erzeuger von Konfigurationen um einen bestimmten Gegenstand«[12]: »Essayistisch schreibt, wer experimentierend verfaßt, wer also seinen Gegenstand hin und her wälzt, befragt, betastet, prüft, durchreflektiert, wer von verschiedenen Weisen auf ihn losgeht und in seinem Geistesblick sammelt, was er sieht und verwortet, was der Gegenstand unter den im Schreiben geschaffenen Bedingungen sehen läßt.«[13] Das essayistische Verfahren flicht die einzelnen Motivstränge und Gedankengänge nicht einsinnig und linear losgelöst, sondern verknüpft die verschiedenen Momente teppichhaft. Auf diese Weise werden die drei grundlegenden Bedeutungsdimensionen von Kiddusch HaSchem, die kultisch-liturgische, die ethische und martyriale, nicht segmental, sondern symbiotisch gedacht und vermittelt.

Der Essay ist im Sinne Adornos die erkenntnistheoretische Form par excellence, die sich gegen das Ideal der clara et distincta perceptio und der zweifelsfreien Gewißheit sträubt und sich jeder identitätsphilosophischen Naivität verweigert, welche den Gegenstand lückenlos vollständig zu deduzieren denkt. Brüchig und diskontinuierlich, experimentell und ketzerisch wie das Leben, widersetzt sich der Essay dem Größenwahnsinn eines wissenschaftlichen Totalitätsstrebens[14]; »ironisch fügt er sich in diese ewige Kleinheit der tiefsten Gedankenarbeit dem Leben gegenüber und mit ironischer Bescheidenheit unterstreicht er sie noch«[15]. So vereinigt der Essay in sich jene Mischung von Mut und Demut, die interpretierend einen Begriff näherbringt, der sich dem definierenden Zugriff letztlich entzieht.

Der Essay hat den Sinn bewahrt für das Fragmentarische unseres Wissens, das Konstrukt und das Konstruktive unseres Denkens, das Experimentelle unseres Schreibens, das Sprachlose unserer Sprache. Als literarische Form bekundet er, daß Sprache aus dem Schweigen kommt und ins Schweigen mündet, und da in weiten Teilen einer Begriffsgeschichte von Kiddusch HaSchem *als* Geschichte des Leidens und der Opfer die Sprache verstummt, erweist er sich als sensibles Sprachinstrument.

Zugleich eignet ihm ein narrativer Charakter, der nicht systematisch, dogmatisch oder monologisch doziert, sondern erzählt – ob der Transzendenz des Erzählten und nicht um des Erzählens willen –, worin Jakob Wassermann gerade die Eigenart des jüdischen Erzählens im Gegensatz zu deutschen Erzählungen entdeckte.[16]

All diese Wesenszüge des Essays, das Fragmentarische, Akzentuierende, das Schweigsame und Erzählerische, erreichen vielleicht den oszillierenden Begriff des Kiddusch HaSchem, der sich als Sinnmitte des jüdischen Lebens und Sterbens, der jüdischen Ethik, Religion und Geschichte herauskristallisiert.

Der Essay bekennt sich zur Vorläufigkeit und zum Ausschnitthaften unserer Erkenntnis und Sprache, und allein dieses Bewußtsein rechtfertigt unsere Versuche der Welterklärung und der Gotteslehre. Offen, kritisch und aufklärerisch, eignet ihm die Kühnheit, das unsagbar Gemeinte erklären zu wollen, ohne es vorlaut erklären zu können. Mit einem Wort von Helmut Heißenbüttel, in der Tonart des *Tractatus logico-philosophicus*: »Die Unauflösbarkeit des Offenbleibenden ist so unendlich wie seine mögliche Aufklärbarkeit.«[17] Unter dieser Prämisse nähern wir uns der jüdischen Leitidee des Kiddusch HaSchem, einem planvoll gebildeten Begriff im offenbleibenden Leben.

II

Vom Wesen und Werden des Begriffs
Im geschichtstheologischen Kaleidoskop

Vom Nennen des göttlichen Namens zur Nennung der Namenlosen

> »KEIN NAME, der nennte:
> sein Gleichlaut
> knotet uns unters
> steifzusingende
> Hellzelt.«
> PAUL CELAN

Im Jahre 1662 zählte Buxtorf in seiner Dissertation *De Nominibus Dei Hebraicis*, Hieronymus folgend, 10 Gottesnamen.[1] Schon Luther bezog sich in seiner Schrift *Vom Schem Hamphoras und vom Geschlecht Christi* (1543) auf Hieronymus' *De decem Nominibus Dei* und wandte unwirsch ein: »Ich halte nichts davon. Es sind wol mehr Gottes Namen jnn der Schrifft, denn diese (...).«[2]

Andernorts wurde Luthers Schätzung belegt: Für das rabbinische Judentum wies Arthur Marmorstein 91 Synonyme für Gott nach.[3] Petrus Galantinus, der Beichtvater von Leo X., gab 1518 genau 720 Namen Gottes an, die er aus den 10 Modi der 72 Namen des nach haggadischer Tradition 72buchstabigen Gottesnamens[4] gewann.[5] Der Midrasch *Numeri Rabbah* kennt 70 Gottesnamen biblischen Ursprungs.[6] Das *3. Henochbuch* erwähnt 92 göttliche Namen.[7] Der *Zohar* betrachtet die ganze Torah als Komposition von Gottes Namen.[8]

Wie die rabbinische Tradition zwischen dem Namen und den Benennungen Gottes unterscheidet, grenzt die jüdische wie christliche Religionsphilosophie den Namen JHWH, der einzig das Wesen Gottes ausdrückt, von den übrigen Namen ab, die nur von diesem einen Namen abgeleitet sind und Gottes Attribute bezeichnen.[9]

Da der eine Gott namenlos ist, gibt es für *Ihn* so viele Benennungen. Sie lassen sich statistisch auflisten[10]: Die gebräuchlichste Benennung *Elohim/Eloah* taucht 2570mal in der Hebräischen Bibel auf; *El*, die älteste gemein-semitische Benennung, bezeichnet 217mal den Gott Israels oder andere Götter; *Schaddai* wird im TeNaK 48mal erwähnt und selbst von Heinrich Heine als »Barmherziger Gott Schaddey!«[11] angerufen. Das Tetragramm *JHWH* erscheint alttestamentlich 6823mal.[12]

Wird Gott in der Hebräischen Bibel als *Name (Schem)* bezeichnet, ist der Name *JHWH* gemeint.[13] Gerade das deutliche Aussprechen des Namens JHWH spielte alttestamentlich in bestimmten Situationen eine wichtige Rolle; daher empfiehlt Leopold Löw, die geläufige Übersetzung von *BeSchem: im Namen Gottes* durch die Übertragung *mit Nennung des Namens* zu ersetzen.[14] Nach Gerhard von Rads Einschätzung nahm der Anruf des Namens JHWH »theologisch die Stelle ein, an der sich in anderen Kulten das Kultbild befindet«[15]. Zwar kennt die Hebräische Bibel keinen magischen Begriff vom Namen Gottes wie die jüdische Mystik, doch ist die Horeb-Theophanie (Ex 3), die Offenbarung des göttlichen Namens JHWH am Dornbusch, von fast beschwörender Emphase. Den Namen umgibt die Aura des Heiligen und Unantastbaren.[16] Heiligkeit als ausdrückliches Attribut wird dem Namen vor allem bei Ezechiel und den Psalmen zugeschrieben.[17]

HaSchem ist biblisch nie Anrede, sondern vorzüglich Selbstbezeichnung JHWHs, verbunden mit der mahnenden Klage über die *Entweihung des Namens (Chillul HaSchem)* oder der Ankündigung bzw. Aufforderung zur *Heiligung des Namens (Kiddusch HaSchem)*[18] im Sinne der kultischen Segnung.[19]

Nach Gershom Scholems Datierung ist das Tetragramm JHWH spätestens seit dem 2. Jahrhundert n. Z.[20] unaussprechbar und wird mit dem paradox anmutenden Begriff *Schem HaMeforasch* bezeichnet; das Partizip Puʻal *meforasch* bedeutet sowohl *ausdrücklich erklärt, ausgesprochen* als auch *abgesondert, verborgen*. Diese doppelte Konnotation des Terminus, der ausdrückliche und der verborgene Name, versteht Gershom Scholem als »Paradox der religiösen Terminologie«[21], während Friedrich Niewöhner die beiden Übersetzungen von *Schem Ha-Meforasch* zu versöhnen weiß. Der ausdrückliche Name verweist auf die erklärte Selbstoffenbarung Gottes unter dem Namen JHWH, woraus das Verfahren der Tradition, den Namen nicht auszusprechen, folgt: »Gerade weil Gott sich selbst unter diesem Namen Jhwh Moses offenbart hat, konnte dieser Name als der deutlich ausgesprochene, von anderen Gottesnamen abgesonderte und so besondere, besonders verehrt werden, durfte er nicht entweiht werden.«[22]

Die zweite Bedeutung vom *geheimen* Gottesnamen, ob Konsequenz oder Widerspruch der anderen Sinnhälfte, behauptete sich und wurde zum Kernstück der kabbalistischen Sprachtheorie, die auf den biblischen Text projiziert wurde und insofern zur Wirkungsgeschichte der Bibel gehört.[23]

Die verschiedenen Benennungen Gottes bringen, wie die Etymologie dieser biblischen Namen bedeutet, eine bestimmte Aktivität Gottes zum Ausdruck, während der *eine* Name sein Wesen als Agens der Schöpfung benennt.[24]

Diese Tradition vom Namen als Schöpfungsprinzip ist bereits in einer apokryphen Schrift angelegt, wenn im *Jubiläenbuch 36,7* der sterbende Isaak seine Söhne durch den höchsten Schwur auf den göttlichen Namen zum Gottesdienst verpflichtet: »Jetzt aber beschwöre ich euch mit einem großen Schwur – / es gibt ja keinen größern Schwur als diesen – / bei dem gelobten, geehrten, großen, glänzenden, / wunderbaren und mächtigen Namen, / der den Himmel und die Erde / und alles andere zusammen erschaffen hat, daß ihr Ihn fürchtet und Ihm dienet (...).«[25]

Wenn sich die rabbinische Tradition auch grundsätzlich gegen den Einfluß ägyptischer Magie und den theurgischen Gebrauch des Namens wandte, verbreitete sich die Praxis doch im jüdischen Volk.[26]

Im *Babylonischen Talmud, Makkoth 11a*, wird die okkulte Kraft des Gottesnamens angedeutet: Als aus den Abflußkanälen des Altars das Meer hervorquoll, empfahl Ahitophel dem David, den Gottesnamen auf einen Fetzen zu schreiben und ins Meer zu werfen; da wich das Meer zurück.

In der kabbalistischen Sprachtheorie entfaltet sich schließlich jenes Welt- und Gottesbild, wonach das Wesen der Welt Sprache und der Name Gottes der metaphysische Ursprung aller Sprache ist.[27]

Die paradoxe und wichtige Wendung ist, daß sich der Name, in dem Gott sich selbst benennt und unter dem er anrufbar ist, »aus der akustischen Sphäre zurückzieht und *unaussprechbar* wird«; zunächst noch für wenige ausgezeichnete Anlässe wie beim Priestersegen oder am Versöhnungstag als aussprechbar geduldet[28], versinkt er nach der Zerstörung des Tempels ins Unaussprechbare.[29] Wenn Maimonides im *Führer der Unschlüssigen* die Unaussprechbarkeit des göttlichen Namens erklärt, so wendet er sich damit gegen den populären Wahn- und Wunderglauben, den Amulettenschreiber mit dem Gottesnamen treiben und der sich für »einen vollkommenen Menschen« nicht ziemt[30]: »Mit einem Worte, die Erhabenheit dieses Namens und die Scheu, ihn auszusprechen, ist darauf zurückzuführen, daß er das Wesen Gottes in einer Bedeutung ausdrückt, die keines der geschaffenen Dinge mit ihm gemein hat, wie unsere Weisen, deren Andenken ein gesegnetes ist, darüber bemerken: ›Mein Name Jhvh (Exod. 6,3), d. h. der Name, der mir allein vorbehalten ist‹.«[31]

Während alle Benennungen nur fragmentarischen Charakter besitzen, umfaßt allein der göttliche Name als eigentlicher Name des Namenlosen die Ganzheit Gottes und muß daher unaussprechbar sein.[32]

Gershom Scholem hat seine Reflexionen über die mystische Namenstheologie in *Satz 9* seiner *Zehn unhistorische(n) Sätze über die Kabbala* gebündelt: »Ganzheiten sind nur okkult tradierbar. Der Name Gottes ist ansprechbar, aber nicht aussprechbar. Denn nur das Fragmentarische an ihr macht die Sprache sprechbar. Die ›wahre‹ Sprache kann nicht gesprochen werden, sowenig wie das absolut Konkrete vollzogen werden kann.«[33]

Daß die menschliche Sprache sprechbar ist, verdankt sie dem Namen Gottes als Ursprung der Sprache und seinem verstummenden Rückzug aus der Sprache, denn erst das Bruchstückhaft-Gebrochene macht sie zur Sprache der endlichen, gebrochenen Kreatur. Rückblickend werden hier die einleitenden hermeneutischen Bedenken wach, daß nur eine Sprache, die um das Ausschnitthafte, Vorläufige und Fragmentarische unseres Sprechens weiß, unsere Versuche der Welterklärung und der Gotteslehre rechtfertigt.[34] Vorausblickend rühren wir bereits an jene symbiotische Wechselwirkung von Sprache und Schweigen, die im Extrem der Schoah den äußersten Ausdruck findet.[35]

Wie tief die »unerschöpfliche Sprachkraft«[36] des göttlichen Namens *HaSchem* nachwirkt, beweisen noch künstlerische Schöpfungen unser Zeit. Im »glühende(n) Leertext«[37] der Gedichte Paul Celans leuchtet der ansprechbare, doch unaussprechbare Name auf. *Name* und *Wort* – und dabei sei an die Bedeutungsfülle des hebräischen Wortes *dawar* als *Ding, Sache, Wort, Rede* erinnert – sind Leitworte in Celans Dichtung, die auswandert ins sprachliche Exil des Nicht-Aussprechens, ins Niemandsland der Negation:

> »O einer, o keiner, o niemand, o du:
> Wohin gings, da's nirgendhin ging?«

fragt ein Vers aus dem ersten Gedicht der *Niemandsrose* (1963).[38]

Niemand wird gepriesen in Celans *Psalm*[39]:

> »Niemand knetet uns wieder aus Erde und Lehm,
> niemand bespricht unsern Staub.
> Niemand.
>
> Gelobt seist du, Niemand.
> Dir zulieb wollen
> wir blühn.
> Dir
> entgegen.
> (...)«

Am ausdrücklichsten klingt jüdische Namensmystik in Celans einzigem Prosatext *Gespräch im Gebirg* (1960), der sich wie ein rhythmisches Gebetsmurmeln ins Unendliche wiegt, in der »Sprache des Atems«, wie einst der kabbalistisch-chassidische Beter:

»Eines Abends, die Sonne, und nicht nur sie, war untergegangen, da ging, trat aus seinem Häusel und ging der Jud, der Jud und Sohn eines Juden, und mit ihm ging sein Name, der unaussprechliche, ging und kam, kam dahergezockelt, ließ sich hören, kam am Stock, kam über den Stein, hörst du mich, du hörst mich, ich bins, ich, ich und der, den du hörst, zu hören vermeinst, ich und der andre, – (...).«[40]

Der Einfluß des Zohar und die Lektüre von Scholems Literatur ist auch in Nelly Sachs' Werk spürbar, ohne in naiver Manier aufspürbar zu sein. Für den Zohar war »der Worte Adernetz«, das die Schöpfung umfängt, vor den Dingen. Von einem Schöpfungsprozeß durch das Wort spricht auch ihr Gedicht *Chassidische Schriften*[41]:

»Namen bildeten sich
wie Teiche im Sand.«

Der Zohar bezeichnet den in Bibel und Talmud namenlosen Gott mit einem Kunstwort des 13. Jahrhunderts als *En-Sof*, das bedeutet *kein Ende* oder *Unendliches*. Das Geheimnis der Schöpfung erklärt sich aus dem Heraustreten des *En-Sof* aus seiner Verborgenheit, womit es als der lebendige Gott erscheint, der seine Schöpferkraft in den *Sefirot* entfaltet und verströmt. Die *Sefirot* sind Urpotenzen Gottes, Ausbreitungen, Ausflüsse, Emanationen und Manifestationen Gottes in der Welt. Diese Welt der *Sefirot* wird als eine geheime Urwelt der Sprache aufgefaßt, wie Gershom Scholem ausführt: »Das Wort, als ›Schöpfungswort‹ zuerst erschienen, ist in Gott lebendige Kraft. Im reinen, unvermischten, nicht konventionalistisch zum Verständigungsmittel entstellten Wort, mit dem er die Dinge ins Dasein rief, liegen also die inneren sprachlichen Wurzeln allen Daseins. Jedes Wort ist aber – das ist die Grundansicht aller mystischen Sprachtheorie – Name Gottes. Der Prozeß, in dem die Welt sich bildet, ist eben das sich immer restlosere Auswirken des Namens. Das Unbenannte hat in dieser Welt kein Dasein, und so heißt denn nicht umsonst im Sohar der heilige Name der Region des Nichts: ›Ich werde sein.‹«[42]

»Ich nenne dich. Du warst«, spricht der imaginäre Rabbiner Reb Vita in Edmond Jabès' *Buch der Fragen*.[43] Der in Kairo geborene und in Paris lebende jüdische Schriftsteller versucht, an den Rändern der Tradition und durch die Wörter hindurch die Wege seiner Quellen wiederzufinden: »Will ein Wesen existieren, muß es benannt sein; um jedoch in die Schrift einzutreten, muß es mit seinem Namen die Möglichkeit eines jeden Lautes, eines jeden Zeichens angenommen haben, welche ihn fortdauern lassen.«[44]

Aus der Sprachmystik des Zohar heraus schafft ein junger jüdischer Künstler in Wien, Peter Daniel, Kunstwerke mit hebräischen Buchstaben und Worten, die mittels Laserstrahlen oder Neonleuchtröhren Licht konzentrieren, ausstrahlen und ihr Erscheinungsbild durch Lichtreflexe verändern.[45] Kabbalistische Sprachtheorie, inszeniert mit den Mitteln moderner Kunst.

Es ist erstaunlich, wie weit die Wirkung der jüdischen Namensmystik reicht. Noch im atheistisch-aufklärerischen Vokabular Theodor W. Adornos kehrt das Konzept des unaussprechlichen Namens wieder, nunmehr im Ausdruck der begriffsfreien Musik: »Gegenüber der meinenden Sprache ist Musik eine von ganz anderem Typus. In ihm liegt ihr theologischer Aspekt. Was sie sagt, ist als Erscheinendes bestimmt zugleich und verborgen. Ihre Idee ist die Gestalt des göttlichen Namens. Sie ist entmythologisiertes Gebet, befreit von der Magie des Einwirkens; der wie auch immer vergebliche menschliche Versuch, den Namen selber zu nennen, nicht Bedeutungen mitzuteilen.«[46]

Im Nicht-Aussprechen, doch Ansprechen des göttlichen Namens keimt ein futurischer Funken, den Hermann Cohen als »messianische(n) Ursinn des Gottesnamens«[47] bezeichnete.

In seinem philosophischen Hauptwerk *Der Stern der Erlösung* beschrieb Franz Rosenzweig in dichterisch-hymnischen Worten die Erlösung als Lösung Gottes von seinem offenbarten Namen an jenem Tag, wo er »Einer sein wird und sein Name: Einer«[48]: »Der eine Name Einer überlebt das Volk, das ihn bekennt, überlebt selbst den offenbarten Namen, an dem jener überlebend-überlebendige Name der Zukunft bekannt wird. Um dieses Überlebens willen, das dem Einen in Zukunft zukommt, muß der offenbare Name auch jetzt schon der Gegenwart und aller Gegenwart schweigen. Grade wir, die wir ihn kennen, wir über denen er genannt ist und die nach ihm genannt sind, grade wir, die ihn kennen und bekennen, dürfen ihn nicht nennen. Um unserer Ewigkeit willen müssen wir das Schweigen, in das er einst und wir mit ihm versinken, vorwegnehmen und für den Namen selber das einsetzen, was er ist, solange er noch als Name gegen andre Namen, als Schöpfer einer Welt von Sein, als Offenbarer einer Sprache von Seelen genannt wird: Herr. Statt seines Namens nennen wir ihn Herr. Der Name selber schweigt in unserem Munde und selbst unter dem stumm lesenden Auge, wie er einst in aller Welt schweigen wird, wenn er all-ein ist, – Einer.«[49]

Namen würden die göttliche Einheit und Einzigkeit zersplittern, während *HaSchem*, der Name schlechthin, sie stärkt und bestätigt.

»Höre, Israel, der Ewige, unser Gott, der Ewige ist einzig!«

שמע ישראל יהוה אלהינו יהוה אחד

So beginnt das *Sch^ema Jisrael*[50], das beim täglichen Morgen- und Abendgebet im Synagogengottesdienst und in der Todesstunde rezitiert wird. Es wird nach den Anfangsworten aus Deuteronium 6,4 benannt und besteht aus den drei Bibelabschnitten Deuteronium 6,4–9; 11,13–21 und Numeri 15,37–41, die von Benediktionen eingerahmt sind. Elie Munk entdeckt im Dreiklang des *Sch^ema* die »Grundlegung der jüdischen Ethik, ihre prinzipielle Fundierung und ihr praktisches Ziel«[51]. Die vorrangige Bedeutung des einleitenden *Sch^ema*-Abschnitts hatte bereits Maimonides hervorgehoben, weil er die Einheit Gottes, die Liebe zu ihm und seine Erkenntnis enthalte.[52] Die beiden groß geschriebenen Buchstaben des Anfangsverses, ע von שמע und ד von אחד, bilden zusammen das Wort עד (Zeuge) und erinnern Israel an seinen Erwählungsauftrag, unter den Völkern Zeugnis für Gottes Einzigkeit abzulegen: »Und um sich täglich aufs Neue für diese Aufgabe zu stärken, läßt es, wenn es das Wort der Einzigkeit, אחד laut verkündet, unter stärkster Konzentration der ganzen Gedanken- und Gefühlswelt, seine zu jedem Opfer bereite Liebe in dieses Wort hineinfließen. Der Jude verschließt seine Augen vor jeder störenden Ablenkung der Außenwelt und bekräftigt den Vorsatz in seinem Innern, für dieses אחד zu leben und zu sterben. Er wächst geradezu über sich selbst hinaus und nimmt sich den Eid ab (...), daß er, wenn es von ihm verlangt würde, es dem großen Rabbi Akiba ben Joseph gleichtun würde, der unter furchtbaren Martern freudig den Märtyrertod für die Ehre seines Gottes erduldete und mit sterbenden Lippen das אחד so lange sprach, bis er sein Leben aushauchte.«[53] So kommt im massoretischen עד, der schlichten Typographie eines Buchstabenpaars, die religiöse Leitidee des Judentums zum Ausdruck: Israels Zeugenschaft für JHWH, seine Verpflichtung und Bereitschaft, den göttlichen Namen zu heiligen, im Wortzeugnis, Lebenszeugnis und Blutzeugnis. Das Martyrium al Kiddusch HaSchem stellt die höchste Stufe der Zeugenschaft Israels für den Einen und Ewigen Gott dar.

Jeder, der täglich das *Sch^ema Jisrael* spricht, muß innerlich die Bereitschaft zur Selbsthingabe besitzen.[54] Schon der Vortrag des *Sch^ema* wird grundsätzlich als Kiddusch HaSchem gewertet.

Das *Sch^ema Jisrael* wurde zum traditionellen Märtyrerbekenntnis des Judentums. Noch im Augenblick des gewaltsamen Todes wurde die Einheit und Einzigkeit des göttlichen Namens bekannt. Berühmte Rabbinen wie Rabbi Akiba starben als Blutzeugen mit dem *Sch^ema Jisrael* auf den Lippen: »Die Stunde, da man R. Akiba zur Hinrichtung führte, war gerade die Zeit des Sch^ema-Lesens, und man riß sein Fleisch mit eisernen Kämmen, er aber nahm das Joch der himmlischen Herrschaft auf sich. Seine Schüler sprachen zu ihm: Meister, so weit!? Er erwiderte ihnen: Mein ganzes Leben grämte ich mich über den Schriftvers: *Mit deiner ganzen Seele*: sogar wenn er deine Seele nimmt, ich dachte: wann bietet sich mir die Gelegenheit, daß ich es erfülle, und jetzt, wo sie sich mir darbietet, soll ich es nicht erfüllen?! Er dehnte so lange (das Wort) *einzig* bis ihm die Seele beim *einzig* ausging. Die Dienstengel sprachen vor dem Heiligen, gebenedeit sei er: Ist das die Gesetzlehre und das ihre Belohnung! *Von den Sterblichen, von deiner Hand, o Herr, von den Sterblichen?!* Er erwiderte ihnen: *Ihr Anteil ist im Leben*. Darauf ertönte ein Widerhall und sprach: Heil dir, R. Akiba, du bist für das Leben der zukünftigen Welt bestimmt« (*bT Berakhoth 61b*).

Über Jahrhunderte wirkt das Vorbild der heiligen Märtyrer als Ideal und als Identifikationsfigur bei Todesangst. Wie viel Kraft das beispielhaft gelebte und erlittene Glaubensbekenntnis Menschen in äußerster Bedrängnis, in Lebensnot und Todesnähe vermittelte, verdeutlicht ein Zeugenbericht aus der Schoah. In ihrem autobiographischen Buch *Im Angesicht des Feuers* erzählt Trudi Birger von der rettenden Erinnerung an das Beispiel der jüdischen Märtyrer und ihren Bekenntnisruf *Sch^{e}ma Jisrael*.

Als die wenigen Überlebenden des Konzentrationslagers Stutthof, darunter Trudi Birger und ihre Mutter, am 4. Mai 1945 über die Ostsee evakuiert werden sollten, wurde das Schiff von einer Granate getroffen. Um das sinkende Boot zu retten, befahl der Bootsführer, die jüdischen Passagiere über Bord zu werfen. In diesem Augenblick findet das Kind den lebensrettenden Mut und die Kraft im Leitbild der jüdischen Märtyrer: »Woher wuchs mir in diesem Augenblick die Kraft, die Inspiration zu? Ich erinnerte mich, wie mein Vater von Märtyrern erzählt hatte, die mit den Worten ›Sch^{e}ma Israel ...‹ (›Höre, Israel ...‹) auf den Lippen gestorben waren. Ich war nicht bereit zu sterben, ohne Gott noch einmal anzurufen. (...) Ich hob in einer dramatischen Geste die Hände und schrie, so laut ich konnte: ›Höre, Israel!‹ (...) Meine Arme waren noch immer erhoben, und ich lehnte mich gegen die Frau hinter mir. Zugleich hielt ich die letzte Silbe des Gebets, so lange wie ich konnte, und dachte dabei an die Geschichte, die mein Vater mir von Rabbi Akiba erzählt hatte, der von den Römern zu Tode gemartert worden war, und genau auf diese Weise das ›Sch^{e}ma Israel‹ gerufen hatte, als seine Seele den Leib verließ.«[55]

Im Bekenntnis des einen göttlichen Namens verbinden sich Wortzeugnis und Blutzeugnis *al Kiddusch HaSchem*.

Noch in den Gaskammern der nationalsozialistischen Vernichtungslager durchdrang das *Sch^{e}ma* die Todesschreie der jüdischen Opfer. Vor dem Gang in die Krematorien rief ein chassidischer Rabbiner die Gläubigen auf, den Tod zur Heiligung des Namens freudig anzunehmen:

»Siehe, ich gebiete euch, nicht zu zögern und nicht zu weinen, wenn ihr in den Schmelzofen geht. Im Gegenteil, geht in Freude und mit der Melodie ›Ich glaube‹ und wie R. Akiba zu seiner Stunde geht zum Sterben mit dem ›Sch^{e}ma Jisrael‹, gemeinsam. Die Gemeinde richtete sich nach den Worten ihres Heiligen, und mit der Melodie ›Ich glaube‹ und dem Beten des ›Sch^{e}ma Jisrael‹

heiligten sie den Namen des Himmels vor den Vielen.«[56] Wie der Schrei des *Sch^ema* schmerzlich »elektrisierend« die bedrückte Menschenmenge erschütterte, schildert der Zeuge einer Hinrichtung im Ghetto. Ungeduldig sprang einer der Todeskandidaten auf den Stuhl, um seinen Kopf in die Schlinge zu legen:»Es gingen einige atemlose Augenblicke vorbei. Grauenvolles Schweigen herrschte ringsum, und auf einmal wurde das schwere Schweigen gebrochen durch eine feuersprühende Stimme: ›Sch^ema Jisrael‹. – Es war die mir gut bekannte Stimme von S. C. Wer kann beschreiben, was im Herzen der Juden, die die Unglücklichen beobachteten, in diesem Augenblick vorging? Wir standen auf, erhoben uns, schrieen ohne Stimme. Wir weinten ohne Tränen. Wir richteten uns auf ohne Bewegung. Wir riefen alle ›Sch^ema Jisrael‹ im Inneren unserer Seele. Vermag jemand diesen Zustand zu beschreiben?«[57]

In Arnold Schönbergs Komposition *Ein Überlebender aus Warschau* (1947) wird das Kommando des Feldwebels vom *Höre Israel* der Deportierten übertönt; sie müssen sich selbst für die Gaskammer abzählen:

»Und dann plötzlich, / mittendrin fangen sie an zu singen / das *Sh^ema Jisrael*: ›Höre Israel, der Ewige ist unser Gott. / Der Ewige ist einzig (...)‹.«[58]

Jean Améry berichtet, wie er mit einem jüdischen Freund eine Aufführung von *Ein Überlebender aus Warschau* besuchte:»Als, von Posaunenklängen begleitet, der Chor anstimmte: ›Sch^ema Israel‹, wurde mein Begleiter kalkbleich, und Schweißperlen traten auf seine Stirn. Mein Herz pochte nicht schneller, aber ich fühlte mich bedürftiger als der Kamerad, den das unter Posaunenstößen gesungene Judengebet erschüttert hatte. Jude sein, dachte ich mir nachher, ich kann es nicht in Ergriffenheit, nur in Angst und Zorn, wenn Angst sich, um Würde zu erlangen, in Zorn verwandelt. ›Höre Israel‹ geht mich nichts an. Nur ein ›Höre Welt‹ möchte zornig aus mir dringen. So will es die sechsteilige Nummer auf meinem Unterarm.«[59]

Es ist schwierig, die jüdisch-traditionelle Vorstellung der Heiligung des Namens mit jener mörderischen Schändung der Sittlichkeit im Nationalsozialismus in Verbindung zu setzen, die »im Namen des deutschen Volkes« begangen wurde.[60]

Die äußerste Blasphemie lag in Hitlers Anmaßung, den Judenmord noch als göttliche Legation zu verkünden: »So glaube ich im Sinne des allmächtigen Schöpfers zu handeln: Indem ich mich des Juden erwehre, kämpfe ich für das Werk des Herrn.«[61]

Angesichts dieses zynischen Mißbrauchs des Gottesnamens ahnt man die Weisheit, die den göttlichen Namen in den Schutzraum des akustisch Unaussprechbaren zurückzog. Zu leicht gerät das Aussprechen des göttlichen Namens zu einem gottvermessenen Anspruch des Menschen, eigenes Handeln mit göttlicher Autorität zu adeln. Der Aufruf der Kreuzritter zur ›Befreiung‹ des Heiligen Landes, »deus lo volt!« (Gott will es!), und, fast ein Jahrtausend später, die Maxime der deutschen Templer in Palästina[62], »deus vult!« (Gott will es!), bekundeten einen Gotteseifer, der eine historisch unselige Entwicklung nahm.

Es bleibt die Hoffnung des Gebets, den göttlichen Namen anzusprechen; und es bleibt der Auftrag der Geschichtsschreibung, die Namen der Menschen zu nennen, die Täter und Opfer in der Geschichte sind.

Namen in Nummern zu übersetzen zählte zur Infamie der nationalsozialistischen Lagerführung. »Ich bekam die Nummer A=7713 und hatte damit keinen Namen mehr«[63], kommentiert der Erzähler in Elie Wiesels Roman *Die Nacht* die entwürdigende Registratur in Auschwitz.

Der Nennung der Namen eignet Lebenskraft, *denn das Unbenannte hat in dieser Welt kein Dasein*. So wird es zu einer symbolischen Weise der Lebensrettung, die vor dem zweiten Tod in der Vergessenheit bewahrt, wenn die Namen der benannten und der namenlosen Opfer der Schoah genannt werden. Am Gedächtnisort für anderthalb Millionen ermordeter jüdischer Kinder in *Yad VaSchem* ruft eine monotone Stimme die Namen der toten Kinder in das All des entgrenzten Raums.[64] Die Jerusalemer Holocaust-Gedenkstätte setzt ein *Denkmal* und einen *Namen* der Erinnerung: Schon in der Namengebung von *Yad VaSchem*, die sich auf Jesaja 56,5 beruft, wird die lebensspendende Macht angesprochen, welche die Nennung der Namenlosen durch den göttlichen Namen gebiert:

»(...)ich gebe ihnen einen Namen,
der mehr wert ist als Söhne und Töchter:
Einen ewigen Namen gebe ich ihnen,
der niemals ausgetilgt wird« (Jes 56,5).

Sie heißen Kinder des *Einen und Ewigen Namens*.

Vom Heiligen zur Heiligung

»Das Heilige muß Geheimnis sein,
und wer es offenbaret, er tötet es.«
FRIEDRICH HÖLDERLIN

Jesajas dreifaches *qadosch, qadosch, qadosch* (heilig, heilig, heilig: 6,3) in einem Gottesdienst einer kleinen marokkanischen Synagoge soll Rudolf Otto zu seiner berühmten Studie *Das Heilige* (1917) inspiriert haben[1].

Bereits Emile Durkheim (1912)[2] und Nathan Söderblom (1913) betonten, Schleiermachers *Reden über die Religion* (1799)[3] folgend, das Heilige als das zentrale Element der Religion und das Kriterium ihrer Eigenständigkeit: »Heiligkeit ist das bestimmende Wort in der Religion; es ist sogar noch wesentlicher als der Begriff Gott.«[4]

Nimmt man das Heilige als »Grundkategorie religiöser Erfahrung«[5] wahr, wird jeder religiöse Mensch sein unverwechselbares Erleben des Heiligen in seinem Leben orten können. »Wir fordern auf«, schreibt Otto eingangs, »sich auf einen Moment starker und möglichst einseitiger religiöser Erregtheit zu besinnen. Wer das nicht kann oder wer solche Momente überhaupt nicht hat, ist gebeten nicht weiter zu lesen. Denn wer sich zwar auf Pubertäts-gefühle Verdauungs-stockungen oder auch Sozialgefühle besinnen kann, auf eigentümlich religiöse Gefühle aber nicht, mit dem ist es schwierig Religionskunde zu treiben.«[6] An späterer Stelle empfiehlt er als »beste(s) Mittel (...) ›heilige‹ Situationen selber und ihre Wiedergabe in anschaulicher Schilderung«[7]. So schildert denn meine »*viva* vox«[8] eine liturgische Nacht im Heiligen Grab zu Jerusalem.

Als der muslimische Wächter das schwere Kreuzfahrertor von außen schloß und Eisenverstrebungen es von innen verriegelten, verschloß sich das Reich des Sakralen der Welt des Profanen und dem touristischen Getöse des Tages. Die Zeit dehnte sich zur zyklischen Dauer, und die heilige Stätte eröffnete den kommemorativen Raum der Passionsgeschichte.

Einen Kreis beschreiben die Liturgien der Franziskaner, der

koptischen, armenischen und griechisch-orthodoxen Mönche, jede Nacht den Kreis des Unendlichen, denn das Wesen des Heiligen ist Wiederholung im eigentlichen Wortsinn und damit Erinnerung. Die Sprache sucht ihren Sinn nicht in Silben und Semantik, sondern findet ihren Ausdruck in der Gleichförmigkeit der Litanei, die geradezu hypnotisch konzentriert. Die Zeiten des Gebets sprengen Zeiträume der Stille im Schimmer flackernder Öllampen. Die Mitte der Nacht schweigt. Wie der Vorhang des Tempels zerreißt plötzlich die Stille. Glocken und Schellen schlagen scharf wie Peitschenhiebe. Ein russischer Metropolit erscheint. In den byzantinischen Kaisermantel gehüllt, mit einer goldenen, edelsteinfunkelnden Krone geschmückt, zelebriert er die feierliche Marienliturgie auf einem Thron vor dem Christusgrab. Ein seraphischer Gesang von russischen Nonnen erklingt. Ihre Stimmen steigen Himmelsleitern empor. Nie habe ich eine Schönheit erlebt, die mich so erschaudern ließ.

Den magischen Bannkreis des Heiligen, zugleich anziehend und abwehrend, zeichnete auch Rudolf Otto. Mit seiner Deutung des Heiligen schuf er eine originelle, vorwiegend religionspsychologische Perspektive und neue Begrifflichkeiten, die sich heute als fast schlagwortartige Nomenklatur des Heiligen eingebürgert haben. Das Heilige ist aufgrund seiner Beziehung zur übersinnlichen Welt das »Ganz andere« (»totaliter aliter«), das sich in den irdischen Erscheinungen manifestieren kann, die als Durchbruchsstellen des Überweltlichen erfahren werden. Otto interessiert sich vor allem für das »Irrationale in der Idee des Göttlichen«[9] und klammert das Ethische und Rationale aus seiner Erlebnistheorie des Heiligen aus, indem er einen besonderen Namen erfindet, das »Numinose« (numen = Gott), und es definiert als »das Heilige *minus* seines sittlichen Momentes und (...) *minus* seines rationalen Momentes«.[10] Er untersucht die psychische Resonanz des Heiligen im menschlichen Erleben, den Reflex des Heiligen im Gemüt: das »Kreatur-gefühl«[11] des Menschen, das Gefühl seiner Nichtigkeit angesichts des Übermächtigen, das Bewußtsein, mit Abrahams Worten, »Staub und Asche« (Gen 18,27) zu sein. Die menschliche Reaktion angesichts des »Ganz anderen« ist zwiespältig und löst Gefühle aus, die in »Kontrastharmonie«[12] zueinander stehen: ehrfürchtiges Erschauern und seliges Entzücken. Das Heilige in seinen Momenten des Übermächtigen (»majestas«) und des Ungeheuerlichen (»augustum«) erlebt der Mensch ambivalent: Da ist Scheu, Schrecken, Furcht und Ehrfurcht angesichts des »mysterium tremendum«, der schauervollen Unnahbarkeit des »Ganz anderen«; da ist Ergriffenheit, Überschwenglichkeit und Seligkeit angesichts des »mysterium fascinans«, der wundervollen Bezauberung des Numinosen.[13] In den *Confessiones* erfaßt Augustinus diesen Doppelcharakter der Gotteserfahrung: »Ich schaudere und erglühe, schaudere, weil ich ihm so unähnlich bin, erglühe, weil ich ihm doch auch ähnlich bin.«[14]

Die innere Doppelung des Heiligen kommt in Mircea Eliades Interpretation in einer äußeren Antithetik zum Ausdruck, da es die Welt in zwei Bereiche spaltet. Eliade will das Heilige in seiner Totalität begreifen und definiert es als Gegensatz zum Profanen.[15] Schon Söderblom hatte 1913 postuliert: »Die wahre Religion kann ohne bestimmte Auffassung von der Gottheit bestehen, aber es gibt keine echte Religion ohne Unterscheidung zwischen ›heilig‹ und ›profan‹.«[16] Durkheim, Söderblom und Otto hatten die Gegensätzlichkeit des Heiligen und Profanen mit einer Absolutheit und Striktheit behauptet, wie sie die Realität der meisten Religionen kaum zuläßt.[17] Denn diese antithetische Dichotomie würde die menschliche Existenz spalten und den Menschen in einen ständigen Widerspruch drängen.[18]

Eliade unterläuft seine logisch-kategoriale Scheidung zwischen heilig und profan selbst, wo er das kryptoreligiöse Verhalten der profanen, modernen Welt aufdeckt.[19] Sein Eingeständnis, daß das wirkliche religiöse Leben keine kategoriale Grenzziehung zwischen heilig und profan zulasse, rechnet Haralds Biezais dem Forscher Eliade zur Ehre, denn schließlich basiert sein ganzes System auf diesem Gegensatz.[20]

Eliades Gegenüberstellung des Heiligen und Profanen kehrt in dem etymologischen Versuch wieder, das hebräische Heiligkeitswort *qds* als das Abgesonderte zu deuten. Die Herleitung von der Wurzel *qd* (*scheiden, absondern*)[21] wurde linguistisch durch Baudissins Annahme ursprünglich biradikaler Wurzelformationen unterstützt, »weshalb *qd*- in *qds* auf die Grundbedeutung ›scheiden, trennen‹ verweise, analog *hd* in *hds* ›neu‹ im

Sinne ›*getrennt vom Alten*‹«[22]. Ringgren faßt die Kritik an dieser These zusammen: »Für den Begriff ›trennen‹ sind vor allem *pr*-Bildungen belegt (vgl. *prd, prt, prm, prs, prq, prr, prs*), d. h. für *qds* wäre eine ursprüngliche Bedeutung ›getrennt‹ nur abgeleitet. Der Vergleich *qd-* mit *hd-* ist nicht zielführend, da ein Wechsel *q/h* unbewiesen ist. Ebenso unbeweisbar ist die Bedeutung ›trennen‹ für alle *qd-*Bildungen in sämtlichen semitischen Sprachen.«[23] Die Etymologie von *qds* als das vom Profanen Abgegrenzte ist ebensowenig haltbar wie die Rückführung auf akkadisch *qadasu* (*rein werden/sein*).[24] Letztlich ist die Frage nach der Wurzel *qds* und ihrer Derivate ungeklärt, wie einige Autoren aufrichtig einräumen.[25] Es ist anzunehmen, daß die Wurzel *qds* schon immer »den Zustand oder die Eigenschaft der Heiligkeit«[26] ausdrückte und einen »numinosen Wertbegriff sui generis« darstellt.[27]

Die Selbstverständlichkeit und Übereinstimmung, mit der Ottos und Eliades Thesen in der christlichen Bibeltheologie rezipiert wurden, gründet in der Sache. Otto leitet den Inhalt seiner Heiligkeitsvorstellung aus der Bibel ab, und auch Eliade geht von der Dominanz der »Jahvehierophanie«[28] aus, so daß kritisch zu prüfen wäre, inwieweit diese judeo-christliche Optik seine Wahrnehmung primitiver Religionen prägt. Die Anwendung des biblisch bestimmten Heiligkeitsbegriffs auf das Erlebnis des Heiligen in anderen Religionen wäre eine Gewalttätigkeit gegenüber diesen Religionen.[29]

Den prinzipiellen, nicht graduellen Unterschied zwischen heilig (*qds*) und profan (*hl*) belegen Levitikus 10,10 und Ezechiel 22,26; 42,20; 44,23. Vor allem die visionäre Beschreibung des heiligen Tempelbezirks in Ezechiel 40–47 veranschaulicht, wie das Motiv der Abgrenzung und Abschließung die Vorstellung des Heiligen bis in die kleinsten architektonischen Strukturen durchwebt: ringsum gebaute Mauern, eingefriedete Plätze, verschließbare Fenster, gemauerte Einfassungen und Gräben, aber auch Tore, Fenster, Pfosten und Schwellen, welche das Verschlossene öffnen. Indem Wände errichtet und mit Toren und Türen durchbrochen werden, entstehen Schwellen. Die Schwelle, die vom sakralen Raum bis zur menschlichen Behausung eine rituelle Funktion besitzt, ist in ihrer seltsamen, fast magischen

Ambivalenz gleichzeitig ein Symbol der Absonderung und ein Mittler des Übergangs.

»Die Schwelle, welche die beiden Räume trennt, bezeichnet auch den Abstand zwischen den beiden Seinsweisen, der profanen und der religiösen. Die Schwelle ist die Schranke, die Grenze, die zwei Welten trennt und einander entgegensetzt, und zugleich der paradoxe Ort, an dem diese Welten zusammenkommen, an dem der Übergang von der profanen zur sakralen Welt vollzogen werden kann.«[30] Wenn Eliade Heiligtümer als »Pforten der Götter« und »Orte des Übergangs zwischen Himmel und Erde«[31], mythische Passagen von einer Seinsweise zur anderen im Sinne von Todes- und Initiationsriten[32] qualifiziert, zeichnet sich ab, daß die Trennung des Heiligen vom Profanen zum Zwecke des Transzendierens erzeugt wird. »In der heiligen Umhegung wird die profane Welt transzendiert.«[33] Die Dualität des Heiligen und Profanen ist also dialektisch und nicht antinomisch zu verstehen. Der Einwand, diese Gegenüberstellung setze einen »Ausgangspunkt des Verstehens beim Profanen voraus, wie er sich erst in der modernen Normalität einer Abwesenheit des Numinosen nahelegt«[34], verkennt den originären Kontrast zum Profanen, der das Heilige konstituiert. »Denn« – mit Franz Rosenzweigs Worten – »Heiligkeit gilt nur, solange es noch Unheiliges gibt. Wo alles heilig ist, da ist Heiliges selbst nicht mehr heilig, da ist es einfach da.«[35] Hier erst hebt der dynamische Auftrag und das Ziel der Heiligung an.

Wie wenig Heiligkeit statisch abzugrenzen ist, zeigt ihre Eigenschaft der Übertragung und Ansteckung. Durch den ständigen Dienst der Priester und Leviten werden auch ihre Familien geheiligt (2 Chr 31,18). Der geweihte Altar, die Kultgeräte und Gewänder sind hochheilig, und durch Berührung kann ihre Heiligkeit übertragen werden (Ex 29,37; 30,29; Ez 44,19; 46,20). Wer mit dem Opferfleisch in Berührung kommt, wird heilig (Lev 6,11.20). Jeder Blutstropfen des Opfers heiligt (Lev 6,20f im Gegensatz zu Hag 1,12f). Der Kontakt mit Hochheiligem kann sogar tödlich wirken (Num 4,15;19,10; 2 Sam 6,6f). Unreines verunreinigt in jedem Fall (Hag 2,12f). Die Berührung heiliger Dinge zieht einen Reinigungsritus nach sich. Der *Mischnah-Traktat Jadajim*, wonach alle heiligen Schriften die Hände unrein machen, geht wohl weniger von der Unreinheit als vielmehr der Reinheit der heiligen Schriften aus, deren Berührung die Hände des Berührenden notwendig als unrein erscheinen lassen. Man denke vergleichsweise an den alten Ritus der Händewaschung *nach* dem Meßopfer im römisch-katholischen Gottesdienst.

Bei diesen Tabu-Verboten fällt eine Differenzierung des Heiligen vom Unreinen oft schwer. Nathan Söderblom hat versucht, den Zusammenhang der beiden Begriffspaare heilig-profan und unrein-rein entwicklungsgeschichtlich zu beschreiben. Die alte Wechselbeziehung, welche das Heilige und Unreine einerseits, das Profane und Reine andererseits parallelisiert, sieht er in Levitikus 10,10 und Ezechiel 22,26; 44,23 ausgedrückt. Durch die Entwicklung von Sprache, Moral, Kultur und Gottesbegriff findet eine Umkehrung dieser Relationen statt, so daß sich das Profane als das Gewöhnliche, Abgenutzte dem Unreinen annähert und das Unreine damit zum Heiligen kontrastiert, welches eine stärkere Nuance des Reinen wird.

Vor allem in der mosaischen Religion vertieft sich durch das sittliche Gefühl die Kluft zwischen heilig und unrein, und das Heilige hebt sich vom Unreinen durch eine indifferente Zone des Reinen und Gewöhnlichen ab.[36]

Im modernen religionswissenschaftlichen und theologischen Denken hat das Begriffspaar heilig-profan das Binom rein-unrein deutlich überlagert. Selbst als man das Heilige in unserer Zeit als religionswissenschaftlichen Schlüsselbegriff musealisiert glaubte und sein Verschwinden aus einer desakralisierten, säkularisierten Moderne verkündete, kehrte es in neuer Phänomenologie heimlich triumphierend zurück, als Interesse der Sozialwissenschaften, der Kulturanthropologie und Kunst, mal kryptisch, mal mystisch maskiert in der Traumfabrik der Filmemacher und Literaten und allemal in den »Mythen des Alltags«.[37]

Der hohe kultisch-sittliche Begriff der Reinheit wurde hingegen ausgehöhlt. Die größte Perversion der Reinheitsidee stellte das »arisch rein« der nationalsozialistischen »Rassen-Hygiene« dar. Dem ideologischen Säuberungswahn im Nazideutschland folgte das moralische Reinwaschen im Nachkriegsdeutschland, das die Vorstellung der Reinheit als Slogan der Waschmittelindustrie »porentief rein« ausbleichte und dem Gewissen waschwütiger Hausfrauen überantwortete. Welche Bedeutung die Unterscheidung zwischen dem Begriffspaar rein-unrein und jenem anderen sauber-schmutzig für das gesamte Leben besitzt, erkannte und benannte der jüdische Religionsphilosoph und Pädagoge Ernst Simon: »Geht die Fähigkeit solcher Unterscheidung verloren und wird der Seifenverbrauch zum Gradmesser der Sittlichkeit, so kann die Folge sein, daß aus den Leichen gemordeter Juden oder anderer Opfer einer Gewaltherrschaft Seife fabriziert wird.«[38]

Die jüdische Orthodoxie hat die Tradition ritueller Reinheit im Rahmen kultischer Frömmigkeit und Heiligkeit erhalten. Das Reformjudentum hingegen gab im 19. und 20. Jahrhundert einen großen Teil der Ritualvorschriften auf, motivierte andere rational und überschrieb sie der Autorität medizinischer Hygiene.

Die rituelle Reinheit resp. Kaschrut war ein integraler Bestandteil sowohl des kultischen Opferwesens als auch des Selbstopfers in der Isaak-Tradition, wie es die Makkabäerbücher und die hebräischen Kreuzzugschroniken darstellen.[39]

In die Nähe der Opferthematik wird die hebräische Vorstellung der Heiligkeit durch die ebenso interessante wie kuriose Theorie des italienisch-jüdischen Philosophen, Bibelkommentators und Grammatikers Samuel David Luzzato gerückt. Feststeht, daß seine Etymologie von *qds* letztlich genauso ungesichert ist wie die bereits erwähnten: Er hält *qds* für eine Verbindung von *jqd* (*brennen*) mit *esch* (*Feuer*), so daß *jequd esch* (*im Feuer verbrannt*) ursprünglich das Brandopfer und in der Folge alles, was der Verherrlichung Gottes diente, bezeichnete.[40] Wenn Luzzatos Deutung grammatikalisch auch schwerlich zu halten sein wird[41], so steht sie auf der Linie der biblischen Volksetymologien, die zwar sprachlich in keinem Fall fundiert, aber oft sinnig sind. Berücksichtigt man zudem, daß das Etymon eines Wortes durch seine Verwendung im Laufe der Geschichte deutlich wird[42], erhält Luzzatos Deutung von *qds* = *im Feuer verbrennen* jenseits der exakten Philologie einen Sinn im Blick auf das heilige Brandopfer. Schließlich offenbart sich Gottes Heiligkeit auch im Phänomen des Feuers, dem zerschmelzende und verzehrende Kraft eignet (Ex 19,18; Mi 1,4).[43] Das Wort ʽola in Genesis

22,2.3.6.7.13 (Ganzbrandopfer) übersetzt Hieronymus in der *Vulgata* mit dem Ausdruck *holocaustum*.[44] Wagt man es, diese sprachgeschichtliche Linie bis zum *Holocaust* zu ziehen, dem Genozid in den Krematorien der Konzentrationslager, der aus einer theologischen Perspektive als *Heiligung des Namens* gedeutet werden kann[45], zeichnet sich ein seltsamer innerer Sinnzusammenhang zwischen Feueropfer und Heiligkeit ab, der sich in Luzzatos kühner Etymologie widerspiegelt.

Gleichzeitig bricht bei Luzzatos Entwurf der aggressive Aspekt des Heiligen durch: die Vernichtung – faktisch und allegorisch – im verzehrenden Feuer. Damit wird der Zusammenhang zwischen dem Heiligen und der Gewalt markiert, den der französische Kulturtheoretiker René Girard beschreibt. Aus seiner Sicht macht die Gewalt »Herz und Seele des Heiligen«[46] aus.

Das Heilige gründet nach Girard in der Gewalt, welche sich ganz auf das Opfer konzentriert, das im Mechanismus gegenläufiger Stellvertretung die immanente Gewalt überlistet und somit die konfliktuellen Beziehungen der Gemeinschaft beschwichtigt. Die Gewalt als »Gründungsgewalt« und Ursprung des Heiligen wirkt in der Opferhandlung zugleich versöhnend und vernichtend und vereinigt somit die Gegensätze in sich. Dies verdeutlicht die Komplexität des einheitlichen Komplexes des Heiligen und der Gewalt.[47] Im Heiligkeitscharakter des Opfers wird diese Zweideutigkeit offenbar: »Das Opfer zu töten ist verbrecherisch, weil es heilig ist ... aber das Opfer wäre nicht heilig, würde es nicht getötet. Dieser Zirkelschluß wird wenig später jenen Namen erhalten, den er immer noch trägt: *Ambivalenz*.«[48]

In anderer Fassung klingt an, was Rudolf Otto als die »Kontrast-harmonie« des »mysterium tremendum« und »mysterium fascinans« beschrieb, die Spannungseinheit des Abschreckenden und des Anziehenden im Heiligen, von René Girard als eine Symbiose von Gut und Böse gedeutet.[49]

Diese »schlicht skandalöse Verbindung von Gewalt und Heiligem« wollen nach Girards Beobachtungen die meisten Forscher vertuschen.[50] Doch seine These findet lexikographische Unterstützung und Bestätigung: das lateinische *sacer* als *heilig* und *verflucht*, das polynesische *tabu* sowohl für *rein* wie für *unrein* und analog die Doppeldeutigkeit bei *mana* der Melanesier, *wa-*

kan der Sioux und *orenda* der Irokesen.[51] Die seit der Antike zunehmende Tendenz, die zwei Seiten des Heiligen in zwei unabhängige Größen zu spalten, findet Girard im Lateinischen dokumentiert: Der Begriff *sacer* behält zwar seine ursprüngliche Dualität, doch aus dem Bedürfnis nach einer gutartigen Bestimmung des Heiligen wird die Dublette *sanctus* geschaffen.[52] Der authentischste Zeuge, der die Bipolarität des Heiligen und die Einheit von Heiligkeit, Opfer und Gewalt unverbrüchlich aussagt, ist das französische Vokabular. Es ist geradezu verblüffend, wie das Französische in *einer* Wortfamilie verwandtschaftlich umschließt, was in anderen Sprachen – man vergleiche das Deutsche – geschieden und in unabhängigen Begriffen voneinander entfremdet wurde: *sacré* bedeutet zugleich *heilig* und *verflucht*; der Bereich der Weihe und Heiligung kommt zum Ausdruck in *sacrement* = Sakrament, *sacristie* = Sakristei, *sacrer* = salben, weihen. Organisch dazugehörig ist das Opferwesen: *sacrifier* = opfern und *sacrifice* = Opfer. Die Umschlägigkeit des Heiligen zum Verfluchten spricht aus dem Wort *sacrilège* = frevelhaft, Frevel(tat), Entweihung. Dieselbe Ambivalenz birgt auch das hebräische Verb *brk*, das nach Gesenius in seiner Grundbedeutung *segnen, huldigen*; mit Gott oder den Königen als Objekt euphemistisch im Sinne von *lästern, fluchen* (1 Kön 21,10.13; Ps 10,3; Ijob 1,5.11; 2,5.9) verwendet werden kann. Das Nachblättern im fremdsprachlichen Lexikon ist aussagekräftiger als so mancher redselige Kommentar.

Schon in sich ist der Begriff der Gewalt zweideutig und zwiespältig. Neben dem Aspekt des Gewalttätigen ist die positive Bedeutung des Gewaltigen und der Stärke zu bedenken, worauf Gesenius bei der Herleitung des Gottesnamens *El* aufmerksam macht. Alttestamentlich zeigt sich Heiligkeit oft verwoben mit Gewalt, Bannfluch, Furcht und Schrecken. Die vermutlich älteste Stelle, die JHWH als *qdos* bezeichnet, berichtet von Gottes Zorngericht (1 Sam 6,19ff). In Beth-Schemesch kommen 70 Mann von der Sippe Jechonja um, weil sie die heilige Lade angeschaut hatten. Vers 20 drückt das Entsetzen der Überlebenden aus: »Wer kann vor dem Herrn, diesem heiligen Gott, bestehen?«[53] Entdeckt man in der alttestamentlichen Darstellung des furchtgebietenden Heiligen die dem Heiligen genuine Ambivalenz, führt sie keineswegs mehr zu jener verbreiteten Karikatur eines rachsüchtigen, jähzornigen Gottes im Alten Testament. So wie die Eifersucht eine Facette der Liebe Gottes zu seinem erwählten Volk ist, begründet sein Furchtbarsein jene Ehrfurcht, die ein ethisch gottgehorsames Leben bewirkt, im Sinne von Psalm 111,10.

Ursprünglich ist *qds* Gottes Epithet (Ps 29,2;96,9) und Titel (Jes 40,25;43,15;49,7; Hos 11,9; Ps 22,4; Ijob 6,10; Hab 3,3).

Im Bereich der menschlichen Existenz wird es als Relationsbegriff auf Personen, Funktionen und Dinge übertragen, die im Dienste der Gottesfurcht und Gottesverehrung stehen.[54] Das Gefälle der Heiligkeit und Heiligung geht jedoch von Gott über das Volk zu einzelnen Personen und Dingen und ist nicht umkehrbar. Für Gott ist die Heiligkeit Zustand; für den Menschen ist sie als Gabe Aufgabe und Ziel.[55] Die Heiligung als Übertragung von Heiligkeit geht von JHWH zum Volk oder zu Gegenständen, grammatikalisch ausgedrückt durch das *Pi'el*.

Die semantische Analyse der *qds*-Derivate in der Hebräischen Bibel unterstreicht die eingleisige Ausrichtung der Heiligung von JHWH zur Welt. Alle Stämme der Verbwurzel *qds* beschreiben einerseits Gottes Heiligkeit als gegebenen Zustand und Gott als Subjekt, nie Objekt der Heiligung, während sie andererseits irdische Realien (Menschen, Sachen, Orte, Zeiten) als Objekte der Weihe, der Heiligung und des Geheiligtwerdens vorstellen.[56]

Gott IST heilig und kann nicht geheiligt werden im Sinne des Heiligmachens.

Um so mehr überrascht die Übersetzungs- und Auslegungsgeschichte einer der zentralen Heiligkeits-Prädikationen, Levitikus 22,32 (*Einheitsübersetzung*):

> »Ihr sollt meinen heiligen Namen nicht entweihen,
> damit ich inmitten der Israeliten geheiligt werde;
> ich, der Herr, bin es, der euch heiligt.«

Die Passivübersetzung der *Nif'al*-Form: *w^{e}niqdaschti = ich werde geheiligt* ist grammatikalisch unhaltbar. Nach dem Wörterbuch ist die Bedeutung der *Nif'al*-Form *niqdaschti* reflexiv: *sich als heilig erweisen*. Die einzelnen Belege bestätigen das.[57] Exegetisch wäre es eine Vergewaltigung eines Textes, wollte man aus Levitikus 22,32 ableiten, Gott wäre in seiner Heiligkeit auf die Heiligung durch sein Volk angewiesen.

Die Vorstellung des Geheiligtwerdens des Heiligen durch den Menschen fand jedoch gerade bei neuzeitlichen Denkern Anklang. Im homiletischen Tonfall des 19. Jahrhunderts pries Moritz Lazarus diese Auslegung »als den kühnsten, erhabensten, beseligendsten und gnadenreichsten Gedanken (...) Das *niqdaschti* (Lev 22,32 und Ez 20,41 und sonst) ist der höchste Begriff, der von einem Menschengeiste gedacht, und das edelste Wort, das von menschlicher Zunge geredet worden ist.«[58] Noch radikaler deutete Hugo Bergmann den zitierten Vers als »den Ausgangspunkt einer der eigenartigsten religiösen Konzeptionen des jüdischen Volkes (...) Das Merkwürdige an diesem Verse liegt in dem Worte ›Weniqdaschti‹: ich werde geheiligt in der Mitte der Kinder Israel. Gott, der Heilige, er, der selbst, wie es hier heißt, die Heiligkeit verleiht, soll durch die Kinder Israels geheiligt *werden*. Man könnte geneigt sein, in dem Vers nur eine Metapher zu erblicken, aber unsere Ausführungen wollen zeigen, daß hier ein ganz tiefes Wort ausgesprochen wurde. Sehr mit Recht hat Jellinek den Vers als Israels Bibel im kleinen bezeichnet.«[59]

Die Anschauung, daß die Heiligkeit des Heiligen von der dynamischen Heiligung durch den Menschen abhängig ist, daß Gott wesentlich Aufgabe des Menschen ist und daß sein Schicksal dem Menschen obliegt, da der Mensch Gottes Geschöpf und Schöpfer zugleich ist, gründet jedoch weniger in der Hebräischen Bibel als im mystischen Schrifttum des Judentums, wie auch Bergmanns Textnachweise vergegenwärtigen.[60]

In derselben Tradition steht die volkstümliche Deutung von Levitikus 19,2 (»Seid heilig, denn ich, der Herr, euer Gott, bin heilig«) in Martin Bubers *Erzählungen der Chassidim*: »Den Zloczower Maggid fragten seine Schüler: ›Zum Wort der Schrift: ›Werdet heilig, denn heilig bin ich‹, bemerkt der Midrasch: ›Meine Heiligkeit ist oberhalb von eurer Heiligkeit.‹ Wer wüßte dies nicht? Was wird uns damit gelehrt?‹ Er erklärte: ›So ist es zu verstehn: Meine Heiligkeit, die oberhalb der Welt ist, hat ihren Bestand von eurer Heiligkeit. Wie ihr unten meinen Namen heiligt, so heiligt er sich in den Höhen des Himmels. Denn es steht geschrieben: Gebt Gott Macht!‹«[61]

Hier dominiert die Vorstellung von Gottes passiver Heili*gung* die biblisch originäre Aussage von Gottes statischer Heilig*keit*, welche die menschliche Anerkennung in kultisch-moralischer Heiligung im Sinne der Heiligpreisung verlangt.

Der Aspekt kultisch-dinglicher Heiligkeit und Heiligung wurde zunehmend vom Begriff der ethisch-persönlichen Heiligkeit und Heiligung verdrängt, welche Heiligkeit als Aufgabe und Ziel und Heiligung als religiös-ethisches Handeln auffaßte und insofern den Handlungscharakter der Heili*gung* betonte.

Man kann diese Ethisierung des Heiligkeitskonzepts bei der Opferkritik der Propheten[62] angelegt sehen; sie ist jedoch grundgelegt in Israels erwählungsgeschichtlicher Heiligkeit: Israel ist Gottes erwähltes Volk, das besondere Eigentum des Heiligen (Ex 19,5f). Durch den Bund am Sinai werden der Heilige und sein heiliges Volk Bundespartner. Die theologischen Konzeptionen von Erwählung und Bund bilden die Grundlage der Heiligung des Namens.[63] Erwählungsverpflichtung und Bundesschluß fordern die kultisch-liturgische und ethische Nachfolge Israels auf Gottes Wegen. Die Erwählung zeichnet sich durch die Gabe *und* Aufgabe der Torah aus. Diese wird zum modus vivendi, der die Erfüllung des Gotteswillens, der Gebote (*mitzwot*)[64], verlangt.

Die ethische Engführung des Heiligkeitsprogramms spitzte sich teilweise aus apologetischen Gründen zu. Im Kielwasser des deutschen Idealismus verlagerte das aufgeklärte Judentum den Akzent der Religion auf das Ethische, so beispielsweise Hermann Cohen, und reagierte damit auch auf den christlichen Vorwurf des bloßen Ritualismus und der Äußerlichkeit.[65] In diesem ideologischen Profilierungswettbewerb apostrophiert auch Moritz Lazarus die »Heiligung des Lebens« als das »Ziel der Sittlichkeit«: »Es würde sich – was uns in unserem Zusammenhang allein interessirt – zeigen, daß zwar überall der Gattungsbegriff des Heiligen in zwei Arten desselben, nämlich des älteren culturellen und des jüngeren ethischen, geschieden ist, daß aber bei den Heiden das *ethische* Heilige weit hinter dem anderen zurückgeblieben, daß es nur in Israel nicht blos auf dieselbe, sondern auf eine höhere Stufe gestiegen und damit erst zum wahren und höchsten Begriff der Heiligkeit erhoben worden ist.«[66]

Eine Pointierung des Ethischen und Isolierung vom Liturgischen vollziehen ebenso jene Autoren, die im Vergleich mit dem Christentum die Vorstellung der Heiligung Gottes dem Konzept der »Nachahmung Gottes« gleichsetzen.

Martin Buber thematisiert die Spannung zwischen Nachahmung und Unzugänglichkeit Gottes im Judentum: »Die Nachahmung, nicht des Wunschgebilds, sondern des wirklichen Gottes, und nicht eines menschgestaltigen Mittlers, sondern Gottes selber, ist die zentrale Paradoxie des Judentums. Eine Paradoxie – denn wie vermöchte der Mensch den Unsichtbaren, Unfaßbaren, Gestaltlosen, nicht zu Gestaltenden nachzuahmen?«[67]

Die Idee der Nachahmung Gottes hat ihr biblisches Fundament in der Gottebenbildlichkeit des Geschöpfs (Gen 1,27). Im Sinne der Nachfolge wird die Nachahmung Gottes in der Hebräischen Bibel nur angedeutet (Dtn 10,16–19; 15,12–15; Lev 11,44f).

Aus einem Kontext, der gerade die Dialektik der Annäherung und Unnahbarkeit veranschaulicht, las man in der rabbinischen Tradition die Offenbarung der *13 Middot* Gottes *(Eigenschaften, Attribute, Verhaltensweisen)*. Moses Bitte, Gottes Herrlichkeit zu sehen (Ex 33,18), schlägt Gott aus: »Du kannst mein Angesicht nicht sehen; denn kein Mensch kann mich sehen und am Leben bleiben« (Vers 20). Der Bitte, doch Gottes Weg zu wissen (Vers 13), entspricht Gott kurz in Vers 19 und ausführlich in Exodus 34,6–7: »Der Herr ging an ihm vorüber und rief: Jahwe ist ein barmherziger und gnädiger Gott, langmütig, reich an Huld und Treue: / Er bewahrt Tausenden Huld, nimmt Schuld, Frevel und Sünde weg, läßt aber (den Sünder) nicht ungestraft; er verfolgt die Schuld der Väter an den Söhnen und Enkeln, an der dritten und vierten Generation.« Diese Bibelstelle wurde zu einem theologischen wie liturgischen Kernstück des jüdischen Gottesbildes und zu einem ethischen Kompaß auf dem Weg zur Nachahmung Gottes.

Als deutlichste Aufforderung zur Nachahmung Gottes wird die Heiligkeitsforderung von Levitikus 19,2 aufgefaßt: »Seid heilig, denn ich, der Herr, euer Gott, bin heilig.« Maimonides sah in dieser Weisung kein »Einzelgebot, das in die Auflistung der 613 Gebote des Tuns und Lassens einzugliedern wäre, sondern ein Gebot, alle Gebote zu erfüllen«.[68]

Modifiziert und intensiviert wird der Nachahmungsgedanke vor allem in der Kabbalah und ihrer Lehre von den *Sefirot*, den zehn emanierten Wirkungskräften Gottes, die in wechselseitiger Einwirkung alle »unteren« Geschehnisse bestimmen, jedoch auch von »unten« durch Israels Torahtreue positiv, durch Ungehorsam und Sünde negativ beeinflußt werden.[69]

Die christliche Vorstellung der Heiligen unterscheidet sich grundsätzlich von der jüdischen durch ihre paradigmatische Orientierung an der Person und Lebens- wie Leidensgeschichte Jesu Christi. Als Zeugen der imitatio Dei in der Nachfolge Christi beschreibt Martin Buber *Franz von Assisi*, bei dem der religiösethische Antrieb zur Nachfolge in einem mystischen Angeglichenwerden an Christus überhöht wird.[70] Einfühlsam erfaßt Buber als Kern aller christlichen imitatio eine *Erinnerung*: »das Überliefertwerden eines Gedächtnisses durch die Generationen; daß die Überlieferung das Überlieferte ›mythisiert‹, tut ihrem Kerncharakter keinen Abbruch«[71].

Im Alten Testament fehlt der Terminus des individuellen Heiligen, obwohl seine Gestalt in der Patriarchen-, Propheten- und Märtyrerlegende innerhalb und außerhalb der kanonischen Schriften gegenwärtig ist.[72]

Seit der talmudischen Epoche hat es sich als jüdische Tradition eingebürgert, die Märtyrer als »Heilige« (*kedoschim*) und das Martyrium als »Heiligung des göttlichen Namens« (*Kiddusch HaSchem*) zu bezeichnen. Jakob J. Petuchowski vermittelt den Zusammenhang in prägnanter Kürze: »Nach jüdischer Lehre ist der Mensch verpflichtet, Gott in seinem Leben zu *heiligen* – und nicht nur *in* seinem Leben, sondern auch, wenn es sein muß, *mit* seinem Leben.«[73]

Die abschließenden Gedanken unterstreichen die einleitenden: Die Synonymität von Heiligen und Märtyrern im hebräischen Begriff der *kedoschim* deutet an, daß sich das Heilige in reiner Reflexion und im wissenschaftlichen Diskurs nicht erschließen läßt. Heiligkeit entzieht sich, wie Rudolf Otto formuliert, »aller *Sagbarkeit*«.[74] Vielleicht gründet in dieser Unaussprechbarkeit die innere Allianz des Heiligen mit dem Schweigen und der Stille.[75]

Nur der Seelengrund als tiefster Erkenntnisgrund[76] erhellt das

Heilige. Ein Gottesstreiter der modernen Philosophie, Emile M. Cioran, verlieh dieser Ahnung Ausdruck: »Nicht die Erkenntnis bringt uns den Heiligen näher, sondern das Erwachen der Tränen, die im Tiefsten unseres Wesens schlummern. Nur so und allein durch sie gelangen wir zur Erkenntnis und verstehen, wie man heilig werden kann, nachdem man ein Mensch geworden ist.«[77]

In seiner frühen Schrift *Von Tränen und von Heiligen* (1937) löst Cioran intuitiv den verborgenen Knoten, der die Heiligkeit, die Heilung, den Heiligen und das Martyrium miteinander verknüpft. Das Wesen der Heiligkeit ist Transzendenz, und ihr Wirken ist Transzendieren. Wer die Transzendenz des Heiligen sucht und ersehnt, transzendiert die irdische Existenz und scheut auch nicht deren letzte Transzendenz, den Tod.

»Die Heiligkeit ist ein Überschreiten des kreatürlichen Zustandes. Das Verlangen *in* Gott zu sein harmoniert nicht mehr mit dem Dasein *neben* oder *unter*, das unseren Fall kennzeichnet. ... Und wenn nicht leben, so möchte ich wenigstens *in* Gott sterben. Oder beides miteinander verknüpfen: in Gott *mich lebend begraben*.«[78]

Vom Opfer
zum Selbstopfer oder Gewaltopfer

»Ecce nunc offero te holocaustum Deo.«
PSEUDO-PHILO

»(...) ein Bewohner auf einem Stern 12. Größe, mit einer unbeschränkten Sehkraft ausgerüstet, würde die Erde so erblicken, wie sie vor 4000 Jahren war, als Memphis gegründet wurde und Erzvater Abraham noch auf der Erde wandelte«[1]. So veranschaulichte ein jüdischer Student der Physik im Jahre 1846 das Zeitsystem der Planeten und beschrieb eine Auffassung der Jetzt-Zeit, welche Vergangenheit, Gegenwart und Zukunft zusammenzog und der Gottesauffassung von Zeit annäherte: »Denn tausend Jahre sind für dich (GOTT) / wie der Tag, der gestern vergangen ist, / wie eine Wache in der Nacht« (*Ps 90,4*). Aus dieser sternenfernen Sicht wird die Opferung Isaaks zum gegenwärtigen Geschehen.

Auch Jahrtausende entfernt, ist die plastische Aktualität und Faszination der biblischen Erzählung nicht verblaßt. Die Szene von *Genesis 22* wurde in Kunstwerken aller Epochen immer neu und facettenreich vergegenwärtigt. Die Deutung der *Bindung Isaaks (aqedat Jitzchaq)*, wie sie in der jüdischen Tradition bezeichnet wird, zählt zu den zentralen Vorstellungskomplexen der jüdischen Religion. Von den Kreuzzügen bis zur Schoah und in den Krisen und Kriegen des modernen Staates Israel blieb die Geschichte von Abrahams Sohnesopfer entweder als tröstendes Positiv martyrialer Glaubensstärke oder als kritisches Negativ eines tödlichen Kadavergehorsams präsent.

Wie in einem Brennpunkt sammeln sich in jenem berühmten Fall die Entwicklungsstränge vom heidnischen Menschenopfer, Tier-, Teil- wie Tempelopfer und menschlichen Selbstopfer des Blutzeugen.

Schon Philo setzt in seiner Schrift *De Abrahamo* die Akedah gegen die antiken Kinderopfer ab.[2] Ein Talmud-Gelehrter des 11./12. Jahrhunderts, Rabbenu Efraim ha-Sfardi, deutet bereits an, der verborgene Sinn der Akedah sei das Verbot des Menschenopfers und die Bestätigung des Tieropfers als gottgewollter Ausdruck menschlicher Opferbereitschaft.[3]

Der Zusammenhang zwischen Akedah und Tempelopfer wurde schon im Frühjudentum wahrgenommen. Während im biblischen Hebräisch die Wurzel *aqd* (*binden, fesseln*) in Genesis 22,9 opfertechnisch vorkommt, wird sie im Aramäischen sowohl für Isaak als auch für Ganzopfer häufig verwendet.[4] Das befohlene Menschenopfer[5] und das ersatzweise Tieropfer bezeichnet man als *olah* (*Brandopfer, das ganz verbrannt wird; was vom Altar hinaufsteigt in Feuer und Rauch*) (Gen 22,2.6.7.13).

Der Gedanke des syrischen Philosophen Porphyrius aus dem 3. nachchristlichen Jahrhundert, »daß jedes Tieropfer ursprünglich als Ersatz für ein Menschenopfer galt«[6], machte in der modernen Ethnologie und Kulturanthropologie Karriere und kehrt in der These René Girards wieder, daß »mit der Darbringung von Tieropfern die Gewalt von bestimmten, zu schützenden Individuen abgewendet wird, um sie auf andere Individuen zu richten«[7]. Das Opfer als Sündenbock wird zum »Vehikel der menschlichen Leidenschaften«[8].

Da stellt sich die – freilich psychologistische – Frage, ob durch die Zerstörung des Jerusalemer Tempels auch die opferkultische Katharsis verlorenging, so daß konfliktuelle Beziehungen und Gewalttätigkeiten nicht mehr gegenläufig stellvertretend, sondern nur noch rückläufig versöhnt werden konnten: im Selbstopfer des Menschen.

Doch bevor wir uns in den Reichtum der Traditionen und Thesen zu *Genesis 22* vertiefen, führen wir uns zunächst die biblische Handlung vor Augen. Sie verläuft in äußerster Kürze und Dramatik:

»Nach diesen Ereignissen stellte Gott Abraham auf die Probe. Er sprach zu ihm: Abraham! Er antwortete: Hier bin ich. ²Gott sprach: Nimm deinen Sohn, deinen einzigen, den du liebst, Isaak, geh in das Land Morija, und bring ihn dort auf einem der Berge, den ich dir nenne, als Brandopfer dar.
³Frühmorgens stand Abraham auf, sattelte seinen Esel, holte seine beiden Jungknechte und seinen Sohn Isaak, spaltete Holz zum Opfer und machte sich auf den Weg zu dem Ort, den ihm Gott genannt hatte.

⁴Als Abraham am dritten Tag aufblickte, sah er den Ort von weitem. ⁵Da sagte Abraham zu seinen Jungknechten: Bleibt mit dem Esel hier! Ich will mit dem Knaben hingehen und anbeten; dann kommen wir zu euch zurück. ⁶Abraham nahm das Holz für das Brandopfer und lud es seinem Sohn Isaak auf. Er selbst nahm das Feuer und das Messer in die Hand. So gingen beide miteinander. ⁷Nach einer Weile sagte Isaak zu seinem Vater Abraham: Vater! Er antwortete: Ja, mein Sohn! Dann sagte Isaak: Hier ist Feuer und Holz. Wo aber ist das Lamm für das Brandopfer? ⁸Abraham entgegnete: Gott wird sich das Opferlamm aussuchen, mein Sohn. Und beide gingen miteinander weiter.
⁹Als sie an den Ort kamen, den ihm Gott genannt hatte, baute Abraham den Altar, schichtete das Holz auf, fesselte seinen Sohn Isaak und legte ihn auf den Altar, oben auf das Holz. ¹⁰Schon streckte Abraham seine Hand aus und nahm das Messer, um seinen Sohn zu schlachten. ¹¹Da rief ihm der Engel des Herrn vom Himmel her zu: Abraham, Abraham! Er antwortete: Hier bin ich. ¹²Jener sprach: Streck deine Hand nicht gegen den Knaben aus, und tu ihm nichts zuleide! Denn jetzt weiß ich, daß du Gott fürchtest; du hast mir deinen einzigen Sohn nicht vorenthalten. ¹³Als Abraham aufschaute, sah er: Ein Widder hatte sich hinter ihm mit seinen Hörnern im Gestrüpp verfangen. Abraham ging hin, nahm den Widder und brachte ihn statt seines Sohnes als Brandopfer dar. ¹⁴Abraham nannte jenen Ort Jahwe-Jire (der Herr sieht), wie man noch heute sagt: Auf dem Berg läßt sich der Herr sehen.
¹⁵Der Engel des Herrn rief Abraham zum zweitenmal vom Himmel her zu ¹⁶und sprach: Ich habe bei mir geschworen – Spruch des Herrn: Weil du das getan hast und deinen einzigen Sohn mir nicht vorenthalten hast, ¹⁷will ich dir Segen schenken in Fülle und deine Nachkommen zahlreich machen wie die Sterne am Himmel und den Sand am Meeresstrand. Deine Nachkommen sollen das Tor ihrer Feinde einnehmen. ¹⁸Segnen sollen sich mit deinen Nachkommen alle Völker der Erde, weil du auf meine Stimme gehört hast.
¹⁹Darauf kehrte Abraham zu seinen Jungknechten zurück. Sie machten sich auf und gingen miteinander nach Beerscheba. Abraham blieb in Beerscheba wohnen.« *(Einheitsübersetzung)*

Man liest diese Verse wie gebündelte Regieanweisungen eines Bühnendramas: ein expressionistischer Erzählstrang ohne Effekte, die Fabel, reduziert auf die Grund- und gleichzeitig Grenzsituationen, eine Dialogik wie im Stummfilm. Nur wenige Worte fallen, einsilbig, verhalten, wiederholen sich, skandieren die Anspannung: »Abraham! Abraham!«, die Anrufung seines Namens, und Abrahams Antwort »hinneni« (»Hier bin ich!«). In der bohrenden Konzentration auf das äußerste Ereignis, in der Sprachlosigkeit angesichts des drohend Unaussprechlichen kulminiert die Dramatik von *Genesis 22*.

Nicht zufällig konfrontiert Erich Auerbach in seiner klassischen Studie *Mimesis* die homerische Episode im 19. Gesang der *Odyssee, Die Narbe des Odysseus*, mit der alttestamentlichen Erzählung vom Abrahamsopfer. Keine größeren Stilgegensätze lassen sich vorstellen als zwischen diesen beiden antiken, epischen Texten, einerseits dem homerischen und andererseits dem biblischen: »Auf der einen Seite ausgeformte, gleichmäßig belichtete, ort- und zeitbestimmte, lückenlos im Vordergrund miteinander verbundene Erscheinungen; ausgesprochene Gedanken und Gefühle; mußevoll und spannungsarm sich vollziehende Ereignisse. Auf der anderen Seite wird nur dasjenige an den Erscheinungen herausgearbeitet, was für das Ziel der Handlung wichtig ist, der Rest bleibt im Dunkeln; die entscheidenden Höhepunkte der Handlung werden allein betont, das Dazwischenliegende ist wesenlos; Ort und Ziel sind unbestimmt und deutungsbedürftig; die Gedanken und Gefühle bleiben unausgesprochen, sie werden nur aus dem Schweigen und fragmentarischen Reden suggeriert; das Ganze, in höchster und ununterbrochener Spannung auf ein Ziel gerichtet, und insofern viel einheitlicher, bleibt rätselvoll und hintergründig.«[9] So lehrt die Betrachtung der biblischen Erzählung, »daß das Wort sich noch weiter und tiefer anwenden läßt«[10]. Im Gegensatz zum homerischen Realismus gilt für den biblischen Text: »Alles bleibt unausgesprochen.«[11]

Gerade die Offenheit des Textes birgt die Komplexität des Geschehens und der zentralen Gestalten. Die reiche Deutungs- und Wirkungsgeschichte dieses Kapitels von der Antike bis zur Moderne spricht für den ästhetischen, psychologischen und theologischen Reiz dieser nüchternen neunzehn Verse.

Die rabbinische Auslegungskunst wie die christliche Exegese lasen zwischen den Zeilen und meditierten die Leerstellen der Schrift; doch selbst Luther schränkte seinen Kommentar bescheiden ein, wenn »in der Auslegung nicht alles nach seiner Würde«

von ihm behandelt worden wäre, sollte man es seinem »geringen Verstand zurechnen«[12].

Die Vorstellungskraft der Dichter, Maler und Bildhauer versuchte das biblisch Ungesagte abzulauschen, aufzuspüren, zu ertasten, aber (wie Kierkegaard mahnte) Abraham wird von keinem Dichter erreicht«[13].

Was dachte, fühlte Abraham angesichts des göttlichen Befehls, beim Abschied von Sarah, während seiner dreitägigen Reise, auf dem gemeinsamen Weg mit Isaak zur Opferstätte, in jenem beklemmenden Augenblick, als er seinen Sohn auf den Altar band und das Schlachtmesser erhob? Wie empfand Isaak in den Stunden der Ungewißheit, in den Minuten der Todesangst und des Schreckens über den väterlichen Entschluß, in den Jahren nach jenem erschütternden Lebenseinschnitt?

Diese Fragen haben Künstler und Gelehrte immer wieder in ihren Bann gezogen.

Sören Kierkegaards Schrift *Furcht und Zittern* spielt verschiedene psychologische Stimmungsbilder durch, die das biblische Geschehen farbig und vielschichtig ausmalen. Ein Mann, kein Denker, kein gelehrter Schriftausleger, so leitet der Autor die Variationen seines Themas ein, kennt nur noch »einen einzigen Wunsch: Abraham zu sehen, ein einziges Verlangen: Zeuge gewesen zu sein bei jener Begebenheit. (...) Sein Trachten war, mit dabei zu sein die drei Tage der Reise, als Abraham dahinritt, das Leid vor sich, und Isaak an der Seite. Sein Wunsch war, zugegen zu sein in der Stunde, da Abraham aufhob, sein Auge und den Berg Morija von ferne sah, in der Stunde, da er die Esel zurückließ und ging, alleine mit Isaak, hinauf auf den Berg; denn was ihm zu schaffen machte, es war nicht das kunstreiche Gespinst der Einbildungskraft, sondern der Schauer des Gedankens.«[14] In vier verschiedenen Einblendungen leuchtet er die Szene von Morijah aus. Da ist ein Abraham, der vorgibt, ein launischer und unbarmherziger Götzendiener zu sein, damit Isaak besser den Glauben an seinen irdischen als an seinen göttlichen Vater verliere. Ein Abraham, der stumm die Scheite zum Brande schichtet, den gotterwählten Widder entdeckt und opfert, doch von diesem Tag an, da Gott solches von ihm forderte, alt und freudlos wird. Da reitet ein Abraham aus, ruhelos, zerrissen und reumütig, er kann nicht begreifen, daß es Sünde war, den einzigen Sohn, das Beste, Gott opfern zu wollen, und wenn es dann doch Sünde war, wie solche jemals verziehen werden könne. Und schließlich, ein Abraham, er wendet sich ab und zieht das Messer, doch Isaak sieht, wie Abrahams Linke sich in Verzweiflung krampft, und er verliert den Glauben. »So und auf mancherlei ähnliche Weise dachte der Mann, von dem wir reden, über diese Begebenheit nach. Jedesmal, daß er von einer Wanderung zum Morijaberge heimgekehrt war, sank er müde zusammen, faltete seine Hände und sprach: ›Keiner war doch groß wie Abraham, wer wäre imstande, ihn zu verstehen?‹«[15]

Kierkegaard will nicht, daß die Gestalt und Geschichte Abrahams verständlicher werde, sondern daß »die Unverständlichkeit vielseitiger und beweglicher würde«[16]. In einen Helden der Weltgeschichte vermag sich der Erzähler hineinzudenken, doch nicht in Abraham, dessen Paradox er allein mit staunendem Schweigen entgegnet.[17] Schon Kierkegaards Pseudonym, der die Schrift 1843 als *Dialektische Lyrik von Johannes de Silentio* der Öffentlichkeit vorstellte, spricht es tiefgründig aus. Johannes vom Schweigen erinnert an die Gestalt des treuen Johannes in Grimms Märchen, der zu Stein wird, weil er gegen das Schweigegebot verstößt und das seinen Herrn rettende Geheimnis ausspricht. Verstummen und versteinern würde Johannes de Silentio, rührte er an das letzte Geheimnis des Religiösen.[18]

In einer Folge von Problemata versucht der Philosoph, das Dialektische aus der Geschichte von Abraham herauszuziehen, um aufzuzeigen, »was für ein ungeheuerliches Paradox der Glaube ist, ein Paradox, welches einen Mord zu einer heiligen, Gott wohlgefälligen Handlung zu machen vermag, ein Paradox, das Isaak Abraham wiedergibt, – etwas, dessen sich kein Denken bemächtigen kann, weil der Glaube eben da beginnt, wo das Denken aufhört«[19]. Abrahams Verhältnis zu Isaak bezeugt, ethisch ausgedrückt, daß ein Vater seinen Sohn mehr als sich selbst lieben soll, doch wird hier das Ethische teleologisch suspendiert, denn als Einzelner ist Abraham höher geworden als das Allgemeine.[20] Das Paradox wirkt das Wesen des Glaubens und des Opfers und ist in ethischen Kategorien nicht mehr zu vermitteln: »Die absolute Pflicht kann also einen dahin bringen, das zu tun, was die Ethik untersagen würde, aber keineswegs kann sie den Glaubensritter dahin bringen, die Liebe fahren zu lassen. Das zeigt Abraham. In dem Augenblick, da er Isaak opfern will, ist der ethische Ausdruck für das, was er tut: er haßt Isaak. Aber haßte er Isaak wirklich, so kann er ruhig darüber sein, daß Gott es nicht von ihm verlangt; denn Kain und Abraham sind nicht eins und dasselbe. Isaak muß er lieben von ganzer Seele; und wie Gott ihn heischt, muß er Isaak womöglich noch mehr lieben, und nur dann kann er ihn *opfern*; denn allein seine Liebe zu Isaak mit ihrer paradoxen Widerspannung gegen seine Liebe zu Gott macht sein Tun zu einem Opfer. Aber das ist die Not und die Angst, die im Paradox liegt, daß er, menschlich gesprochen, sich schlechterdings nicht verständlich zu machen vermag. Nur in dem Augenblick, wo sein Tun ein absoluter Widerspruch zu seinem Gefühle ist, nur in ihm opfert er Isaak, aber mit der Wirklichkeit seines Tuns gehört er dem Allgemeinen an, und hier ist und bleibt er ein Mörder.«[21] Für Kierkegaard ist Abraham kein tragischer Held, er ist entweder, ethisch gesehen, ein Mörder oder, religiös betrachtet, ein Glaubender, aber er entzieht sich dem Begreifen und öffnet sich doch – »in einem bestimmten unsinnigen Sinne mehr als alle andern«[22] der Bewunderung.

Widerspenstig setzte sich Franz Kafka mit Kierkegaards Abraham-Deutung auseinander. Wie seine Äußerungen aus den Jahren 1913, 1918 und 1921 bezeugen[23], wandelt sich Kafkas Beziehung zu Kierkegaard von freundschaftlich empfundener Nähe in ironischen Abstand. In einem Brief an Max Brod, Anfang März 1918, wendet Kafka gegen Kierkegaards »Positivität ins Ungeheuerliche« ein, »daß sie sich zu hoch versteigt; den gewöhnlichen Menschen (...) sieht er nicht und malt den ungeheuren Abraham in die Wolken«[24]. Für Kafka ist Kierkegaard zu idealistisch, dem gewöhnlichen und realen Leben fern und entfremdet. Nicht eine besondere Berufung, die plötzlich ins Alltägliche einbricht, sondern den niedrigen Alltag selbst betrachtet Kafka als das eigentliche Existenzproblem.[25]

In einem *Brief an Robert Klopstock* im Juni 1921 kehrt Kafka zu Kierkegaards Abraham-Bild zurück und setzt ihm die böswillige Karikatur eines Abraham und eines Isaak entgegen: »der widerliche alte Mann und sein Kind, der schmutzige Junge. Ihm fehlt nicht der wahre Glaube, diesen Glauben hat er, er würde in der richtigen Verfassung opfern, wenn er nur glauben könnte, daß er gemeint ist. Er fürchtet, er werde zwar als Abraham mit dem Sohne ausreiten, aber auf dem Weg sich in Don Quixote verwandeln. Über Abraham wäre die Welt damals entsetzt gewesen, wenn sie zugesehen hätte, dieser aber fürchtet, die Welt werde sich bei dem Anblick totlachen. Es ist aber nicht die Lächerlichkeit an sich, die er fürchtet – allerdings fürchtet er auch sie, vor allem sein Mitlachen – hauptsächlich aber fürchtet er, daß diese Lächerlichkeit ihn noch älter und widerlicher, seinen Sohn noch schmutziger machen wird, noch unwürdiger, wirklich gerufen zu werden. Ein Abraham, der ungerufen kommt!«[26] Abraham, der berufene Held, ist nicht mehr von Don Quixote, dem eingebildeten Narren, zu unterscheiden und der gleichen tödlichen Gefahr ausgesetzt, die die Helden des Kafkaschen Spätwerks trifft: dem Zu-Tode-Lächeln.

Der scheinbare Widersinn von Abrahams Opfer, bei Kierkegaard noch klares Paradoxon des Glaubens, zerrinnt bei Kafka in einem wetterwendischen Sarkasmus, in dem Sinn und Widersinn unberechenbar umschlagen und das Diabolische das Ethische suspendiert. »Es ist so wie wenn der beste Schüler feierlich am Schluß des Jahres eine Prämie bekommen soll und in der erwartungsvollen Stille der schlechteste Schüler infolge eines Hörfehlers aus seiner schmutzigen letzten Bank hervorkommt und die ganze Klasse losplatzt. Und es ist vielleicht gar kein Hörfehler, sein Name wurde wirklich genannt, die Belohnung des Besten soll nach der Absicht des Lehrers gleichzeitig eine Bestrafung des Schlechtesten sein.«[27] Während Kierkegaard die Problematik des Abraham-Opfers als Mysterium, dem Menschen unverstehbar und nicht mitteilbar, verklärt, entlarvt Kafka sie in einem vernichtenden Zynismus als schnöden Hörfehler. Seltsam, daß diese wohl prosaischste Überführung eines theologischen Rätsels als schlichtes Mißverständnis bereits in einer rabbinischen Deutung beiläufig anklingt. Doch Kafka bringt auch die Möglichkeit des akustischen Irrtums sogleich in Schwebe, kehrt sie in den Verdacht eines planmäßigen Sadismus von höherer Instanz um und entdeckt aus der Sicht *von unten* jenen quälerischen Mechanismus einer Pädagogik *von oben*: die Vernichtung des einen, in

Kafkas Allegorie das tötende Spottgelächter, das auf bizarre Weise die Etymologie des Namens Isaak – *jizchak: man lacht*[28] – assoziiert, dient der Erhöhung des anderen, dem Kierkegaard noch seine *Lobrede* dichtete, ohne mit Kafkas gnadenloser Geistesschärfe zu erfassen, daß das Lob des Erhabenen zu Lasten und auf Kosten des Erniedrigten geht.

Noch vielseitiger und beweglicher werden Verständlichkeit wie Unverständlichkeit des Abraham-Opfers durch die diversen künstlerischen Darstellungen des Sujets.[29] Auf den Fresken der Synagoge in Dura Europos um 200 n. Z. und in dem Fußbodenmosaik der Synagoge von Bet-Alfa *(Abb. 1)*, erste Hälfte des 6. Jahrhunderts n. Z., erscheint das Motiv zum ersten Mal in der jüdischen Kunst. Die frühesten christlichen Abbildungen finden sich in der vorkonstantinischen Priscillakatakombe, der Calixtuskatakombe aus dem 3. Jahrhundert[30] und in der 1955/56 entdeckten Katakombe der Via Latina in Rom, die um die Mitte des 4. Jahrhunderts entstand[31].

Vor allem der dramatisch realistische Typus, der den Höhepunkt der Handlung bevorzugt, fand in der byzantinischen und abendländischen Kunst weite Verbreitung.[32] Kaum einer der großen Meister ließ das ausdrucksstarke Motiv unbeachtet.[33]

Rembrandt hat mehrfach Motive und Momente von Genesis 22 in wechselnder Optik und Technik festgehalten.

Eine Radierung aus dem Jahre 1645 stellt das Gespräch zwischen Abraham und Isaak dar *(Abb. 2)*. Auf der Anhöhe der Opferstätte stehen sich der alte Mann und das Kind gegenüber. Abraham, mit dem Schlachtmesser gegürtet, erhebt eine Hand mit himmelwärts weisendem Zeigefinger und greift mit der anderen Hand an sein Herz, hinter ihm das Kohlebecken. Isaak umfaßt das Holzbündel, seinen Blick verschleiern schwarze Schatten, stumm und versteinert steht er am Abgrund vor einem unruhig schraffierten, dunklen Himmel.

Das in der Bibel stumme oder verschwiegene Gespräch zwischen Vater und Sohn an der Opferstätte malte schon Luther in seiner Genesis-Exegese mit Worten aus[34], doch schrieb er solch redselige Disputationslust eher der Phantasie der Leserschaft zu als dem still schweigenden Abraham der Bibelperikope, »der sich entweder nicht getraut, solche Dinge auszureden (denn sie sind an sich selbst viel zu groß, denn daß sie sich mit Worten sollten beschreiben lassen), oder aber hat es vor Weinen nicht schreiben können«[35].

Vier weitere Darstellungen Rembrandts zeigen die Opferung Isaaks, im letzten Augenblick verhindert durch das Eingreifen des Engels.

Das Gemälde von 1635 *(Abb. 3)* schildert die Szene der Opferstätte in wilder Dynamik und pathetischer Lichtemphase à la Caravaggio. Serpentinenhaft verschlungen gliedern die drei konvulsivisch bewegten Gestalten übergangslos die Bildfläche. Grelle Lichtakzente leuchten punktuell die Handlungsfolge aus: da ist die eingreifende Hand des Engels, die Abrahams rechtes Handgelenk faßt und das Schlachtmesser aus seinem Griff löst, das gottväterliche Antlitz Abrahams und schließlich die linke Hand des Patriarchen, die das Gesicht des Sohnes brutal niederdrückt. Isaaks Kehle und sein nackter Oberkörper, torsohaft gebeugt und gebogen, reflektieren das göttliche Licht des Engels, kompositorisch an der Bildachse von Dolch und Schaft gespiegelt. Eine zweite Version dieses Werks, die mit »Rembrandt verandert. En overgeschildert« signiert und 1636 datiert ist *(Abb. 4)*, unterscheidet sich prima vista nur unauffällig. Doch im finsteren Felsmassiv des Hintergrunds zeichnet sich nun merklich ein Widder ab, dessen blutunterlaufenes Auge auf Isaak gerichtet ist. So fängt diese Szene jene subtile Spannung ein, die zwischen dem 12. und 13. Vers von Genesis gipfelt: Im Erscheinen des Engels und im Auftauchen des Opfertiers, vertikal wie horizontal, bricht das zentrale Moment des Rettenden durch.

Zur selben Malerschule zählt das Gemälde des Holländers Gabriel Metsu (1629–1667) *(Abb. 5)*. Nur fächert sich hier das Geschehen nicht stufenartig auf, sondern wird auf den Augenblick des zitternden Zögerns beschränkt. Nichts lenkt von den einsamen Gestalten des Vaters und des Sohnes ab. Der Körper des elegisch dahingestreckten Jünglings leuchtet in verklärtem Licht. Abrahams Erscheinung bleibt dezent im Hintergrund, mit abgewandtem Blick und zaudernd zurückgehaltener Hand, versöhnt sich seine mönchisch anmutende Erscheinung mit dem dunklen Braun des Holzscheits und des Himmels, der am Horizont rötlich entflammt.

1655 fängt Rembrandt dieselbe Szene in einer Bleistiftskizze ein *(Abb. 6)*. Die Flüchtigkeit der Striche verrät die Sicherheit des Entwurfs, der perspektivisch von der linken unteren Ecke des Blattes angelegt ist. Wie aus einem Versteck beobachtet der Betrachtende von hinten den alten Mann mit eingeknickten Knien, greisenhaft gebeugt über die Gestalt seines erwachsenen Sohnes, der sich mit angewinkelten Beinen und herabhängendem Kopf auf der kleinen Opferstätte zusammenkauert. Mit groben, schräg einfallenden Strichen bricht ein schemenhaft angedeuteter Engel in das Bildgeschehen ein.

Im selben Jahr (1655) nimmt Rembrandt das Motiv in einer filigranen Radierung auf *(Abb. 7)*. Hier umfängt der Engel mit den schützend ausgebreiteten Flügeln den alten Mann, zu einer Bildeinheit verschmelzend. Mit der linken Hand hält der Himmelsbote Abrahams Linke zurück, die das Schlachtmesser führt, mit der rechten Hand faßt er Abrahams Rechte, die Isaaks Augen schonend verdeckt. Der Knabe kniet und schmiegt seinen Kopf ergeben an den Körper des Vaters. Ein fast geometrisch gezogener Lichtstrahl vom Himmel trifft die einhaltende Hand des Engels und hebt die rettende Geste hervor.

Rembrandts augenfällige Vorliebe für jüdisch-religiöse und alttestamentliche Themen untersuchte Anna Seghers in ihrer kunsthistorischen Dissertation, die sie 1924 noch unter ihrem bürgerlichen Namen Netty Reiling vorlegte. Seine Darstellungen des Abrahamopfers ließ sie leider außer acht, obwohl gerade dieses Motiv in den verschiedenen Genres zwei Grundzüge seiner Stoffauswahl und Zielrichtung unterstreicht, welche die Verfasserin herausstellt: Verkörpert werden der Mann als Greis, der Vater und Patriarch, und »eine besondere Art von Jünglingen, die halbwüchsigen Knaben, die reinen und erwartungsvollen«[36]: *Genesis* 22 verbindet die beiden bevorzugten Modelle Rembrandts. Auch seinem psychologischen Interesse trägt die Szene Rechnung. Beobachtet die Autorin doch, daß Rembrandt »nicht eigentlich leidende Menschen, sondern von einem plötzlichen oder sonderbaren Unglück betroffene« darstellt: »Er braucht Gesichter, in denen Leid oder Freude aufzuckt und in denen also der Künstler den Moment der Erregung, nicht aber den Zustand der leidenden Seele festhält.«[37] Rembrandts künstlerisches Augenmerk auf das Abrahamopfer unterläuft sogar Netty Reilings These, das Heldische und Aktive verschließe sich seiner Grundstimmung und seine Neigung zu jüdisch-religiösen Themen entspreche daher gerade nicht der calvinistischen Religiosität: »Die Auswahl seines jüdischen Stoffes müßte vornehmlich auf solche Themen gerichtet sein, welche ihre Voraussetzung im Calvinismus hätten, die Themen, welche gerade das Alte Testament zu *dem* Buch des calvinistischen Geistes gemacht haben – enthielt es doch jenen Kern, der Cromwell dazu trieb, sich und seine Soldaten als eine Schar von Makkabäerjünglingen zu bezeichnen, den Geist des Heroischen, der die Widerstände zunichte macht, sich mit Gott auseinandersetzt, die Feinde schlägt.«[38] Doch genau diesen heroischen Glaubensmut thematisiert Rembrandt mehrmals in der Morijah-Szene, ob aus Nähe zum Calvinismus oder zum Judentum in den Niederlanden, *das* bleibt offen.

In der Malerei kreisen die meisten Darstellungen zu *Genesis 22* wie Rembrandts spätere Bilder um den Höhepunkt des Geschehens: die auf dem Berg Morijah lokalisierte Opferhandlung.[39] Die Rollenverteilung scheint ebenso eindeutig wie festgelegt: Abraham ist das Subjekt, Isaak das Objekt der Handlung. Nur das Alter des Sohnes variiert: einmal Kind, dann Adoleszent, dort ein erwachsener Mann.

Die philosophischen und theologischen Kommentare zu *Genesis 22* vertiefen die biblische Lektüre, indem sie ganz neue, überraschende Schlaglichter auf Hintergründe, Zusammenhänge und Personen werfen.

In der zwischentestamentlichen Zeit wird die Schilderung von *Genesis 22* ohne wesentliche Erweiterungen und Änderungen aufgegriffen. Das *4. Makkabäerbuch 16,20.25* preist die makkabäischen Märtyrer, Hananja, Asarja und Mischael; Eleasar; die Mutter und ihre sieben Söhne, und lobt den gottesfürchtigen Völkervater Abraham und seinen furchtlosen Sohn Isaak als heldenmütig duldsame Vorbilder der Gottergebenheit und als Kronzeugen eines eschatologisch beseelten Martyriums: »zumal sie auch wußten, / daß, wer für Gott stirbt, auch bei Gott lebt, / wie Abraham, Isaak und Jakob samt allen andern Erzvätern«.[40] Im *Jubiläenbuch (Kleine Genesis) 18,1ff* wird *Genesis 22* getreulich nacherzählt, mit Akzent auf Abrahams Gottvertrauen.[41]

Ebenso betont Flavius Josephus in den *Antiquitates* Abrahams grenzenlosen Gehorsam und seine fromme Ergebenheit, die Gott gnädig lohnt.[42]

Die rabbinische Literatur entwickelt verschiedene Lesarten des Kapitels[43], welche die Dialektik des Opfergeschehens verdeutlichen und aus einem Schwarzweiß-Kontrast von Handlungssubjekt und -objekt lösen. Aus wechselnden Blickwinkeln sichtet man verschiedene Opfer:
Abrahams Opfer, Isaaks Selbst-Opferung, Sarah als Opfer.

Die künstlerischen Spiegelungen des Themas weisen weitgehend Abraham als Protagonisten des Geschehens aus und gaben damit die biblische Rangfolge der Personen wieder, die sich jedoch nach überlieferungsgeschichtlicher Prüfung möglicherweise anders gestaltet.

Schon Julius Wellhausen erkannte in einer Anmerkung der *Prolegomena zur Geschichte Israels* (1883) die ursprüngliche Priorität der Isaak-Überlieferung und die alttestamentliche Tendenz,»Abraham zum Erzvater par excellence zu machen und die anderen zu verdunkeln«[44]. Nach Herbert Schmids Einschätzung dienen in Genesis 26 zum Beispiel alle Erwähnungen Abrahams der Unterordnung Isaaks unter seinen Vater, und diese Unterordnung verrät »die einstige Eigenständigkeit der Isaak-Überlieferung, auch wenn Gen 26 eine redaktionelle Komposition ist«[45].

In der frühjüdischen Tradition hingegen tritt Isaak, Opfer als Objekt und Subjekt, in den Vordergrund, womit eine frühere Traditionsschicht neu belebt wurde.[46] Der traditionelle Titel der Erzählung lautet *aqedat Jitzchaq, die Bindung Isaaks*. Nach Stembergers Urteil geht die Verschiebung des Interesses von Abraham auf Isaak in die frührabbinische Zeit zurück und ist zu Beginn der amoräischen Periode schon vollzogen.[47]

In der jüdischen Exegese und Religionsphilosophie des Mittelalters verlagert sich erneut der Akzent im Ensemble der biblischen Akteure. Abraham dominiert wieder als Zentralfigur die Szene, die Isaak zum Instrument des Geschehens herabstuft. Dem wachsenden Interesse für Abraham in der mittelalterlichen jüdischen Auslegung der Akedah-Erzählung korreliert die schwindende Aufmerksamkeit für die Person und Handlungsweise des Isaak gemäß rabbinischer Tradition.[48]

Worüber ein Alttestamentler am Ende des 2. nachchristlichen Jahrtausends sinniert, über die augenfällige Bereitwilligkeit Isaaks[49], meditierten schon jüdische Denker seit der Zeitenwende und fanden ihre Lösung im Alter Isaaks, das bei unterschiedlicher Zählung doch immer einen Erwachsenen vorstellte.

Das Lebensalter Isaaks wird im allgemeinen daraus abgeleitet, daß Sarah ihn in ihrem 90. Jahr empfangen hat und im Alter von 127 Jahren starb, nach haggadischer Tradition bei der Fehlnachricht von Isaaks Opfertod. Demnach zählte Isaak 37 Jahre bei der Akedah.

Pirke de Rabbi Eliezer 31 wie das Gedicht der vier Nächte im *Targum Pseudojonathan* und *Targum Neofiti* geben das Alter Isaaks bei der Bindung mit 37 Jahren an.[50] Abweichende Berechnungen bieten Flavius Josephus in den *Antiquitates* (25 Jahre)[51] und *Jubiläenbuch 15,1* und *17,15* (23 Jahre)[52]. Philo, *De Abrahamo 176*, nennt Isaak vage *hyios* (Sohn) bzw. *pais* (Knabe).[53]

Isaaks Mannesalter wird in einem Streit zwischen Isaak und Ismael thematisiert, wer von beiden beliebter und bewährter sei. Als Maßstab dient das Alter der Beschneidung und damit der unterschiedliche Bewußtseinsgrad an Freiwilligkeit und erlittenem Schmerz.

In der kurzen Fassung des Streitmotivs im *Babylonischen Talmud, Synhedrin 89b*, heißt es nach den Worten des Ismael zu Isaak, er sei bedeutender als Isaak, da er nicht schon mit acht Tagen beschnitten worden sei, sondern erst mit dreizehn Jahren, also freiwillig. Isaak antwortet ihm darauf: »Du neckst mich wegen des eines Gliedes, ich aber würde, wenn der Heilige, gepriesen sei er, mich auffordern sollte, mich für ihn schlachten zu lassen, auch dies tun. Hierauf: da versuchte Gott Abraham.«

Der Midrasch *Genesis Rabbah 55,4 zu Genesis 22,1* führt das Gespräch der Brüder aus: Ismael erklärt, als Dreizehnjähriger den Schmerz der Beschneidung ohne Sträuben ertragen zu haben, während Isaak, in seiner frühen Kindheit beschnitten, nicht einmal die Chance des bewußten Widerstandes erfahren habe. Zweifach begegnet Isaak dem Vorwurf mit der Bereitschaft zum Selbstopfer im reifen Mannesalter: »Dir kostete es nur drei Blutstropfen, ich bin aber 37 Jahre alt, wenn Gott jetzt von mir verlangte, mich schlachten zu lassen, ich würde mich nicht weigern.«[54] Isaak, der Mündige, avanciert in der rabbinischen Tradition zum Willenssubjekt des Geschehens: Nicht in Abrahams Opfer, sondern in Isaaks Bereitschaft zur Selbstopferung liegt Ursprung und Erfüllung der göttlichen Probe: »Obgleich bei ihm die Selbstopferung nicht zum Vollzuge kam, so wurde sein Wille doch als That genommen (...)«*(GenR 55,5 zu Gen 22,1).*[55]

Im Gegenzug zur biblischen Aussage unterstreicht die haggadische Tradition die Freiwilligkeit und Mündigkeit des opfernden Isaak bei seiner Bindung auf den Opferaltar. Um eine mögliche Reflexbewegung und daraus folgende Opferuntauglichkeit auszuschließen, verlangt Isaak, gebunden zu werden. In diesem Kontext veranschlagt *Genesis Rabbah 56,8 zu Genesis 22,12* Isaaks Alter auf 37 oder 26 Lebensjahre: »In dem Augenblicke, als Abraham seinen Sohn Jizchak binden wollte, sprach dieser: Vater, ich bin jung und ich fürchte, wenn ich das Messer sehe, mein Körper möchte vor Schrecken zittern; da würde ich dir Leid verursachen, indem das Schlachten nutzlos und das Opfer mißraten würde, binde mich recht fest! Darauf heißt es: Er band den Jizchak, und das kann doch bei einem Manne von 37 oder 26 Jahren nur mit seiner Zustimmung geschehen.«[56]

Die jüdischen Kommentare des Mittelalters distanzierten sich teilweise, entsprechend ihrer Betonung der Abraham-Gestalt, von der rabbinischen Berechnung der Mündigkeit Isaaks. Der spanische Dichter und Exeget Abraham ibn Esra (1089–1164) stellt der rabbinischen Tradition eines zur Zeit der Akedah 37jährigen Isaak seinen Entwurf eines 13jährigen Isaak entgegen, der körperlich entwickelt, aber geistig noch unselbständig war.[57] Wenn nachfolgende Exegeten der Isaak-Gestalt Erkenntnis und bewußte Teilhabe an der Opferung zugestehen, ordnen sie diese Attribute doch immer der Handlungsführung der Hauptfigur Abraham unter. Isaaks Opferbereitschaft erlangt in der jüdischen Literatur des Mittelalters nie die eigenständige und zentrale Größe wie in den Auslegungen der Midraschim und Talmudim.[58]

In der rabbinischen Tradition stellt eine andere Begründung der göttlichen Probe wiederum Abraham in den Vordergrund. Um die Prüfung des Frommen zu rechtfertigen, flicht *Genesis Rabbah* in die Deutung der zehnten Versuchung Abrahams[59] die drei Gleichnisse vom Flachshändler, der nur guten Flachs schlägt; vom Töpfer, der nur ausgewählte und nicht schadhafte Tongefäße klopfend prüft; vom Hausherrn, welcher der kräftigen, nicht der schwachen Kuh das Joch auferlegt: »Ebenso prüft Gott nur die Frommen d. i. solche, wie Abraham einer war«*(GenR 55,2–3 zu Gen 22,1).*[60]

Nach *Genesis Rabbah* empfindet Abraham die Schuldigkeit, ein Dankesopfer für die Gnade des späten Kindersegens zu bringen.

Genesis 22,2 (»*Nimm deinen Sohn, deinen einzigen, den du liebst...*«) wird von den Rabbinen auf unerwartete Weise problematisiert, insofern nicht der göttliche Befehl als solcher, sondern die Wahl des Objekts erörtert wird: »*Und er sprach: Nimm deinen Sohn* d. i. er sprach: ich bitte dich darum. Abraham entgegnete: Ich habe zwei Söhne, welchen von ihnen? Gott sprach: Deinen einzigen. Abraham sprach: Der eine ist einzig für seine Mutter und der andere ist einzig für seine Mutter. Gott sprach: Den du lieb hast. Abraham sprach: Giebt es denn Grenzen in meinem Innern (ich habe einen so lieb wie den andern)? Gott sprach: Den Jizchak. Warum offenbarte er es ihm nicht gleich? Um ihn in seinen Augen lieb zu machen und ihm für jedes Wort Lohn zu geben«*(GenR 55,7 zu Gen 22,2).*[61]

Eine metaphorische Erweiterung in *GenR 56,3 zu Gen 22,6* interessiert im Blick auf die christliche Typlogie des Isaak als Christus: »Und Abraham nahm das Opferholz wie einer, der sein Kreuz auf seiner Schulter trägt.«[62]

Die Sprachformel des ›Kreuz-Tragens‹, die neutestamentlich mehrfach belegt ist (*Mt 10,38; Lk 14,27; Mk 8,34; Mt 16,24; Lk 9,23*) und in der christlichen Tradition staurologisch verdichtet wurde, war sprachliches Gemeingut der frühjüdischen Zeit. Die Kreuzigung Jesu wurde schließlich zum herausragenden Beispiel einer verbreiteten römischen Hinrichtungsart, der auch viele Zeloten im freimütigen und furchtlosen Glaubensbekenntnis zum Opfer fielen.[63]

Die Deutung gewann jedoch Bedeutung für die christliche Typologie. Die Symbolik variiert bei den Kirchenvätern: Für Melito ist der Widder Sinnbild Christi, der von den Fesseln befreite Isaak Symbol der erlösten Menschheit. Bei Irenäus steht der holzertragende Isaak für die Kreuz tragenden Christen.[64]

In der bildenden Kunst zeigt sich das Opfer Isaaks als Vorbild für den Opfertod Christi seit frühbyzantinischer Zeit. Eine deutliche Zuordnung zum Kreuzigungsbild setzt sich erst im Mittelalter durch. Der holztragende Isaak als Typus des das Kreuzesholz tragenden Jesus ist seit dem 12. Jahrhundert bekannt. Auch im 20. Jahrhundert stoßen wir auf ein künstlerisches Zeugnis, das die beiden Themen verbindet und erweitert, in der unverwechselbaren Manier Marc Chagalls *(Abb. 8)*: Im Vordergrund beugt sich Abraham mit gezücktem Messer über den jünglingshaften Isaak auf dem Holzscheit. In den Azurhimmel der linken oberen Bildhälfte sind die flehende Sarah, der eingreifende Engel und der rettende Widder unter einem Baum gezeichnet. Die Gestalt Abrahams ist in ein Rot eingetaucht, das wie eine Blutspur zum Bergrücken von Morijah führt, wo der Rauch des brennenden Schtetls die Kreuzigungsgruppe von Golgotha einhüllt. Der kreuztragende Jesus und die beiden weinenden Frauen, der Chassid und die beiden schmerzerfüllten Mütter, sie verschmelzen zu einer Bildeinheit, die in der biblischen Akedah gründet.[65]

In der rabbinischen Tradition rücken beide Protagonisten, Abraham wie Isaak, in den Blick, wo die Einmütigkeit ihres Tuns und Willens betont wird, wie in *Genesis Rabbah 56,3 zu Genesis 22,6*. Entschlossen zur Selbstopferung nehmen beide Männer den gemeinsamen Weg: »Sie gingen beide miteinander. Abraham ging, um zu binden, und Jizchak, um gebunden zu werden, dieser ging, um zu schlachten, jener, um geschlachtet zu werden.«[66]

Älter als das Motiv des Bruderstreits als Auslöser der zehnten Versuchung Abrahams ist die Tradition der Versuchung durch das Eingreifen Satans, der Dienstengel oder des göttlichen Gerichtshofes. In Pseudo-Philos *Liber Antiquitatum Biblicarum 32,1ff* aus dem Ende des 1. Jahrhunderts n. Z. fordern die eifersüchtigen Engel und der »Heerscharen Führer« Abrahams Prüfung.[67] In *Jubiläen 17,16*, einem vermutlich noch früheren Dokument aus dem Ende des 2. Jahrhunderts v. Z., tritt Satan – Mastema – auf, der nach alttestamentlicher Auffassung Mitglied des göttlichen Hofes ist.[68] Von diesem Überlieferungsstadium gehen die beiden Entwicklungslinien in der Tradition aus, welche die Rollen des nicht mehr himmlischen Satans bzw. Samaels einerseits und der Engel andererseits in der Erzählung ausbauen.[69]

Im Midrasch *Genesis Rabbah 55,4 zu Genesis 22,7* wird der satanische Part novellistisch entfaltet: Samael erscheint und versucht sowohl Vater als auch Sohn, indem er die göttliche Probe und menschliche Opferbereitschaft als aberwitzige und grausame Versuchung entlarven will. Er scheitert an Abrahams beharrlichem Gottgehorsam, doch gelingt es ihm, Isaaks Entschlossenheit zu erschüttern: »*Und Jizchak sprach zu seinem Vater Abraham: Mein Vater!* Samael kam zu unsrem Vater Abraham und sprach zu ihm: Alter, Alter! du hast wohl deinen Verstand verloren? Einen Sohn, der dir im 100. Jahre gegeben wurde, gehst du zu schlachten? Abraham antwortete: Trotzdem. Wie wäre es denn, fuhr Samael fort, wenn Gott dich noch mehr prüfte, würdest du auch dann beharren (vergl. Hi. 4,2)? Abraham sprach: Und wenn noch mehr. Aber, nahm Samael wieder das Wort, morgen wird er zu dir sprechen: Du bist ein Blutvergießer, du hast deinen Sohn ums Leben gebracht. Abraham sprach: Trotzdem. Als Samael sah, daß er bei Abraham nichts ausrichtete, wandte er sich an Jizchak und sprach zu ihm: Sohn der Unglücklichen! er geht dich zu schlachten. Jizchak antwortete: Dennoch folge ich. Sollen denn alle die Kostbarkeiten, sprach Samael, die deine Mutter angeschafft hat, dem Ismael, dem Verhaßten des Hauses, zufallen, und das alles bedenkst du nicht? Wenn auch nicht die ganze verleumderische Rede hängen blieb, so doch ein Teil davon. Das soll hier mit den Worten gesagt sein: Jizchak sprach zu seinem Vater Abraham: Mein Vater, mein Vater! Warum steht das Wort zweimal? Damit er sich seiner erbarme.«[70]

Abrahams Reaktion auf Satans Verführung des Sohnes wird in *GenR 56,5 zu Gen 22,9* angeschlossen. Sie kamen an den Ort, und Abraham versteckte den Isaak: »Damit ihn Samael nicht verführen und zum Opfer unbrauchbar machen sollte.«[71]

Das Problem des Schutzes und der Tauglichkeit des Opfers taucht in der Wahl des Tötungsinstrumentes wieder auf: Das Messer, das in Genesis 22,10 erwähnt wird, muß beweglich sein.[72] Auch bei den Martyrien in der Akedah-Tradition zur Zeit des Ersten Kreuzzuges (1096) behauptet sich noch in äußerster Lebensangst und -bedrohung der Gesichtspunkt der *Kaschrut*: Die Frommen der jüdischen Gemeinden des Rheinlands ermutigen sich gegenseitig zum Märtyrertod *al Kiddusch HaSchem*, doch prüfen sie noch die Schlachtmesser, ob diese auch nicht schartig seien[73], denn eine Scharte am Schlachtmesser macht das damit vollzogene Schlacht- und Opferritual ungültig. Das gilt bereits für die *Schechitah*, die vorschriftsmäßige Schlachtung der zum Genuß erlaubten Tiere; der *Challaf* muß ein glattes, scharfes und schartenfreies Messer sein.[74]

Im Midrasch *Tanchuma* taktiert Satan noch schlauer und verschlagener. Dem Abraham erscheint er in der Gestalt eines Greises und flüstert ihm – erfolglos – ein, das Sohnesopfer sei Dummheit und Frevel. Dem Isaak nähert er sich als Jüngling, doch läßt sich Isaak, dem göttlichen Schöpfer und dem leiblichen Vater gehorsam ergeben, nicht von der teuflischen Überredungskunst verunsichern. So verwandelt sich Satan in einen reißenden Strom, der die beiden Männer und ihr Vorhaben in seiner Tiefe und Gewalt verschlingen soll. Doch Abraham erfleht von Gott die Rettung, um seiner Erwählung zum Stammvater und seiner Verpflichtung zum Sohnesopfer nachkommen zu können. Noch einmal versucht Satan Abrahams Festigkeit zu erschüttern, er heuchelt ein Gerücht, wonach Gott sich statt des Sohnesopfers ein Lamm zum Ganzopfer ersehen habe. Doch die satanischen Verführungen scheitern allesamt an der Willensstärke der beiden Männer.[75]

Die zweifache Anrufung Abrahams durch den eingreifenden Engel in *Genesis Rabbah 56,7 zu Genesis 22,12* wird wiederum als Ausdruck der Barmherzigkeit und Liebe gedeutet. Die Tränen des Engels machen das Schlachtmesser unbrauchbar, doch Abraham läßt noch nicht von der Absicht, den Sohn zu töten: »*Und er sprach: Strecke deine Hand nicht aus.* Wo war denn das Messer? Es waren drei Tränen aus den Augen des Dienstengels gefallen und hatten das Messer unbrauchbar gemacht (verdorben). Da sprach Abraham: Ich will ihn erwürgen! Darauf wurde ihm gesagt: Lege deine Hand nicht an den Knaben. Abraham sprach: So will ich ihm wenigstens einen Tropfen Blut nehmen! Nein, wurde ihm zugerufen, tue ihm nicht das Mindeste. Nun weiß ich u.s.w. Ich habe es allen bekannt gemacht, daß du mich liebst.«[76] Gott gibt Abraham zu verstehen, er betrachte die Opferung Isaaks als Selbstopferung des Vaters (*GenR 56,8 zu Gen 22,12*).

Nach *Genesis Rabbah 56,8 zu Genesis 22,12* flossen bei aller Festigkeit des Opferwillens aus Abrahams Augen Tränen des Erbarmens. Scharenweise und schreiend rufen schließlich die Engel Abrahams Verwunderung über Gottes seltsames Wechselspiel von Verheißung und Vernichtung wach: »Nun fing Abraham an sich zu verwundern, sagte R. Acha. Das sind sonderbare Dinge, dachte er, gestern sprachst du: Mit Jizchak soll dein Same genannt werden, heute sprichst du: Nimm deinen Sohn und jetzt sprichst du wieder: Lege nicht Hand an ihn! Darauf antwortete Gott: Abraham, ich breche nicht meinen Bund und ändere nicht mein Wort s. Ps. 89,35; ich habe zu dir gesagt: Nimm deinen Sohn, aber ich sagte nicht: Schlachte ihn; ich habe zu dir gesagt: ›Führe ihn hinauf‹ aus Liebe, du hast mein Wort gehalten, du brachtest ihn hinauf, jetzt führe ihn wieder hinab! Gleich einem Könige, welcher zu seinem Freunde sagt: Bringe deinen Sohn zu meiner Tafel; er brachte ihn mit einem Messer in der Hand. Da fragte der König: Habe ich ihn denn kommen lassen, um zu essen, ich sagte dir doch nur: Bringe ihn mit. Warum? Weil ich ihn gern habe s. Jerem. 19,5.«[77]

Die fast beiläufig eingeflochtene Erklärung Gottes, er habe dem Abraham nicht aufgetragen, seinen Sohn zu schlachten, sondern lediglich ihn »hinaufzuführen«, tastet an ein schauerlich kafkaeskes, an ein beinahe mörderisches Mißverständnis. Hatte Abraham die göttliche Weisung, die ein Ausdruck der Annäherung und Liebe war, fälschlich als Befehl zur Tötung seines Liebsten gedeutet? Um so erstaunlicher, daß der Kommentar diese radikale Wendung des Geschehens wie eine Marginalie anfügt und im Text fortfährt.

An diese Textstelle knüpfen fast alle mittelalterlichen jüdischen Exegeten ihre Lösungsversuche des scheinbaren Widerspruchs zwischen Gottes Verheißung von Isaaks Nachkommenschaft (*Gen 21,12*; vgl. auch *Gen 12,2ff*; *17,4*) und Gottes Befehl der Opferung Isaaks (*Gen 22,2*).[78] Der Auftrag, den einzigen Nachkommen als Brandopfer zu töten, stellt die Zusage einer großen Volkwerdung radikal in Frage. Um dieses Paradox zu glätten, wird das Problem der Willensänderung Gottes als Mißverständnis gedeutet: »Die Intention des Gebietenden unterschied sich von der Rezeption des Angesprochenen.«[79] So erklärt einer der bedeutendsten jüdischen Exegeten, Raschi (1040–1105), die Spannung durch Verweis auf Jeremia 35,2: »*und opfere ihn* – er sagte nicht *schlachte ihn*, weil der Heilige, gepriesen sei er, nicht wollte, daß er ihn schlachte; er sagte ihm vielmehr, er solle ihn auf den Berg hinaufführen, um ihn als Brandopfer zu bereiten. Daher sagte er ihm, als er ihn hinaufgeführt hatte: führe ihn wieder hinab.«[80] Auch Ibn Esra zitiert die verbreitete mittelalterliche Akedah-Auslegung, den Befehl ähnlich wie Jeremia 35,2 im Sinne des »als ob«-Opfers, des gleichwertigen Ersatzes, zu verstehen: »Nahezu alle Exegeten, die nach dem Sinn und die ihn bestimmenden Kriterien der Geschichte fragen, sehen in der unbedingten und selbstlosen Opferbereitschaft Abrahams die entscheidende und die gesamte Erzählung bestimmende Aussage.«[81]

Es ist interessant, daß Martin Buber und Franz Rosenzweig den zweiten Vers von Genesis 22, Gottes Auftrag an Abraham, so offen übertragen, daß auch jene göttliche Richtigstellung der Weisung gemäß *Genesis Rabbah 56,8 zu Genesis 22,12* (»›Führe ihn hinauf‹ aus Liebe«) und im Sinne der mittelalterlichen jüdischen Exegese semantischen Spielraum hätte. Dabei empfinden sie den hebräischen Ausdruck in seinem ursprachlichen Wortlaut und mit einem tief verwurzelten hebräischen Sprachgefühl nach: »und höhe ihn dort zur Darhöhung«[82]. Die Nachdichtung ist dem hebräischen Original entlehnt, ruft sie doch ins Bewußtsein, daß Substantiv *(olah)* und Verb *(alah Qal:* hinaufsteigen; *Hif'il*: hinaufbringen, erhöhen) der gleichen Wortfamilie entstammen. Die klassischen Übersetzungen des Verses von der *Septuaginta, Vulgata, Luther-Bibel* bis zur *Einheitsübersetzung* verdichten den Vers hingegen eindeutig zum göttlich befohlenen Sohnesopfer, indem sie die Übersetzung des hebräischen Wortes – *(olah)*: in der *Septuaginta (holokautoma)*, der *Vulgata (holocaustum)*, der *Luther-Bibel* und *Einheitsübersetzung* (Brandopfer) – nicht etymologisch, sondern opfertechnisch fassen.

Im Midrasch *Tanchuma* stellt Abraham, der so lange seine Leidenschaft bezwungen und seine Einwände unterdrückt hatte, schließlich Gott zur Rede und verlangt Einsicht in sein scheinbar willkürliches und launisches Gebieten, in seine zweifach paradoxe Umkehrung der Verheißung in die Vernichtung und der Vernichtung in die Rettung. Gott verspricht, den Kindern Israels die Opferung Isaaks als Verdienst und Sündenablaß anzurechnen, so daß sie »in das Horn von diesem stoßen«[83] mögen, in das Horn des Widders, der nun rettend, im Dickicht verstrickt, auftaucht und an Sohnes Statt nach *Tanchuma*[84] wie *Genesis Rabbah 56,9 zu Genesis 22,13* stellvertretend geopfert wird, messianisches Symbol der nationalen Erlösung Israels. Der Akedah kommt Heilsbedeutung zu; vor allem die Geschehnisse des Exodus verbindet die Tradition mit dem Verdienst der Bindung.[85]

Ein gefälliges und häufig behandeltes Thema wurde die *aqedat Jitzchaq* auch für die synagogale Poesie, den *Pjut*, der die religiösen Gedanken, erbaulichen Erzählungen und tröstenden Verheißungen der Haggadah in weiten Kreisen der Religionsgemeinschaft verbreitete und Verzagten und Verzweifelten Mut und Hoffnung einflößte.[86] Innerhalb des *Pjut* stellt die *Selichah* eine besondere Gattung der Elegien, Bußgebete, Sündenbekenntnisse und Klagen dar; sie ist, allgemein ausgedrückt, das Gebetgut der Fasttage. In der *Selichah*-Sammlung lassen sich besondere Gruppen unterscheiden, deren Namen von ihrem Inhalt, ihrer Form oder ihrer Stellung unter den Gebeten abgeleitet wird: Als Erinnerung an die Opferung Isaaks gilt die *Akedah-Selichah*: »Schon in der Litanei für die Fasttage wird auf die Erhörung Abrahams am Berge Moria verwiesen. Die Selicha-Dichter haben das Thema der hingebungsvollen Opferwilligkeit von Vater und Sohn tausendfältig bearbeitet; der naheliegende Hinweis auf die täglich sich erneuernde Bereitwilligkeit der Väter und Mütter, mit ihren Kindern für Gott zu sterben, bildet den elegischen Ausgang dieser Dichtungen.«[87] Während der Judenverfolgungen der Kreuzfahrerzeit entstanden zahlreiche *Selichot*, die angesichts der Akedot des Mittelalters an die biblische Akedah erinnerten.[88]

Auch im täglichen Morgengebet wird die Akedah erwähnt: »Aber wir sind dein Volk, Kinder deines Bundes, Kinder Abrahams, der dich liebte, dem du auf dem Berge Morija zugeschworen, Nachkommen Isaaks, seines einzigen Sohnes, der auf den Altar gebunden worden, Gemeinde Jakobs, deines erstgeborenen Sohnes, den du um deiner Liebe willen, mit der du ihn geliebt, und deiner Freude willen, mit der du dich an ihm freutest, Israel und Jeschurun genannt hast.«[89]

Aufgrund des Gerichts- und Sühnegedankens gilt das jüdische Neujahrsfest, *Rosch HaSchana*, auch *Jom HaDin* (Tag des Gerichts) oder *Jom HaZikkaron* (Tag des Gedenkens) genannt, als Datum und Gedenktag der Akedah, an dem das Widderhorn, der *Schofar*, geblasen wird nach dem *Babylonischen Talmud, Rosch HaSchana 16a*: »Es sprach der Heilige, gepr. sei er: stoßt vor mir in das Widderhorn, damit ich für euch der Bindung Isaaks, des Sohnes Abrahams, gedenke und es euch anrechne, als ob ihr euch selbst vor mir gebunden hättet.«

Nach älterer Tradition wurde die Akedah mit Ostern in Zusammenhang gebracht, wie die Verweise auf den Exodus und das Tamidopfer bezeugen.[90] *Jubiläenbuch 18f* datiert die Akedah eindeutig auf Ostern (14. oder 15. Nisan), um auszusagen, daß Abraham bereits das Pessach-Fest und Pessach-Opfer begangen hat. Grundlegend für den Vergleich von Morijah und Golgotha ist vor allem die jüdische Tradition, welche die Akedah (Gen 22) mit dem Gottesknechtthema (Jes 53) verknüpft. Aus dieser Tradition heraus ist erst die neutestamentliche Deutung des Todes Jesu vor dem Hintergrund der Akedah (z.B. Röm 5,9; 8,32; Joh 3,16) verständlich.[91]

Pesikta Rabbati 40,6 betont, daß dem Widderopfer der Wert des Sohnesopfers eignet, da Abrahams Opferwille so vollkommen und unbeirrbar war, daß Isaaks Opferung als vollzogen gilt.[92]

In der mittelalterlichen jüdischen Exegese bilden Akedah und Widderopfer eine untrennbare Einheit. Das in der Akedah innerlich schon vollzogene Opfer, das »als ob«-Opfer, erhält im Widderopfer noch seine äußere Gestalt und eine Gestaltbarkeit, die Wiederholbarkeit bedeutet. Denn Verdienst und Segen der Akedah sind nicht ein einmaliges, ausschließlich Abraham gewährtes Geschenk, sondern wirken weiter im Vollzug des Widderopfers.[93] »Die Darbringung des Widders durch Abraham ist somit beispielgebend für den Opferkult und eröffnet den nachfolgenden Generationen den Weg zu einem von Gott eingesetzten, legitimierten und ihm wohlgefälligen Opferdienst.«[94]

Nach *Genesis Rabbah 56,11 zu Genesis 22,15* nötigt Abraham dem Engel den Schwur ab, weder ihn noch seinen Sohn wieder zu prüfen. Er kehrt zurück und schickt Isaak fort, um ihn

Torah lernen zu lassen oder um ihn vor einem bösen Fluch zu bewahren.[95]

In Louis Ginzbergs *Legenden der Juden* segnet die göttliche Stimme den gottergebenen Abraham, und Isaak erwacht wieder zum Leben, Gott lobend, der die Toten erwecke.[96] Auch sonst ist in der rabbinischen Literatur die Tradition von Isaaks Tod und Auferstehung belegt.[97] Die Ausdeutung der Errettung Isaaks als Totenerweckung ist ebenfalls wichtig für die Verbindung von Akedah und Ostern und die christliche Deutung von Genesis 22, wie sie in Hebräer 11,17–19 anklingt: »Aufgrund des Glaubens brachte Abraham den Isaak dar, als er auf die Probe gestellt wurde, und gab den einzigen Sohn dahin, er, der die Verheißungen empfangen hatte und zu dem gesagt worden war: Durch Isaak wirst du Nachkommen haben. Er verließ sich darauf, daß Gott sogar die Macht hat, Tote zum Leben zu erwecken; darum erhielt er Isaak auch zurück. Das ist ein Sinnbild.«

Im Midrasch *Tanchuma* erweitert sich der Kreis der Protagonisten um eine Figur, die trotz ihrer existentiellen Zentralität in der biblischen Schilderung von *Genesis 22* im Schatten der männlichen Protagonisten verschwindet: Sarah, die Frau und Mutter.

Abraham wagt nicht, zu seiner gottbefohlenen Reise aufzubrechen, quält ihn doch die Frage, wie er Befehl und Beschluß seiner Ehefrau beibringen könne: »Was soll ich tun? Soll ich es Sara offenbaren? Weiber sind schon in geringen Sachen leichtsinnig, geschweige denn in einer so großen (wichtigen) Sache wie diese! Wiederum, offenbare ich es ihr nicht und führe ihn heimlich fort (stehle ihn) von ihr zur Zeit, wo sie ihn nicht sieht, so wird sie sich das Leben nehmen.«[98] So versucht der Patriarch, langjährig eheerfahren, die argwöhnische Matriarchin arglistig zu hintergehen: »Was machte er? Er sprach zu Sara: Bereite uns Speise und Trank, wir wollen essen und fröhlich sein! Warum denn gerade heute? fragte sie, und wozu dieser Frohsinn? Abraham versetzte: Da uns alten Leuten noch ein Sohn in unserem Alter geboren worden ist, ist es da nicht billig, daß wir essen und trinken und uns freuen? Sie ging und bereitete die Speise. Als sie mitten im Essen waren, sprach er zu ihr: Du weißt, daß ich im Alter von drei Jahren meinen Schöpfer erkannt habe, der Knabe ist nun groß und ist nicht eingeweiht? Es gibt aber einen Ort nicht sehr weit von uns, woselbst die Knaben eingeweiht werden. Ich will ihn nehmen und dort einweihen. Sie antwortete: Gehe in Frieden!«[99]

In der Angst, seine wachsame und mißtrauische Gemahlin könne schon allzubald Verdacht schöpfen und – das letzte Wort behaltend – (man bedenke *Gen 21,12*!)[100] sein heimliches Unterfangen vereiteln, brach Abraham unverzüglich auf: »Sofort ›machte sich Abraham morgens früh auf.‹ Warum am Morgen? Er dachte bei sich: Vielleicht wird Sara in ihrem Worte rückgängig und läßt mich nicht, ich will morgens früh aufstehen, bevor sie aufsteht.«[101]

In den *Legenden der Juden* täuscht Abraham seine Frau mit dem Vorhaben, Isaak zum Torah-Studium bei Schem und Eber zu schicken. Einfühlsam wird der zärtliche und schmerzliche Abschied der ängstlich besorgten Mutter von ihrem einzigen Sohn geschildert; sie umarmt und küßt ihn und erfleht Gottes Schutz.[102] Die Trennung am nächsten Morgen ist tränenreich und traurig: Sarah, Abraham, Isaak und die Bediensteten in ihrer Gefolgschaft weinen. Schluchzend umschlingt die Mutter ihren Sohn und spricht die bittere Ahnung aus, ihn vielleicht nie wiederzusehen.[103]

Die fürsorgliche Liebe des Sohnes zu seiner Mutter kommt nach *Tanchuma* in der letzten Bitte Isaaks bei seiner Bindung zum Ausdruck. Er fürchtet, die Nachricht von seiner Opferung könne die Mutter zu einer tödlichen Kurzschlußhandlung veranlassen: »Isaak sprach: Vater, laß meine Mutter es nicht wissen, wenn sie an einer Grube oder wenn sie auf dem Dache steht, vielleicht könnte sie sich hinabstürzen und sterben.«[104]

Nach den *Legenden der Juden* gelten Isaaks letzte Worte und Gedanken auf der Opferstätte seiner Mutter. Seine Asche möge der Mutter übergeben werden und sie trösten, bittet er den Vater.[105]

Doch die Furcht des Sohnes um seine Mutter erfüllt sich. Der Midrasch verknüpft das Geschehen von Genesis 22 mit der nachfolgenden Erwähnung von Sarahs Tod in Genesis 23,1f: »Die Lebenszeit Saras betrug hundertsiebenundzwanzig Jahre; so lange lebte Sara. Sie starb in Kirjat-Arba, das jetzt Hebron heißt, in

Kanaan. Abraham kam, um die Totenklage über sie zu halten und sie zu beweinen.«

Sarahs Tod als Reaktion auf Isaaks Bindung, wenngleich als Opferung nicht vollzogen, wird zum Gradmesser der latenten Grausamkeit des göttlichen Befehls und väterlichen Gehorsams. Während die satanischen Maskeraden am opferwilligen Heroismus der Männer scheitern, reüssiert Satan in der Versuchung Sarahs gemäß *Tanchuma*: »In dieser Stunde ging der Satan zu Sara und erschien ihr in der Gestalt (Aehnlichkeit) Isaaks. Als sie ihn sah, sprach sie zu ihm: Mein Sohn, was hat dir dein Vater getan? Mein Vater nahm mich, gab er zur Antwort, ließ mich Berge hinaufsteigen und Täler hinabsteigen, dann führte er mich auf den Gipfel eines Berges, baute einen Altar, ordnete einen Holzstoß, legte das Holz zurecht, band mich auf dem Altar und nahm das Messer, um mich zu schlachten, wenn nicht der Heilige, geb. sei er! ihm zugerufen hätte: Strecke deine Hand nicht aus nach dem Knaben, so wäre ich bereits geschlachtet. Der Satan hatte das Wort noch nicht beendet, so ging ihr die Seele aus. So heißt es (Gen. 23,2): ›Und Abraham kam herbei, um zu klagen um Sara und sie zu beweinen.‹«[106]

Sarahs Tod wird zum tragischen Triumph der Mutterliebe.

Im *Sepher Hajjaschar*[107] wird Sarahs Ende einer doppelten dramatischen Fügung unterworfen. Satan, als Greis vermummt, erscheint Sarah und berichtet ihr vom Sohnesopfer. Bei der erschreckenden Schilderung legt Sarah ihr Haupt in den Schoß einer ihrer Sklavinnen und erstarrt gleich einem Steine. Doch faßt sie wieder Mut und begibt sich auf den Weg nach Hebron (Kirjath Arba), um das Schicksal ihres Sohnes in Erfahrung zu bringen. Aber alle ausgesandten Boten kehren ohne Botschaft heim. Sarah erkundigt sich im Lehrhaus Schems und Ebers, doch erhält sie keine Kunde über den Sohn. Da tritt abermals Satan in der Gestalt eines Greises zu Sarah und ruft ihr hastig zu, er habe ihr Lügen unterbreitet, Isaak lebe noch, Abraham habe ihn nicht geschlachtet. Diese plötzliche Botschaft erschüttert Sarah so tief, daß sie vor Freude niedersinkt und den Geist aufgibt.

Aus dieser erzählerischen Perspektive gerät nicht Abraham und nicht Isaak, sondern Sarah zum eigentlichen Opfer des Geschehens, und es erfordert keinen forcierten Feminismus, um mit dem Blick der Midraschexegeten das Leiden einer Frau und Mutter zu sichten. Als eine der Stammütter des Judentums wird Sarah zur Ahnin jüdischer Frauen, die in der Sorge um ihre Männer, Söhne, Väter und Brüder litten. Sie wird zur Mutter all jener Jüdinnen, denen die Nationalsozialisten 1938 den Beinamen »Sarah«[108] sarkastisch diktierten. Frauen, namens »Sarah«, deren Familien und Lebensläufe ausgelöscht wurden. »Bald werden wir mit unserer Mutter Sarah sein«[109], schrieb eine junge Frau in ihrem Abschiedsbrief. Sie gehörte zu jenen 93 jüdischen Frauen und Mädchen in nationalsozialistischer Gefangenschaft, die sich vergifteten, um nicht geschändet zu werden.

»Kommet, Töchter Israels, um große Wehklage anzustellen (...), erhebet schrecklichen Jammer, Trauertöne wie junge Strauße«, klagt Elieser bar Nathan in seiner hebräischen Chronik der Judenverfolgungen während des Ersten Kreuzzuges.[110] Die jüdischen Opfer der blutigen Pogrome im Rheinland starben nicht *wie*, sondern *als* Abraham, *als* Sarah, *als* Isaak. In allen hebräischen Berichten der Kreuzzüge bricht die Akedah-Tradition mehr als nur metaphorisch, nämlich präsentisch, durch. Salomo bar Simeon erzählt bewegt von den Opfern der jüdischen Gemeinde Mainz, die den gewaltsamen Tod zur Heiligung des Namens auf sich nahmen: »Fraget doch nach und sehet zu, ob von der Zeit des ersten Menschen an eine so vielfache Opferung je gewesen ist, daß 1100 Opferungen an einem Tage stattfanden, alle gleich der Opferung des Isac, Sohnes Abrahams. Wegen jener *einen* Opferung auf dem Berge Moriah erbebte die Welt, wie es heißt: ›Die Himmelsschaaren schrieen weit hin *(Jes 33,7 gemäß GenR 56)*, und es verdunkelte sich der Himmel‹. Was haben sie *(die Märtyrer)* erst jetzt gethan! Warum verdunkelte sich nicht auch da der Himmel, warum zogen die Sterne ihren Lichtglanz nicht ein *(Joel 2,10)*, und Sonne und Mond warum verfinsterten sie sich nicht an ihrem Gewölbe *(Jes 5,30)*, als an *einem* Tage, am dritten des Sivan 1100 heilige Personen ermordet und hingeschlachtet wurden, so viel Kleine und Säuglinge, die noch nicht gefrevelt und gesündigt hatten, so viele arme, unschuldige Seelen! – Willst du hierbei an dich halten, Ewiger? *(Jes 64,11)* denn für *dich* ließen die Personen ohne Zahl sich umbringen.«[111]

Die jüdischen Märtyrer und Märtyrerinnen der Kreuzzugspogrome »gaben sich der Opferung hin und bereiteten selbst die Schlachtstätte zu, wie einst der Vater Isac«, erinnert Ephraim bar Jacob.[112] Von jener frommen Frau Rahel wird berichtet, wie sie ihre vier Kinder schlachten läßt zur Bewahrung vor der christlichen Taufe von Feindeshand und zur Heiligung des Namens, zuerst den kleinsten und sehr hübschen Knaben, namens »Isac«.[113] Den Martyrien wird nach dem Vorbild der *aqedat Jitzchaq* Sühnekraft zugesprochen: »Möge uns das Blut seiner Frommen zum Verdienst und zur Versöhnung gereichen, uns, unseren Nachkommen und Kindeskindern auf ewig, gleich der Opferung unseres Vaters Isac, als unser Vater Abraham ihn auf dem Altare gebunden hatte.«[114]

Das unsägliche Leiden der Eltern, die ihren geliebten Sohn des Alters[115], »Isac«, zur Heiligung des Namens opfern, klingt im anonymen Bericht der *Darmstädter Handschrift* an: Der Vater, namens *R. Meschulam bar Isac*, »rief mit lauter Stimme allen Umstehenden und der Frau Ziporah, seinem innigstgeliebten Weibe, zu: ›Höret auf mich, ihr Großen und Kleinen! Diesen Sohn hat mir Gott geschenkt, meine Frau Ziporah gebar ihn in ihrem Alter und er wurde Isac genannt. Ich opfere ihn jetzt, wie dereinst unser Vater Abraham seinen Sohn Isac geopfert hat.‹ Da antwortete ihm Ziporah: ›Mein Herr! mein Herr! warte doch noch ein wenig, strecke deine Hand nicht aus über den Knaben, den ich im Alter geboren und gepflegt und erzogen habe; schlachte zuerst mich, damit ich nicht den Tod des Kindes sehe. Er aber erwiderte: ›Ich zögere auch nicht einen Augenblick! Er, der ihn mir gegeben hat, nehme ihn wieder als sein Anteil zurück, und lasse ihn im Schoße unseres Vaters Abraham ruhen.‹ Hierauf band er seinen Sohn und ergriff das Messer, um seinen Sohn zu schlachten; er sprach den Segensspruch über die Schlachtung und der Knabe antwortete mit ›Amen‹, und er schlachtete den Knaben. Dann nahm er seine aufschreiende Frau an die Hand und sie verließen das Gemach; es erschlugen sie die Irrenden. Kannst du hierbei an dich halten? Ewiger!«[116]

Der hebräische Chronist und synagogale Dichter Rabbi Efrajim ben Ja'akob ben Kalonymos aus Bonn erlebte und beschrieb die Nöte des Jahres 1196 in Köln und flüchtete zu Beginn des Zweiten Kreuzzugs auf die Festung Wolkenburg. In einem sechsundzwanzig Strophen zählenden Akedah-Gedicht kommemoriert er die Geschichte und Überlieferung der *aqedat Jitzchaq* und verbindet sie mit den aqedot seiner Zeit, Gottes Erbarmen erflehend für dieses Volk der Märtyrer und Märtyrinnen:

»Gerechter, tu Gutes an uns, / die Bundestreue, (die Du) Abraham und unseren Vätern geschworen hast, / und ihre Gerechtigkeit wird für uns Zeugnis ablegen. / Sei unserer Missetat und Sünde gnädig / und laß uns Dein Erbe sein. / Gedenke doch um unsertwillen der vielen ›Bindungen‹ / der für Dich Dahingemordeten, / der frommen Männer und Frauen, / die gebunden waren für die Gerechtigkeit, / für Juda durchbohrt, / gefesselt für Jakob.«[117]

In seinem Memorbuch *Sefer Zekira* (ca. 1171/74), einem Martyrologium der jüdischen Opfer des Zweiten Kreuzzuges, beklagt er den »Holocaust« jener Tage: »Wann gab es jemals tausend oder hundert Opfer doch an einem Tag, ein jedes, Stück für Stück, wie jene *akeda* des Isaak, des Sohnes Abrahams?«[118]

Isaak wird zum Paradigma; nicht des Überlebenden eines Gottesordals, sondern all derer, die die *Heiligung des Namens* mit ihrem Leben bezeugen.[119]

Nach einem Zeitsprung von Jahrhunderten wird die *aqedat Jitzchaq* wieder grausame Gegenwart. »Wir müssen noch einmal in den Spiegel schauen«, schreibt Albert H. Friedlander, ein Schüler Leo Baecks. »Dann sehen wir die Generationen: Sara, Abraham und Isaak. Und wir sehen das Opfer.«[120]

Aqedot mit anderem Ausgang als in Genesis 22 hat Elie Wiesel nicht nur als Geschichten erzählt, sondern auch in der Geschichte erlebt: »In ihrer Zeitlosigkeit bleibt diese Geschichte von höchster Aktualität. Wir kannten Juden, die – wie Abraham – ihre Söhne haben umkommen sehen im Namen dessen, der keinen Namen hat. Wir kannten Kinder, die – wie Isaak – dem Wahnsinn nahe, den Vater auf dem Altar haben sterben sehen in einem Feuermeer, das bis zum höchsten Himmel reichte.«[121] Elie Wiesels Roman *Die Nacht* liest André Neher als »ein Nochmals-Schreiben der Akedah in dem düsteren Licht der Auschwitz-Nacht. Vater und Sohn gehen den Opferweg, eingekerkert im Schweigen Gottes ... versengt mit den Flammen der Realität ... und wäre die Bibel-Akedah Realität, so würde auch alles so geschehen mit Abraham und Isaak, wie es im Buch *Die Nacht* erzählt wird. Aber dann würde es als Gegenstück gespielt: nicht als Vater, der den Sohn zum Opfer führt, sondern ein Sohn, der den Vater leitet, zieht, trägt und ihn zum Opferplatz bringt – den alten, todmüden Vater.«[122]

Anders als die *aqedat Jitzchaq* endeten die *aqedot* der Kreuzzugspogrome und der Schoah tödlich. Auf Morijah griff ein Engel rettend ein, als Abraham das Messer zog. »Wo blieb dieser Engel über der Rampe von Auschwitz, wo ein Mengele die Hand ausstreckte, um Tausenden von Knaben und Mädchen alles nur erdenkliche Leid anzutun. Eineinviertel Millionen jüdischer Kinder sind umgekommen, und kein Engel hat vom Himmel gerufen.«[123] Schalom Ben-Chorins Vergleich des Holocaustum auf Morijah und des Holocaust in Auschwitz führt den entscheidenden Unterschied vor Augen: »(...) kein Engel erschien in den Krematorien und in den Gaskammern ...«[124]

Am jüdischen Neujahrstag 1944 hatte der Lagerkommandant von Auschwitz, Rudolf Höß, eine »Selektion« unter den 14–18-jährigen Jungen des Lagers angeordnet. Nur wer sich der schweren körperlichen Arbeit gewachsen zeigte, sollte überleben. Höß ließ einen Pfahl in den Boden rammen und einen Querbalken in bestimmter Höhe aufnageln. Die Jungen trieb er unter dem Querbalken durch und sonderte diejenigen für die Gaskammer aus, die den Maßstab nicht erreichten. 1400 Kinder kamen bei dieser »Selektion« nicht durch und wurden in einen von Kapos bewachten Block gesperrt, um am nächsten Abend vergast zu werden. Schon am Morgen versuchten einige Väter im Lager, mit den Kapos zu verhandeln. Eine Befreiung des Sohnes konnte mittels Bestechung und Beschaffung eines »Ersatzopfers« gelingen, denn die Kinder mußten vollzählig in die Gaskammer geführt werden.

Viele Väter weigerten sich, ihren Sohn auf Kosten eines anderen Kindes loszukaufen, denn nach dem *Babylonischen Talmud, Pesachim 25b*, ist das Leben eines anderen nicht weniger wert als das eigene.

Ein verzweifelter Vater suchte im Lager Rat bei Rabbi Zwi Hirsch Meisels. Doch der Rabbiner mochte nicht in dieser extremen Situation eine halachische Entscheidung über Leben und

Tod fällen, mochte nicht und vermochte es nicht. Als er sich den flehentlichen Fragen des Vaters nicht beugte, las der Vater die Entscheidung aus dem Schweigen des Schriftgelehrten. Hätte ihm die Halachah eine Loslösung seines Sohnes auf Kosten eines Unschuldigen erlaubt, hätte es der Rabbiner zum Ausdruck gebracht.

Am Neujahrstag lief der Vater mit einem freudigen Murmeln auf den Lippen umher, erinnert sich Rabbi Meisels in seinem Bericht: »Er hatte das Verdienst, das Vorrecht, Gott seinen einzigen Sohn opfern zu dürfen. Und er hätte doch die Chance gehabt, ihn loszukaufen ... Gott wird seine Haltung und Tat hoch zu würdigen wissen – wie einst, als Abraham den Isaak band.«[125]

Anders *als* und doch *wie* Abraham, Sarah und Isaak starben jüdische Männer, Frauen und Kinder, Gewaltopfer des Naziterrors, den Opfertod zur *Heiligung des Namens*.

Als Identifikationsfigur für Verfolgte überdauert die aqedat Jitzchaq Jahrhunderte, und sie »schließt ganz klar und deutlich die gesamte jüdische Geschichte ein, sie umfaßt sie. Immer, wenn man Juden verfolgte, weil sie Juden waren, verlor Abraham seine Kinder. Und immer dann erkannten sich die Menschen wieder in Abraham und Isaak und Sara.«[126]

Die aqedat Jitzchaq stellte für das jüdische Volk in Zeiten der Verfolgung und Vernichtung ein Modell der Leidensbewältigung dar, das einem unbegreiflichen Unglück einen Sinn und die Würde des Martyriums verlieh, es tröstend in die solidarische Gemeinschaft der Opfer der jüdischen Geschichte einband.

In und *nach* Auschwitz ist der Begriff des *Opfers* höchst problematisch.

Die Auseinandersetzung um die Polarität von Opfer und Täter eskalierte mit Peter Weiss' Auschwitz-Oratorium *Die Ermittlung* (1965).[127] Seine These von der systemabhängigen Austauschbarkeit von Opfer und Täter wurde durch die Stuttgarter Inszenierung der *Ermittlung* durch Palitzsch noch verschärft, in der Angeklagte und Zeugen von denselben Schauspielern und Schauspielerinnen gespielt wurden. Weiss ging es nicht um eine generelle Vertauschbarkeit der Rollen von Opfern und Henkern, sondern er wollte die Abhängigkeit des menschlichen Verhaltens von den gesellschaftlichen Verhältnissen zeigen.[128] Bereits Hannah Arendt hatte in ihrer *Eichmann*-Analyse (1964) die Angleichung der Mentalität von Vollstreckern und Opfern unter totalitärer Herrschaft herausgestellt[129] und damit an eine Tabuzone getastet, die mehr Mißverständnisse als Verstehen fördert.

Jeder definitorische Umgang mit dem Begriff des Opfers rührt an eine schmerzliche Empfindsamkeit, die eine sachlich analytische ›Erledigung‹ der Problematik verbietet. Die Deutung der Gewaltopfer als Selbstopfer *al Kiddusch HaSchem* obliegt einzig und allein der Binnenperspektive der Geopferten und Opfer. Ansonsten geriete sie zu einer theologischen Sanktionierung von Mord als Martyrium.[130]

Dennoch darf der Begriff des Opfers nicht einfach einem Schweigen aus Unsicherheit zum Opfer fallen, denn auf fatale Weise würden dann die Opfer wieder Opfer einer mörderischen Vernichtung, die bei der Sprache anhebt: »Die Deutschen hatten sogar gesagt«, berichten zwei Überlebende von Wilna in Claude Lanzmanns Filmdokumentation *Shoah*, »daß es verboten war, das Wort ›Toter‹ oder das Wort ›Opfer‹ auszusprechen, sie wären nichts als Holzklötze, nichts als Scheiße, es hätte überhaupt keine Bedeutung, es wäre Nichts. Wer das Wort ›Toter‹ oder ›Opfer‹ aussprach, bekam Schläge. Die Deutschen zwangen uns, von den Leichen zu sagen, daß es ›Figuren‹ seien, das heißt ... Marionetten, Puppen, oder *Schmattes*, das heißt Lappen.«[131]

In seinen *Bewältigungsversuche(n) eines Überwältigten, Jenseits von Schuld und Sühne,* unternahm Jean Améry den »Versuch, nachzudenken über die conditio inhumana der Opfer des Dritten Reiches«[132] und legte schreibend die wesenhafte Differenz der Opfer-Begriffe offen: »Ebenso hatte ich, über Auschwitz und Tortur schreibend, noch nicht mit hinlänglicher Deutlichkeit gesehen, daß meine Situation nicht voll enthalten ist im Begriff des ›Naziopfers‹: erst als ich zum Ende kam und über Zwang und Unmöglichkeit, Jude zu sein, nachdachte, fand ich mich im Bilde des *jüdischen* Opfers.«[133]

Raul Hilberg beschreibt in seinem historiographischen Werk *Die Vernichtung der europäischen Juden* fünf verschiedene Opfer-Reaktionen auf Gewalt: »durch Widerstand, durch den Versuch, die Bedrohung abzuschwächen oder aufzuheben (die Reaktion des Ungeschehenmachens), durch Ausweichen, durch

Lähmung oder durch Nachgeben«[134]. Das Verhalten der Juden unter nationalsozialistischer Gewaltherrschaft sieht er »durch ein nahezu vollständiges Fehlen von Widerstand«[135] gekennzeichnet. Hilbergs Deutung der Opfer-Passivität greift jedoch zu kurz, da er sich global auf die Gruppe *der* Juden bezieht, ohne ihre unterschiedlichen religiösen Bindungen und Frömmigkeitshaltungen zu berücksichtigen. Noch in den Ghettos und Vernichtungslagern behauptete sich das lebendige Bewußtsein der Aqedat Jitzchaq-Tradition[136], bestimmte die jüdisch-orthodoxe Leidensbewältigung und berührte auch oft jene Juden und Jüdinnen, die weniger aus dem jüdischen Traditionsgut heraus lebten, doch mit ihm durch Erziehung, Bildung und Gefühl verbunden waren. Das Leiden im Lager als Martyrium *al Kiddusch HaSchem* erlebt zu haben, mag äußerlich als politische Passivität erscheinen, und doch war es innerlich eine letztmögliche religiöse Aktivität und ein geistiger Akt der Freiheit, über den Sinn des eigenen Leidens, Sterbens und Todes selbst zu entscheiden. Es war gewissermaßen die Befreiung des *Nazi-Opfers* durch die Selbstbestimmung als *jüdisches Opfer*.

Wird das Bild des *jüdischen* Opfers jedoch von der religiösen Folie gelöst, verzerrt es sich zu einem bitteren Zynismus, wie ihn Jean Améry in Worte faßt : »Der Soldat starb den Helden- oder Opfertod: der Häftling den des Schlachtviehs.«[137]

»Du gibst uns preis wie Schlachtvieh, / unter die Völker zerstreust du uns« (Ps 44,12); »Nein, um deinetwegen werden wir getötet Tag für Tag, / behandelt wie Schafe, / die man zum Schlachten bestimmt hat« (Ps 44,23). Psalm 44,23 bildete die Losung der leidenden Gemeinde im Zweiten jüdischen Aufstand gegen Rom (132–135 n. Z.), und diese Märtyrerzeit wurde für das Rabbinat vorbildlich.[138]

In der Schoah wird die Wehklage des Psalmisten als qualvolle Frage oder in zornigem Aufbegehren laut.

Schwermütig und wehmütig klingt sie in dem Lied *Dos Kelbl*, das Jizchak Katzenelson nach der Ermordung seiner Frau und seiner Kinder in Auschwitz schrieb. Es handelt vom Kälbchen, das gebunden zur Schlachtbank geführt wird. Wäre es doch lieber ein Vogel geworden!

»Ober wer 's hot fligl, flit arojf zu / Un is kejnems nisch kejn knecht« – »Doch wer Flügel hat, kann fliegen / und ist keines Menschen Knecht.«[139]

Dem jungen Betenden in Elie Wiesels Roman *Die Nacht* werden der Lobpreis des Kantors und der Gläubigen angesichts der Hölle von Auschwitz zur Frage: »Wie, sollte ich zu ihm sagen: ›Gepriesen seist Du, Ewiger, König der Welt, der Du uns unter den Völkern erwählt hast, damit wir Tag und Nacht gefoltert werden, unsere Väter, unsere Mütter, unsere Brüder in den Gaskammern verenden sehen? Gelobt sei Dein heiliger Name, Du, der Du uns auserwählt hast, um auf Deinem Altar geschlachtet zu werden?‹«[140]

Im Feuerschein der Krematorien entbrannte eine Wut im Lager, und einige Gefangene murmelten: »Es muß etwas unternommen werden. Wir dürfen uns nicht morden, uns nicht wie Vieh zum Schlachthof führen lassen. Wir müssen uns wehren.«[141]

So lautete der Appell verschiedener jüdischer Widerstandsgruppen auch: »Brüder, gehen wir nicht mehr wie die Schafe zur Schlachtbank!«[142]

»Nein, niemals werden wir uns wie die Schafe zur Schlachtbank führen lassen. Niemals!« notiert am 31. März 1943 der Bibliothekar Hermann Kruk in sein Tagebuch, das die Ereignisse im Wilnaer Ghetto aufzeichnet.[143]

Die Schoah hat die jahrhundertealte Tradition jüdischer Opferbereitschaft in der Nachfolge der aqedat Jitzchaq erschüttert. Der moderne Staat Israel will nicht mehr der ohnmächtige Diener der Akedah sein, die zu einem Vor- und Leitbild des Martyriums al Kiddusch HaSchem wurde. »Nein, die Nachfahren der Toten von Belzec, Majdanek und Auschwitz haben nicht mehr das Recht, Lämmer zu sein – es sei denn: Lämmer mit stählernen Gebissen«[144], wirft Manès Sperber ein.

Die Grundhaltung des Diasporajudentums, das Leiden, sei dem modernen Israel verlorengegangen, resümiert Lea Fleischmann in ihrem Beitrag *Das Leiden nicht mehr gepachtet*. Die Opferhaltung und heroische Duldsamkeit als Erbe der zweitausendjährigen Diaspora sind von einem kämpferischen Willen zur vitalen Selbstbehauptung und Selbstverteidigung im modernen Staat Israel abgelöst worden.[145]

Und dennoch behauptete sich in den Kriegen und Krisen des

modernen Israel das Paradigma der Bindung Isaaks. Nach dem Sechs-Tage-Krieg verfaßte die israelische Sängerin Naomi Shemer ihr Klagelied *Aqedat Jitzchaq*, in dem sie die Szene von Morijah in Erinnerung rief: »Auch wenn wir länger noch leben und altern, / werden wir doch nicht vergessen, daß das Messer zur Ruhe gekommen, / werden wir doch nicht vergessen den Sohn, den einzigen, / den wir liebhatten, / werden wir doch ihn nicht vergessen – Isaak!«[146]

Isaak wurde zum Prototypus des Märtyrers, der auf Morijah nach biblischem Bericht geopfert *werden sollte* und nach rabbinischer Tradition geopfert *werden wollte* und schließlich in der Stellvertretung – nicht eines Tieres, sondern zahlloser jüdischer Männer, Frauen und Kinder – in den Pogromen verschiedener Epochen geopfert *wurde*.

Der Bibelunterricht der Schulen im modernen Israel widmet der Überlieferungsgeschichte der aqedat Jitzchaq große Aufmerksamkeit. Als »Dichtung vom absoluten Gehorsam«[147] will Schlomo Dov Goitein die Geschichte von Abrahams Opfer lehren. Ideengeschichtlich stand der Aspekt des Gott-Gehorsams in Genesis 22 und seiner Auslegungsgeschichte ursprünglich wohl im Vordergrund. Doch genau diese Lesart der Erzählung bereitet einem modernen aufgeklärten Bewußtsein oft Probleme. Kafkas Abraham, »der die Forderung des Opfers sofort, bereitwillig wie ein Kellner zu erfüllen bereit wäre«[148], erscheint in zwielichtiger Beleuchtung. Nichts kennzeichnete die Erzählung von Abrahams Opfer so radikal als »Modellfall einer absolut autoritären Gehorsamsmoral«[149] wie das berühmte psychologische »Experiment Abraham«, mit dem Stanley Milgram an der Yale-University erfolgreich demonstrierte, daß die meisten Menschen durchaus bereit wären, zu foltern und zu morden, wenn ihnen nur erklärt wird, ein bestimmter Götze, z. B. *die* Wissenschaft, befehle es.

Die Geschichte der Akedah nimmt im israelischen Denken und Leben weiterhin einen wichtigen Platz ein. In der bildenden Kunst Israels wird das Thema häufig und gerne gestaltet. Einer der bekanntesten israelischen Künstler der Gegenwart, der Maler und Bildhauer Menashe Kadishman, hat sich einem einzigen Sujet monoman verschrieben: dem Widder und dem Schlachtschaf als Symbol der jüdischen Geschichte *(Abb. 9)*.[150]

Die Akedah als Vorbild für das jüdische Selbstopfer und Sohnesopfer wurde in den Kriegen vor und nach der Staatsgründung Israels vor allem national interpretiert und instrumentalisiert: »Und auch in den Tagen des Befreiungskrieges gab es viele Mütter und Väter, die ihre geliebten und teuren Söhne gaben, um das Land und das Volk Israel von seinen Feinden zu retten«[151], heißt es in einem Handbuch für Tenachlehrer der zweiten Klasse Primarstufe. Insbesondere in den oberen Klassen nimmt die Geschichte der Akedah eine Vorrangstellung ein, nicht ohne pädagogische Probleme der Vermittlung aufzuwerfen, denn nach der Schoah stieß die Akedah-Tradition zunächst auf Abwehr und Abkehr. Eine neuere Studie über die Akedah in der israelischen Erziehung und pädagogischen Literatur setzt sich mit den pädagogischen Modellen zum Akedah-Thema auseinander: Nehama Leibowitz betont in maimonidianischer Tradition die bedingungslose Gottes-Furcht und Gottes-Liebe. Die beiden Hauptmotive, Liebe und Opfer aus Glauben, hebt Josef Schächter in Anlehnung an Kierkegaards Abraham-Deutung hervor. Auf der Linie Kierkegaards bewegt sich auch Zvi Adars Interpretation, welche die Prädominanz der Religion über die Ethik darlegt und in Rudolf Ottos Terminologie einen Aspekt der Religion herauskristallisiert: das Furchteinflößende, Übermenschliche, Numinose. Benjamin Halevi schätzt die Erzählung vor allem wegen ihres hohen literarisch-ästhetischen Werts und als Symbol und Katharsis, als »Vehikel für tragische Assoziationen und bittere Erinnerungen«[152].

Eine Veröffentlichung des Curriculum-Zentrums im Erziehungsministerium aus dem Jahre 1975 begegnet den traditionellen jüdischen Kommentaren zu Genesis 22 mit Aufmerksamkeit und Kritik. Das Lehrerhandbuch stellt vor allem die satanologischen Episoden im Midrasch *Genesis Rabbah* in Frage, welche die moralischen Zweifel Abrahams angesichts des Tötungsbefehls als satanische Versuchungen darstellen.[153] Die Diskrepanz zwischen Isaaks Opfer und Israels Kriegsopfern wird betont: »Der Unterschied zwischen der Akedah Isaaks und den Akedot unserer Tage ist, daß letztere trotz all ihrer erschreckenden Aspekte aus dem Zwang der Realität erwachsen, in der wir leben, und getan werden, um zu überleben; während die Akedah

Isaaks aus keiner menschlichen Notwendigkeit erwächst und nicht einmal den Zweck hat, einem menschlichen Bedürfnis zu dienen.«[154] Die Akedot des modernen Israel, die aus der militärischen »Notwendigkeit, Leben und Überleben zu sichern«[155], folgen, gleichen aus dieser Sicht weniger Abrahams Sohnesopfer als dem Sohnesopfer des Moabiter Königs, der durch das Menschenopfer eine militärische Niederlage verhindert (*2 Kön 3,27*)[156].

Die Glorifizierung des religiösen Opfers weicht einer nüchternen militärischen Pragmatik und Strategie, die Kriegsopfer statistisch veranschlagt.

Wie die Begriffe von Heiligkeit und Reinheit ist auch die Vorstellung des Opfers in der Moderne *Opfer* einer Profanisierung geworden. Nur noch dem Krieg und dem Straßenverkehr werden im 20. Jahrhundert *Opfer* gebracht.

Die deutsche Sprache kennt nur ein Wort für den gesamten Vorstellungskomplex des *Opfers*. Die französische Sprache hingegen bezeichnet den abstrakten Opferbegriff und die Opferhandlung als *sacrifice*, das Opfer als Objekt mit *victime*, den eigentlichen Opferakt als *immolation*. Alle Konnationen des Opfer-Begriffs verbinden sich in der Erzählung von *Genesis 22*: Menschenopfer, Tieropfer, Gewaltopfer, Selbstopfer, Martyrium, Brandopfer, holocaustum und Holocaust.

Jene schlichten neunzehn Verse des zweiundzwanzigsten Genesis-Kapitels, die wir eingangs lasen, haben jüdische Geschichte geschrieben, und in dieser historisch-existentiellen Lesart behauptet sich der »Herrschaftsanspruch« der biblischen Erzählung, den Erich Auerbach erfaßte: Der biblische Erzählungstext »will uns ja nicht nur für einige Stunden unsere eigene Wirklichkeit vergessen lassen wie Homer, sondern er will sie sich unterwerfen; wir sollen unser eigenes Leben in seine Welt einfügen, uns als Glieder seines weltgeschichtlichen Aufbaus fühlen. Dies wird immer schwerer, je weiter unsere Lebenswelt sich von der der biblischen Schriften entfernt, und wenn diese trotzdem ihren Herrschaftsanspruch aufrecht erhält, so ist es unabweisbar, daß sie selbst sich, durch ausdeutende Umformung, anpassen muß (...).«[157]

Ihre »tyrannische« Macht über das Leben hat die kurze Bibelperikope *Genesis 22* bis heute behauptet – in der verwirrenden Vielfalt und im bewegten Wandel ihrer Manifestationen in der jüdischen Geschichte und Literatur, in den Künsten von der Antike bis in die Moderne:

Als wandelten Abraham, Sarah und Isaak noch auf der Erde ...

Vom Blutzeugnis zum Lebenszeugnis

»Ihr lehrt: ›Der Mensch ist Leben‹.
Nein, sag' ich: Mensch ist Tod.
Ihr lehrt: ›Die Welt ist Gottes‹.
Nein, sag' ich: Gottes Wunde ...«
THEODOR LESSING

Im Norden Galiläas liegt Zefat, eine der heiligen Stätten des Talmud, das Zentrum der Mystiker und Kabbalisten des Mittelalters. Am Westhang der hochgelegenen Stadt erstreckt sich ein Meer weißer und blauer Grabsteine: der alte jüdische Friedhof, auf dem die Gräber von Isaak Luria, Mose Cordovero und Yosef Karo verehrt werden. Dort, wo die touristische Topographie endet, eröffnet sich eine Landschaft des Gebets, der Wallfahrt und Volksfrömmigkeit. Im unwegsamen Tal verbirgt sich eine Höhle, die an eine der großen Märtyrerlegenden des Judentums erinnert: den Opfertod von Hannah und ihren sieben Söhnen (2 Makk 7)[1].

Das 2. Makkabäerbuch enthält den Auftakt martyrologischer Literatur. Die älteste und die von ihm abhängige jüngste frühjüdische Märtyrerüberlieferung, 2 Makkabäer 7 und 4 Makkabäer 5–18, haben die frühjüdische Märtyrertradition und das jüdische Märtyrerbild maßgeblich geprägt.[2] Das 4. Makkabäerbuch als Ausgestaltung von 2 Makkabäer 6–7 übte einen starken Einfluß auf die altkirchlichen Märtyrerberichte aus.[3]

Im christlichen Martyrium stehen das Blutzeugnis und das Bekenntnis des Glaubens an Jesus Christus im Mittelpunkt.[4] Die knappste und treffendste Definition des christlichen Martyriums als »der um Christi willen auf sich genommene Tod«[5] formulierte Thomas von Aquin. Zwar verbindet die unbedingte Martyriumsbereitschaft die frühjüdische Märtyrertradition mit der Passion Jesu, doch die christliche Auffassung des Martyriums unterscheidet sich wesensmäßig von dem gewaltsamen Tod, den Juden und Jüdinnen dem Ungehorsam gegen die Torah und den Einen Gott Israels vorzogen. Sie wurden somit zu Blutzeugen[6] des göttlichen Wortes und Bundes.

Erhebt man als Kriterien für eine Definition des jüdischen Märtyrers und Martyriums die Feindlichkeit des nichtjüdischen Staates der jüdischen Religion gegenüber und den Einsatz von Folterung zwecks Bezwingung des Gläubigen, ferner die Glaubensfestigkeit und Sterbebereitschaft des Frommen für die Torah und seine Erwartung des ewigen Lebens bei Gott,[7] so stellen sich die Berichte vom Martyrium des Eleasar (2 Makk 6,18–31; 4 Makk 6.7) und der Mutter und ihrer sieben Söhne (2 Makk 7; 4 Makk 8–18) als paradigmatische Fälle dar.

Unter der seleukidischen Herrschaft (200–135/63 v. Z.) gipfelten die Hellenisierungsbestrebungen in Palästina in jenem berüchtigten Dekret von Antiochus IV. Epiphanes gegen die freie Ausübung der jüdischen Religion[8]: »Der König schickte Boten nach Jerusalem und in die Städte Judäas mit der schriftlichen Anordnung, man solle eine Lebensform übernehmen, die dem Land fremd war. Brand-, Schlacht- und Trankopfer im Heiligtum seien einzustellen, Sabbate und Feste zu entweihen, das Heiligtum und die Heiligen zu schänden. Man solle statt dessen Altäre, Heiligtümer und Tempel für die fremden Götter errichten sowie Schweine und andere unreine Tiere opfern. (...) Wer aber des Königs Anordnung nicht befolge, müsse sterben« (1 Makk 1,44f).

Der missionierenden Gewalt des Königs entziehen sich der greise Eleasar (2 Makk 6,18–31; 4 Makk 6.7) wie die Mutter und ihre sieben Söhne (2 Makk 7; 4 Makk 8–18). Sie verweigern den Genuß von Schweinefleisch und liefern sich so einem qualvollen Martertod aus. Dem neunzigjährigen Schriftgelehrten Eleasar sperrte man den Mund auf und wollte ihn zwingen, Schweinefleisch zu essen: »Er aber zog den ehrenvollen Tod einem Leben voll Schande vor, ging freiwillig auf die Folterbank zu und spuckte das Fleisch wieder aus« (2 Makk 6,18f).

Das Verbot des Genusses unreiner Tiere wird in der Torah unter dem Gesichtspunkt der Heiligung Israels gesehen (Lev 11; Dtn 14,3–21).[9] »Eher sterben wir, als daß wir die Gesetze unserer Väter übertreten« (2 Makk 7,2), bekundet der erste Bruder in Eintracht mit den Jüngeren, und einer nach dem anderen widersetzen sie sich todesmutig dem königlichen Befehl, Schweinefleisch zu verzehren. In der martyrialen Heiligung wahren sie die rituell-religiöse Heiligung nach den mosaischen Reinheitsgesetzen.

Die Tradition, daß Juden gemäß der Kaschrut die Berührung mit dem Schwein als unreinem Tier und gar den Genuß von Schweinefleisch als Greuel und Sakrileg empfinden, wurde zynisch ausgebeutet, wo Juden noch im Mittelalter durch die erzwungene Aufnahme von Schweinefleisch oder durch das Schandbild der »Judensau« bis hin zur nationalsozialistischen Propaganda diskriminiert wurden.[10]

Aus Gottgehorsam und Torahtreue nehmen die sieben jungen Judäer im solidarischen Bruderbund den Martertod an und beherrschen standhaft den körperlichen Schmerz. Die Jünglinge werden aufs grausamste gefoltert, die Zunge wird ihnen abgeschnitten, die Gliedmaßen verstümmelt, die Kopfhaut abgezogen (2 Makk 7; 4 Makk 8–18). Die rhetorisch weitschweifige Parallelüberlieferung im 4. Makkabäerbuch präsentiert das ganze Arsenal antiker Folterwerkzeuge: »Räder, Gliederverrenker, Winden, Kurbeln, Schwingen, Kessel, Pfannen, Daumenschrauben, Eisenhände, Keile und Blasebälge« (4 Makk 8,13).[11]

Bereitwillig beugen sich die jungen Männer wie »Abrahamssöhne« der Schlachtung nach dem Vorbild Isaaks (4 Makk 9,11; 13,12.17; 16,20; 18,11). Als echte »Abrahamstochter« (4 Makk 14,20; 15,28; 18,20) erweist sich die Mutter der sieben Söhne. Sie erleidet ein doppeltes Martyrium, erduldet sie doch das qualvolle Leiden und Sterben all ihrer Söhne an einem einzigen Tag (2 Makk 7,20; 4 Makk 14,12ff 15.16.17) und folgt ihnen als Märtyrin nach. In vollendetem Gottvertrauen ermuntert sie sogar ihre geliebten Kinder zum Blutzeugnis, sie spornt sie an, tapfer und willig zu sterben, um sie »für die Unsterblichkeit wiederzugebären« (4 Makk 16,13). Die ewige Rettung durch das Martyrium triumphiert über die zeitliche Lebensrettung durch einen Gesetzesbruch (2 Makk 7,21ff).

Während bei der Schilderung von Eleasars Martyrium im 2. und 4. Makkabäerbuch eschatologische Erwartungen nur zurückhaltend angedeutet werden, zeigt sich das kollektive Martyrium der Mutter und ihrer sieben Söhne vor allem im 2. Makkabäerbuch durch die Hoffnung auf Auferweckung und ewiges Leben motiviert (2 Makk 7,9.11.14.23.29.36; 4 Makk 14,5;

16,13. 24f). Das 2. Makkabäerbuch führt das Leiden der Brüder auf eigene Schuld und Sünde zurück (2 Makk 7,18.32); am Schluß des 4. Makkabäerbuches wird der Sühnegedanke entfaltet. Das Martyrium bewirkt die Rettung Israels (4 Makk 17,22); die Märtyrer sind durch ihre Teilhabe am Göttlichen geheiligt (4 Makk 17,20). Auch das Martyrium des greisen Eleasar wird nach den Kategorien des kultischen Sühneopfers als stellvertretender Sühnetod für das Volk gedeutet (4 Makk 6,28f).

Die predigtartige, diatribische[12] Überlieferung des 4. Makkabäerbuches vermittelt jüdisches Gedankengut in griechischer Gestalt und Gestaltung, wie die stoische apatheia der Märtyrer und das hymnische Lob der Vernunft als Herrscherin über die menschlichen Triebe verraten. Die Martyrien des Eleasar und der Mutter und ihrer sieben Söhne illustrieren auf prototypische Weise die Herrschaft der Vernunft über die Affekte, denn trotz der Folter und des drohenden Todes halten sie aus Vernunft an der Gottesfurcht fest (4 Makk 5,23ff.31; 6,7.18.31–35; 7,1ff.12.14.16.24; 8,15; 10,19; 11,25.27; 13,1–7.26; 14,2.11; 15,1.11.23; 16,1.3; 17,2.). Die »Isaakvernunft« des weisen Eleasar (4 Makk 7,14), die »siebentürmige Vernunft« der Brüder (4 Makk 13,7) und die »gottgeleitete Vernunft« der Mutter (4 Makk 16,1) sind auf Torahtreue und Gottesliebe gerichtet und siegen über Folter und Tod. Der gottgehorsamen Vernunft kann nach den Worten des vierten Sohnes nicht die Zunge herausgerissen werden, denn: »Gott hört auch die Stummen« (4 Makk 10,18f).

Der Vorbildcharakter der Martyrien wird betont: Eleasar hinterläßt »ein leuchtendes Beispiel«, »ein Beispiel für edle Gesinnung und ein Denkmal der Tugend« (2 Makk 6,28.31). Die Bewunderung für die heldenmutige Glaubensstärke der Mutter und ihrer Söhne klingt in den Attributen des 2. Makkabäerbuches und in den langen Elogen des 4. Makkabäerbuches an.

Das siebenfache Sohnesopfer jener jüdischen Mater dolorosa übersteigt nach rabbinischer Deutung noch die Opferbereitschaft des Abraham. Nach *Gittin 57b (bT)* wandte sich die Mutter ihren Söhnen zu und sprach: »Kinder geht und sagt eurem Vater Abraham: du hast einen Altar errichtet, ich aber habe sieben Altäre errichtet.« Der Babylonische Talmud verknüpft modell-

und leitbildhaft das Martyrium der Mutter und ihrer Söhne mit dem rabbinischen Martyriumsbericht über die vierhundert Mädchen und Jungen, die sich im Meer ertränkten, um sich der Schändung durch römische Feindeshand zu entziehen.[13]

Der Tod der Mutter wird in 2 Makkabäer 7,41 nur mit einer Zeile erwähnt. Nach 4 Makkabäer 17,1 warf sie sich in den Scheiterhaufen, damit ihr Leib von niemandem berührt wurde. Nach *Gittin 57b (bT)* tötet sie sich wie Rasi[14]: »Hierauf stieg sie aufs Dach, stürzte sich hinab und starb.«

Die Makkabäerzeit markiert einen Wendepunkt in der Wertung von Leben und Tod, den Anfang einer langen Kette von Blutzeugnissen in Judentum und Christentum. Nirgendwo im Alten Testament wird eine derart rigorose und enthusiastische Bereitschaft zu sterben bekundet wie in den Makkabäerbüchern. Der handlungsdynamische Unterschied, ob der Opfertod durch Henkershand oder durch eigene Hand vollführt wird, ordnet sich den Motiven des Martyriums unter. Die Selbsttötung konnte so zu einer radikalen Form der »Hingabe des Lebens für Gesetz und Volk«[15] werden, wie das Selbstopfer des heldenhaften Kriegers Eleasar (1 Makk 6,43ff) und die Selbstvernichtung des jüdischen Volksvertreters Rasi (2 Makk 14,41ff) exemplarisch veranschaulichen.[16] Wesentlich ist – neben den traditionellen Motiven der Ehre und Torahtreue – die endzeitliche Ausrichtung der Martyrien von 2 Makkabäer 7: der Glaube an eine göttliche Gerechtigkeit und Vergeltung nach dem Tode, der Glaube an eine Sühnekraft des Martyriums, an eine Verkürzung der messianischen Notzeit durch das Blutzeugnis und die Hoffnung auf ein ewiges Leben.[17]

Anders als die geschilderten Fälle findet das Glaubenszeugnis der drei Männer im Feuerofen (Dan 3,1–30)[18] ein glückliches Ende, was ihm theologisch nicht den Rang einer Märtyrergeschichte streitig macht,[19] bedenkt man nur die martyriale Aussagekraft von Genesis 22, der Bindung Isaaks. Mehr als der faktische Ausgang zählt die intentionale Ausrichtung der Handlung. Überdies gibt es eine Affinität zwischen Errettungslegenden und Märtyrerüberlieferung.[20]

Die Rettungsgeschichten in Daniel (3; 6; 12,1–3) lassen das Buch Daniel als ein »Trostbuch für die ins Martyrium gehenden

Glaubenskämpfer«[21] verstehen. Die Zeugnisse von Daniel 3 und 6 drücken Hoffnung aus: »Gott rettet in seiner kommenden Herrschaft, zu deren transzendenten Gegenwart sich Dan 3 und 6 mit den doxologischen Schlüssen (3:28f; 6:27f) bekennen, die Märtyrer und umgekommenen Gerechten aus dem Tode. Dieses in seiner makkabäischen Letztgestalt parakletische Buch für die Verfolgten bleibt erstrangige Quelle dafür, daß am Anfang aller Märtyrertheologie die Frage nach der über den Tod hinausreichenden Gerechtigkeit Gottes seinen Frommen gegenüber, die Frage nach der aus dem Tode rettenden Treue des Schöpfers und Gottes Israels, steht.«[22]

Das Buch Daniel ist in der Seleukidenzeit entstanden, verlegt die Erzählung jedoch in die Zeit des babylonischen Exils zurück und liefert, wie die gesamte martyrologische Literatur des Frühjudentums, kein Protokoll historischer Vorgänge, sondern Erinnerungen in literarischer Form.[23]

Der deuterokanonische Text Daniel 3,1–30 erzählt, wie Nebukadnezzar ein Standbild aus Gold errichten läßt, dem die Repräsentanten der Provinz ihre Verehrung bezeugen sollen. Wer sich der königlichen Anordnung widersetzt, dem droht die Verbrennung im Feuerofen. Drei Judäer, Hananja, Asarja und Mischael, verweigern aus Glaubensgründen die vom König befohlene Reverenz und werden aufgrund einer Anzeige ihrer chaldäischen Kollegen verhaftet. Der erzürnte Nebukadnezzar will seine Souveränität als Herrscher über Gewalt oder Gnade demonstrieren und die Standfestigkeit der drei Männer prüfen, doch diese entgegnen ihm mit furchtloser Gottergebenheit und unbeugsamer Glaubensgewißheit: »Wir haben es nicht nötig, dir darauf zu antworten: Wenn überhaupt jemand, so kann nur unser Gott, den wir verehren, uns erretten; auch aus dem glühenden Feuerofen und aus deiner Hand, König, kann er uns retten. Tut er es aber nicht, so sollst du, König, wissen: Auch dann verehren wir deine Götter nicht und beten das goldene Standbild nicht an, das du errichtet hast« (Dan 3,16–18). Wütend läßt der König die Unbeugsamen fesseln und in den lodernden Feuerofen stoßen. Doch mitten in den Flammen gehen sie aufrecht und gefahrlos umher, loben den gerechten und barmherzigen Gott und bitten ihn, ihr Opfer wie ein »Brandopfer von Widdern und

Stieren, wie Tausende fetter Lämmer« (Dan 3,40) anzunehmen, sie zu retten und die Widersacher zu bestrafen. Ohne Schaden genommen zu haben, treten sie aus der Flammenglut hervor; kein Haar ist versengt, kein Kleidungsstück versehrt, nicht einmal Brandgeruch haftet an ihnen (Dan 3,94).[24]
Beeindruckt von diesem wunderbaren Geschehen lobt Nebukadnezzar die Rettungsmacht ihres Gottes und sichert ihnen und ihrer Religion öffentlichen Schutz wie Anerkennung zu (Dan 3,95ff).

In Form einer weisheitlichen Lehrerzählung schmückt Daniel 3 den Glauben an das göttliche Rettungshandeln erzählerisch aus. Die Treue der jüdischen Frommen zum ersten und zweiten Gebot provoziert ihr Martyrium und dessen Verhinderung durch Gottes rettendes Eingreifen. Ihr todesmutiges Glaubenszeugnis dokumentiert das öffentliche Eintreten für JHWH als Schöpfer und Erlöser dieser Welt und in der Opposition zu einem heidnischen Staat die Selbstbehauptung des Gottesvolkes bis hin zur Selbstaufopferung der Gläubigen um JHWHs willen. Vor dem traditionsgeschichtlichen Hintergrund von Jesaja 43,1–3 bezeugt Daniel 3,1–30 die Bundestreue und Rettermacht Gottes, der die Gemeinschaft mit seinem erwählten Volk gegen alle Widrigkeiten verteidigt und die Getreuen durch die Herbeiführung der Heilszeit und der Auferstehung der Märtyrer aus der Hölle des Martyriums rettet.[25]

Die spätere jüdische Überlieferung hat in Daniel 3 und 6 Modellszenen für das Martyrium und in den drei Jünglingen und Daniel Prototypen des Märtyrers gesehen.[26] Der Babylonische Talmud erinnert mehrmals an die Heldentat und die Errettung von Hananja, Asarja und Mischael, die sich für »die Heiligung des (göttlichen) Namens in den Kalkofen werfen« ließen (*bT Pesachim 53b*).[27]

Eine interessante Deutung der biblischen Episode entwickelt der *Midrasch Schir HaSchir*: Gott optiert mit Wort und Rettertat für die vitale und nicht für die martyriale Heiligung des Namens. Hananja, Asarja und Mischael weigerten sich, das von Nebukadnezzar errichtete Götzenbild anzubeten und suchten Rat bei Daniel.

»Und Daniel sprach vor Gott: Herr der Welt! Chananja, Mischael und Asarja wollen ihr Leben zur Heiligung deines Namens hingeben, bist du damit einverstanden, oder nicht? Nein, war die Antwort, sage ihnen, wie geschrieben steht das. V. 3: ›So spricht der Ewige, ihr kommt, mich zu befragen‹ d. i. nachdem ihr die Zerstörung meines Hauses, den Brand meines Heiligthums und die Zerstreuung meiner Kinder unter den Völkern verschuldet habt, kommt ihr mich zu befragen? ›So wahr ich lebe, wenn ich mich von euch befragen lasse!‹ In dieser Stunde brach Ezechiel in Klagen und Jammer aus und rief: Was hat dir Gott eröffnet? Er billigt euer Vorhaben nicht. Dennoch wagen wir es und geben zur Heiligung seines Namens unser Leben hin. Daß es so war, kannst du an dem erkennen, was sie, ehe sie zu Ezechiel kamen, sagten. Sie erklärten vor Nebucadnezar: Wir kehren uns nicht an deinen Befehl, der Gott, den wir anbeten, kann uns aus den Flammen und aus deiner Hand erretten s. Dan. 3,16.17, und nachdem sie bei Ezechiel gewesen waren und seine Antwort gehört hatten, sprachen sie zu Nebucadnezar: ›Es wird dir, König, nicht unbekannt sein (er, unser Gott, mag uns retten oder nicht), deinen Gott beten wir nicht an und vor dem von dir errichteten Bilde fallen wir nicht nieder s. das. V. 18. Als sie Ezechiel verlassen hatten, erschien ihm Gott und sprach: Ezechiel! du meinst, ich werde ihnen meinen Beistand versagen? Nein, er soll ihnen nicht fehlen s. Ezech. 36,37. Entlasse sie ohne Bescheid (eig. sage ihnen nichts von mir), laß sie nach ihrem Gutdünken handeln, ohne sich auf eine Verheißung von mir stützen zu können, so wird ihre Belohnung um so größer sein, wie Prov. 10,9 geschrieben steht: ›Wer in Frömmigkeit wandelt, geht sicher.‹ Was taten sie? Sie zerstreuten sich unter die Volksmengen und sprachen: Und er rettet sie nicht. Wisse (eig. dir sei bekannt), was die Leute schwören bei dem, der die Welt auf drei Säulen gestützt hat d.i. wie manche sagen, auf Abraham, Jizchak und Jacob, oder wie andere meinen, auf Chananja, Mischael und Asarja« (VII,8).[28]

Entscheidender als der Vollzug des Martyriums ist die unbedingte Bereitschaft, den göttlichen Namen zu heiligen. Galt der Todesmut in der griechischen Ethik als Tugenderweis, wurde er in der jüdischen Lehre zum Verdienst erhoben, weil hier die Liebe zum Gott Israels zur Aufopferung des Lebens führte. Daher entwickelte das palästinische Judentum, das einen vorzeitigen und gewaltsamen Tod stets als göttliche Strafe empfand, eine Bewunderung des Martyriums.[29]

Der unbezwingbare Kampfgeist und Widerstandswille gegen

staatliche Tyrannei erhob die Helden der Makkabäerbücher zu einem ethischen Vorbild, das sich noch in jüngster Geschichte behauptet.

»Sie widerstanden den Feinden ihres Volkes und gaben ihr Leben, damit Gottes Gesetz nicht vertilgt werde – 1 Makk 14,29«, lautet die Inschrift der Grabkapelle der Familie Stauffenberg in Lautlingen, Südwürttemberg.[30]

Noch im nationalsozialistischen Vernichtungslager drückte sich die Hoffnung auf einen unbeugsamen Widerstand und heldenmütigen Aufstand gegen die Folterknechte im Bild der Makkabäer aus. Ein Überlebender, Richard Glazar, berichtet in Claude Lanzmanns Filmdokumentation *Shoah*, mit welch erwartungsvollen Gefühlen die Häftlinge in Treblinka die Ankunft der Deportierten aus den Balkanländern sahen: »Als wir sie von der Baracke aus beobachteten, als sie da schon nackt mit den Sachen herumliefen noch, hat David gesagt, David Bratt hat gesagt: ›Makkabäer! Jetzt sind nach Treblinka Makkabäer gekommen!‹ Ja, gutgebaute Leute, physisch starke Leute, im Unterschied zu denen ... (...) Ja, das hätten Kämpfer sein können.«[31]

Vor allem die Figur des Rebellen Judas Makkabäus, der die makkabäische Bewegung im Kampf gegen die seleukidische Oberherrschaft anführte, Jerusalem eroberte und den Tempelkult wieder einrichtete (166–161 v. Z.), bestimmte das Leitbild des starken, gestählten und stolzen Nationalhelden. »Juda Makkabi ist einer der großen kämpferischen Helden der jüdischen Geschichte, der jenseits aller ideologischen Unterschiede als Leitfigur anerkannt ist«[32], schrieb im Dezember 1928 der Jüdische Turnverein 02 Köln in einer Einladung zum Chanukkafest[33], das alljährlich an die Wiedereinweihung des Tempels durch Judas Makkabäus und die Errichtung eines jüdischen Staates erinnert. Gegen Ende des 19. Jahrhunderts entstand, zunächst unter verschiedenen Namen, die internationale jüdische Sportorganisation »Makkabi«, die eng mit zionistischen Idealen verknüpft war. Seit 1932 organisiert sie internationale Wettkämpfe für jüdische Athleten, »Makkabiaden«, die in einem vierjährigen Turnus in Israel abgehalten werden.[34]

In der Makkabäerzeit liegen bereits die Ansätze für eine lange jüdische Tradition der religiösen und nationalen Selbsthingabe.

Der dies- und jenseitig motivierte Eifer für Gott als religiöse Haltung, die den bedingungslosen Einsatz des Lebens forderte, ist ein typischer Wesenszug frühjüdischer Frömmigkeit.[35] Durch eine vertiefte eschatologische Deutung des Martyriums, durch die Naherwartung des messianischen Reiches und eine – Offenbarung 20,4–6 verwandte[36] – Auferstehungshoffnung verschärfte sich die Martyriumsbereitschaft bei den Zeloten. Die Charakteristika der zelotischen Märtyrerberichte – Eifer für das Gesetz, aufopfernde Verteidigung des Gesetzes, freimütiges Bekenntnis vor dem Tyrannen, Freiheit von Todesfurcht, eschatologische Ausrichtung des Handelns[37] – sind bereits bei den Makkabäern angelegt.

Im Ersten jüdisch-römischen Krieg (66–70 n. Z.) kam es zu zahlreichen Martyrien von Juden, vor allem unter den eschatologisch orientierten radikalen Gruppen der Essener, Zeloten und Sikarier.[38] Strenge Selbstdisziplin, religiöse Standhaftigkeit, Eifer für die Torah und bedingungslose Verteidigung der Lehre, deren Mitte die Alleinherrschaft Gottes bildete, wie eine militante Frömmigkeit forderten sogar Gewalttätigkeit und Selbstvernichtung.[39]

Das eindrucksvollste Beispiel für religiöse Selbstopferung ist die kollektive Selbsttötung von 960 Sikariern in der Festung von Masada vor der Erstürmung durch die Römer (73 n. Z.). Nur zwei Frauen und fünf Kinder, die sich versteckt hatten, überlebten das Massaker.

Sieben Jahre hatte Masada im Widerstand gegen die Römer ausgeharrt. Im Jahre 72 n. Z. umschloß der römische Feldherr Flavius Silva das Höhenplateau mit Lagern und Mauern und kesselte es acht Monate ein. Als die militärische Lage jede Hoffnung auf Rettung für die Eingeschlossenen zunichte gemacht hatte, forderte der Sikarier-Anführer Eleasar seine Anhänger zum gemeinsamen, selbst vollstreckten Tod auf. Durch ein Los wurden zehn Männer bestimmt, welche die anderen und schließlich sich selbst töten sollten. Flavius Josephus schildert in *De Bello Judaico* die Rede des Eleasar: Angesichts der bevorstehenden Eroberung der Festung wird der Kollektivsuizid beschlossen als letzter Gehorsam gegen Gott (BJ VII 323–326), als nachträgliche Anerkennung des geschichtlichen Gerichts Gottes über das jüdische Volk, besonders die Sikariergruppe (BJ VII 327–332), und schließlich als Sühne (BJ VII 333–336).[40] Die sikarische Bejahung der Selbsttötung[41] und die kritische Haltung des Geschichtsschreibers Josephus bezeugen keinen unterschiedlichen ordo bonorum, sondern eine differente Deutung des ersten Gebots: Die Sikarier beweisen ihren Gottesgehorsam durch Sterbebereitschaft, Josephus durch Lebenswillen. Die abweichenden Haltungen einer Befürwortung und einer Verweigerung der martyrialen Selbsttötung sind wohl innerjüdisch zu erklären. Zeloten und Sikarier unterscheiden sich in ihrem Gesetzesverständnis und Nationalgefühl von der sadduzäischen Schicht und der Pharisäer-Partei. Des ungeachtet, ob nun Flavius Josephus, Sohn einer vornehmen Jerusalemer Priesterfamilie, der Sadduzäer-Gruppe oder der pharisäischen Opposition zuzuordnen ist: Beide Parteien wetteiferten gesellschaftlich ambitioniert um den Einfluß in Jerusalem und im Synhedrium, was gewisse zivilisatorische und politisch bedingte Assimilationstendenzen und eine Schwächung der jüdisch-nationalen Orientierung in einigen Fällen nahegelegt haben mag.[42] Selbst wenn im Frühjudentum die als Konsequenz des Gesetzeseifers verbreitete Praxis religiöser Selbsthingabe im Martyrium von pharisäischen oder sadduzäischen Juden mit hellenisierender Gesinnung kritisiert wurde, ist doch anzunehmen, daß die religiöse Selbstopferung der Sikarier, Zeloten und Essener[43] – im Martyrium oder in der oblativen Selbsttötung als Sonderform des Martyriums – Anerkennung, Nachahmung und Nachfolge fand. »Im Zeitraum zwischen Herodes und der Zerstörung Jerusalems stellte die jüdische Freiheitsbewegung, die sich durch das Wirken des Judas Galiläus zur Partei der Zeloten konsolidierte, gewiß die weitaus größte Zahl an ›Märtyrern‹. Alle, die im Kampf für Gottes ›Alleinherrschaft‹ und für die Freiheit Israels fielen, sei es im offenen Gefecht oder durch die Hand des Henkers, mußten in ihren Augen als ›Blutzeugen‹ erscheinen. Mochten diese auch von den führenden jüdischen Kreisen nicht als solche anerkannt werden, die Masse des Volkes sah in ihnen gewiß echte Märtyrer. Der Ausbruch des Jüdischen Krieges war nur möglich, weil sich das Volk, vom Gedankengut der Zeloten ergriffen, in seiner Mehrheit auf deren Seite stellte; die (...) Beispiele aus Jotapata, Gamala, bei der Verteidigung des Tempels und bei den Kriegsgefangenen zeigen, daß das einfache Volk in vielen Fällen so gut zu sterben wußte, wie seine zelotischen Vorbilder, die Sikarier in Masada und in Ägypten.«[44]

Auffällig ist das talmudische Schweigen über den Fall von Masada, der völlige »blackout dieser Episode«[45].

Im modernen Israel wurde die Geschichte der judäischen Wüstenfestung schließlich wiederentdeckt. Dazu mag die systematische archäologische Freilegung der Festungsanlage durch Yigael Yadin in den Jahren 1963 bis 1965 beigetragen haben. Vor allem die hohe Beteiligung von Amateurarchäologen und israelischem Militär wie Yadins klassischer Bucherfolg *Masada*[46], gerade als gelungener Versuch einer »haute vulgarisation«[47], ermöglichten ein breites Interesse und einen identifikatorischen Zugang des jungen Staates zu einem weitgehend verschütteten Kapitel seiner antiken Geschichte. Die Erfahrungen des Sechs-Tage-Krieges 1967 rückten das ferne Geschehen ins Licht der Aktualität und deuten jenen unbeugsamen Widerstand der jüdischen Helden gegen die Römer als paradigmatische Parallele zum israelisch-arabischen Konflikt.[48] Im modernen Israel gilt die Felsenfestung am Toten Meer als nationales Symbol jüdischen Verteidigungs- und Widerstandswillens. Mit dem Fall Masadas beendet Flavius Josephus seine Geschichte des Jüdischen Krieges. »Masada darf nie wieder fallen«, lautet heute der Eid, den die jungen Soldaten und Soldatinnen der israelischen Armee bei Sonnenaufgang auf der Wüstenfestung Masada ablegen.

Daß die furchtlose Gegenwehr der jüdischen Rebellen mehr als ein politisch-nationales Emblem ist und eng mit dem jüdischen Selbstbewußtsein verbunden bleibt, deutet die empfindsame Geste eines Dichters an. Als Paul Celan im Herbst 1969 Israel besuchte, stand auch die Festung Masada auf seinem Reiseprogramm. Doch bevor es zu diesem Ausflug kam, brach er seinen Aufenthalt überraschend ab. Diese Reise, erklärte er einem Freund, »habe er sich nicht verdient. So ist Celan nie bis Massada gekommen.«[49]

Am Maßstab der späteren rabbinischen Definition des Martyriums al Kiddusch HaSchem wird das kollektive Selbstopfer in Masada von jüdischen Denkern der Gegenwart gemessen. Ist diese Flucht vor dem Feind in den Tod als Kiddusch HaSchem zu werten, da die Alternative zum eigenhändig vollstreckten Tod die Sklaverei und damit der Treuebruch mit dem Einen Gott Israels bedeutete?[50] Wurde durch die gemeinschaftliche Selbstvernichtung der sikarischen Widerstandskämpfer nicht zumindest eine Unterwerfung Israels (Chillul Israel) und damit eine Entweihung des göttlichen Namens (Chillul HaSchem) verhindert?[51] Oder ist es gänzlich verfehlt, die Suizidanten von Masada und ihr politisch motiviertes Massaker in der rabbinisch religiösen Tradition des Kiddusch HaSchem und Chillul HaSchem zu deuten?[52] Die Antworten sind ebenso kontrovers wie die Fragen offen.

In die landschaftliche Kulisse der nordgaliläischen Stadt Zefat führt die Geschichte eines anderen blutigen Aufstands zurück. Hier wurde der große Rabbi Simeon Bar Yochai (gest. 170) begraben, ein Anhänger Bar-Kochbas, der den nach ihm benannten Aufstand (132–135 n. Z.) im Zweiten jüdisch-römischen Krieg anführte. Die qualvollen und opferwilligen Martyrien des Bar-Kochba-Aufstandes und der hadrianischen Religionsnot wurden für das Rabbinat vorbildlich.[53] Man spricht vom »Geschlecht der Verfolgung«, der sogenannten Schemad-Periode.[54]

Die Dekrete des Kaisers Hadrian zwangen die jüdische Bevölkerung nicht zum Verzehr von Schweinefleisch, bewirkten jedoch Todesurteile und öffentliche Hinrichtungen in großer Zahl.[55] Was letztlich den Zweiten jüdischen Krieg provozierte, ob Hadrians Verschärfung des Beschneidungsverbots – indem er die Todesstrafe für »Kastration« androhte – oder seine römische Gründung Jerusalems als Aelia Capitolina,[56] bleibt bei der schwierigen Quellenlage ungesichert. Nach rabbinischer Deutung starb das »Geschlecht der Verfolgung« für die Heiligung des Schabbats.[57] Doch die halachische Auslegung der Rabbinen relativiert die tatsächlichen historischen Gründe für die Verfolgungen und Martyrien, indem sie Kaiser Hadrian zum antijudäischen Prototypus stilisiert: Der Midrasch *Echa Rabbati 3.4* erzählt, daß Hadrian zwei jüdische Passanten enthaupten ließ, den ersten wegen der Anbiederung des Grüßens, den zweiten wegen der Frechheit des Nicht-Grüßens. Nach dem Sinn seiner Befehle befragt, erklärte der römische Imperator, man möge ihn nicht belehren, unter welchen Begründungen und Ausreden er die Juden töten solle, den Grund finde er schon immer selbst.[58]

Als Vorbild des Martyriums dieser Zeit gilt den Homileten der Synagoge Rabbi Akiba, einer der bedeutendsten Rabbinen des tannaitischen Judentums. Als dieser trotz des hadrianischen Verbotes öffentlich Torah lehrte, warnte Papos b. Jehuda den Meister; doch dieser antwortete mit dem folgenden Gleichnis:

»Womit ist diese Sache zu vergleichen? – mit einem Fuchs, der an einem Fluß einherging und sah, wie Fische sich von Ort zu Ort versammelten. Er sprach zu ihnen: Wovor fürchtet ihr euch? Sie erwiderten: Vor den Netzen, welche die Menschenkinder nach uns auswarfen. Da sprach er zu ihnen: So möge es euch gefällig sein, daß ihr aufs Land kommt, und wir, ich und ihr, beisammen wohnen, wie einst meine Vorfahren beisammen gewohnt haben. Darauf erwiderten jene: Du bist es, den man den klügsten unter den Tieren nennt? Du bist nicht klug, sondern dumm; wenn wir schon in der Stätte unseres Lebens fürchten, um wieviel mehr in der Stätte unseres Todes! So auch wir; wenn es schon jetzt so ist, wo wir sitzen und uns mit der Gesetzlehre befassen, von der es heißt: Denn sie ist dein Leben und die Verlängerung deiner Tage (Dtn 30,20), um wieviel mehr erst, wenn wir gehen und uns ihr entziehen!
Man erzählt: Es verliefen nur wenige Tage, so nahm man R. Akiba fest und sperrte ihn ins Gefängnis; ebenso nahm man Papos b. Jehuda fest und sperrte ihn mit jenem ein. Da sprach er zu ihm: Papos, was brachte dich hierher? Dieser erwiderte: Heil dir, R. Akiba, daß du wegen Worte der Gesetzlehre festgenommen wurdest, wehe dem Papos, der wegen eitler Dinge festgenommen wurde. Die Stunde, da man R. Akiba zur Hinrichtung führte, war gerade die Zeit des Sch^ema-Lesens, und man riß sein Fleisch mit eisernen Kämmen, er aber nahm das Joch der himmlischen Herrschaft auf sich« (*bT Berakhoth 61a.b*).

Ein anderer Tannaite, Rabbi Hananja b. Teradion, starb ebenfalls den Märtyrertod aus Torahtreue. Die römischen Henker umwickelten ihn mit seiner eigenen Torahrolle und verbrannten ihn samt der heiligen Schrift. Als die Schüler bemerkten, daß der Lehrer unter den Feuersqualen verklärt aufblickte, fragten sie ihn: »Meister, was siehst du?« Er entgegnete: »Das Pergament verbrennt, aber die Buchstaben fliegen auf« (*bT Aboda Zara 17a*).

Nicht nur »als Hingerichtete der Regierung« wurden R. Akiba und seine Genossen verehrt: »Das sind vielmehr die Märtyrer von Lud« (*bT Pesahim 50a*).
Die rabbinische Versammlung in Lud/Lydda (2. Jhdt. n. Z.) bestimmte die Bedingungen des Martyriums al Kiddusch Ha-Schem.[59] Im Babylonischen Talmud, *Synhedrin 74a.b*, wird dieser klassische Beschluß überliefert:

»R. Jonathan sagte im Namen des R. Simon b. Jehoçadaq: Im Söller des Hauses Nithza in Lud stimmten sie ab und beschlossen, daß, wenn man jemand bei Todesandrohung zwingt, eine aller in der Tora genannten Sünden zu begehen, er sie begehe und sich nicht töten lasse, ausgenommen sind Götzendienst, Unzucht und Mord. – Götzendienst etwa nicht, es wird ja gelehrt: R. Jismael sagte: Woher, daß, wenn man jemand bei Todesandrohung zwingt, einem Götzen zu dienen, er ihm diene und sich nicht töten lasse? Es heißt: (* Lev 18,5) er wird durch sie leben, er soll durch sie nicht sterben. Man könnte glauben, auch öffentlich, so heißt es: (* Lev 22,32) entweiht meinen heiligen Namen nicht, damit ich geheiligt werde!? – Sie sind der Ansicht R. Eliezers, denn es wird gelehrt: R. Eliezer sagte: Wenn es heißt: (* Dtn 6,5) mit deiner ganzen Seele, wozu heißt es: mit deinem ganzen Vermögen, wozu heißt es: mit deiner ganzen Seele? Ist es ein Mensch, dem seine Person lieber ist als sein Geld, so heißt es: mit deiner ganzen Seele, und ist es ein Mensch, dem sein Geld lieber ist als seine Person, so heißt es: mit deinem ganzen Vermögen. Hinsichtlich der Unzucht und des Mordes ist dies aus einer Lehre Rabbis zu entnehmen, denn so wird gelehrt: Rabbi sagte: (* Dtn 22,62) Dies ist ebenso, wie wenn einer seinen Nächsten überfällt und ermordet; was soll (der Vergleich) mit dem Morde? Was lehren sollte, lernt auch: wie man einem von (der Notzucht) einer Verlobten mit seinem Leben zurückhalte, ebenso halte man (den Mord) mit dem Leben des Mörders zurück. Ferner vergleiche man (die Notzucht) einer Verlobten mit dem Morde: wie man sich eher töten lassen, als (eine Notzucht) einer Verlobten zu begehen. – Woher dies vom Morde selber? – Dies ist einleuchtend. So kam einst jemand vor Raba und erzählte ihm: Der Befehlshaber seines Wohnortes befahl mir, jenen zu töten, sonst tötet er mich. Dieser erwiderte: Mag er dich töten, du aber begehe keinen Mord; wer sagt, daß dein Blut röter ist, vielleicht ist das Blut jenes Menschen röter.
Als R. Dimi kam, sagt er im Namen R. Johanans: Dies gilt nur von einer Zeit, in der keine Religionsverfolgung herrscht, zur Zeit der Religionsverfolgung aber muß man sich eher töten lassen, als das leichte-

ste Gebot übertreten. – Was heißt ›leichtes Gebot‹? Raba b. R. Jiçhaq erwiderte im Namen Rabhs: Nicht einmal den Schuhriemen ändern. – Was heißt öffentlich? R. Jaqob erwiderte im Namen R. Johanans: Öffentlich heißt es, wenn mindestens zehn Personen (anwesend sind). – Selbstverständlich!? – Es müssen Jisraeliten sein, denn es heißt: (* Lev 22,32) damit ich in der Mitte der Kinder Jisrael geheiligt werde. R. Jirmeja fragte: Wie ist es, wenn es neun Jisraeliten und ein Nichtjude sind? – Komm und höre: Rabbanaj, der Bruder des R. Hija b. Abb, lehrte: Dies geht aus (dem Worte) Mitte hervor; hier heißt es: damit ich in der Mitte der Kinder Jisrael geheiligt werde, und dort (* Num 16,21) heißt es: sondert euch ab aus der Mitte dieser Gemeinde, wie es dort zehn (Personen) und alle Jisraeliten waren, ebenso auch hier zehn und alle Jisraeliten. (...)
Raba vertritt hierbei seine Ansicht, denn Raba sagte: Wenn ein Nichtjude einem Jisraeliten bei Todesandrohung befiehlt, am Sabbath Gras zu schneiden und den Tieren vorzuwerfen, so tue er dies und lasse sich nicht töten und tue dies nicht, weil er ihn nur zur Begehung einer Sünde zwingen will.«

Die martyriale Heiligung des Namens wurde in drei Fällen als verpflichtend erklärt, bei Götzendienst, Unkeuschheit (Inzest, Ehebruch) und Mord: Um diese Vergehen zu vermeiden, mußte ein Jude sogar den Tod erdulden.

Bei Zwangskonversionen spielte die Frage der jüdischen Öffentlichkeit eine bedeutende Rolle (*bT Sabbath 130a*). Wenn nicht zehn Juden zugegen sind, soll der Bedrängte übertreten, statt sich töten zu lassen. Diese Regeln galten für »normale« Zeiten. Bei Verfolgung der ganzen Gemeinschaft muß man hingegen sein Leben opfern, auch wenn keine Israeliten anwesend sind, und man darf kein Gebot verletzen, geringere Bräuche eingeschlossen, die Jüdisches kennzeichnen. Das Martyrium al Kiddusch HaSchem schafft sogar eine Hierarchie der Gebote: »Es wird gelehrt: E. Simon b. Eleazar sagt: Jedes Gebot, um dessentwillen sich die Jisraeliten zur Zeit der Religionsverfolgung dem Tod preisgegeben haben, als zum Beispiel (die Unterlassung) des Götzendienstes (und die Beschneidung), wird von ihnen jetzt noch festgehalten: jedes Gebot aber, um dessentwillen die Jisraeliten zur Zeit der Religionsverfolgung sich dem Tod nicht preisgegeben haben, als zum Beispiel das Gebot der Tephillin, wird von ihnen jetzt noch vernachlässigt (...)« (*bT Sabbath 130a*).

Nach dem Vorbild der Früheren wurde der Einsatz des Lebens für die Heiligung des Gottesnamens angemahnt (*bT Berakhoth 20a; Sabbath 89b*).

Martyrium statt Gebotsübertretung, selbst wenn Übertritt erlaubt ist, wurde zu einem Streitpunkt. Die Halachah hatte zwischen zwei oppositionellen Prinzipien zu entscheiden: Heiligung des Namens als Erwählungsverpflichtung, gemäß Sifra zu Levitikus 22,32f: »Unter einer Bedingung habe ich euch aus Mizrajim herausgeführt: unter der Bedingung, daß ihr euch hingebet, um meinen Namen zu heiligen« (*Sifra, IX*)[60], oder Bewahrung des Lebens, gemäß Levitikus 18,5: »Ihr sollt auf meine Satzungen und meine Vorschriften achten. Wer sie einhält, wird durch sie leben. Ich bin der Herr.«

Der Komplementärbegriff zum Begriff des Kiddusch HaSchem als Heiligung des göttlichen Namens ist der *Chillul HaSchem*, die Entweihung des göttlichen Namens.[61] Chillul HaSchem formuliert negativ, was Kiddusch HaSchem positiv ausdrückt: die Erfüllung und Verteidigung des Glaubens.[62] Als Chillul HaSchem gelten Mißbrauch des Schwurs (*bT Joma 84a*), Meineid und Entweihung des Schabbats (*bT Sabbath 33a*), Ungesetzmäßigkeiten bei der Totenbestattung und in den Kleidungsvorschriften (*bT Berakhoth 19b*) oder beispielsweise das ständig auswärtige Essen eines Gelehrten, der so sein Familienleben zerstört und den Namen des Himmels, seines Lehrers, seines Vaters und der ganzen Familie entweiht (*bT Pesahim 49a*).

Chillul HaSchem darf nicht öffentlich geschehen (*bT Hagiga 16a; Moed-Qatan 17a.b*), wird nicht vergeben (*bT Joma 86a*) und kann sogar Exkommunikation nach sich ziehen (*bT Moed-Qatan 17a.b*). Wie schwer eine öffentliche Entweihung des Namens wiegt, dokumentiert *bT Jabmuth 79a*: »R. Hija b. Abba erwiderte im Namen R. Johanans: Lieber werde ein Buchstabe aus der Gesetzeslehre entwurzelt, als daß der Name des Himmlischen öffentlich entweiht werde.«

Mit der Makkabäerzeit begann der Prozeß der Konsolidierung des Judentums als nationales Kollektiv und damit ein fortdauernder Existenzkampf. Das Gebot der Heiligung und das Verbot der Entweihung des Gottesnamens erhalten auf dem tragischen Höhepunkt der römischen Religionsverfolgungen eine neue Bedeutung in der rabbinischen Redaktion: Sie zielen auf Erhaltung und Verherrlichung des Judentums.[63]

Dieses vitalistische Verständnis des Kiddusch HaSchem kehrt in Maimonides' Auslegung und Anwendung des Konzepts wieder. Seine vielschichtige Haltung zum Kiddusch HaSchem zeichnet sich durch Treue zur rabbinischen Tradition, durch psychologisches Einfühlungsvermögen und strategische Klugheit in einer religiösen und politischen Krisenzeit aus.

1135 im spanischen Cordoba geboren, verließ Maimonides mit seiner Familie im Jahre 1148 die iberische Halbinsel, die von den Almohaden, einer muslimisch fundamentalistischen Sekte, erobert worden war. Den Juden wurde ein öffentliches Bekenntnis zum Islam abverlangt. Nach langer Flucht erreichte Maimonides 1160 die marokkanische Stadt Fez. Zwischen 1133 und 1148 hatten die Almohaden Marokko (Fez 1145) erobert und dort blutige Massenexekutionen durchgeführt (1128/29 und nach 1148). In seinem *Brief über das Martyrium (Iggeret HaSchemad)*, vermutlich 1165 verfaßt, rät Maimonides der marokkanischen jüdischen Gemeinde, die von der islamischen Zwangskonversion durch die Almohaden bedroht ist, zur Flucht zum frühestmöglichen Zeitpunkt oder notfalls zur Schein-Konversion, um so den Fortbestand der jüdischen Gemeinde zu schützen.[64] Die Verbundenheit mit der Gemeinschaft ist ein Leitmotiv aller maimonidianischen Schriften[65] und bestimmt auch diesen Brief, der sich an die Verfolgten und Scheinkonvertierten in der marokkanischen Judenheit wendet. Es sind aus der Solidarität mit den Leidenden gewonnene Worte. Maimonides will den Bedrängten eine halachische Orientierung in ihrem Gewissens- und Glaubenskonflikt vermitteln und sie nicht durch einen Schuldvorwurf belasten, der ihre Not noch vermehrt. Empört lehnt er sich gegen den rigiden Richterspruch eines Rabbiners auf, der jede geheime Erfüllung eines jüdischen Gebots nach einer öffentlichen Konversion als zusätzliches Vergehen verwarf. Indem Maimonides den Unterschied zwischen freiwilliger und gewaltsam erzwungener Idolatrie betont, erhebt er den Aspekt der Willensfreiheit zum Kriterium eines schuldhaften Götzendienstes: Nur wer freiwillig übertritt, ist Subjekt der Konversion. Das Individuum, das sich einem Zwang beugt, wird von der

Torah entschuldigt, es erfüllt zwar nicht das Gebot der Heiligung des Namens, doch begeht es auch nicht die Sünde der vorsätzlichen Entweihung des Gottesnamens.[66]

Maimonides' Auffassung von Kiddusch HaSchem und Chillul HaSchem folgt dem rabbinischen Beschluß von Lydda *(bT Synhedrin 74a.b)*, der das Martyrium grundsätzlich bei Götzendienst, Inzest und Mord fordert, es bei allen geringeren Gebotsverletzungen nur zur Zeit einer Religionsverfolgung und unter der Bedingung der Öffentlichkeit, also der Anwesenheit von zehn Israeliten, verlangt.[67] Diese systematische Beschreibung des Gebots zum Kiddusch HaSchem, die Maimonides Jahrzehnte später (1180) in seinem Kodex der gesamten Halachah, *Mischneh Torah (V, 1–11)*, aufnimmt,[68] übersetzt er unter dem Aspekt ihrer Praktikabilität in eine geradezu »situationsethische« Weisung und folgt dabei dem grundlegenden rabbinischen Verständnis der Gesetzeslehre: Die Torah bietet nicht einen Gesetzeskodex für ideale Menschen unter idyllischen Lebensbedingungen, sondern ein normatives System, das die fehlbare Kreatur in unvollkommenen Situationen und persönlichen Krisen des Willens, des Geistes und des Glaubens begleitet und leitet.[69]

Mit Verweis auf die martyrialen Vorbilder – die drei Jünglinge im Feuerofen, Daniel, die Zehn Märtyrer[70] und die sieben Söhne der Hannah – preist Maimonides im *Iggeret HaSchemad* das göttliche Privileg des Martyriums, das Anteil an der kommenden Welt schenkt.[71] Wer sich dem Bekenntnis zum Islam widersetzt und sein Leben al Kiddusch HaSchem opfert, ist erhaben und heilig. Doch frage ihn jemand, wirft Maimonides ein, ob er übertreten oder sein Leben hingeben solle, empfehle er ihm, ein Bekenntnis abzulegen und nicht den Tod zu wählen.[72]

Bei allem Respekt vor dem martyrialen Kiddusch HaSchem rät er den Verfolgten beharrlich zur Flucht in ein Land und ein Leben, das die Heiligung Gottes im Glaubensvollzug erlaubt.[73]

Wer nicht fliehen kann, soll nach einem Lippenbekenntnis zum Islam möglichst viele Gebote des jüdischen Glaubens im Verborgenen erfüllen. Diesen ethisch-religiösen Kompromiß für Krisenzeiten untermauert Maimonides durch die Beispiele rabbinischer Autoritäten.[74] Als Rabbi Meir gefangen wurde, leugnete er seine Identität und gab bereitwillig vor, Schweinefleisch zu verzehren, das er dann später ausspuckte. Rabbi Eliezer, von dem Richter auf das Bekenntnis zum jüdischen Glauben geprüft, erklärte doppelsinnig, er vertraue auf den Richter. Durch diese List schmeichelte er dem weltlichen Richter und bekannte sich gleichzeitig zum göttlichen Richter JHWH. Wenn keine Flucht und kein Leben im Exil möglich sind, empfiehlt Maimonides die innere Emigration in den privaten Glaubensvollzug. Die kleinste gute Tat wird Gott lohnen.[75] Maimonides plädiert für eine vitale Heiligung des Namens, die sich nicht im heroischen Blutzeugnis, sondern in einer gelebten Ethik des Alltags bewährt. So stärkt er den inneren Widerstand und damit den äußeren Bestand der jüdischen Gemeinde und schafft, wie David Hartman kommentiert, »neue Formen des Heldentums im Zusammenhang mit Kompromiß und Schwachheit«[76]. Das Vorbild für diese vitale Weise der Heiligung des göttlichen Namens findet Maimonides wiederum in der Gestalt des Abraham, dessen Heldentum nicht nur in seiner Opferbereitschaft, der Bindung Isaaks, bestand, sondern auch in seiner Auswanderung in einen Lebensraum, der einen freien und vollkommenen Gottesdienst erlaubte: Um den Lehren der Häretiker zu entkommen, lief Abraham um sein Leben.[77] Er verließ Familie und Heimat und wurde ein einsamer Wanderer, ein Flüchtling und Fremder.

Im Jahre 1165 flüchtete Maimonides aus Fez und begab sich auf eine langjährige Wanderschaft, die ihn nach einem Aufenthalt in Palästina schließlich nach Ägypten führte. Am Hofe Saladins wirkte er als Arzt, Richter und Gelehrter des Judentums, »weit eher zum Repräsentanten geboren als zum Märtyrer«[78], – so könnte man es mit einem autobiographischen Wort von Thomas Mann formulieren.

In der Fremde schuf Maimonides ein umfangreiches Werk, das ihn zu der großen philosophischen und halachischen Autorität der jüdischen Welt erhob.[79] Sein Votum für das vitale Zeugnis der Heiligung Gottes, für die Wahrung des Lebens und der Torah in der äußeren oder inneren Emigration, legte den Grundstein einer Ethik des Exils, die auch für unser Jahrhundert Geltung besitzt. Die erzwungene Emigration von religiös-rassisch, politisch und weltanschaulich Verfemten und Verfolgten nach 1933 wurde lange Zeit mit einer Geringschätzung behandelt,[80] die verkannte, welche Opfer der Exulant brachte, welch unverbrüchliche Treue zu den gefährdeten und geliebten Werten der Emigrant bewies.

Die Alternative Martyrium, Scheinkonversion oder Flucht, um das Gebot des Kiddusch HaSchem zu wahren, stellte sich auch für die Judenheit im christlichen Spanien des Hochmittelalters: Als 1391 eine durch kirchliche Hetzpredigten entfesselte Menschenmenge die Juderia, das jüdische Wohnviertel von Sevilla, stürmte, fanden alle Juden, die nicht rechtzeitig fliehen konnten oder die Taufe ablehnten, den Tod. Der Aufruhr verbreitete sich in wenigen Wochen wie ein Lauffeuer in ganz Spanien und zog weitere Massaker nach sich. Die überwiegende Mehrheit der verfolgten Juden nahm gezwungenermaßen die Taufe und bildete so die etwa 20.000 Neuchristen (Conversos), von denen viele nur äußerlich die christlichen Lebensformen praktizierten. Nur wenige, die keine Überlebenschance mehr hatten, waren zur Selbsttötung und zum Martyrium al Kiddusch HaSchem bereit.[81]

Anders hingegen die Aschkenasim zur Zeit der Kreuzzüge: Sie waren beseelt von dem Kampf um die Heiligung Gottes und Israels,[82] und gerade in ihrem fehlenden »Talent zum Proselyten« sah Jakob Wassermann ihr Unglück.[83]

In der Konfrontation mit christlicher Mission und Zwangskonversion wurden Selbsttötung und Tod zum letztmöglichen Ausdruck von Mut, Würde und Selbstbewahrung. Durch die Verfolgungen und Demütigungen der Juden christlicherseits wurde die Ethik von Kiddusch HaSchem als Martyrium verstärkt.

Im Mittelalter bestanden nicht nur geschichtlich extreme Bedingungen zur Selbsthingabe; es gab offenbar »eine tief verankerte Bereitschaft zum Martyrium«[84]. Das Martyrium al Kiddusch HaSchem wurde eine besonders extreme Variante einer ausgeprägten Leidensbereitschaft, die durch die Kreuzzugspogrome des Jahres 1096 einen nachdrücklichen Impuls erhielt.[85] Analog zur christlichen Mystik und zur Kreuzzugsideologie bildete sich im mittelalterlichen Judentum eine Geistigkeit aus, die an den Gedanken der Verherrlichung Gottes durch das Martyrium und die Selbstaufgabe al Kiddusch HaSchem anknüpfte.[86] Auf fatale Weise wurden so das christliche Kreuzfahrertum und das jüdische Martyrium zu zwar unterschiedlichen, doch blutigen und tödlichen Ausdrucksformen einer Heiligung Gottes.

Während der schweren Judenverfolgungen des Ersten Kreuzzuges (1096) starben viele Juden zur Heiligung des göttlichen Namens nach dem Vorbild der *aqedat Jitzchaq*.[87] Jüdische Gemeinden gingen wie einst die Helden von Masada gemeinsam in den Tod. Kiddusch HaSchem in Form einer kollektiven Selbsttötung wird erstmalig von den rheinischen Märtyrern und Märtyrinnen des Jahres 1096 akzeptiert und praktiziert.[88]

Dieser tragischen Tradition folgte hundert Jahre später die Judenheit in York. Von einer fanatisierten Menschenmenge belagert, gaben sich hundertfünfzig Juden den Tod. Der Gedanke des Kiddusch HaSchem wird in einer Ansprache des Rabbiners Jomtov von Joigny überliefert, welche die Rede des Sikarierführers Eleasar von Masada in ritualisiertem Wortlaut aufgreift.[89]

Bei den blutigen Ausschreitungen gegen die Juden in Frankreich in den Jahren 1320 und 1321 wurden 140 jüdische Gemeinden zerstört. Wiederum nach dem Modell von Masada schildert eine zeitgenössische anonyme Chronik den kollektiven Gewalttod al Kiddusch HaSchem der Juden von Verdun-sur-Garonne: »Als die Juden sich darüber klar wurden, daß sie lebend ihren Feinden nicht entrinnen konnten, töteten sie sich lieber selbst, als von den Unbeschnittenen ermordet zu werden. Sie wählten daher einen aus ihren Reihen aus, der ihnen als der Tapferste erschien, damit er sie erwürge. Dieser Mann tötete fast fünfhundert Menschen mit deren Zustimmung.«[90]

Die Idee des Kiddusch HaSchem besaß im Hochmittelalter einen solidarisierenden Charakter bis in den Tod und »trug so auf lange Sicht zum Überleben des Judentums als einer stets assimilationsgefährdeten Minderheitengruppe bei«.[91] Die Martyrien ließen »das Judentum innerlich erstarken, bereicherten es spirituell, führten zur Entwicklung eines beispiellosen Heldentums und verliehen den Juden die Kraft, weitere furchtbare Prüfungen auf sich zu nehmen«.[92]

Die Bedeutung des Martyriums für das Judentum ist unbestritten. Als »eine Religion des Martyriums«[93] kennzeichnete Wilhelm Bousset die jüdische Religion. Vielfach zitiert, spiegelt dieses Urteil aus dem Jahre 1903 eine ebenso verbreitete wie einseitige Darstellung des Judentums wider. Die martyriale Engführung bestimmte auch die Deutung des Kiddusch HaSchem als Synonym des Martyriums, als wäre der Märtyrertod der Lebensnerv der jüdischen Religion. Wenn im 19. Jahrhundert die jüdische Geschichte überwiegend als Leidensgeschichte gesehen wurde, handelte es sich letztlich um eine Fortsetzung der mittelalterlichen Vorliebe für Martyrologie.[94] Gegen das »tränenreiche() jüdische() Geschichtsbild«[95] wandte sich schon früh einer der großen jüdischen Historiker der Moderne, Salo W. Baron.

Der hebräische Nationaldichter Chaim Nachman Bialik verdrängte die nationale Romantik der Martyrologie durch einen rücksichtslos kritischen Realismus sozialer und religiöser Mißstände. »Diese Auffassung ist durchaus neu«, wie Ernst Simon betont: »Zunz, die Wissenschaft des Judentums und im Grunde selbst Graetz noch konstruieren die jüdische Geschichte aus Literaturgeschichte und Martyrologie.«[96]

Im Mai 1903 wurde Bialik von der jüdischen Historischen Gesellschaft in Odessa beauftragt, die Überlebenden des Pogroms von Kischinew zu befragen.[97] Tief schockiert verfaßte Bialik keinen Bericht, sondern das Epos *In der Stadt des Schlachtens,* das seinen literarischen Ruhm begründete, ihn zum »Dichter des Zorns« und »Erzieher zur Wirklichkeit«[98] reifen ließ, wie es Ernst Simon in seiner Monographie über Bialik formulierte.

In der Dichtung der Pogromstadt klagt Bialik Gott, die Mörder und die Juden selber an. Er empört sich über sein Volk, das sich wehrlos und feige dem Leiden hingibt und mit der nationalen Tragödie noch Geschäfte macht:

> »Einen Groschen für eine Wunde!
> Einen Groschen für eine Wunde!
> Einen Groschen für eine Tochter, eine geschändete!
> Einen Groschen für eines alten Vaters Tod
> und für einen jungen Bräutigam, den Märtyrer!«[99]

Bialik greift die jüdische Orthodoxie an, die dem Morden tatenlos zusieht und noch den Rabbiner nach den religionsgesetzlichen Folgen des Geschehens befragt.[100] Seine Dichtung ist ein Aufschrei gegen die Nutzlosigkeit des Opfertods, ein Schrei nach einem jüdischen Leben mit der Würde des Widerstandes.

Wie Immanuel Jakobovits ausführt, behauptete sich letztlich im Judentum immer das »vitale Prinzip« und eine lebensbejahende Haltung«: »Der Kult des Selbstopfers bis auf den Tod hat den Juden nie angesprochen. Im allgemeinen zog er ein Leben im Elend einem Sterben voll Ruhm vor.«[101] Der Glaube der Erwählung förderte einen gesunden Willen zum Leben und Überleben, wie Jakob J. Petuchowski darlegt: »Aber soviel sei gesagt: In der Vergangenheit hat das jüdische Volk immer einen gesunden Instinkt zum Überleben bewiesen. Seine Bewußtheit einer Sendung an die Menschheit hat niemals eine selbstverleugnende Bereitschaft zum eigenen Verschwinden miteingeschlossen.«[102]

In der langen Geschichte des jüdischen Martyriums blieb das Bewußtsein lebendig, daß die Heiligung Gottes zuvorderst das Leben nach der göttlichen Lehre und im Namen Gottes gebietet. Die Tradition des Kiddusch HaSchem nach der Auslegung von Genesis 22, nach den rabbinischen und maimonidianischen Quellen unterstreicht dieses grundsätzliche Votum für das jüdische Lebenszeugnis der Gottesliebe und Torahtreue. Die Torah ist mit den Worten Rabbi Akibas die »Stätte unseres Lebens«, unser »Lebenselement«[103], oder wie es fast zwei Jahrtausende später eine Botschaft aus dem Warschauer Ghetto bekundet: »Thora bedeutet Lebensweise«[104].

In einer Erzählung schildert der hebräische Schriftsteller David Frischmann das mutige Beispiel von drei Frommen, die während der Pestepidemie im 14. Jahrhundert das strenge Fastengebot des Versöhnungstages brachen und durch ihr Beispiel die Gemeinde überzeugten, sich durch Nahrung zu stärken und so dem »Schwarzen Tod« zu widerstehen. »Es steht geschrieben: W'chaj bohem, w'lo schejomuß bohem«, so predigte der Rabbiner in der Synagoge, »Das bedeutet, leben soll man, durch sie, durch die Gebote, aber nicht sterben durch sie. Und weiter sagen die Weisen: Ess laaffoss l'Adonoi hephero toruffechu: Zuweilen giebt es eine Zeit, wo es angebracht ist, ein Gebot der Lehre zu übertreten. Zuweilen ist es geboten, daß man die Gesetze verletzten soll, um dadurch Welt und Leben zu erhalten! (...) Es gibt Zeiten, wo es geradezu ein Gebot ist, die Thora zu verletzen. Leben soll man durch sie, durch die Gebote, nicht sterben soll man durch sie.«[105]

III

Von der Krise des Begriffs
Im Schatten der Schoah

Sprache und Schweigen

>»Das Blut färbt die Tinte rot, ohne sie freilich aufzuwärmen.
>Jede Vokabel stirbt den Kältetod. (...)
>Auf die Wüste folgt die Wüste, wie der Tod auf den Tod.«
>EDMOND JABES

>»Alles vergißt – nur die Sprache nicht.«
>GEORGE STEINER

Als Claude Monet die blühenden Zweige einer Baumkrone als Sujet wählte, malte er zuerst die leeren Zwischenräume des Geästs und erschuf seinen Gegenstand durch die Linien der Begrenzung und die Flächen seiner Abwesenheit.

Während im traditionellen Kunstwerk die Summe von Zeichen auf das direkt Bezeichnete verweist, stellt nach moderner Ästhetik die Absenz von Zeichen das Bezeichnete vor.

Das Unbedeutete birgt das Bedeutete wie das Bedeutete das Unbedeutete.

»Das Unaussprechliche (das, was mir geheimnisvoll erscheint und ich nicht auszusprechen vermag) gibt vielleicht den Hintergrund, auf dem das, was ich aussprechen konnte, Bedeutung bekommt«,[1] nuancierte Ludwig Wittgenstein das berühmte Schlußwort seines *Tractatus logico-philosophicus*: »Wovon man nicht sprechen kann, darüber muß man schweigen.«[2]

In seiner Schrift vom *Ursprung des Kunstwerks* beschrieb Martin Heidegger jenes »entwerfende Sagen (...), das in der Bereitschaft des Sagbaren zugleich das Unsagbare als ein solches zur Welt bringt«.³ Ähnlich drückte es Walter Benjamin in einem Brief an Martin Buber aus: »Nur die intensive Richtung der Worte in den Kern des innersten Verstummens hinein gelangt zur wahren Wirkung.«⁴

Diese Vorstellung von Sprachschöpfung erinnert in gewisser Weise an den göttlichen Schöpfungsprozeß, wie ihn die jüdische Mystik durch die Idee des *Zimzum* erklärt. *Zimzum* bedeutet Kontraktion und meint eine Konzentration des göttlichen Wesens auf sich selbst, Gottes Selbstverschränkung und Versenkung in seine eigenen Tiefen. Alles Existierende entsteht aus der doppelten Bewegung, in der Gott sich in sich selbst zurückzieht und zugleich aus seinem Sein ausstrahlt.⁵ So gerät die Schöpfung zur göttlichen Schenkung durch Gottes Selbstbeschränkung. Dieses paradoxale Prinzip des *Zimzum* keimt auch in der Sprachschöpfung, die ins Schweigen taucht, um den verborgenen Schatz der Sprache zu heben. In Analogie zur modernen Musik deutete Theodor W. Adorno jenes versiegend siegende Sagen: »Vielleicht ist aller Ausdruck, nächstverwandt dem Transzendierenden, so dicht am Verstummen, wie in großer neuer Musik nichts so viel Ausdruck hat wie das Verlöschende (...).«⁶

Das tonlose Intervall in der Musik, der blinde Fleck in der Malerei wie das verschwiegene Wort in der Dichtung bilden mit dem jeweils Hörbaren und Sichtbaren das Kunstwerk.

Die Sprache erreicht das Sagbare erst, wenn sie sich wundreibt am Unsagbaren, Ungesagten und Unsäglichen, das sich ihr versagt und doch durch die Ritzen und Risse des Gesagten schimmert, in den weißen Lücken und Leerzeilen zwischen der Letternschwärze, im schweigenden Hörenkönnen der Rede und ihrem akustischen Verstummen.

Der Sprache ist das Schweigen immanent; oder wie es Christiaan L. Hart Nibbrig sinnfällig in Worte faßt: »Der Text mündet ins Schweigen, wörtlich, mit offenem Mund.«⁷

Die Emigration aus der Sprache ins Schweigen bezeugen in äußerster Konsequenz Dichterbiographien von der Antike bis in die Moderne. Nicht unbedingt ist die »Wahl des Schweigens bei den Beredtesten und Artikuliertesten (...) historisch betrachtet jüngeren Datums«⁸. Die sprachlose Verweigerung der Sprachkunst bekunden ebenso Empedokles' Sprung in den Ätna, Hölderlins Flucht in den Wahnsinn wie Rimbauds Desertion in eine antipoetische, siechende Existenz als Waffenhändler wie Cesare Paveses hamletsche Option für die Stille und Stummheit des Todes: »Nicht Worte. Eine Geste. Ich werde nicht mehr schreiben« (Tagebuch, 18.8.1950)[9]. Der *littératuricide*, um Arthur Rimbauds Wortschöpfung aufzugreifen,[10] die Tötung von und durch Literatur, geriet nicht selten zur schleichenden oder spontanen Tötung des Selbst, zum *suicide*.

Diese wesenhafte Allianz der Sprache mit dem Schweigen gewann im 19. und 20. Jahrhundert eine so intime Enge, daß man mit George Steiner den »Rückzug aus dem Wort«[11] als Stigma der Moderne bezeichnen kann. »Die Aufwertung des Schweigens – in der Epistemologie von Wittgenstein, in der Ästhetik von v. Webern und Cage, in der Poetik von Beckett – ist eine der originellsten und bezeichnendsten Äußerungen moderner Geisteshaltung.«[12]

Als Leitphantasma der Moderne wird immer wieder Hofmannsthals 1902 verfaßter *Brief des Lord Chandos* apostrophiert. In einer Prosa von virtuoser Eleganz und fast fiebriger Eloquenz kreist Hofmannsthal die im Wortschwall erstickende Redekraft ein: »(...) die abstrakten Worte, deren sich doch die Zunge naturgemäß bedienen muß, um irgendwelches Urteil an den Tag zu geben, zerfielen mir im Munde wie modrige Pilze (...) Allmählich aber breitete sich diese Anfechtung aus wie ein um sich fressender Rost (...) Es zerfiel mir alles in Teile, die Teile wieder in Teile, und nichts mehr ließ sich mit einem Begriff umspannen.«[13]

Die vibrierende Spannung von Sprachvermögen und Sprachlosigkeit im Chandos-Brief charakterisiert Hart Nibbrig treffend: »Je glätter, je flüssiger die Rede über das Nicht-mehr-Reden-Können gelingt, desto glaubwürdiger ist dieses. Die Rhetorik der Krise verifiziert die Krise der Rhetorik. Gerade der Sprachfluß ist Ausdruck der Sprachverzweiflung«[14], so daß die äußere Paradoxie des Briefes als innere Logik zutage tritt, denn auch »die Negation der Rhetorik ist Rhetorik«[15]. Hofmannsthals Erkenntnis der Brüchigkeit einer poetisch harmonisierenden Sprache wie auch Rilkes Sprachverzweiflung setzen sich in der modernen Literatur fort – »wie ein um sich fressender Rost« – von der

Alogik des Surrealismus, der Antikunst des Dadaismus, bis zur elliptischen, oft fragmentarischen und hermetischen Sprache zeitgenössischer Prosa und Lyrik. Isoliert betrachtet, wurde Hofmannsthals Chandos-Brief als erstes Dokument der modernen Ausdruckskrise oft überschätzt. Mit sprachlichem Erfindungsreichtum geht Hart Nibbrig in seinem Buch *Rhetorik des Schweigens. Versuch über den Schatten literarischer Rede*[16] den vielfältigen Emanationen des Schweigens in der Literatur nach und belauscht die »sprachlose Rührung« bei Gemmingen, Iffland und Schiller, die »Schweigsamkeit der Anschauung« bei Goethe, Hölderlins »pfingstliche Sprachutopie«, Kleists »unsägliches Gefühl«, die »stillgelegte Subjektivität« bei Stifter, das »nichtssagende Reden und vielsagende Schweigen« bei Fontane, das »trostlose und verstockte Schweigen« bei Tschechow und Hauptmann, die »Musique du silence« von Mallarmé, Wagner und Debussy, den »Anstand des Schweigens« bei Hofmannsthal und Schnitzler, »lauter Unsägliches« bei Rilke, die »Melodie von Robert Walsers Geschwätzigkeit und ihre Untertöne«, das »Schweigen der Macht« und die »Macht des Schweigens« bei Kafka und Kraus, das »stille Reden des Untersagten« von Horváth und Kroetz, den »verschwiegenen Grund der Rede« bei Sarraute, Pinter und Beckett, Celans »ins Schweigen der Antwort«, Canettis »Körpersprache« wie »Sprachkörper« und schließlich Günter Eichs »stumme Zeichensprache«. Still und staunend lesend, wie ausdrucksstark das Schweigen in Worte gehüllt werden kann, verschlägt es einem schier die Sprache.

Hinter wie vielen und verschiedenen Masken sich das Schweigen in der Literatur seit der Klassik auch verbarg, in der zweiten Hälfte unseres Jahrhunderts scheint es sich zu demaskieren und nicht länger mit rhetorischer Beredsamkeit zu tarnen. Das Schweigen in der Literatur der Postmoderne ist schweigsamer geworden, die Sprache asketischer, die Worte einsilbiger.

»Eines Morgens erwachte die Sprache und rief laut und deutlich: Genug, meine Lieben! Jetzt wird geschwiegen«[17], gebot lakonisch Werner Kraft, deutsch-jüdischer Dichter im sprachlichen Exil.

In den letzten Dekaden des 20. Jahrhunderts hat das Schweigen die Literatur untergraben und wortlos ein Loch in die Sprache gehöhlt, ein optisches und akustisches Vakuum im Kontinuum der Silben und Laute, aufs Eindringlichste verdeutlicht in Eugen Gomringers Gedicht *schweigen* [18]:

> schweigen schweigen schweigen
> schweigen schweigen schweigen
> schweigen   schweigen
> schweigen schweigen schweigen
> schweigen schweigen schweigen

Das Schweigen reißt ein Leck in die Sprache, der Sinn reduziert sich auf den »einwort-begriff« (Gomringer) mit seinem klangidentischen Echo. Dieser Prozeß der sprachlichen Verknappung und Vereinfachung in der neuen Dichtung war ein »reinigungsprozeß« (Gomringer)[19] und wirkte somit als Entschlackung vom Schmalz heimattümelnder Volksdichtung und vom aufgeblähten Sprachpathos des Nationalsozialismus.

Die Un-Sprache der Nazipropaganda hat niemand treffender transkribiert als Charlie Chaplin in seinem hellsichtigen Film *Der große Diktator* aus dem Jahre 1940: Chaplin spielt sowohl den Diktator wie den jüdischen Friseur, also Täter und Opfer. Als Hynkel – »der Führer« – spricht er mit gutturaler Stimme ein unverständliches Abrakadabra, das in stoßweisem Rülpsen und Röcheln erstirbt: »Demokratia – Schtunk! Libertad – Schtunk! Frei sprechen – Schtunk!«[20], die Parodie einer barbarischen Sprache, zum Mordinstrument pervertiert. Der andere Chaplin – in der Rolle des jüdischen Friseurs – artikuliert sich durch wortlose Mimik und Gestik und bleibt, bis auf die Rede am Filmende, stumm.

In der Schreckensherrschaft des Nationalsozialismus und mit dem Grauen der Schoah hat die Sprache – die deutsche Sprache – ihre tiefste Krise erlitten – als Sprache der Täter, die das Mörderische formulierte, und als Sprache vieler Opfer, die mörderisch in den Gaskammern erstickt wurde.

»(...)
Ein Mann wohnt im Haus der spielt mit den Schlangen der schreibt
der schreibt wenn es dunkelt nach Deutschland dein goldenes Haar
            Margarete
Dein aschenes Haar Sulamith wir schaufeln ein Grab in den Lüften
            da liegt man nicht eng
Er ruft stecht tiefer ins Erdreich ihr einen ihr andern singet und
            spielt
er greift nach dem Eisen im Gurt er schwingts seine Augen sind
            blau
stecht tiefer die Spaten ihr einen ihr andern spielt weiter zum Tanz
            auf
(...)«[21]

Atemlos und fugenlos, ohne Sprechpausen und trennende Satzzeichen verweben sich in Paul Celans *Todesfuge* die Sprache der Täter und die Sprache der Opfer; im Parallelismus der Verse erlischt das Gedicht echohaft[22]:

»dein goldenes Haar Margarete
dein aschenes Haar Sulamith«.

Die selbe Stimme, die selbe Sprache diktierte den Liebesbrief in die Heimat und den Mordbefehl im Lager.

Diesen zynischen Umschlag von Harmlosigkeit in Kaltblütigkeit fängt Gottfried Benn in der folgenden Szene des Rußlandfeldzuges ein: »Im Dezember 1943 (...) sagt ein Oberstleutnant, klein wie ein Kolibri und sanft wie ein Kaninchen, mittags bei Tisch: ›Hauptsache, die Schweine brechen nicht durch.‹«[23]

Noch unerbittlicher hebt George Steiner die Schizophrenie von treuliebenden Gatten und Vätern als grausame Mörder ins Bewußtsein: »Männer, die Ätzkalk in die Kanalisationsrohre von Warschau gossen, um die noch Lebenden zu töten, und den Gestank der Toten zu ersticken, haben darüber in Briefen nach Hause berichtet. Sie sprachen davon, sie hätten ›Ungeziefer ausgerottet‹ – wohlgemerkt in Briefen, in denen Familienphotos erbeten oder Weihnachtsgrüße ausgetauscht wurden. Stille Nacht, Heilige Nacht, Gemütlichkeit.«[24]

Die selbe Sprache, die Sprache Hölderlins, Schillers und Goethes, studierten, zitierten und liebten Männer in den Mordzentralen und in den Folterkammern der Konzentrationslager.

In seinem Buch *Sprache und Schweigen* seziert George Steiner den »Tod der deutschen Sprache«[25]. Für Steiner war es kein Zufall, daß ein Hitler, ein Goebbels, ein Himmler deutsch sprachen, sie spürten in der Grauzone ihrer Muttersprache Chaos, Hysterie und hypnotische Trance.[26] Zwölf Jahre lang wurde immer wieder auf deutsch das Unaussprechliche ausgesprochen, das Undenkbare aufgeschrieben, registriert, tabellarisiert, zur Akte genommen.[27] In Auschwitz hat die deutsche Sprache den »Todesgeruch«[28] aufgesogen und wurde damit zu jener Sprache, »die am reichlichsten die Grammatik des Un-Menschlichen in sich aufgenommen und durchgemacht hat«[29].

War die Sprache, die deutsche Sprache, in Auschwitz gestorben? Oder konnte sie sich wundersam wie ein Phoenix aus der Asche der Krematorien erheben und mit jener jambischen Leichtfüßigkeit und melodiösen Geschmeidigkeit von einst wieder Worte zu Gedichten weben? War nicht gerade die zarteste und zerbrechlichste Stimme der Sprache, die Lyrik, in den Gaskammern der Todeslager erstickt worden?

»Vielleicht darf man sagen, daß jedem Gedicht sein ›20. Jänner‹ eingeschrieben bleibt? Vielleicht ist das Neue an den Gedichten, die heute geschrieben werden, gerade dies: daß hier am deutlichsten versucht wird, solcher Daten eingedenk zu bleiben? Aber schreiben wir uns nicht alle von solchen Daten her?
Und welchen Daten schreiben wir uns zu?
Aber das Gedicht spricht ja! Es bleibt seiner Daten eingedenk, aber – es spricht.«[30]

Der 20. Januar 1942, die Wannseekonferenz, bleibt die Ziffer, die Paul Celans Gedichten eingebrannt ist, und nennt das eigentliche Datum, das alle Schriften Adornos im Herzen tragen. Kein anderer theoretischer Denker hat Auschwitz so grundlegend und beharrlich als Zäsur und unheilbaren Bruch der Zivilisationsgeschichte markiert. Auschwitz steht im Zentrum des Adornoschen Denkens[31] und ist als Grundtenor seiner Theorie nicht allein auf jenes Wort engzuführen, das wohl der meistzitierte und am wenigsten verstandene Gedanke Adornos ist: »nach Auschwitz ein Gedicht zu schreiben, ist barbarisch (...).«[32]

1949 verfaßt und 1951 veröffentlicht, traf dieses apodiktische Diktum den kreativen Lebensnerv der westdeutschen Intellektuellen und wurde nicht selten in aggressivem Unverständnis zurückgewiesen. Es war, wie Günter Grass erzählt, »als hätte sich jemand gottväterlich angemaßt, den Vögeln das Singen zu verbieten«[33]. Mit Trotz reagierte man auf Adornos rabiate Verfügung, war doch schließlich nicht einzusehen, wie Peter Rühmkorf noch 1975 zornig und zynisch nachträgt, »warum gerade das Gedicht für die Schandtaten der Vergangenheit einstehen sollte, nicht etwa die martialische Marschmusik, nicht die lebenslustige Operette, das unbußfertige Unterhaltungsstück, von den Henkern persönlich und den Henkershelfern ganz zu schweigen«[34]. Da erschien schließlich Adornos gebieterische Geste als »idealistisches Entsühnungsritual« des Intellektuellen, der in der kritischen Phase des kritischen Bewußtsein dazu neigt, »sich der Verwicklung zu entwinden und den Erinnyen ein Liebstes vorzuwerfen, das ist nie sein Letztes, sondern ein Fetisch seines Seins, ein Amulett, eine angemessene Repräsentationsgabe, zum Beispiel die Kunst schlechthin, was ein gewaltiges Spektakel macht, aber für den Beerdigungsunternehmer generell folgenlos bleibt«[35].

Adornos Diktum jedoch war alles andere als eine theatralische und tyrannische Attitüde; das beteuert allein die trotzige Treue, die er in späteren Nuancierungen der Aussage und trotz – oder wegen – dessen argumentativer Dünnböbigkeit in rational-logischer Sicht bezeugt. Man muß, wie Grass in seiner Frankfurter Poetik-Vorlesung *Schreiben nach Auschwitz* (1990) einräumt, »Adornos herausgepflückte Zuspitzungen im Umfeld ihrer vor- und nachgestellten Reflexionen (...) entdecken, sie also nicht als Verbot, sondern als Maßstab (...) begreifen«[36].

In bewußter Zeitgenossenschaft zu Auschwitz entstand in den Jahren 1944 bis 1947 Adornos Aphorismensammlung *Minima Moralia. Reflexionen aus dem beschädigten Leben*. Der Aphorismus *33, Weit vom Schuß* aus dem Jahre 1944 entwirft bereits jene Perspektive, die sich später zu Adornos rigidem Richterspruch über die Lyrik zuspitzt:

»Der Gedanke, daß nach diesem Krieg das Leben ›normal‹ weitergehen oder gar die Kultur ›wiederaufgebaut‹ werden könnte – als wäre nicht der Wiederaufbau von Kultur allein schon deren Negation –, ist idiotisch. Millionen Juden sind ermordet worden, und das soll ein Zwischenspiel sein und nicht die Katastrophe selbst. Worauf wartet diese Kultur eigentlich noch? Und selbst wenn Ungezählten Wartezeit bleibt, könnte man sich vorstellen, daß das, was in Europa geschah, keine Konsequenz hat, daß nicht die Quantität der Opfer in eine neue Qualität der gesamten Gesellschaft, die Barbarei, umschlägt? Solange es Zug um Zug weitergeht, ist die Katastrophe perpetuiert.«[37]

Schon in dieser frühen Reflexion zeichnet sich Adornos neue Zeitrechnung »nach Auschwitz« ab, bereits hier setzt er den Akzent auf die bleibende Aktualität von Auschwitz und rückt das Folgende in den Schlagschatten des Geschehens, so daß die Barbarei Barbarei fortschreibt, sofern die zivilisatorische Zäsur nicht als Wende zur Verweigerung begriffen wird. Fünf Jahre nach diesem Aphorismus und damit vier Jahre nach Beendigung der *Dialektik der Aufklärung* und zwei Jahre nach Abschluß der *Minima Moralia* – 1949 also – beschließt der umstrittene Ausspruch Adornos den Aufsatz *Kulturkritik und Gesellschaft* und erhellt sich im Kontext, nicht in der gängigen Verkürzung:

»Je totaler die Gesellschaft, um so verdinglichter auch der Geist und um so paradoxer sein Beginnen, der Verdinglichung aus eigenem sich zu entwinden. Noch das äußerste Bewußtsein vom Verhängnis droht zum Geschwätz zu entarten. Kulturkritik findet sich der letzten Stufe der Dialektik von Kultur und Barbarei gegenüber: nach Auschwitz ein Gedicht zu schreiben, ist barbarisch, und das frißt auch die Erkenntnis an, die ausspricht, warum es unmöglich ward, heute Gedichte zu schreiben. Der absoluten Verdinglichung, die den Fortschritt des Geistes als eines ihrer Elemente voraussetzte und die ihn heute gänzlich aufzusaugen sich anschickt, ist der kritische Geist nicht gewachsen, solange er bei sich bleibt in selbstgenügsamer Kontemplation.«[38].

Das vernichtende Verdikt, das jedes poetische Unterfangen nach Auschwitz als »barbarisch« verwarf und durch die Wiederholung des Adjektivs dem »barbarischen« Geschehen in Auschwitz gleichsetzte, traf natürlich alle redlich und schmerzlich suchenden Autoren der Nachkriegszeit, die sich »bewußt waren, nach Auschwitz zu schreiben«[39]. So verwandte sich Wolfdietrich Schnurre gegen Adornos gedankenlosen »Sprachverbrauch« und forderte differenzierende Formulierungen für jene ablehnende Geste, wolle man sie weiterhin behaupten; statt »barbarisch« schlug Schnurre vor: »Inhuman; instinktlos; taktlos; unbedarft; blind; ahnungslos; vergeßlich; ungerührt; verbrecherisch; ästhetisierend«[40].

Doch das Wort »barbarisch« in Analogie zu der Barbarei des totalitären Naziterrors besaß innere Stringenz und war durch das Schlüsselwort der »Verdinglichung« zu erschließen. Es geht hier Adorno nicht, wie in seinem späteren Rundfunkbeitrag *Engagement* von 1962, um den Vorwurf der Ästhetisierung oder Stilisierung des Grauens in der Literatur und Musik über den Holocaust, sondern um jene Verdinglichung, die in den Lagern Individuen als »Objekte«, »Puppen«, »Marionetten« liquidierte[41] und in einer Dichtung wiederkehre, welche die Opfer als poetisches Sujet objektiviere.

Diese Abwehrhaltung als Schutzgebärde diktierte schließlich jene unversöhnliche und kompromißlose Tonart von Adornos Diktum, die oft in den konjunktivischen Paraphrasen und Kurzfassungen des Satzes geschliffen wurde.[42] Der Ausspruch brüskierte, und gerade gegen diesen autoritären Habitus zeigten sich die kritischen Zeitgenossen allergisch. Verkannt wurde dabei Adornos hyperbolisches Verfahren, durch Pointieren zu provozieren. Sein angebliches Rede- oder Schreibeverbot war vielmehr ein Schweigegebot, das wie der Dekalog der Hebräischen Bibel prohibitiv und retardierend wirken sollte. Insofern verrät Adornos ästhetische Weisung durchaus Nähe zum biblischen Zehnwort, denn sie ist restriktiv – wie die Gebote im Hebräischen – auf Askese hin entworfen. Adornos ästhetisch-ethisches Sprachgebot als Abbildungsverbot konkurriert gerade nicht mit dem biblischen Bilderverbot, wie Klaus Laermann meint, wenn er das Zweite Gebot durch den »Zwang zur Sprachlichkeit als universaler Darstellungszumutung«[43] begründet sieht. Spätestens Max Frisch hat das theologische Verbot des Bildnisses von Gott dem modernen Empfinden angepaßt und zum psychologischen Verbot eines Bildnisses vom Menschen erweitert. 1946 notiert Frisch in seinem Tagebuch: »Du sollst dir kein Bildnis machen, heißt es, von Gott. Es dürfte auch in diesem Sinne gelten: Gott als das Lebendige in jedem Menschen, das, was nicht erfaßbar ist. Es ist eine Versündigung, die wir so, wie sie an uns begangen wird, fast ohne Unterlaß wieder begehen – ausgenommen wir lieben.«[44] In seinem Stück *Andorra* und seinem Roman *Stiller*[45] thematisiert Frisch literarisch sein Bilderverbot – als jene Sünde, Menschen in unser Vorstellung und Darstellung zu vergegenständlichen, zu »verdinglichen«, ließe sich mit Adorno anfügen.

Treffender scheint Laermanns Versuch, Adornos Schweigegebot aus der jüdischen Tradition des unaussprechbaren Namens Gottes zu deuten. Der Kritiker entdeckt hier eine »fatale() Nähe«[46], denn Adornos sprachliches Tabu geriete dann zu einer Weise des negativen Sakralisierens, wie in der Theologie des heiligen und daher unaussprechlichen Gottesnamens, und damit zu einer Art Sinngebung des Grauens.

Doch genau jeder Sinngebung der Schoah wollte Adorno wehren.

In seinem Essay *Engagement* (1962) bestätigt Adorno sein Lyrik-Diktum, doch setzt er es hier auch argumentativ auseinander. Der Blick auf die Opfer, wie er sich im Aphorismus *33, Weit vom Schuß* (1944), und im Aufsatz *Kulturkritik und Gesellschaft* (1949) bereits andeutete, wird in diesem Text geschärft. Adorno hebt das Defizitäre der engagierten Literatur – am Beispiel Sartres und Brechts – hervor, die Vernachlässigung der Form zugunsten des Inhalts, welche ihre Widerständigkeit und Kompromißlosigkeit auf dem Altar der Kulturindustrie opfere, der sie damit gegen ihren integren Willen akzeptabel werde. Daran schließt sich stringent die Frage nach der Existenzberechtigung von Kunst an – »wenn es Menschen gibt, die schlagen, bis die Knochen im Leib zerbrechen«[47].

Die Unstimmigkeit der Gleichsetzung von Lyrik und Prosa in der Verknüpfung des Lyrik-Verdikts mit der engagierten Literatur einerseits und der strikten Trennung zwischen engagierter und autonomer Kunst andererseits verstärkt sich in der Gleichzeitigkeit, mit der Adorno Enzensbergers Einwand zustimmt – »die Dichtung müsse eben diesem Verdikt standhalten, so also sein, daß sie nicht durch ihre bloße Existenz nach Auschwitz dem Zynismus sich überantworte«[48] – und doch an seinem Lyrik-Verdikt festhält. Diese Alogik ist nicht aufzulösen, da Adornos Schweigegebot jenseits der Rationalität verankert ist, in der moralischen Verantwortung den Opfern gegenüber.

Die Verletzbarkeit der Opfer und das Bemühen, ihnen Gerechtigkeit widerfahren zu lassen, sind die tieferen Beweggründe von Adornos »Starrsinn«; Furcht und Sorge, daß die Deformierungen und Verletzungen an den Opfern sich fortsetzen könnten, in der ästhetischen Gestaltung des Grauens, das sich einer tröstend versöhnlichen Konnotation nie gänzlich zu entziehen vermag. Selbst eine Komposition von so schreckhafter Größe wie Arnold Schönbergs *Ein Überlebender von Warschau* bestätigt Adornos furchtsamen Verdacht noch auf subtilste Weise: »Aber indem es, trotz aller Härte und Unversöhnlichkeit, zum Bild gemacht wird, ist es doch, als ob die Scham vor den Opfern verletzt wäre. Aus diesen wird etwas bereitet, Kunstwerke, der Welt zum Fraß vorgeworfen, die sie umbrachte. Die sogenannte künstlerische Gestaltung des nackten körperlichen Schmerzes der mit Gewehrkolben Niedergeknüppelten enthält, sei's noch so entfernt, das Potential, Genuß herauszupressen. Die Moral, die der Kunst gebietet, es keine Sekunde zu vergessen, schlidert in den Abgrund ihres Gegenteils. Durchs ästhetische Stilisationsprinzip, und gar das feierliche Gebet des Chors, erscheint das unausdenkliche Schicksal doch, als hätte es irgend einen Sinn gehabt; es wird verklärt, etwas von dem Grauen weggenommen; damit allein schon widerfährt den Opfern Unrecht, während doch vor der Gerechtigkeit keine Kunst standhielte, die ihnen ausweicht. Noch der Laut der Verzweiflung entrichtet seinen Zoll an die verruchte Affirmation.«[49]

1966 verschiebt sich noch einmal Adornos Akzentuierung in der Schrift *Negative Dialektik*. In diesen *Meditationen zur Metaphysik*, deren 1. Kapitel den Titel *Nach Auschwitz* trägt, stellt Adorno das »Recht auf Ausdruck« in den Mittelpunkt, was jedoch trotz der nachfolgenden Selbstkritik am Lyrik-Verdikt die erkenntniskritischen und kulturtheoretischen Zweifel aus *Kulturkritik und Gesellschaft* nicht aufhebt, denn schließlich postuliert Adorno im selben Text: »Alle Kultur nach Auschwitz, samt der dringlichen Kritik daran, ist Müll.«[50]

In der *Negativen Dialektik* beantwortet Adorno die Frage der

Existenzberechtigung der Kunst nach Auschwitz, indem er die eigene Existenzberechtigung in Frage stellt. Die ästhetisch-ethische Problematik des Schreibens nach Auschwitz kehrt zurück in der Verkehrung ins Existentiell-Ethische, dem Problem des Lebens als Überleben von und nach Auschwitz.

»Das perennierende Leiden hat soviel Recht auf Ausdruck wie der Gemarterte zu brüllen; darum mag es falsch gewesen sein, nach Auschwitz ließe kein Gedicht mehr sich schreiben. Nicht falsch aber ist die minder kulturelle Frage, ob nach Auschwitz noch sich leben lasse, ob vollends es dürfe, wer zufällig entrann und rechtens hätte umgebracht werden müssen.«[51]

Eine schrittweise vollzogene Öffnung von Adornos Diktum läßt sich im Laufe der Jahre beobachten. Angelegt war sie bereits in den *Minima Moralia* (1944–47), Aphorismus *30, Pro domo nostra* (1944), wo Adorno Strawinskys *Histoire du Soldat* deutet als »Hinweis für die geistige Produktion nach diesem Krieg, der in Europa ein Maß an Zerstörung zurückgelassen hat, von dem selbst die Löcher jener Musik nichts sich träumen ließen«[52]. Strawinskys Komposition, im Kontrast zu den bramarbasierenden Symphonieorchestern spärlich und schockhaft lädiert, nennt Adorno dessen »beste Partitur, das einzig stichhaltige surrealistische Manifest, in dessen konvulsivisch-traumhaftem Zwang etwas von der negativen Wahrheit aufging«[53]. Hier deutet sich bereits die radikale Umwertung, der Bruch mit der bürgerlichen Ästhetik an: in der »barbarische(n) Askese«[54], die sich dem Illusions- und Kompensationsmechanismus der offiziellen Kulturindustrie verweigert und somit den Pakt von Kunst und Kapital, Kultur und Kommerz entlarvt. Im Aphorismus *In nuce* heißt es: »Das Tröstliche der großen Kunstwerke liegt weniger in dem, was sie aussprechen, als darin, daß es ihnen gelang, dem Dasein sich abzutrotzen.«[55] Ähnlich deutete Adorno auch Kafkas Prosa: »Sie drückt sich nicht aus durch den Ausdruck sondern durch dessen Verweigerung, durch ein Abbrechen. Es ist eine Parabolik, zu der der Schlüssel entwendet ward (...).«[56]

Wenn ein Werk die traditionellen Rezeptionsschemata verletzt und sich dem kommerziellen Verfügbarmachen widersetzt, offenbart sich die »negative Wahrheit«. Die Löcher in der Musik Strawinskys werden zu Manifestationen des beschädigten Lebens. Erst dieser Verweischarakter ex negativo ermöglicht, das Grauen und die Barbarei ins Werk zu setzen.

Die selbe Ausdruckskraft, welche Adorno den »Löchern« des Kunstwerks als Fermenten der Wahrheit zuschreibt, spricht auch aus den »Lücken« seiner Texte, die nicht harmonisierend oder argumentierend zu stopfen sind. Die Resistenz von Adornos Denkweise ist als gewollte Eigenheit zu respektieren; darauf insistiert der Aphorismus *50, Lücken*. Adorno verweigert den logisch transparenten Gedankengang und damit den gängigen Anspruch an den Schriftsteller, »alle Schritte explizit darzustellen, die ihn zu seiner Aussage geführt haben, und so jeden Leser zu befähigen, den Prozeß nachzuvollziehen und womöglich – im akademischen Betrieb – zu duplizieren«[57]. Er verneint damit die »liberale() Fiktion der beliebigen, allgemeinen Kommunizierbarkeit eines jeden Gedankens« und mißt stattdessen den Wert eines Gedankens »an seiner Distanz von der Kontinuität des Bekannten«[58]. In der letzten Konsequenz müßten Adornos Schriften eigentlich den philologischen Zugriff verwehren, aber genau dieser linearen Logik entsagen sie in ihrem Bekenntnis zur Fragilität des Denkens. Adornos Abwehr, denkend »alle Stadien ohne Lücken« zu absolvieren, seine Überzeugung, jedem Gedanken, der müßig sei, bliebe »wie ein Mal die Unmöglichkeit der vollen Legitimation einbeschrieben«[59], prägen auch seine skizzierten Stellungnahmen zur Lyrik nach Auschwitz. Sie sind nicht einfach kurzschließend als ein 1951 erhobenes und 1966 widerrufenes Schreibeverbot zu harmonisieren, wie vielerorts geschieht.[60] Widersprüchlichkeit und Widerspenstigkeit bleibt Wesen dieser Aussagen, der allgemeinen Jovialität abgetrotzte Ehrlichkeit. Adornos Schweigegebot war wohl kaum als jene Fürtoterklärung[61] von Literatur zu lesen, die den literarischen Lebensgeist empörte, sondern vielmehr als ein Gebot fälliger, doch vorläufiger Enthaltsamkeit im Sinne eines Entgiftungsprozesses.

Im Radioessay *Engagement* (1962) pflichtete Adorno Enzensbergers Einspruch gegen das Lyrik-Verdikt bei, den dieser in einer Besprechung von Nelly Sachs' Gedichten erhoben hatte. Letztlich ist es wohl gerade die Lyrik von Nelly Sachs und Paul Celan, die Adorno von dem »Recht auf Ausdruck« in Gedichten nach Auschwitz überzeugte.

In einem Paralipomenon zur *Ästhetischen Theorie* (1970) schreibt Adorno über Celans Gedichte, sie seien durchdrungen »von der Scham der Kunst angesichts des wie der Erfahrung so der Sublimierung sich entziehenden Leids«[62]. In demselben Text formuliert er beinahe beiläufig den Satz: »Künstlerisch zu erreichen sind Menschen überhaupt nur noch durch den Schock (...).«[63] Diese Aussage nennt Dieter Lamping in seiner Anthologie *Dein aschenes Haar Sulamith* den »Schlüsselsatz für die Holocaust-Literatur«: »Rang hat sie nur, sofern sie schockiert.«[64]

Aus Paul Celans Gedichten spricht jenes schockhaft Lädierte, eine Irritation und Diskretion als Scham vor den Opfern, die dem Schweigen abgewonnen ist. Seine Lyrik ist durchdrungen vom lautlosen Schrei der Opfer, zugleich stimmhaft und stumm. In seiner *Bremer Literaturrede* (1958) heißt es: »Erreichbar, nah und unverloren blieb inmitten der Verluste dies eine: die Sprache. Sie, die Sprache, blieb unverloren, ja, trotz allem. Aber sie mußte nun hindurchgehen durch ihre eigenen Antwortlosigkeiten, hindurchgehen durch furchtbares Verstummen, hindurchgehen durch die tausend Finsternisse todbringender Rede. Sie ging hindurch und gab keine Antwort her für das, was geschah; aber sie ging durch dieses Geschehen. Ging hindurch und durfte wieder zutage treten, ›angereichert‹ von all dem.«[65]

Auschwitz wurde, um ein Schlüsselwort aus Celans Poetik und Lyrik aufzugreifen, zur »Atemwende«[66] der Ästhetik und Literatursprache.

Auch das Sprachverhalten unseres Alltags, oft taumelnd zwischen asthmatischer Sprachnot und Geschwätzigkeit, zwischen Aphasie und Logozentrismus, ist gezeichnet von jener radikalen Zäsur.

Unser Wortschatz muß sich einer Prüfung unterziehen; er weist Lücken und Leerstellen, sprachliche Wunden und Narben auf. Es gibt nach Auschwitz Wörter und Begriffe, die uns widerstreben, die sich uns verweigern. Die Auseinandersetzung mit der Schoah schärft das Sprachbewußtsein und die Sprachkritik, die Empfindsamkeit, oft Empfindlichkeit gegenüber Worten, die *nach* Auschwitz nicht mehr mit der schlafwandelnden Sicherheit und Selbstverständlichkeit wie *vor* Auschwitz zu gebrauchen sind: »Rasse«, »Selektion« oder »Endlösung« wurden Worte, die anecken. Ähnlich geschieht es mit gewissen Verhaltensweisen, die gerade hierzulande als Tugenden gelten und korrumpiert wurden durch ihre zwanghafte Verabsolutierung im Nationalsozialismus, dem sie als Hebel einer unmenschlichen Mordbürokratie und –maschinerie dienten: Von Ordnung, Pünktlichkeit, Sauberkeit, systematischer Arbeit oder Registratur der Namen zu sprechen, stößt auf Hemmschwellen, denn das »Ordnung muß sein« auf der Rampe und in den Gaskammern von Auschwitz, das »Arbeit macht frei« über dem Lagertor und das penibel registrierte Morden in den Vernichtungslagern sind eingraviert in Gedächtnis und Sprache.

»Alles vergißt – nur die Sprache nicht.«[67]

Die Schoah hat den Sinn einzelner Wörter gebrochen, sie hat »Kohärenz und Bedeutung der Sprache im allgemeinen sowie das Reden von Gott im besonderen zunichte gemacht«[68].

In der Sprache der Dichter und Dichterinnen, die eine tiefere Sensibilität für die Verletzung des Humanen und Göttlichen offenbart, die »beredt die zerstörerische Wirkung des Geschehens – gebrochenes Reden von Gott und eine beschädigte Syntax der Alltagssprache«[69] bezeugt, verbirgt sich eine neue »Grammatik« von Sprache und Schweigen.

Doch wie steht es um das Recht, die Pflicht, die Grenzen des Mitredens? Dürfen die Nachgeborenen, dürfen Deutsche, Christen das Wort ergreifen, dürfen oder können sie sich überhaupt der »conditio inhumana des Dritten Reiches«[70] denkend, fühlend, sprechend annähern?

Jean Améry, KZ-Häftling, gefoltert in Auschwitz, Buchenwald, Bergen-Belsen, Agnostiker, Intellektueller und Schriftsteller, nannte es ein trauriges Vorrecht seiner Schicksalsgefährten, über die Jahre 1933–1945 zu reden und gar zu urteilen. Den anderen sei es zwar nicht verwehrt, sich in das Geschehen einzufühlen, doch kommentiert er ihre noch so redlichen Bemühungen letztlich sarkastisch: »Nur zu, gute Leute, plagt euch ab, wie ihr wollt, ihr redet ja doch nur wie der Blinde von der Farbe.«[71]

Wohl können wir, Nachgeborene mit dem unliebsamen Erbe unserer Vorfahren, nie symbiotisch, doch wohl solidarisch und anamnetisch erinnernd dem Leiden der Opfer begegnen. Doch bleiben wir letztlich einer Optik der Distanz verpflichtet, wie sie Peter Sloterdijk als Programm einer »philosophischen Psychologie« entwarf: »Distanz – das ist das Schlüsselwort der neuen tragischen Erkenntnistheorie, nachdem die alte optimistische immer auf Einswerdung aus war. (...) Die Denker der Zukunft – die Psychologen – wissen es besser; ihr Thema ist Abstand, Zweiheit, Differenz.«[72] Die unversöhnliche Differenz zwischen den beredten Lebenden und den stummen Toten, die doppelte Perspektive der Täter einerseits und der Opfer andererseits gebietet das Bewußtsein einer letztlich unüberbrückbaren Distanz.

Dem Zeugenbericht der Holocaust-Opfer spricht Elie Wiesel die leitende Autorität zu: »Das letzte Wort gehört den Opfern. Der Zeuge soll es ergreifen, es zum Ausdruck bringen und dieses Geheimnis anderen mitteilen.« Die Nachgeborenen müssen auf das Zeugnis der Opfer horchen und es in ihrer erschütternden wie erschütterten Sprache weiter bezeugen. »Jeder, der sich nicht aktiv und beständig dafür einsetzt, zu gedenken und andere zum Gedenken zu bringen, ist Komplize des Feindes. Umgekehrt muß sich jeder, der sich dem Feind widersetzt, auf die Seite dieser Opfer stellen und ihre Geschichten, Geschichten von Einsamkeit und Verzweiflung, von Schweigen und Widerstand, erzählen.«[73] Letztendlich gilt Wiesels Forderung: »Das letzte Wort gehört dem Opfer.«[74]

Wir können nur Wortzeugen der Blutzeugen sein.

Schon auf den ersten Seiten dieser Schrift rührte ich an die Grenzen der Sprache, als ich über den unaussprechbaren Namen Gottes und über die Stille gebietende Transzendenz der Heiligkeit sprach.

Daß das Schweigen der Sprache innewohnt, bedachten wir, daß es in der Dichtung der Moderne lauter und beredter wurde, dann schließlich und doch plötzlich nach der Schoah zum eisigen Schweigen erstarrte, wo *jede Vokabel den Kältetod starb* (Jabès) und nur noch *Sprachsplitter* (Celan) das Eismeer der Totenstille durchbrachen; durchbrachen mit der gebrochenen Stimme und der Verhaltenheit des Verletzten.

Auschwitz ist die radikalste Chiffre des Unaussprechlichen.

Auschwitz, das größte Schandmal des Jahrhunderts (Andrzej J. Kaminski)[75], Mahnmal der menschlichen Unmenschlichkeit, Realität des radikal Bösen, ist ein Geschehen, das an die »Grenzen des Geistes«[76] stößt, an den Rand der Sprache treibt, in die Nische des Schweigens flüchtet und in die geheimsten Falten des Herzens dringt.

In einem Diskurs, der zwischen Sprache und Schweigen oszilliert, ist jener schmale Pfad zu verfolgen zwischen redender Aufklärung, um – mit Primo Levis Worten – »Vergangenes zu begreifen, Drohendes zu bannen«[77], und dem Takt des Schweigens, wo Sprache vor Schrecken, Scham und Demut verstummt.

Sprache neigt sich dem Schweigen zu. Doch während die Ästhetik Verborgenheit fordert und belohnt, verlangt die Ethik Offenbarwerden und bestraft Verstecktheit und Verschwiegenheit.[78] Zwischen dem Schweigegebot einer Ästhetik nach Auschwitz und der Zeugenpflicht einer Ethik nach Auschwitz ist die Balance der Worte immer aufs neue auszutarieren.

Behutsam und empfindsam müssen wir uns in einer Sprache bewegen, die mit Worten und im Schweigen spricht. Bloßes Schweigen ohne bekennendes Wort wäre jedoch zu wenig in einem Land, dessen Schuld nicht zuletzt in der Stummheit der Gleichgültigkeit, Unwissenheit oder Angst gründete.

Die Sprache bietet zwei Weisen der Annäherung: die lautlose, introvertierte Sprache des geschriebenen Wortes und die kommunikativ tönende Sprache des gesprochenen Wortes. Schrift ist ebenso ein Medium des Schweigens wie der Rede. Edmond Jabès erfaßte den wesenhaften Widerspruch zwischen Reden und Schreiben: »Wer mit lauter Stimme spricht, ist niemals allein. Wer schreibt, der findet vermittels der Vokabel zu seiner Einsamkeit zurück. Wer wagte es, inmitten der Sandwüstenei das Wort zu gebrauchen? Die Wüste gibt Antwort allein auf den Schrei, den letzten, bereits ins Schweigen gehüllten, aus dem das Zeichen erwachsen wird; denn man schreibt immer nur an den unbestimmten Rändern des Seins.«[79]

»Auf die Wüste folgt die Wüste, auf den Tod der Tod«[80], Jabès' Worte klingen nach.

Im »Kommunikationsabbruch der Schrift« nähert sich das geschriebene Wort, das Buch, jener »Position des Gestorbenen, der Leiche, die dem Diskurs des Miteinander unergründlich sich verweigert«[81].

»Ein Wort – du weißt:
eine Leiche.«

stenographiert Paul Celan am Ende von *Nächtlich geschürzt*[82].
Das schriftliche Wort gewährt einen Weg. In diesem Sinne kann Wittgensteins Schweigegebot in ein Schreibegebot überschrieben werden: »Wovon man nicht sprechen kann, darüber muß man *schreiben*.«[83]

Nur im »Mundvoll Schweigen«, so Celans Schlußwort des Gedichts *Sprachgitter*[84], vermag man, über das Unsagbare und Unsägliche zu schreiben.

Nach einem Vortrag, den ich über die Schoah hielt, erkannte ich Macht und Ohnmacht meiner Sprache in den Tränen eines jüdischen Zuhörers und dachte – dem vermeintlichen Scheitern humanistischer Bildung zum Trotz – an Gotthold Ephraim Lessings Worte: »Sie schweigen? O nein, diese Träne, die sich aus Ihrem Auge schleicht, sagt weit mehr, als Ihr Mund ausdrücken könnte.«[85]

Auch wenn unsere Sprache sich am demütig Sprachlosen mißt, bleibt doch die Bitternis des in der deutschen Sprache vergewaltigten Wortes.

Claude Monets blühender Baum wächst aus der Brechung des Himmels.

Nach Auschwitz trägt er einen Titel aus Adornos *Reflexionen*:
»Noch der Baum, der blüht, lügt in dem Augenblick, in welchem man sein Blühen ohne den Schatten des Entsetzens wahrnimmt.«[86]

Zwischen Theodizee und Anthropodizee

»Gott hat einen größeren Kopf, mein Kind ...«
IDA EHRE

Im Jahre 1755 zerstörte ein Erdbeben die Stadt Lissabon. In einer Nacht starben sechzigtausend Menschen. Goethe schildert in *Wahrheit und Dichtung* die Verwirrung, die ihn, den damals Sechsjährigen, bei dieser Nachricht erfaßte: »Durch ein außerordentliches Weltereignis wurde jedoch die Gemütsruhe des Knaben zum ersten Mal im tiefsten erschüttert. Am 1. November 1755 ereignete sich das Erdbeben von Lissabon und verbreitete über die in Frieden und Ruhe schon eingewohnte Welt einen ungeheuren Schrecken (...) Ja vielleicht hat der Dämon des Schreckens zu keiner Zeit so schnell und so mächtig seine Schauer über die Erde verbreitet. Der Knabe, der alles dieses wiederholt vernehmen mußte, war nicht wenig betroffen. Gott, der Schöpfer und Erhalter des Himmels und der Erden, den ihm die Erklärung des ersten Glaubensartikels so weise und gnädig vorstellte, hatte sich, indem er die Gerechten mit den Ungerechten gleichem Verderben preisgab, keineswegs väterlich bewiesen. Vergebens suchte das junge Gemüt sich gegen diese Eindrücke herzustellen, welches überhaupt um so weniger möglich war, als die Weisen und Schriftgelehrten selbst sich über die Art, wie man ein solches Phänomen anzusehen habe, nicht vereinigen konnten.«[1]

Das Erdbeben von Lissabon erschütterte die Iberische Halbinsel, erschütterte die Weltanschauung und das Gottesverständnis bis in die Fundamente. Eine neue Denkrichtung, der europäische Pessimismus, nahm hier ihren Ausgang. Die optimistische Philosophie eines Leibniz, Shaftesbury und Pope war brüchig geworden.

Im Denken von Gottfried Wilhelm Leibniz galt die bestehende Welt als beste aller möglichen Welten und das Übel in ihr als notwendiger Bestandteil, der durch die Harmonie des Ganzen ausgeglichen wird. Schon 1686 konzipierte Leibniz in der *Metaphysischen Abhandlung* seine gläubig-optimistische Rechtfertigung Gottes durch die Vorstellung einer »prästabilierten Harmonie«: »(...) weil der Lauf der Dinge und insbesondere Strafe und Buße ihre Bösartigkeit ausgleicht und so das Übel reichlich wiedergutmacht, so daß sich schließlich im ganzen Verlauf mehr Vollkommenheit ergibt, als ob sich überhaupt nichts Böses ereignet hätte«[2]. 1710 nimmt Leibniz die Fragen nach der Güte Gottes, der Freiheit des Menschen und dem Ursprung des Bösen in seiner Schrift *Die Theodizee*[3] auf.

1747, acht Jahre vor dem Erdbeben, schickte ein anderer Philosoph – Voltaire – seinen literarischen Helden auf die fiktive Reise in dem Roman *Zadig oder das Schicksal*[4]. Zadig wird von der Vorsehung geführt und erkennt die himmlische Führung selbst in den scheinbaren Tücken und Grausamkeiten noch als gütig. Der Fatalismus und die Resignation, die bereits *Zadig oder das Schicksal* kennzeichnen, erfahren nach der Schreckensnachricht von Lissabon eine satirisch-bittere Zuspitzung in Voltaires Denken: 1759 erscheint *Candid oder Die Beste der Welten*[5], Voltaires Abrechnung mit der wohlgefälligen Zufriedenheit der deutschen Metaphysik: »eine neue Abwandlung des biblischen Hiob-Mythos, als eine Mahnung zum Dulden, zum Ausharren, zum Durchhalten«[6].

Die philosophischen Antipoden Leibniz und Voltaire werden zu Eckpfeilern der neuzeitlichen Philosophie. Der Ausdruck »théodicée« findet sich 1710 zum ersten Male und zwar bei Leibniz; und es ist Voltaire, der als erster von der »philosophie de l'histoire« spricht. Die beiden Begriffe und ihre Urheber markieren die Entwicklung von der idealistischen Theodizee zur modernen Geschichtsphilosophie.[7] So wird die Theodizee, die Rechtfertigung Gottes angesichts des Leides in der Welt, zugleich zu einer Anthropodizee, dem Versuch einer Rechtfertigung des Menschen angesichts des Bösen in der Welt.[8]

Das Erdbeben von Lissabon tötete sechzigtausend Menschen.

In den nationalsozialistischen Vernichtungslagern wurden sechs Millionen Juden ermordet, Männer, Frauen, Kinder.

Hans Jonas wies auf den grundlegenden theologischen Unterschied zwischen dem Geschehen von Lissabon und Auschwitz hin: »(...) es ist die Tatsache und das Gelingen des gewollt Bösen viel mehr als die Heimsuchungen der blinden Naturkausalität –

Auschwitz und nicht das Erdbeben von Lissabon –, womit jüdische Theologie heute zu ringen hat.«[9]

Zwischen den Metaphern »Lissabon« und »Auschwitz« hat ein Paradigmawechsel in der Theodizeefrage stattgefunden.[10]

Doch welche Ironie der Geschichte, daß in jener Zeit, die in der nachkriegsdeutschen Camouflage als »Jahr Null« berechnet wurde, doch eigentlich »nach Auschwitz« zu datieren war, die beiden Pole aufeinandertrafen: 1946 begeht man ein Leibniz-Gedächtnis-Jahr. In die Gegenwart des Jahres 1946 bricht Leibniz' Geburtsjahr 1646 als eine Zeit ein, »wo Deutschland so tief darniederlag wie heute«[11]. Doch vor den Trümmern des Zweiten Weltkrieges zeigt sich die innere Brüchigkeit von Leibniz' Theodizee, die in der Aufrechnung der Übel mit den Gütern zur Banalisierung des Bösen beiträgt und durch die Beteuerung der möglichen guten Folgen oder Notwendigkeit zur Funktionalisierung der Übel führt.[12] Wo Leibniz' Theodizee noch als Folie der Gegenwartsdeutung und Vergangenheitsbewältigung dient, fördert sie eine Verharmlosung und Nivellierung des Leids, des Bösen und der Schuld: »Die *Theodizee* bietet Argumentationshilfen bei dem Versuch, der Einzigartigkeit der Erfahrung des Bösen in einer konkreten geschichtlichen Situation ihre Einzigartigkeit abzustreiten. Da, wo aufgedeckt werden müßte, wird zugedeckt und eingeebnet: eine psychologisch ebenso verständliche wie historisch unverantwortliche Haltung.«[13] So konnte im Nachkriegsdeutschland die Theodizee als theologischer Tranquilizer für Gewissensqualen und Schuldgefühle wirken und die Konturen jener singulären Katastrophe verwischen, die sich einer integralen Geschichtsdeutung verweigerte.

Das Erdbeben von Lissabon bewirkte eine Revision des abendländischen Denkens. Doch wie veränderte die Erschütterung von Auschwitz, das radikal Böse, grenzenlose Massenmorden und Leiden eines Volkes, nicht nur die Sprache und das Denken, sondern auch den Glauben?

Im Blick auf seine eigene theologische Biographie und Konfrontation mit der Schoah schildert Johann Baptist Metz »einen Schrecken jenseits aller vertrauten Theologie« und sein Unbehagen an dem »augenfälligen Apathiegehalt der Theologie«, ihrer »erstaunlichen Verblüffungsfestigkeit« und »mangelnden Theodizeeempfindlichkeit«.[14] Eine breite Theodizee-Diskussion wie in der englischsprachigen Theologie der Gegenwart blieb im deutschsprachigen Raum aus.[15]

Doch setzte in der christlichen Theologie nach Auschwitz zaghaft und zeitlich verzögert ein Umdenken ein, »eine neue *Sensibilität* des Hinsehens und Hinhorchens und des Mitbedenkens der Wirkungsgeschichte auf allen Ebenen theologischer Arbeit«[16], eine geschärfte Wahrnehmung antijudaistischer Tendenzen in der theologischen Tradition[17], sprachlich wie inhaltlich, und vor allem der Aufbruch und die Bereitschaft zum christlich-jüdischen Dialog, und gerade letzteres nannte Yoram Kaniuk »das wichtigste Ereignis dieses Jahrhunderts«[18]. Das Erwachen einer christlichen Theologie nach Auschwitz zeichnet sich vor allem in einer veränderten Bewußtseinshaltung ab, in einem neuen ökumenischen Selbstverständnis.

Während die jüdische Theologie nach Auschwitz ein weites Spektrum von Theodizee- und Anthropodizee-Versuchen entfaltete, entziehen sich diese konkreten Antworten und Entwürfe einer Sinnfindung, gar Rechtfertigung der Schoah, einer christlichen Theologie der Gegenwart, vielleicht auch der Zukunft. Jüdischerseits zeichnet sich oft die begründete Sorge vor einer christlichen Aneignung der jüdischen Antworten ab; es ist, wie mir ein jüdischer Gelehrter in einem Briefwechsel bedeutete, die Angst vor einer »Sinngebung, die nur allzuleicht von Christen und Deutschen als Alibi benutzt wird«.

Auf die Frage »Was ist das für ein Gott, der Auschwitz zugelassen hat?« antwortete der Kinder- und Sozialpsychologe BRUNO BETTELHEIM als Agnostiker: »Nein, das muß man die Gläubigen fragen. Da ich Gott für eine Erfindung der Menschen halte, habe ich da nichts zu sagen.«[19]

Der Schriftsteller WERNER KRAFT weist diese Frage als religiöse Anmaßung zurück: »Woher wissen diese Menschen, die so fragen, daß Gott Auschwitz erlaubt hat? Soweit wir wissen, schweigt Gott. Und ob er einmal sein Schweigen brechen wird, ist nicht bekannt. Gott hat Auschwitz nicht erlaubt. Ihre Frage erinnert mich an einen Satz von Canetti, der in seinem Buch *Die Provinz des Menschen* kurz und bündig und ohne jeden Kommentar behauptet: Gott hat noch niemals einem Menschen geholfen. Woher weiß er das? Er kann sagen: Ich glaube nicht an Gott. Das steht jedem frei. Aber er kann nicht sagen, Gott habe noch nie einem Menschen geholfen.«[20]

Eine fast verwirrende Vielfalt von Stimmen, unterschiedlich orthodoxe, konservative, liberale, radikale, aus Israel und der Diaspora, aus Ost- und Westjudentum, vereint sich mit Nelly Sachs' Worten zu einem »Chor der Geretteten«, der die zentralen Themen der jüdischen Existenz interpretiert: die Einordnung der Schoah in die jüdische Geschichtserfahrung (Singularität oder Kontinuität), den Zusammenhang von Holocaust und Staatsgründung Israels und das veränderte Verhältnis von Gott und Mensch, nachdem das Ebenbild Gottes so geschändet wurde.

Grundsätzlich ist festzuhalten, und hier differenziert auch Emil L. Fackenheim nachdrücklich, daß diese Versuche einer Holocaust-Theologie *nach* Auschwitz zu datieren sind, nicht *in* Auschwitz, »weil eine Meinung bezüglich dessen, was in Auschwitz selbst religiös möglich oder unmöglich war, wenn überhaupt, letztlich nur einem der Überlebenden zusteht«[21].

Der jeweilige philosophische, theologische Standort einer jüdischen Theodizee bzw. Anthropodizee nach Auschwitz entscheidet sich zumeist schon mit der Wortwahl: Ob der jüdische Genozid im Dritten Reich mit dem griechischstämmigen, im angelsächsischen Sprachraum verbreiteten Begriff *Holocaust* (Brandopfer, Ganzopfer) oder mit dem hebräischen Begriff der *Schoah* (Sturm, Verderben, Verwüstung; vgl. Jes 10,3), schließlich mit den hebräischen Vokabeln *churban* (Zerstörung) oder *gesera* (schreckliche Fügung, strenges Urteil) bezeichnet wird, markiert bereits die theologische Grundoption.[22]

Ein großer Teil jüdischer Theodizee-Entwürfe nach Auschwitz knüpft an traditionelle Denkmuster und bibelgeschichtliche Sinnmodelle an, deutet das Leiden als Prüfung auf Liebe, Gerechtigkeit oder Gehorsam, wie in der Geschichte Hiobs oder des Sohnesopfers des Abraham, der *aqedat Jitzchaq*, interpretiert das Leiden als Strafgericht für den Ungehorsam gemäß Levitikus 16,14ff oder legt es in einem kollektiven Sinn durch die Gottesknechttheologie von Jesaja 53 aus.

Die ersten jüdischen Antworten in deutscher Sprache, die

achtsam und behutsam aus dem Schatten der Schreckensjahre traten, knüpfen an die biblischen Überlieferungsstränge einer Leidenstheologie an.

Bereits 1946 erscheint in der Schweiz MARGARETE SUSMANs (1872–1966) Schrift *Das Buch Hiob und das Schicksal des jüdischen Volkes*[23] – und findet erst zweiundzwanzig Jahre später in Deutschland Beachtung. Für die Literatin und Literaturkritikerin gibt es keine große Leistung des Judentums, von Hiob bis Kafka, »die nicht im Kern eine Theodizee, der Versuch einer Rechtfertigung Gottes vor seinem Volk oder einer Rechtfertigung des Volkes vor Gott wäre«[24]. Ein Jahr nach dem nationalsozialistischen Judenmord wagt sie die Frage nach Ursprung und Sinn des Leidens Israels, nach der Abwendung Gottes von seinem auserwählten Volk. Die Antwort findet sie im Buche Hiob: In Aufstieg, Glanz, Sturz, Elend und endlicher Erlösung Hiobs entdeckt sie Vorbild und Spiegelbild des jüdischen Schicksals. Ihre Deutung strahlt Bibelerleben und Heilshoffnung aus: »Frohe Botschaft noch dem entsetzlichsten Abgrund«[25].

Auch SCHALOM BEN-CHORIN (*1913) würdigt das Buch Hiob als biblisches Zeugnis des Theodizee-Problems (*Zidduk HaDin*). Doch anders als Margarete Susman und der jüdische Dichter Karl Wolfskehl[26], die die Hiob-Geschichte zum zeitlos gültigen Gleichnis des Judenvolkes erheben, betont Ben-Chorin den existentiellen Unterschied zwischen dem biblischen Hiob und dem leidenden Menschen der Gegenwart: »Die Position Hiobs (...) ist die des unschuldig Leidenden, der sich in seinem Leid anklagend-fragend an Gott wendet; die Situation des Heutigen aber ist die des Menschen, der angesichts der Leiden Gott verliert, ihn leugnen muß.«[27]

In seinem Buch *Die Antwort des Jona* unternimmt Ben-Chorin schon 1956 den geschichts-theologischen Versuch, die jüngste jüdische Tragödie an den biblischen Leidens-Paradigmen zu messen und den *Gestaltwandel Israels* nach dem Holocaust und der Staatsgründung zu verdeutlichen. Er skizziert drei Leidensweisen in der Hebräischen Bibel. *Hiob*, der auch nach dem redaktionellen happy end des Buches jüdischer »Leidensexponent«[28] bleibt, erfährt das Leiden als Prüfung; während die *tochecha*, die beiden großen Fluchkapitel der Torah, Levitikus

26,14ff und Deuteronomium 28,15ff, das Leiden als Strafe für Sünde und Abfall, Brechen des Bundes und Ungehorsam gegen Gott deutet. Als das Wesentliche dieser Strafandrohungen hebt Ben-Chorin hervor, daß sie nicht die völlige Vernichtung des Volkes voraussagen und dem *schear-jaschuw*, dem Rest der Bewahrten (Dtn 28,60) die Erneuerung des Bundes obliegt. Das Leiden als Strafe führt hinüber zur Krone des Leidens, dem Sühneleiden des Gerechten, das im sühnenden und versöhnenden Leiden des *eved-JHWH*, des Gottesknechts, gipfelt, der jüdischen Martyrien über Jahrhunderte hinweg als Identifikationsfigur diente. Diese drei Arten des Leidens – das Hiobsleiden als Prüfung, das tochecha-Leiden der Strafe und das eved-Leiden der stellvertretenden Sühne – werden im Begriff des Gerichts Gottes (*mischpat*) umschlossen. Das göttliche Gericht als »Trilogie der Leiden« ist auf den Gegenpol der Gnade Gottes *(chessed)* hin entworfen.[29] Die göttliche *chessed* als Liebe und Treue erweist sich in der Rückführung und Rehabilitierung des Volkes (vgl. Ez 36,16–18): »Das Werk der Begnadung Israels beginnt äußerlich durch die Rückführung in das Land der Verheißung, aber es wird vollendet durch die innere Wandlung des jüdischen Menschen.«[30] Dieses Wunder des Gestaltwandels und der Auferstehung, das Ezechiel in Kapitel 37,1–14 verkündet, ereignete sich mit der Gründung des modernen Staates Israel: »Aus den Gräbern bringt Gott die Gebeine Israels auf den Boden Israels. Man kann diese Zeilen nicht lesen, ohne im Innersten getrofffen zu werden, wenn man an jene denkt, die buchstäblich aus den Massengräbern, aus den ›Wohnungen des Todes‹ gerettet wurden, aus den Vernichtungslagern und Liquidierungsfakriken, und auf den Boden Israels gebracht wurden. (...) Was zerstreut, unübersichtlich, verdorrt, leblos war – hier im Lande Israel wurde und wird es wieder zur Nation, zum sichtbaren Israel.«[31]

Die Antwort des Jona findet 33 Jahre später ein Echo in Ben-Chorins Schrift *Als Gott schwieg. Ein jüdisches Credo*, welche die Ansätze und Aussagen der früheren Publikation in einzelnen Essays und damit jene »Blut- und Tränenspur« wieder aufnimmt, die sich von der »Bindung Isaaks, über Golgatha, bis nach Auschwitz zieht«.[32] Der Autor skizziert die unterschiedlichen Arten und Deutungen des Leidens in der Torah, doch betont er die Differenz zwischen der göttlichen Perspektive und der menschlichen Perspektive auf das Leiden. Während jeder Versuch, in den Leiden einen Weg Gottes in die Welt zu sehen, spekulativ bleibt, öffnet sich die menschliche Sicht, die Leiden als Weg zu Gott zu erkennen.[33] Mit dieser Differenzierung gelingt es Ben-Chorin, das Leidensproblem vom metaphysisch-theologischen Apriori der Theodizee zu lösen und im Martyrium als religiöses Zeugnis geschichtstheologisch zu vergegenwärtigen.

Seit den sechziger Jahren entstand vor allem in den USA eine Holocaust-Theologie. Nicht zuletzt die psychologische Belastung des Sechs-Tage-Krieges vom Juni 1967 und des Jom-Kippur-Krieges vom Oktober 1973 steigerten das Interesse an einer theologischen Auseinandersetzung mit dem Genozid.[34]

Eine theologisch traditionelle Interpretationslinie verfolgen Ignaz Maybaum, Menachem Immanuel Hartom und Yitzchok Hutner. Im Bemühen, Gott nach Auschwitz zu rechtfertigen, argumentieren sie innerhalb eines traditionellen Deutemodells, das bei jedem *churban* eine Schuld Israels voraussetzt.

In einer unparteiischen Präsentation der nachfolgenden Positionen nehme ich nicht selten Zuflucht zum Zitat, da mir manchmal eine Annäherung durch Paraphrase widerstrebt.

IGNAZ MAYBAUM (1897–1976), ein Schüler Franz Rosenzweigs, Rabbiner einer Reformgemeinde und Lehrer für Theologie und Homiletik am Leo Baeck College in London, deutet in seinem Werk *The Face of God after Auschwitz* (1965) die nationalsozialistische Judenvernichtung als dritten *churban* der jüdischen Geschichte, nach der Zerstörung des Ersten und des Zweiten Tempels. Der *churban*, die Zerstörung, ist *gesera*, Fügung und Urteil Gottes, dem messianische Kraft innewohne und der als Sündentilgung wirke. Der dritte *churban* eröffne »ein neues Kapitel der Menschheitsgeschichte«, ein Zeitalter der Demokratie, der westlichen Zivilisation, des Fortschritts und zerstöre endlich den Geist des Mittelalters, den Maybaum im osteuropäischen jüdischen Dorf, dem Schtetl, verkörpert sieht, das nach seiner Kritik oft nostalgisch verklärt wird, hingegen »tatsächlich nicht mehr lebensfähig war«.[35]

Daß dieser Fortschritt im dritten *churban* »mit dem Tod von sechs Millionen Märtyrern bezahlt« wurde, bezeugt Gottes ehrfurchtgebietendes Werk, das sich menschlichem Verstehen entzieht. Auch der dritte *churban*, der Holocaust, offenbart Gottes Barmherzigkeit, denn er währte nur »eine kleine Weile« und erscheint lediglich als kurzes »Zorneszucken«, verglichen mit Gottes ewiger Liebe zu seinem Volk. Wie im Buche Jeremia Nebukadnezzar, der Zerstörer Jerusalems, »Nebukadnezzar, mein Knecht« (Jer 27,6) genannt wird, gebraucht Maybaum in Nachahmung des prophetischen Stils den Ausdruck »Hitler, mein Knecht!?«: »Hitler war ein an sich unwürdiges und verächtliches Werkzeug. Aber Gott gebrauchte dieses Werkzeug, um eine sündige Welt zu reinigen, zu säubern, zu strafen; die sechs Millionen Juden starben als Unschuldige, sie starben für die Sünden anderer«, als »Sühne für das Böse und (als) das Opfer, das zum Altar gebracht und von Gott gnädig angenommen wird«. »Der Märtyrer stirbt, um uns, dem Rest, eine entsühnte Zukunft zu schenken.«[36]

MENACHEM IMMANUEL HARTOM (*1916), orthodoxer Rabbiner, deutete in einem 1961 in Israel veröffentlichten Artikel die Schoah als göttliches Strafgericht für die Assimilation des Diasporajudentums und seine Leugnung der Landverheißung. Gott bewies jedoch Erbarmen und Langmut in der Rettung eines Rests und mit der Staatsgründung Israels. Die Gefahr einer erneuten totalen Judenvernichtung sei jedoch nur durch eine religiöse Selbstbesinnung und Umkehr zu bannen.[37] Mit Hartom setzten sich in israelischen Zeitschriften R. ISSACHAR JAKOBSON, DAVID CHOMSKI und JAKOB ROTSCHILD kritisch auseinander.[38]

Der orthodoxe Rabbiner YITZCHOK HUTNER (1907–1980) lehnt den Begriff der Schoah ab, denn er bezeichne nur »eine einzelne Katastrophe, die in keinem Zusammenhang steht mit dem, was vorher oder nachher war, wie z. B. ein Erdbeben oder eine Springflut«. Der *churban* des europäischen Judentums ist für Hutner in torahtreuer Sicht kein Einzelereignis, sondern ein wesentlicher Bestandteil der jüdischen Geschichte, die nach dem Muster *Zerstörung – Exil – Erlösung* verlaufe. Neue Denkkategorien oder Begriffsbestimmungen seien daher nicht erforderlich. Die Gründe des *churban* bleiben verborgen. Die Sinngebung des Schrecklichen lehnt Hutner als Beleidigung der Märtyrer, der *kedoschim*, ab.[39]

ELIEZER BERKOVITS (*1908) war tätig als Rabbiner in England und Australien, schließlich als Professor für jüdische Philosophie am Hebrew Theological College in Skokie bei Chicago. Er gilt als Vertreter einer modernen jüdischen Orthodoxie, die sich zum Zionismus bekennt.

In *Faith after the Holocaust* (1973) deutet Berkovits den Holocaust »im Zusammenhang der Zeitgeschichte; (...) in der Abfolge der gesamten Geschichte der *galut*« und bezeichnet es als »schwerwiegenden Mangel« der literarischen wie theologisch-philosophischen Deuteversuche, den Holocaust als Einzelphänomen zu betrachten. Als Glaubensproblem stehe der Holocaust nicht beispiellos da: »Von der Problematik her gesehen haben wir unzählige Male Auschwitz erlebt« – von den beiden Zerstörungen des Tempels in Jerusalem bis zu den Pogromen in Osteuropa. Als »geradezu widerwärtige Vorstellung« weist Berkovits zurück, »daß das Martyrium der Juden durch die Jahrhunderte als Gottesurteil erklärt werden könnte«.[40]

Berkovits sucht eine Lösung in der jüdischen Vorstellung von Gottes verborgenem Antlitz (*hester panim*). Der sich verbergende Gott ist der rettende Gott. Die Schoah wurde möglich durch den pervertierten Gebrauch menschlicher Freiheit und die Langmut Gottes: »Denn Freiheit und Verantwortung gehören zum unveräußerlichen Wesen des Menschen. Ohne sie ist der Mensch nicht menschlich. Soll es den Menschen geben, muß ihm gestattet sein, seine Entscheidungen in Freiheit zu treffen. Wenn er solche Freiheit besitzt, wird er sie gebrauchen. Indem er sie gebraucht, wird er sie oft mißbrauchen, wird er sich falsch entscheiden. Daraus entsteht das Leid der Unschuldigen.« Daher lautet nach Berkovits die Frage nicht: »Warum gibt es unverdientes Leid? Sondern, warum gibt es den Menschen?«[41]

Für diesen freien und daher fehlbaren Menschen muß Gott langmütig sein: »Wenn es den Menschen geben soll, muß Gott mit ihm Geduld haben; muß er den Menschen erdulden. Das ist das unausweichliche Paradox der göttlichen Vorsehung. Während Gott den Sünder duldet, muß er sich den Gepeinigten, die in ihrer Qual zu ihm rufen, verschließen. Das ist die tiefste Tragik der menschlichen Existenz: gerade weil Gott barmherzig und nachsichtig ist, gerade weil er den Menschen liebt, bedingt das die Preisgabe von Menschen an ein Schicksal, das sie durchaus als Gleichgültigkeit Gottes gegenüber Gerechtigkeit und menschlichem Leiden erfahren können. Es ist die tragische Paradoxie des Glaubens, daß Gottes unmittelbare Sorge um den Sünder verantwortlich für so viel Schmerz und Leid auf Erden ist.«[42]

So muß der Gott der Geschichte »zugleich abwesend und gegenwärtig«[43] sein, er muß seine Anwesenheit verbergen. Das legt eine besondere Auffassung der Macht Gottes nahe: Das Wesen der göttlichen Macht liegt in der Selbstbeschränkung Gottes.

Selbst wenn wir angesichts aller Widersprüche, Dilemmata und Katastrophen der Weltgeschichte »keine Antworten fände(n), uns verbliebe immer noch die eine Möglichkeit, die auch Ijob blieb, im Vertrauen auf Gott mit ihm zu rechten, im Glauben an ihn zu zweifeln, mit dem Verstand zu forschen und doch im Herzen zu wissen. Und während wir noch nach der Antwort suchen, ihn preisen wie die alten Rabbinen: Wer ist wie du, unser Gott, mächtig in Schweigen!«[44]

Seinen Festvortrag zur Entgegennahme des Dr. Leopold-Lucas-Preises (1984) widmete HANS JONAS (1903–1993) dem *Gottesbegriff nach Auschwitz* und somit der Erinnerung an die dabei anwesenden Abwesenden: Rabbi Lucas, der in Theresienstadt starb, Dorothea Lucas, die wie Jonas' Mutter nach Auschwitz deportiert wurde. So drängte sich dem Redner das Thema unwiderstehlich auf, er wählte es »mit Furcht und Zittern«[45], glaubte er es doch »jenen Schatten schuldig zu sein, ihnen so etwas wie eine Antwort auf ihren längst verhallten Schrei zu einem stummen Gott nicht zu versagen«.[46]

In einem späteren Interview kennzeichnet Jonas seinen Beitrag zur Theodizee nach Auschwitz als ketzerisch-bekenntnishaften, subjektiv-meditativen und spekulativ gewagten Versuch, »fertigzuwerden mit dem ungeheuerlichen Rätsel, wie Auschwitz möglich war«[47]. Denn Auschwitz hat »der jüdischen Geschichtserfahrung ein Niedagewesenes (...), das mit den alten theologischen Kategorien nicht zu meistern ist«[48], hinzugefügt.

Anders als der jüdische Dichter Alfred Mombert einst formulierte: »Gott ist vom Schöpferstuhl gefallen«[49], nimmt Jonas nicht Abschied vom Schöpfergott, sondern vom omnipotenten Herrschergott: »Dies ist nicht ein allmächtiger Gott!«[50] Ange-

Abb. 1: Fußbodenmosaik in der Synagoge Bet-Alfa (Bildausschnitt)

Abb. 2: Rembrandt (1645)

Abb. 3: Rembrandt (1635)

Abb. 4: Rembrandt (1636)

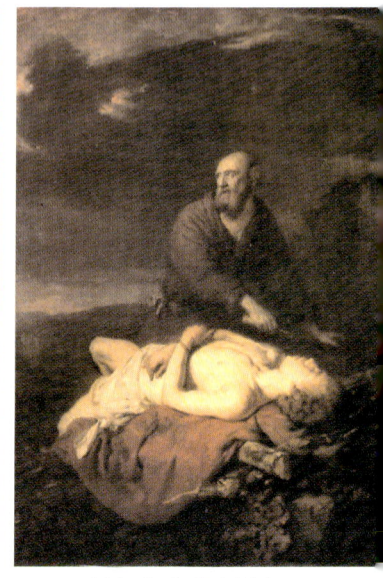

Abb. 5: Gabriel Metsu

Abb. 6: Rembrandt (1655)

Abb. 7: Rembrandt (1655)

Abb. 8: Marc Chagall    *Abb.* 9: Menashe Kadishman

Selbstmord

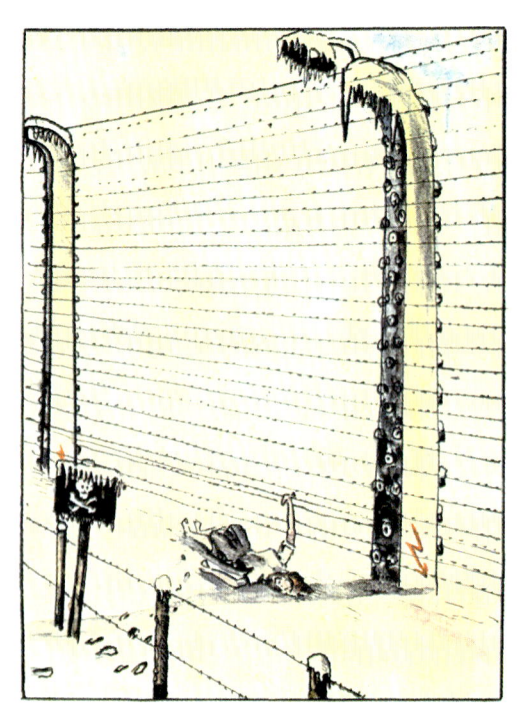

Suicide: »she went into the fence«
OR: SHE HIT THE WIRE.
A common view in Auschwitz.
Abb. 10: Alfred Kantor

sichts des existenten Übels in der Welt treten die drei Attribute Gottes, Allmacht, Allgüte und Verstehbarkeit, in ein Spannungsverhältnis, so daß die Verbindung von zweien das dritte ausschließt[51]: Die absolute Güte und Macht Gottes ist nur um den Preis göttlicher Unerforschlichkeit, die Verständlichkeit Gottes auf Kosten seiner Allmacht und Allgüte zu denken. Jonas entscheidet sich gegen den Anspruch göttlicher Machtfülle und für die Begriffe von Gottes Güte und Erkennbarkeit als integrale und unveräußerliche Bestandteile des jüdischen Gottesbegriffes, wobei kritisch zu entgegnen wäre, daß die Hebräische Bibel durchaus dämonische Züge Jahwes kennt[52] und der *deus absconditus* (vgl. Jes 45,15: »Wahrhaftig, du bist ein verborgener Gott«) nicht mit Jonas' Worten als »eine zutiefst unjüdische Vorstellung«[53] abzutun ist.

Hans Jonas optiert für den Verzicht auf den göttlichen Wesenszug der Allmacht, indem er einen auf die Macht verzichtenden Gott vorstellt, und geht damit das spekulative theologische Wagnis ein, Gott als einen »gefährdete(n) Gott, ein(en) Gott mit eigenem Risiko« zu denken, der seine Sorge um den Menschen von den Menschen abhängig gemacht hat.[54]

In seinem »selbsterdachten *Mythos*«[55] versucht Jonas eine schöpfungstheologische Lösung des Theozidee-Problems, indem er den kosmogonischen Zentralbegriff der Lurianischen Kabbala radikalisiert: »*Zimzum* bedeutet Kontraktion, Rückzug, Selbsteinschränkung. Um Raum zu machen für die Welt, mußte der *En-Ssof* des Anfangs, der Unendliche, sich in sich selbst zusammenziehen und so außer sich die Leere, das Nichts entstehen lassen, in dem und aus dem er die Welt schaffen konnte. Ohne diese Rücknahme in sich selbst könnte es kein anderes außerhalb Gottes geben, und nur sein weiteres Zurückhalten bewahrt die endlichen Dinge davor, ihr Eigensein wieder ins göttliche ›alles in allem‹ zu verlieren.«[56] Erst in der Zurücknahme seiner Allgegenwart und Allmacht erschafft Gott »jenes *nihil* für seine *creatio ex nihilo*«[57]. Gottes Zulassung der Schöpfung und damit die Billigung menschlicher Freiheit schließen bereits Gottes uranfängliche Selbstbeschränkung ein: »eine Abtretung sozusagen seiner Macht und Autorität, zum Teil oder zum Ganzen, an diese werdende Welt, damit sie (...) aus Eigenem ihre Chancen entwickeln, erfüllen oder auch verderben kann«[58]. Gottes Machtentsagung wird zur Ermächtigung des Menschen, dem die Verantwortung für die Schöpfung überantwortet wird. Wenngleich sich Jonas' These an der kabbalistischen Schule Isaak ben Lurias (1534–1572) orientiert, ließe sich eine Analogie zu Schellings weltalterphilosophischen »Idee einer Contraction Gottes« aufweisen, wonach der »Rückzug Gottes in sich selbst« und »in die Vergangenheit« die Geschichte an die menschliche Freiheit überantwortet.[59]

Nach Jonas' Aktualisierung der *zimzum*-Idee hat sich Gottes Zusammenziehung total vollzogen, »als Ganzes hat das Unendliche, seiner Macht nach, sich ins Endliche entäußert und ihm damit überantwortet. (...) Verzichtend auf seine eigene Unverletzlichkeit erlaubte der ewige Grund der Welt zu sein. Dieser Selbstverneinung schuldet alle Kreatur ihr Dasein und hat mit ihm empfangen, was es von Jenseits zu empfangen gab. Nachdem er sich ganz in die werdende Welt hineingab, hat Gott nichts mehr zu geben: Jetzt ist es am Menschen, ihm zu geben. Und er kann dies tun, indem er in den Wegen seines Lebens darauf sieht, daß es nicht geschehe, oder nicht zu oft geschehe, und nicht seinetwegen, daß es Gott um das Werdenlassen der Welt gereuen muß.«[60]

Daß Gottes Überantwortung der Verantwortung an den Menschen gerade in seiner Machtentsagung und Selbstbegrenzung gründet, könnte als ethisches Regulativ für die menschliche Freiheit wirken, die – um der »Hütung des *Ebenbildes*«[61] willen – sich nicht in Selbstermächtigung und Entgrenzung verlieren sollte.

Die wohl radikalste Antwort auf die Theodizee-Frage nach Auschwitz formulierte der amerikanische Rabbiner und Professor der Religionswissenschaft RICHARD L. RUBENSTEIN (*1924) in seiner jüdischen Tod-Gottes-Theologie. Die Vorstellung, »daß ein Gott, welcher der menschlichen Verehrung würdig sein soll, seinem angeblich erwählten Volk Auschwitz zugefügt haben könne«, weist er als »anstößig« zurück.

Rubenstein reagiert auf den Kontinuitätsbruch Auschwitz mit einer entschiedenen Absage an Gott: »(...) ich habe mich für das entschieden, was Camus mit Recht den Mut zum Absurden genannt hat, den Mut, lieber in einem sinn- und zwecklosen Kosmos zu leben, als an einen Gott zu glauben, der seinem Volk Auschwitz zufügt«.[62] In der Folge bekennt sich Rubenstein zu einer archaisch-irdischen Existenz, die noch um Riten und Geschichte der Vorfahren weiß.[63]

Sein Verhältnis zur Tod-Gottes-Theologie erfaßt Rubenstein als ambivalent: Einerseits betont er seine Distanz zur Tod-Gottes-Theologie, die, mit der Kreuzessymbolik verknüpft, christlichen Ursprungs ist; andererseits entdeckt er trotz der Fremdheit und Ferne der Terminologie seine Nähe zur Tod-Gottes-Theologie in seiner Zeitgenossenschaft an der modernen Säkularität und einer universalen Kultur, die von Hegel, Kierkegaard, Nietzsche, Dostojewski, Freud, Sartre geprägt ist.[64] Nietzsches Proklamation vom Tod Gottes ist für Rubenstein keine theologische Aussage, sondern eine kulturelle Tatsache, insofern sie die Gottesferne, mit Werfels und Bubers Worten, die »Gottesfinsternis« unserer Zeit und die verzweifelte Gottessuche des modernen Menschen beschreibt.[65] Dem Menschenbild, das die christliche Tod-Gottes-Theologie enthüllt, fühlt sich Rubenstein als moderner Mensch verbunden; dem Gottesbild, das sie entwirft, begegnet er jedoch mit emotionaler Abwehr: »Sollte ich ein Tod-Gottes-Theologe sein, dann unter lautem Wehklagen.«[66]

Die Entwürfe von Eliezer Berkovits, Hans Jonas und Richard L. Rubenstein fassen wie in einem historischen Zeitraffer die neuzeitliche Entwicklung der Theodizee in der abendländischen Philosophie zusammen. Diese bewegt sich von der spätmittelalterlichen *potentia absoluta* Gottes über die Theologie des *deus absconditus*, des *dieu caché*, zur Theologie des *deus emeritus*, schließlich zur Theologie nach dem Tode Gottes.[67] In einer metaphysischen Theologie entwirft das Menschengeschöpf ein Alibi für seinen allmächtigen und gütigen göttlichen Schöpfer angesichts einer moralisch gespaltenen Welt; in der modernen Geschichtsphilosophie sucht der gebrochene autonome Mensch sein Alibi vor Gott und den Menschen. Doch selbst wo in der postaufklärerischen Geistesgeschichte versucht wird, das Theodizee-Problem durch die Leugnung der Existenz Gottes radikal zu lösen, begünstigt die Tod-Gottes-These noch einen »methodischen Atheismus ad maiorem gloriam Dei«[68].

Angesichts der Übel und Antagonismen der Welt kann Gott, wie Odo Marquard ironisch pointiert, nur noch gut bleiben »dadurch, daß es ihn nicht gibt«[69]. Das ist die Crux jeder Theodizee, deistisch oder atheistisch entschieden, sie konterkariert die gewünschte Aussage und lanciert ihr Gegenteil: Die Rettung des guten Gottes führt zu seiner Demission; die Leugnung Gottes gerät zur ultima ratio seiner Ehrenrettung.

Unter Einfluß der religionswissenschaftlichen Terminologie Rudolf Ottos spricht ARTHUR A. COHEN (1928–1986), Essayist und Publizist in New York, vom menschlichen *mysterium tremendum* der Schoah. Die »Ungeheuerlichkeit des entgrenzten Menschen« erzeugte das *tremendum* der Todeslager, »Monument einer sinnlosen Pervertierung des Lebens in eine orgiastische Feier des Todes«. Als »Endpunkt des Abgrunds« und als »Neubeginn des Menschengeschlechts« ist es möglich, das *tremendum* der Todeslager wieder mit dem *mysterium tremendum* Gottes zu verknüpfen, »der manchmal den Menschen liebt und manchmal verabscheut«.[70]

IRVING GREENBERG (*1933), orthodoxer Rabbiner, Theologe der Mussar-Bewegung in den USA, Direktor des National Conference Center und Holocaust Research Center (Zeitschrift: *Shoah*), stellt den Holocaust in den Mittelpunkt seiner Schriften. Gegen Rubensteins radikal negative Entscheidung wendet er ein, es solle nach dem Holocaust »keine Endlösungen mehr geben, auch keine theologischen«[71]. Greenberg befürwortet einen dialektischen Glauben zwischen Leiden und Erlösung: »Weder Exodus noch Ostern überwinden Buchenwald noch werden sie durch Buchenwald gänzlich ausgelöscht, sondern wir erleben diese diametralen Erfahrungen; zwischen ihnen vollzieht sich das Leben des Glaubens.«[72]

In diesem dialektischen Widerspruch zum Holocaust steht demnach die »Wiedergeburt des Staates Israel«, Gottes »Offenbarung in der Erlösung Israels«: »Verbrennende Kinder künden die Abwesenheit aller göttlichen und menschlichen Werte; die Rehabilitation einer halben Million Überlebender des Holocaust in Israel kündet von Wiedergewinnung außerordentlicher menschlicher Würde und Werte. Wenn Treblinka die Hoffnung des Menschen zur Illusion macht, dann zeigt die Westmauer deutlich, daß unsere Träume wirklicher sind als Gewalt und Tatsachen. Israels Glaube an den Gott der Geschichte erfordert, daß ein beispielloser Akt der Vernichtung ein ebenso beispielloses Gegenstück an Erlösung findet, und das ist geschehen.«[73] Genau genommen stellt Greenbergs »dialektischer« Glaubensentwurf ein bipolares Denken dar, denn die Konfrontation von Auschwitz und Jerusalem soll gerade nicht in einer dialektischen Synthese überhöht und überwunden werden: »Jerusalem von Auschwitz überwältigen zu lassen, heißt lügen (...) und durch Jerusalem Auschwitz leugnen zu lassen, heißt aus dem gleichen Grund zu lügen.«[74] Das Gefühl der göttlichen Gegenwart verleiht jene Kraft, im Widerspruch weiterzuleben, wie Hiobs Erfahrung lehrt.[75] Auch die Theologie des leidenden Gottesknechts (Jesaja 53) legt Greenberg in der Dialektik von Heilsgeschichte und Zeitgeschichte aus: »Die erlösende Natur des Leidens muß in absoluter Spannung mit der dialektischen Wirklichkeit stehen, daß dieses bekämpft, gemildert, behoben werden muß.«[76]

MICHAEL WYSCHOGROD (*1928), orthodoxer Rabbiner und Theologe in New York, betont in der kritischen Auseinandersetzung mit Greenberg, daß der Glaube glaube, »daß Gott tun kann, was menschlich unbegreiflich ist«[77] und daher immer etwas »Anstößiges« an sich habe, da er sich an ein Vertrauen klammere, das nach weltlichen Maßstäben kaum gerechtfertigt scheine.[78] Entschieden lehnt er Greenbergs Sicht des Holocausts als »Offenbarungsereignis« ab, denn »*Offenbarungsakte sind Errettungsakte*« und dem Holocaust als »Ereignis des total Bösen« seien weder sinngebende Deutungen zu verleihen noch sinnvolle Lehren zu entnehmen. Wyschogrod stellt an die Stelle der Theodizee die Treue unverbrüchlichen Glaubens, »weil wir auf den Gott unserer Väter vertrauen. Er wird diejenigen belohnen, die umkamen, und diejenigen bestrafen, die das Böse begingen. Er wacht über dieses Volk, selbst wenn es nicht den Anschein hat. Wir glauben dies recht stetig und nicht nur für Augenblicke.«[79]

JACOB NEUSNER (*1932) formuliert seinen Standpunkt als Gelehrter des rabbinischen Judentums und Engagé in aktuellen Problemen der amerikanischen Judenheit. Die Reaktion auf den Holocaust unterscheidet Neusner nur in der Form, nicht in ihrem Wesen von früheren Antworten auf die großen Katastrophen der

Judentumsgeschichte (586 v. Z., 70 n. Z., 1096, 1349, 1648–49, 1933–1948).[80] In Rubensteins Position sieht er die apokalyptische Denkweise und in Fackenheims Haltung die klassisch-rabbinische Denkweise fortgesetzt. Wenn Emil L. Fackenheim die Katastrophe selbst als Beweis für die Notwendigkeit des Glaubens nimmt, sei dies »ein geistreiches Zurückgreifen auf die rabbinische Art, auf Katastrophen zu reagieren«.[81] Aus dieser Sicht der Ganzheit und Kontinuität jüdischer Geschichte, die immer auch Katastrophen, Krisen wie deren religiöse Bewältigung bezeuge, lehnt Neusner die Hervorhebung des Holocaust als geschichtliche Zäsur ab: »Jüdische Theologen erweisen den Gläubigen keinen guten Dienst, wenn sie behaupten, ›Auschwitz‹ bezeichne eine Wende, wie im Falle Rubenstein, oder einen ›neuen Anfang‹, wie bei Fackenheim. In Wirklichkeit hat die jüdische Frömmigkeit stets gewußt, auf Katastrophen zu reagieren. Für diejenigen, für die die klassische jüdische symbolische Struktur intakt bleibt, bleibt auch die Weisheit der klassischen Frömmigkeit gültig. Für diejenigen, denen das klassische Judentum keine tragfähige Alternative bietet, ändert auch der Holocaust nichts.« Daher beschließt Neusner apodiktisch: »Nichts hat sich geändert. Die Tradition geht weiter.«[82]

EMMANUEL LEVINAS' (*1905) philosophisches Denken gilt der Bedeutung des Mitmenschen in Fragen der Metaphysik. Seine Reflexionen zur Schoah entscheiden sich an der Prävalenz der Torah. Das jüdische Leiden, das niemals »den Wert einer mystischen Sühne für die Sünden der Welt annimmt«, »offenbart einen Gott, der, indem er auf jede hilfreiche Manifestation verzichtet, an die volle Reife des restlos verantwortlichen Menschen appelliert«[83]. Dieser ferne Gott, der sein Antlitz verhüllt, kommt jedoch aus dem Inneren. Das Verhältnis zwischen Gott und dem Menschen gründet in der »geistige(n) Beziehung durch die Vermittlung einer Lehre, der Tora«.[84] Durch das Gesetz und nicht durch die Menschwerdung werde Gott erfahrbar. Mit der Fähigkeit zum Vertrauen auf einen abwesenden Gott und gereift durch einen torahtreuen Glauben wird der Mensch zum Erwachsenen, der menschliche Schwächen wie Gefahren erfaßt und Gott unerschütterlich liebt. »Die Tora noch mehr zu lieben als Gott, genau dies bedeutet, Zugang zu einem persönlichen Gott zu haben, gegen den man sich auflehnen kann, d. h. für den man sterben kann.«[85]

Dieses tiefe jüdische Wissen um die Gewißheit Gottes noch »unter einem leeren Himmel«[86] findet der jüdische Philosoph im fiktiven Brief des JOSSEL SOHN DES JOSSEL RACKOVER bekundet, dem verzweifelten Gespräch eines Juden im Warschauer Ghetto mit Gott. Als letzter Überlebender seiner Familie ringt Jossel in seiner Todesstunde mit Gott und stirbt als »ein Geschlagener, aber kein Verzweifelter, ein Gläubiger, aber kein Betender, ein Verliebter in Gott, aber kein blinder Amensager«.[87] Über seine Zweifel am gerechten Gott der Geschichte, der »sein Gesicht von den Betenden abwendet«[88], triumphiert seine unvergängliche Liebe zur Torah: »Ich werde Dich immer liebhaben – Dir selbst zum Trotz!«[89]

Die Antworten auf die Theodizeefrage, stammelnd, flüsternd, betend oder spekulierend in das eisige Schweigen der Schoah gesprochen, versiegen nicht. Jeder einzelne dieser unterschiedlichen Entwürfe leitet sich aus bestimmten Strömungen der jüdischen Tradition ab. Die jeweilige theologische Rückbindung verbürgt jedoch keine Evidenz, denn alle Anschauungen sind durch religiöse Einzelüberlieferungen zu belegen, aber nicht zu beweisen.

Die meisten der skizzierten jüdischen Theodizeeentwürfe sind in einem räumlichen, zeitlichen und biographischen Abstand zur Schoah entstanden, vorwiegend im Amerika der 60er Jahre. Auffällig ist die Kluft zwischen diesen spekulativen, akademisch-theoretischen Theodizeeantworten und den subjektiven, individuellen und leidgeprägten Theodizeefragen, wie sie in Zeitzeugnissen aus den Lagern und Ghettos zum Ausdruck kommen. Die Bewältigungsliteratur der unmittelbar betroffenen Gewaltopfer wird treffend im Untertitel von Jean Amérys Auschwitz-Bericht als »Bewältigungsversuche eines Überwältigten«[90] charakterisiert. Der Schrei und Schmerz der Opfer ist nicht in einem Philosophem oder Theologem zu sublimieren.

Weniger die Kritik im einzelnen als im grundsätzlichen stellt die eigentliche Herausforderung dar: Ist nicht jede Theodizee nach der Schoah zum Scheitern verurteilt, aus Schalom Ben-Chorins Sicht »vergeblich«[91], nach Elie Wiesels Wertung im

»Bereich der Gotteslästerung«[92] anzusiedeln und, wenn überhaupt, nur als »Versuch«[93] zu denken? Gerät die traditionelle Theodizee nicht angesichts der menschlichen Leidensgeschichte zu einem »theologische(n) Sadismus«[94]?

Ist eine theologische oder anthropologische Reflexion nach Auschwitz nur noch *jenseits* von Theodizee und Anthropodizee[95] zu orten, oder kann sie jenen engen Pfad *zwischen* Theodizee und Anthropodizee beschreiben?

Treibt man Theodizee und Anthropodizee in ein Konkurrenzverhältnis, bedingt die Entlastung der einen Partei die Belastung der anderen. Eine *Theologie nach Auschwitz* sucht keinen einseitigen Freispruch in einer trotzigen Ehrenrettung Gottes oder einer entschuldigenden Rechtfertigung menschlicher Schuld. Sie verfolgt weder einen feigen Schuldspruch Gottes, als sei Gott, mit Hegels herbem Wort, »die Gosse, in der alle Widersprüche zusammenlaufen«[96], noch bewirkt sie eine hamartologische Überforderung des Menschen, die den schuldig gewordenen Menschen allein verantwortlich macht und sich »gewissermaßen hinter dem Rücken der namenlosen Leiden Unschuldiger mit dem allmächtigen Gott zu versöhnen und zu verabreden«[97] trachtet.

Nur noch als praktische Anthropodizee kann die als Theorie gescheiterte Theodizee gelingen.[98] Die Forderung nach einem theologischen Primat der Praxis verdrängt zunehmend eine kontemplative, theoretische und tröstend-vertröstende Theologie.

Während die Theodizee als historische Fragestellung in der Dogmatik beheimatet bleibt, verlagert sich die Theodizeefrage als zeitgemäßes, praktisches Interesse in den Bereich der Ethik[99] und findet dort wieder zur Demut des Fragens zurück. »Eine *praktisch-authentische* Theodizee liefert keine endgültige, eindeutige und sinngebende Antwort auf die Frage nach Wesen, Herkunft und Legitimität des Bösen und der Rolle Gottes innerhalb dieses Geschehens. Weder erkenntnistheoretisch möglich noch theologisch sinnvoll erscheint der Versuch, ein theologisches Gedankengebäude zu konstruieren, das auf hohem spekulativem Niveau und in doktrinärer Form Sinngebung anstrebt, ohne damit der Größe der Frage je gerecht werden zu können. Der praktisch-authentischen Theodizee geht es gerade nicht um eine die Fragen vorschnell zum Verstummen bringende *Antwort*, sondern vielmehr um das *Offenhalten der Frage*. An die Stelle der Suche nach einer Antwort tritt die Suche nach den *Haltungen*, die die Größe und Komplexität der Frage zulassen, aufnehmen und dieses Offenhalten praktizieren.«[100]

Die Theodizee muß wieder zu ihrer ursprünglichen biblischen Erscheinungsform zurückfinden: als Frage und Aufschrei angesichts des himmelschreienden Leids in unserer Welt. Nicht einer »prästabilierten Harmonie« ist mehr zu huldigen, sondern die Widersprüchlichkeit unser Wirklichkeit ist auszuhalten und zu bekämpfen, wo sie als Unrechtssystem die Würde der Schöpfung und des Geschöpfs verletzt. Kein »Eiapopeia vom Himmel« (Heine) versöhnt mit dem Antlitz eines leidenden Menschen.

Idyllische Glückseligkeit und Ausgeglichenheit kennzeichnen weder die Bibel noch die Religion.[101] In der Treue zur biblischen Tradition, die bei Hiob, in den Psalmen, den Klageliedern und Prophetenbüchern die Theodizeefrage in einer Sprache des Leidens, der Krise, der Klage und des Aufschreis ausdrückt, wendet sich auch Johann Baptist Metz gegen eine spannungslose Harmonie und fraglose Versöhntheit.[102] Angesichts der menschlichen Leidensgeschichte weicht in einem modernen Gottesglauben die traditionelle Theodizee als Anklage einer moralisch-politischen Theodizee als Klage und Frage, die nur eine Antwort kennt: die gelebte Liebe zu den Leidenden.

Theodizee wird zur »Gottesrede als Schrei nach der Rettung der Anderen, der ungerecht Leidenden, der Opfer und Besiegten in unserer Geschichte«[103]. In einen Schrei mündete die Biographie der frühen Christenheit, und Israel blieb »eine eschatologische ›Landschaft von Schreien‹«[104], die Edmond Jabès in dichterischer Sprache ausleuchtet:

»Das Licht Israels ist unendlich ein Schrei.«[105]

Von Kiddusch HaSchem
zu Kiddusch HaChayim

»Am Israel chai –
Israels Volk lebt.«
CORDELIA EDVARDSON[1]

Auf dem Jüdischen Friedhof an der Eckenheimer Landstraße in Frankfurt wurden die Suizidopfer der nationalsozialistischen Judenverfolgung an Ehrenplätzen bestattet. Einfache Grabsteine nennen ihre Namen, Geburts- und Todestage und eine hebräische Inschrift: »Sie starben zur Heiligung des göttlichen Namens«.[2]

Bereits im Wilheminischen Deutschland verzeichnete die Suizidquote in der jüdischen Bevölkerung einen Anstieg, der sich in der Weimarer Republik fortsetzte. Mitte der zwanziger Jahre schnellte die jüdische Suizidkurve sprunghaft in die Höhe. In den Jahren 1933 bis 1938 trieb die wachsende gesellschaftliche, politische und wirtschaftliche Isolation viele jüdische Bürger und Bürgerinnen in den Tod aus Verzweiflung. Der Pogromnacht am 9./10. November 1938 folgte eine Welle von Suizidhandlungen in der deutsch-jüdischen Bevölkerung. Nach 1939 stieg die Suizidrate weiter an. In einem Brief vom Juni 1939 schrieb Walter Benjamin an eine Freundin: »Hören Sie: Die Wiener Gasanstalt hat die Belieferung der Juden mit Gas eingestellt. Der Gasverbrauch der jüdischen Bevölkerung brachte für die Gasgesellschaft Verluste mit sich, da gerade die größten Konsumenten ihre Rechnungen nicht beglichen. Die Juden benutzen das Gas vorzugsweise zum Zweck des Selbstmords.«[3] Fast zynisch und doch zwangsläufig drängt sich der Gedanke an den Gastod in den Gaskammern auf, doch über diese Abgründe des Leids schlägt kein tertium comparationis eine Brücke.

Ganze Familien konnten sich nur durch den selbstvollstreckten Tod vor der drohenden Deportation in die Todeslager »retten«. So paradox es manchen Verzweifelten auch anmutete, aus Todesangst den Tod zu wählen,[4] so wurde doch die Selbsttötung zur einzigen Zuflucht vor den Mördern und zum letzten würdevollen Ausweg in der Ausweglosigkeit.[5] Als Zeugin im Jerusalemer Eichmann-Prozeß erklärte Hildegard Henschel, die Frau des Vorsitzenden der Jüdischen Gemeinde in Berlin, auf die Frage nach Möglichkeiten, der Deportation zu entkommen: »Nur den Selbstmord«[6]. In einer Londoner Studie über das Flüchtlingsproblem stellte der englische Beobachter Sir John Hope Simpson 1939 fest: »The way out for many in Vienna was not emigration but suicide.«[7]

Die meisten Suizidtaten ereigneten sich in stiller Zurückgezogenheit und zeigten sich nicht so offensiv der Öffentlichkeit wie im Falle jenes jüdischen Mannes, der mit dem Hitler-Gruß in ein Wiener Kaffeehaus stürmte und sich vor den Augen der Gäste die Kehle durchschnitt.[8] Doch hatte die Umwelt durchaus Kenntnis von den Selbsttötungen jüdischer Bürger und Bürgerinnen. Zeitungen und Exilpublikationen verbreiteten die Nachrichten über jüdische Suizidhandlungen.[9]

Am 27. Oktober 1941 schrieb der Limburger Bischof, Antonius Hilfreich, dem Berliner Bischof Wienken: »Der Schrecken über den Abtransport ist bei den Juden furchtbar – am Montag, dem 20. Oktober, lagen morgens elf Leichen auf dem Friedhof; aber auch bei der arischen Bevölkerung Frankfurts ist, wie ich zuverlässig höre, die Erregung groß.«[10]

1942/1943 erreichte die Zahl der Selbsttötungen im deutschen Judentum einen alarmierenden Höhepunkt.[11]

Die Welle von Suizidhandlungen, vor allem mittels Barbituraten, rief 1942 eine Versammlung jüdischer Ärzte und Ärztinnen in Berlin zusammen, die das medizinisch-ethische Verhalten der Ärzteschaft in dieser verzweifelten Lage beriet.[12]

In den Jahren 1933 bis 1945 beschreibt die hohe Suizidrate im deutschen Judentum ein Massenphänomen, das sich epidemisch verbreitet.[13] Die Dunkelziffer liegt schmerzlich höher, bedenkt man, daß viele Suizidhandlungen nicht an die Öffentlichkeit drangen und daß die Nationalsozialisten sowohl suizidale Vorfälle wie ihre statistische Meldung zu verhindern suchten.[14] »Das Ausmaß dieser Selbstmordepidemie entzieht sich einer gesicherten Quantifizierung.«[15] Man schätzt, daß sich 10.000 deutsche Juden und Jüdinnen wie Personen jüdischer Abstammung unter der Nazi-Herrschaft das Leben nahmen.[16] Auch Ehepartner und Kinder aus Mischehen bezeugten häufig jene letzte Solidarität aus Liebe, die ihnen nur noch der selbstverfügte Tod gewährte. Am 6. November 1941 beendeten der bekannte »arische« Schauspieler Joachim Gottschalk, seine jüdische Frau und ihr gemeinsamer Sohn ihr Leben.[17] Der protestantische Theologe und Schriftsteller Jochen Klepper ging am 10. Dezember 1942 mit seiner jüdischen Frau und Stieftochter Renate in den Tod, nachdem eine gemeinsame Ausreise nach Schweden von den Nationalsozialisten abgelehnt worden war und die Deportation der jüdischen Familienangehörigen bevorstand. Mit der Hoffnung, der Herr möge die »Gefangenen Zions«[18] in dieser dunklen Zeit erlösen, erlosch auch der Lebenswille des gläubigen Christen.

In der älteren Generation deutscher Juden und Jüdinnen zogen viele das endgültige Exil im Tod dem Verlassen der deutschen Heimat und einem Leben im ausländischen Exil vor. »Ich kann Frankfurt nicht verlassen und werde es in meinen alten Tagen auch nicht tun ...«, erklärte der Frankfurter Mediziner Professor Dr. Karl Herxheimer, der am 27. August 1942 nach Theresienstadt deportiert und ermordet wurde.[19] Die Verbundenheit deutscher Juden und Jüdinnen mit ihrem Vaterland und ihrer Muttersprache endete als tödlich unerwiderte Liebe.

Auch auf der Flucht und in der Fremde nahmen sich viele jüdische Männer und Frauen das Leben. Bei der Invasion der deutschen Truppen in den Niederlanden im Mai 1940 töteten sich 150, meist deutschgebürtige Juden. Bei der Besetzung Frankreichs suizidierten sich zahllose Flüchtlinge.[20] Bekannte Namen sind unter jenen Unglücklichen, die in den Tod flüchteten.

Im schwedischen Exil vergiftete sich 1935 Kurt Tucholsky; in Wien stürzte sich 1938 Egon Friedell aus dem Fenster, aus Angst vor der Gestapoverhaftung; 1939 erhängte sich Ernst Toller in einem New Yorker Hotelzimmer; 1940 schnitt sich Carl Einstein die Pulsadern auf, vergiftete sich Walter Hasenclever in einem Internierungslager, tötete sich der Schriftsteller und Arzt Ernst Weiß vor dem Einmarsch der deutschen Truppen in Paris, vergiftete sich Walter Benjamin auf der Flucht vor den Nazis; 1941 tötete sich Stefan Zweig mit seiner Frau im brasilianischen Exil; 1942 schluckte Franz Blei ein halbes Gramm Zyankali; 1945 setzte Alfred Wolfenstein seinem Leben ein Ende.[21] Das trauernde Gedenken schließt die vielen ungenannten und namenlosen Opfer ein.

Über Selbsttötungen in den Konzentrations- und Vernichtungslagern gibt es wenig Informationen. Sie ereigneten sich meist in der ersten Phase nach der Ankunft der Deportierten, bevor bei den Gefangenen die als »Muselmann-Syndrom« bezeichnete Haltung der Apathie und Inaktivität und jene grausame Gewöhnung an den Tod und die Toten einsetzten.[22] Eingedämmt wurde die Suizid-Häufigkeit im Lager durch die Angst vor Strafmaßnahmen gegen Familienangehörige und den Unsicherheitsfaktor, der bei Suizidversuchen am Stacheldraht bestand und nachfolgende Folterungen befürchten ließ.

»Es war bezeichnend für die Situation des Häftlings dem Tode gegenüber«, erinnert sich Jean Améry, »daß nur wenige sich entschlossen, ›an den Draht zu laufen‹, wie man sagte, das heißt: durch Berühren der mit Starkstrom geladenen Stacheldrähte Selbstmord zu begehen. Der Draht war eine gute und ziemlich sichere Sache, vielleicht aber wurde man noch vorher, beim Versuch, sich ihm zu nähern, ertappt und in den Bunker geworfen, was zu einem schwierigeren und peinvolleren Sterben führte.«[23]

Daß Suizidversuche in den Lagern jedoch kein marginales Phänomen waren, beweist die Aussage eines Zeugen im Frankfurter Auschwitz-Prozeß, der als Leichenträger in Birkenau die Erschossenen am elektrischen Stracheldraht-Zaun aufnehmen mußte, durchschnittlich acht bis zwölf Tote täglich.[24]

Als alltäglichen Anblick in Auschwitz zeichnete der tschechische Künstler Alfred Kantor ein Suizidopfer am Stacheldraht *(Abb. 10)*.

Bis in unsere Gegenwart schreibt die nationalsozialistische Verfolgung die stumme Statistik jüdischer und nichtjüdischer Suizidanten fort. Nicht *in* Auschwitz, sondern *an* Auschwitz starben noch *nach* Auschwitz viele überlebende Opfer des NS-Terrors. »Wissen Sie«, fragt Elie Wiesel, »wie viele Überlebende an Herzanfällen sterben? Oder einfach, ganz einfach aus Verzweiflung? Wissen Sie, wie viele sich mit dem Kummer und der Einsamkeit abfinden? Viele bedauern, daß sie seinerzeit überlebt haben.«[25]

Viele setzten diesem Leben ein Ende.

Wie tief der Tod, den er tagaus, tagein in Auschwitz und Dachau erlebte, in ihm nistete, erzählte der polnische (nichtjüdische) Autor Tadeusz Borowski und bezeugte es, als er 1951 mit neunundzwanzig Jahren Hand an sich legte.[26]

Nach dem Inferno von Verfolgung, Folter und 642 Tagen KZ-Haft ging Jean Améry »durch die Welt gleich einem Kranken mit einem jener Leiden, die keine Beschwerden verursachen, aber mit Sicherheit letal ausgehen«[27]: Nach mehreren Suizidversuchen beendete er sein Leben im Herbst 1978 mit einer Überdosis Barbituraten.[28] Sein Grabstein in seiner Salzburger Geburtsstadt trägt nicht seinen Namen, sondern seine Auschwitz-Nummer, »die liest sich kürzer als der Pentateuch oder Talmud«, schrieb er einst, »und gibt doch gründlicher Auskunft«.[29]

Auf dem Leben nach Auschwitz lastet die Hypothek des Überlebens, und der Überlebende steht in einem unkündbaren Pakt mit den Überlebten, den Toten. All das, was Elias Canetti in seiner Phänomenologie des Überlebens herauskristallisiert, die Gefühle von Macht, Genugtuung, von Auserwähltheit,[30] zerbrach im Selbstbewußtsein von Überlebenden der Schoah, schlug oft verletzend in sein Gegenteil um. Schuldkomplexe und Skrupel, vielleicht »auf Kosten« oder »an Stelle« anderer »unverdient« überlebt zu haben, verfolgen viele Überlebende. Von der Psychologie als »post-survivor-syndrome« diagnostiziert, wird diese Gewissensqual noch bei Nachkommen von überlebenden Opfern beobachtet.[31] Die Freude und Dankbarkeit, dem Tod entronnen zu sein, wird von jenen Schuld- und Schamgefühlen verdunkelt, wie sie den italienischen Schriftsteller und ehemaligen Auschwitz-Häftling Primo Levi quälten: »Kommt deine Scham daher, daß du an Stelle eines anderen lebst? Und vor allem an Stelle eines großherzigeren, sensibleren, verständigeren, nützlicheren, des Lebens würdigeren Menschen als Du? Du kannst es nicht ausschließen (...) Nein, du findest keine offenkundigen Übertretungen, du hast niemanden verdrängt, du hast niemanden verprügelt (...) Es handelt sich nur um eine Vermutung, aber sie nagt an dir; sie hat sich in deinem tiefsten Inneren eingenistet wie ein Holzwurm. Von außen kann man sie nicht erkennen, aber sie nagt und bohrt.«[32] Im April 1987 sprang Primo Levi aus seinem Turiner Geburts- und Wohnhaus ins Freie. Obwohl er gehofft hatte, sich »durch Erzählen reinigen«[33] und seine lastenden Erinnerungen verarbeiten zu können, beherrschte ihn jene alptraumhafte Erinnerung an Auschwitz mit präsentischer Gewalt: Die Kommandostimme von Auschwitz verstummte nicht.[34]

Das »Symbol für das Recht zum Überleben«[35] nannte Yitzchak Ben-Aharon als Vorsitzender eines internationalen Kolloquiums in Haifa den Dichter Paul Celan, der sich 1970 in der Seine ertränkte. Das Unrecht des Mordens überschattete noch das Recht des Überlebens.

Wie dieses Los des Überlebens als Bürde des Lebens erfahren wird, beschreibt Erich Fried in einem Gedicht seines Buches *Lebensschatten*:

»*Der Überlebende
nach Auschwitz*

Wünscht mir nicht Glück
zu diesem Glück
daß ich lebe

Was ist Leben
nach soviel Tod?
Warum trägt es
die Schuld der Unschuld?
die Gegenschuld
die wiegt
so schwer
wie die Schuld der Töter
wie ihre Blutschuld
die entschuldigte
abgewälzte

Wie oft
muß ich sterben
dafür
daß ich dort
nicht gestorben bin?«[36]

Dieses unendliche seelische Sterben im Leben der Überlebenden bringt auch Elie Wiesel zur Sprache: »Kann man mehr als einmal sterben? Ja, das kann man. Die Alten von Majdanek oder Belsen sterben zwei Mal, hundert Mal, jedes Mal, wenn sie zu den stummen Trauerzügen zurückkehren, die sie in Wirklichkeit nie verlassen haben.«[37]

Auch die Zahl der nichtjüdischen Autoren, die sich als Holocaust-Juden identifizierten und daran zerbrachen, ist erschütternd hoch: John Berryman, Randall Jarrell, Anne Sexton und Sylvia Plath nahmen sich das Leben, nachdem sie ihre Identität im Schatten der Schoah dargestellt hatten.[38]

In seinem frühen Essay über die Holocaust-Literatur behauptet Alfred Alvarez sogar, die meisten ihm persönlich bekannten Suizidalen und Suizidanten hätten sich vor ihrer Tat in die Literatur zur Schoah vertieft.[39'] Auch George Steiner warnte davor, daß, wer mit diesem Material umgehe, darin umkomme.[40]

Das starke Suizidvorkommen in der deutsch-jüdischen Bevölkerung unter nationalsozialistischer Gewaltherrschaft verlangt jedoch eine tiefere Analyse, stellt man es der grundsätzlichen Seltenheit des Suizid-Phänomens in der jüdischen Kultur gegenüber. In seiner empirisch-soziologischen Studie *Le Suicide* (1897) konstatierte Emile Durkheim eine außergewöhnliche Immunität der Juden gegen die Selbsttötung und erklärte diesen Lebensschutz durch die stabile jüdische Religionsgemeinschaft, die Beschaffenheit des jüdischen Glaubens und vor allem das starke Solidaritätsgefühl durch langdauernde Verfolgung: »Zum Teil verdanken sie dieses Privileg zweifellos der sie umgebenden Feindseligkeit.«[41]

Die euphemistische Aussageform klingt bereits an der Jahrhundertwende sarkastisch, doch um so zynischer wirkt sie aus heutigem Wissen, denn selbst dieses traurige und zwiespältige »Privileg« eines durch Fremdbedrohung gestärkten Selbsterhaltungstriebes verloren viele Juden unter nationalsozialistischer Verfolgung.

Fortgeschrittenes Alter, ein hoher Grad an sozialem Status, an Akkulturation und Assimilation waren zentrale Faktoren für die Suizidhäufigkeit in der deutsch-jüdischen Bevölkerung vor der Phase der Deportation. Viele Suizidopfer gehörten der jüdischen

Glaubensgemeinde nicht mehr an, hatten sich taufen lassen, verstanden sich als konfessionslos oder atheistisch. Als Juden wider Willen, von den Nürnberger Gesetzen zu Juden gemacht,[42] entzogen sich manche Opfer dem jüdischen Schicksal durch Selbsttötung.[43]

Die Suizidwelle im deutschen Judentum unter NS-Herrschaft ist jedoch nicht als assimilatorische Erscheinung aus der Judentumsgeschichte auszugrenzen; sie besitzt eine – wenn auch im Einzelfall unbewußte – religionsgeschichtliche Dimension. Die jüdische Geschichte kennt viele Beispiele von Selbsttötung als *ultima ratio*, der Feindeshand zu entkommen. Bei den Aufständen der Makkabäer, der Sikarier in Masada, den Verfolgungen während der Kreuzzüge und den iberischen wie osteuropäischen Pogromen der Neuzeit ereigneten sich immer wieder jüdische Einzelsuizide und Massensuizide als »kollektive Trauerselbstmorde«.[44]

Das Phänomen der Selbsttötung ist in der Hebräischen Bibel bekannt und wird weder moralisch verboten noch verworfen. Im Alten Testament stoßen wir nicht auf eine grundsätzliche moralische Verwerfung und Bestrafung des Selbstgetöteten, sondern auf einen stillen, einfühlsamen Respekt vor der Selbsttötung als einem letzten ehrenvollen Ausweg in alternativloser Konfrontation. In allen Suizidfällen zeigt sich Toleranz gegenüber dem für alle gültigen Motiv der Ehre, während die Ursachen der tragischtödlichen Entwicklung bisweilen negativ oder kritisch beurteilt werden. Grundsätzlich wird aber die Tat der Selbsttötung nicht verurteilt. Der Grund für die Ehrung bzw. nie explizite Nicht-Ehrung eines Selbstgetöteten ist der Handlungsantrieb zur Selbsttötung: das Motiv der Ehre als kollektives Ideal und als Grundwert alttestamentlichen Ethos.[45]

Indem die rabbinische Versammlung von Lydda das Selbstopfer *al Kiddusch HaSchem* in drei Fällen (Götzendienst, Unkeuschheit und Mord) als verpflichtend erklärte (bT Synhedrin 74a.b), hob die maßgebliche Relevanz des religiösen Motivs die handlungsdynamische Differenz zwischen suizidalem und martyrialem Verhalten auf. Der oblative Aspekt war bestimmend für den aktiv wie passiv erlittenen Zeugentod als Kiddusch HaSchem *in extremis*.

Rabbinisch wie maimonidianisch gehören Bewußtsein und Willensfreiheit zum vitalen wie martyrialen Kiddusch HaSchem.

Wer als höchste Stufe der Anhänglichkeit an Gott und die Torah die Hingabe des Lebens für den Glauben erreichte, wurde als *kadosch*, als Heiliger und Märtyrer, bezeichnet. Im Verlaufe der Diaspora und der Diasporaleiden erfolgte eine Popularisierung des Begriffs, und sie wurde im religiösen Sprachgebrauch auf jeden bezogen, der wegen seines Judeseins sein Leben einbüßte, unabhängig von seiner Willensentscheidung, ganz gleich ob er *für sein Judentum* oder *wegen seines Judeseins* starb; alle gelten fortan als Märtyrer und Märtyrinnen.

In diese volkstümliche Tradition der Märtyrerehrung stellt sich auch das Jerusalemer Holocaust-Museum *Yad VaShem – Martyrs' and Heroes' Remembrance Authority*. In der Fotodokumentation wird eine Fotografie aus einem Konzentrationslager mit Verweis auf Maimonides kommentiert: »Moses Maimonides had already maintained: A Jew that was killed even though not for reason that he resisted conversion but only because he was Jewish – is called holy.« Auf dem Museumsgelände ragt ein Schornstein in den Himmel, der an die KZ-Krematorien gemahnt und den Titel trägt: *Säule für die jüdischen Märtyrer* (von Buky Schwartz). Die Ikonographie des heldenhaften Martyriums prägt die jüdisch-israelische Erinnerung an die Schoah.

Darüber hinaus wird der Begriff *kadosch* (Heiliger und Märtyrer) im modernen Israel auch auf jüdische Gewaltopfer der Gegenwart übertragen: Eine Zeitungsmeldung der *Jerusalem Post* berichtet, daß im Andenken an zwei Jugendliche, die ermordet aufgefunden wurden, eine Brücke als *scha'ar hakedoschim* (Tor der Heiligen) benannt wurde.[46]

Die – im Rückgriff auf religiöse Traditionen – eher säkularisierte Form einer »Heiligsprechung« aller jüdischen Gewaltopfer der Schoah verwischt die besonderen Schicksalsprofile der verschiedenen jüdischen Gruppen und Personen, die im Tode nicht alle gleich waren.

Die klassische Tradition eines Lebens und Sterbens im Namen Gottes bezeugten bewußt jene Gottgläubigen aus chassidischen Kreisen, die aus ihrer Leidensspiritualität die Kraft zu einem selbstbestimmten Sterben bezogen.

Die Frage, warum der jüdische Widerstand im Lager nicht stärker war, beantwortete bereits Joschua Mosche ben Rabbi Michael Eli im Lager mit einer irritierend sachlich-wissenschaftlichen Weitsicht als »eine Frage, die spätere Generationen bestimmt stellen werden«[47]. Er gliedert seine Antwort systematisch in drei Aspekte: Den Willen und die Kraft zum Widerstand lähmten die anfängliche Täuschung über einen Aufenthalt im Arbeitslager oder Krankenhaus, also das mangelnde Wissen oder Bewußtsein von der »Endlösung« in den Gaskammern; die allmählich wachsende körperliche wie seelische Erschöpfung und schließlich die Erwartung des erlösenden Todes. Dem »Selbstmord«, ob als revoltierend, resignierend oder eskapistisch gedeutetes Grenzverhalten, begegneten diejenigen, die in traditioneller Frömmigkeit erzogen waren, mit einer kreatürlichen Scheu.[48]

Ein Zeitzeugnis führt uns vor Augen, wie diese unbeugsamen Frommen sich dem mörderischen Diktat eines unwürdigen Sterbens widersetzten und durch ihre innere und äußere Haltung ihren Tod in die Hand nahmen, ohne suizidal Hand an sich zu legen. Ihre zwiespältige Einstellung zum Akt der autonomen Selbstvernichtung kennzeichnen einerseits psychologische Versuchung und andererseits religiöse Zurückhaltung, wie ein Augenzeuge im Lager berichtet:

»Unter den Flüchtlingen, die in meiner Nähe standen, waren der Schrifsteller R. Hillel Zeitlin und der Alt-Rabbi von B. und Richter aus Warschau R. Qanael. Wir wußten klar, daß wir unseren letzten Weg gingen. Wir waren erschüttert vom Gedanken, daß uns der Vergasungstod bevorstand. Reb Qanael sprach: ›Ich werde nicht in den Waggon einsteigen. Ich will ein jüdisches Begräbnis haben. Es ist besser für mich, auf der Stelle getötet zu werden.‹ R. Hillel Zeitlin schwieg vorerst. Nervös biß er sich in die Lippen und die Handvoll Haare unter seinen Lippen. Seine Augen traten aus den Höhlen, und es schien, als würden sie von Sekunde zu Sekunde größer. Der Grund war, daß in seinem Gehirn ein neuer Plan Form annahm. In Eile holte er aus dem Bücherpaket unter seinem Arm den Tallit (= Gebetsmantel), zog ihn über und begann mit ruhiger Stimme: ›Schade, daß ich keine Giftpillen zur Hand habe. Zwar hat der, welcher sich selbst wissentlich tötet, keinen Anteil an der kommenden Welt. Aber um nicht in die Hände der Unreinen zu fallen, ist es erlaubt. In Bezug auf diese ging eine Stimme aus und verkündete: Auch sie gewinnen die kommende Welt ... Juden, erkennt klar und deutlich eure Lage. Fallt nicht wie Kadaver. Geht nicht leicht zum gewaltsamen Tod. Siehe, ich bin alt, gebrochen, und ich habe nicht die Kraft, die Faust zu ballen. Deshalb muß ich zur Vergasung fahren und dort beerdigt werden. Der Mensch hat den freien Willen. Auch euch bleibt die Wahl, den Namen bei den Vielen zu heiligen (...) Seht, ihr werdet so oder so sterben – sterbt nicht wie Katzen und Hunde, sondern geht zum Tod wie Menschen, wie Israeliten. Steht fest und verteidigt euch mit geballten Fäusten, damit nicht das Bild Gottes durch die Unreinen entheiligt werde. Mein Leben sterbe mit den Philistern, mein Leben sterbe mit den Philistern.‹ Die Versammelten wurden zutiefst erregt wie durch ein Erdbeben.«[49]

Mit der Kraft des Simson, noch in der Selbstvernichtung die Feinde vernichtend (vgl. Ri 16,28ff), erhoben sich die Gefangenen und schlugen, bevor sie in die Waggons hineingepfercht wurden, auf die Führer des Deportationszuges ein.

Vor allem unter den chassidischen Rabbinern wirkten einige als charismatische Vorbilder in der Sinnleere des Lagers. Noch heute wird ihr Andenken vor allem in ultra-orthodoxen Gruppen in Israel und Amerika gepflegt, indem ihre Predigten veröffentlicht und Synagogen und Jeschiwoth nach ihnen oder nach ihren zerstörten Gemeinden und Lehrhäusern in der Diaspora benannt werden.[50]

In der Hölle von Auschwitz wurde der greise Reb Mawirzia als »ein leuchtendes Horn in der Finsternis«[51] verehrt. Während fünf langer Lagerjahre hatte er niemals unreine Speisen angerührt, er heiligte jeden Schabbath, betete täglich mit Tallit und Tefillin in einem Minjan von Männern,[52] bewahrte das Judentum in allen Einzelheiten und trotz aller Unbill des Lagerlebens. Vielen schenkte er in seiner unerschütterlichen Glaubensstärke Trost und Halt. Ein Augenzeuge erzählt: »Bereits zweimal war er bei der ›Selektion‹ zum Verbrennen ausgesucht worden, aber stets lösten ihn die Lebensretter unter Todesverachtung aus. Man erzählte mir, daß er der Notlage, in der sie sich befand, mit vollkommenem Gleichmut begegnete. Wurde er zum Verbrennen ausgesondert, so fuhr er fort, seine Gebetsabschnitte zu murmeln. Kam er vom Tod zum Leben, so änderte sich nichts in den Zügen seines Angesichts. Ein andermal sah ich ihn etwa drei Monate vor der Befreiung im Lager Groß-Rosen. Er lag auf dem Fußboden, krank und schwach, mit Tallit und Tefillin, und betete. Seine Augen waren geschlossen, und seine Lippen bewegten sich. Ich hörte, daß seine seelischen Kräfte ihn ausdauern ließen bis Buchenwald (...).«[53]

Der siebzigjährige Reb Henoch Gavri Mewadzanow verweigerte den Befehl der Nazis, am hohen Fest-, Fast- und Bußtag Jom Kippur jüdische Männer in Czenstochau zur Zwangsarbeit zu schicken, und er zahlte für seine mutige Gebotstreue mit dem Leben: Sein letzter Wunsch vor der Hinrichtung war ein Gebet und die Beerdigung in einem Einzelgrab. Er starb für die Heiligung des Yom Kippur, starb »für den Kiddusch HaSchem«.[54]

Noch im Vernichtungstrakt von Treblinka, an der Öffnung des Schmelzofens forderte Reb Israel Schapira seine Glaubensbrüder und -schwestern auf, das grausame Los als Erwählung zur Heiligung des Namens anzunehmen, auf dem Weg in das Feuer »nicht zu zögern und nicht zu weinen, (...) in Freude und mit der Melodie *Ich glaube* und wie R. Akiba zu seiner Stunde (...) mit dem *Sch*e*ma Jisrael*« gemeinsam zum Sterben zu gehen: »Die Gemeinde richtete sich nach den Worten ihres Heiligen, und mit der Melodie *Ich glaube* und dem *Sch*e*ma Jisrael* heiligten sie den Namen des Himmels vor den Vielen.«[55] Mit dem Bekenntnis zur Einzigkeit Gottes, dem *Sch*e*ma Israel*, und einem der dreizehn Glaubenssätze des Maimonides, *Ani maamin beviat ha-Mashiah – Ich glaube an das Kommen des Messias*, gingen die Gottestreuen in den Tod al Kiddusch HaSchem. Diesen, aller Sinnlosigkeit und Gottesferne trotzenden, hymnischen Gesang der unbeugsam Gottestreuen in den Ghettos und Lagern haben der Schriftsteller Elie Wiesel und der Musiker Darius Milhaud als Kantate komponiert: *Ani maamin: ein verlorener und wiedergefundener Gesang*. »Auschwitz hat die Juden getötet«, ruft der Chor: »Aber nicht ihre Liebe zum Verkünder«, und er klingt aus mit dem Credo der Patriarchen *nach* der Schoah:[56]

»Ani maamin, Abraham,
Trotz Treblinka.
Ani maamin, Isaak,
Wegen Belsen.
Ani maamin, Jakob,
Wegen und trotz Maidanek.
Vergebens Gestorbene.
Sinnlos Gestorbene,
Ani maamin.
Betet, Menschen,
Betet zu Gott
Gegen Gott
Für Gott:
Ani maamin.
Es komme der Messias.
Ani maamin.
Wenn er auf sich warten läßt,
Ani maamin.
Ob Gott schweigt
Oder weint,
Ani maamin.
Ani maamin für ihn.
Und trotz ihm.
Ich glaube an dich,
Selbst wenn du dich widersetzt,
Selbst wenn du mich dafür bestrafst.
Gesegnet die Narren,
Die es hinausschreien,
Gesegnet die Narren,
Die lachen,
Die über den Menschen lachen, der über den Juden lacht,
Die ihren Brüdern helfen,
Indem sie wieder und wieder singen:
Ani maamin,
Ani maamin beviat ha-Mashiah (...).«

Allein diese unverbrüchliche Gottesliebe und Torahtreue läßt die akribische Aufmerksamkeit der Frommen für Aspekte des Rituals und des religiösen Lebens verständlich werden.[57] Dem areligiösen Geist verschließt sich die Glaubenswirklichkeit des religiösen Menschen, sie überwältigt die gegebenen Realitätsinhalte und Tatbestände, denn der Gläubige »gehört einem geistigen Kontinuum an, das nirgends, und auch in Auschwitz nicht, unterbrochen wird«[58]. Aus dieser Geschlossenheit des religiösen Bewußtseins wird auch die umfangreiche Responsenliteratur zu religiösen Einzelfragen im Ghetto oder Lager verständlich.

Eine Response zur Frage *Ob es erlaubt sei, sich in Gefahr zu begeben wegen der Torah und dem öffentlichen Gebet* überantwortet den letzten Entscheid über die Erfüllung des liturgischen Kiddusch HaSchem unter Lebensgefahr dem Urteilsvermögen und der Glaubenskraft des Einzelnen: »... und so wird man es jedem einzelnen überlassen müssen, zu entscheiden gemäß der Größe seines Gefühls und dem Maß seiner Liebe und seiner Furcht, und sicher ist, daß der Herr des Gerichts und des Erbarmens ihm weisen wird seinen Weg, den Weg des Lebens.«[59]

Das religiös-kultische Vorbild der Heiligung des göttlichen Namens wurde auch in allgemein ethische oder nationale Versionen übersetzt.

Das starke Familienethos war für viele jüdische Männer, Frauen und Kinder ein sittlicher Wert, der höher als das elementare Gut des Lebens veranschlagt wurde. Wie in den Judenverfolgungen der Kreuzzüge wählten in der Schoah Juden und Jüdinnen den Tod aus solidarischer Liebe zu ihren Kindern, Eltern und Partnern. Von den Juden Warschaus wird »eine große Anhänglichkeit an die Familien und die Bereitschaft, sich für sie zu opfern« berichtet: »Als die Kinder gefangen genommen wurden, gingen die Mütter hinter ihnen her. Der Ehemann, der sich hätte retten können, begleitete seine Frau. Söhne und Töchter, die im Ghetto hätten zurückbleiben können, ließen ihre Eltern nicht im Stich und fuhren mit ihnen nach Treblinka.«[60]

Die politisch-nationale Motivation spornte vor allem jüdische Widerstandskämpfer zu einem todesmutigen Aufstand und zu einer heroischen Opferbereitschaft an: »Sie starben zur Heiligung der Nation.«[61] Es war die zionistische Lesart des Kiddusch

HaSchem, die Hugo Bergmann schon 1913 formuliert hatte: »Der Zionismus ist unser Kiddusch haschem.«[62]

Kiddusch HaSchem in der Schoah hat viele Gesichter und Manifestationen.

Doch im allgemeinen wird der Begriff Kiddusch HaSchem nach Auschwitz unterschiedslos zur Bezeichnung des »jüdischen Todes« unter nationalsozialistischer Gewaltherrschaft verwendet. Nicht nur Suizidhandlungen von verfolgten Juden und Jüdinnen werden als Heiligung des Namens gedeutet, sondern darüber hinaus alle jüdischen Opfertode des Naziterrors. Daß bei den Gewaltopfern des Nationalsozialismus nicht generell ein willentlich angenommenes Martyrium behauptet werden kann, wird nicht zum Konfliktfall der traditionellen, sondern einer modernen Interpretation des Kiddusch HaSchem.

Als theologische Sanktionierung eines der größten menschlichen Verbrechen, das nicht im Namen Gottes, sondern im Namen des deutschen Volkes verübt wurde, kann die Verwendung des Begriffs Kiddusch HaSchem in diesem Zusammenhang durchaus heikel sein. Millionen jüdischer Männer, Frauen und Kinder wurden im Namen des deutschen Volkes ermordet; sie starben, so Manès Sperber, »im Namen von nichts«[63].

Während die Zeugnisse vom Kiddusch HaSchem chassidischer Rabbiner und Gerechter *(zaddikim)* der Nimbus hagiographischer Verklärung und Verehrung umgibt (was ihre religiöse Autorität nicht schmälert, sondern bekräftigt), zerbrach in der illusionslos nüchternen Kritik aufgeklärter Denker das Konzept des Kiddusch HaSchem an der Schoah. Wie die traditionelle Frömmigkeit den Holocaust als Auserwählung zum Leiden deuten kann, so vermag eine moderne Kritik den Genozid als Untergang der Erwählungs-»Vision« auszulegen.

Nach Reeve Robert Brenners Recherchen glaubten die Hälfte (49%) der jüdischen Überlebenden vor dem Holocaust an das Konzept der Erwählung; während des Holocaust und unmittelbar danach bekannten sich noch 36% dazu. Im Staat Israel hielten anfangs nur 5% der Überlebenden den Erwählungsglauben aufrecht, doch stieg die Zahl bis 1980 auf 41% an.[64] Es bleibt allerdings fraglich, ob die Statistik ein angemessenes Instrument der Messung und ein Maßstab für religiöse Überzeugungen ist.

Von vielen Schoah-Überlebenden und Hinterbliebenen wurde die Vorstellung des Kiddusch HaSchem abgelehnt; sie verwarfen den Ursprungsgedanken der Heiligung des Namens, die Idee des auserwählten Volkes, als fatale Parallele zur nationalsozialistischen Propaganda vom »arischen Herrenvolk«.

Zum Auserwähltsein hatte Hitler sein Minderwertigkeitsgefühl hochstilisiert und ein hybrides Staatsgebilde erschaffen. Eine religiöse Vision hatte er durch die politische Perversion entweiht.

Viele Überlebende wiesen daher einen jüdischen Erwählungsanspruch als imperialistische und snobistische Anmaßung, als Hochmut, Eitelkeit und Hypertrophie zurück, wie das Statement eines Holocaust-Überlebenden bezeugt: »Wie roh und anmaßend zu sagen, man sei erwählt und bevorzugt vor anderen. Und wie erniedrigend für all die anderen. Und alle Religionen und Nationen, die solche Ansprüche erheben, sind arrogant – wie die Nazis, die sich selbst als überlegenes *Herrenvolk* und als *Übermenschen* gesehen haben. Vor dem Holocaust, bevor ich selbst aus eigener Erfahrung und Gefährdung gesehen habe, wohin solches Denken führen kann, dachte ich, wir Juden wären allen anderen überlegen, erwählt von Gott, obwohl ich mich nie als etwas Besonderes betrachtet habe. Meine enge Freundschaft mit einem wunderbaren Nicht-Juden in den Lagern hat auch dazu beigetragen, meine Meinung zu ändern. Und denken Sie an die Nazis, die sich auch für erwählt hielten und die Millionen wegen eines solchen Glaubens töteten, der nichts anderes als Eitelkeit und Hochmut und Überheblichkeit ist. Und deshalb lehne ich es ab, solche Meinungen wie die zu haben, und ich will nicht wie sie werden, und ich weiß, wohin all diese Art von herrschsüchtigem, überheblichem Denken führen kann.«[65]

Die Mehrheit der Überlebenden betrachtete die ihnen oft persönlich bekannten Opfer des Terrors als Durchschnittsmenschen ihresgleichen und nicht als *Kedoschim*, als Heilige und Märtyrer.[66] Ein Überlebender des Warschauer Ghettos beschreibt den Wechsel der Perspektiven, der die unmittelbare Wahrnehmung der Lagerwirklichkeit von ihrer vermittelnden Darstellung unterscheidet: »Ich kannte persönlich Hunderte von den Toten aus meiner eigenen Stadt und andere, die ich während dieser Jahre traf. Sie waren wie jedermann, manche gut, manche Schurken, manche ein bißchen von beidem. Da war der unehrliche Metzger aus unserer Stadt, ein grober und schändlich schlechter Mann, der schrecklich gelitten hat und sein Leben und seine Familie in den Gaskammern verloren hat. Und da war die unmoralische Frau eines Nachbarn, die, ohne sich darum zu kümmern, was andere denken könnten, jeden Mann, den sie sah, angeln wollte, die ihrer anständigen Familie immer wieder Schande gemacht hat. Diese und andere waren kaum rechtschaffen und rein, und sie starben nicht zur Heiligung des göttlichen Namens. (...) Sie haben ihr Leben nicht freiwillig geopfert für den Namen Gottes wie die Juden in Spanien und anderswo zum Beispiel. Einige hätten jede verächtliche Tat begangen, um am Leben zu bleiben, auch wenn andere dadurch gelitten hätten und gestorben wären. Nein, sehr wenige Heilige waren unter den sechs Millionen.«[67] Ein anderer Überlebender sah bereits voraus, daß die Zukunft jene nüchtern realistische Nahsicht der Zeitzeugen überwinden und alle Opfer als heilige Märtyrer wertschätzen werde, wie auch frühere Jahrhunderte die Pogromopfer kollektiv als Heilige erinnerten, und damit als heiliger, als sie oft im Einzelfall zu Lebzeiten waren.[68]

Welch neuralgische Empfindsamkeit in einer analytischen Sicht der Opfer-Problematik berührt wird, ruft Elie Wiesels zorniger Aufschrei ins Bewußtsein: »Sie werden mir erwidern, daß es keine Heiligen sind, daß es unter ihnen, wie unter Ihnen, Männer und Frauen gibt, die keineswegs vollkommen sind, daß nicht alle Engel sind. Sie werden mir erwidern, daß es unter ihnen wie unter Ihnen Ehrgeizige, Neidische, Eifersüchtige, Profitgierige, Streitsüchtige gibt. Möglich. Aber es gibt auch, und in viel größerer Zahl, mitfühlende, warmherzige Menschen, selbstlose Freunde, großmütige Kameraden ... Außerdem geht Sie das nichts an (...) Wer sind Sie denn, daß Sie ein Urteil über sie fällen?«[69] Es spricht die Wut des Verwundeten, dessen tiefer Schmerz sich uns entzieht.

Ein apologetisches Plädoyer für die Opfer setzt jedoch falsche Akzente, denn es geht nicht um eine posthume sittliche Qualifizierung oder Disqualifizierung der Opfer. Die jüdische Emanzipation wird erst dann vollendet sein, wenn Juden sich nicht mehr einem idealtypischen Profilierungsdruck beugen.

Der Mord an jedem Menschen, ungeachtet seiner Individualität, war und ist ein grausames Verbrechen.

Als nach Kriegsende »unter den deutschen Schriftstellern die Neigung verbreitet war, die Juden, weil sie unter Hitler zu leiden hatten, als besonders edle Menschen darzustellen«, beabsichtigte der deutschsprachige jüdische Schriftsteller Werner Kraft, »in einer Erzählung einen ganz negativen Juden auftreten zu lassen, so widerwärtig, daß man es sich nicht vorstellen möchte – und der wäre vor Hitler gerechtfertigt! Und seine Leiden kämen einem genauso furchtbar vor wie die aller edlen Juden. So komplex ist eben die Wahrheit.« Doch diese Idee war – damals zumindest – »eine freilich nicht realisierbare Idee«[70], das war dem Autor wohl bewußt; es gibt Wahrheiten, die sind so subtil und zerbrechlich, daß sie leichter mißverstanden als verstanden werden.

In der jüngeren jüdischen Generation wagen heute Autoren wie Joshua Sobol oder Maxim Biller eine realistisch-kritische Darstellung von Holocaust-Betroffenen.

Beansprucht man, wie Elie Wiesel, das Holocaust-Thema »als Tabu, als nur den Eingeweihten vorbehalten«[71], leistet man jener Tabuisierung und negativen Sakralisierung der Schoah Vorschub, die eine ehrfurchtsvolle Trauer-, Erinnerungs- und Aufklärungsarbeit hemmt. Es geht nicht auf, und es geht nicht an, mit derselben Aggressivität Engagement zu provozieren *und* zu paralysieren. Wenn Elie Wiesel »sich allmählich nach der Zeit (sehnt), in der nur wenige wagten, darüber zu sprechen«[72], so treibt dieses Exklusivitätspostulat die Opfer in ein Ghetto, das ihre Schreie abermals der Außenwelt verschließt.

Nach traditionellem Verständnis hängt die kollektive Heiligkeit der Schoah-Opfer nicht von der Art und Weise ab, wie sie ihr Leben führten, sondern wie sie es verloren.

Demnach opferte jeder Jude, der, willentlich oder ungewollt, bewußt oder unbewußt, von nationalsozialistischen Tätern getötet wurde, sein Leben zur Heiligung des göttlichen Namens. Nicht ihr persönlicher Charakter oder Lebenslauf, sondern das Faktum ihres Gewalttodes durch Feindeshand erhebt alle jüdischen Toten der Schoah in den Rang heiliger Märtyrer.[73] Die Auffassung fußt auf Maimonides' klassischer Bestimmung des Kiddusch HaSchem, wonach jeder Jude, der wegen seines Judeseins getötet wird, ein Märtyrer ist. Rabbi Moyshe Sofer (1762–1839) erweiterte die maimonidianische Definition, indem er jeden Juden, der, aus welchen Gründen auch immer, von einem Heiden getötet wurde, als Märtyrer bezeichnete.[74] Dieser Tradition folgten chassidische Autoritäten wie Rabbi Shimon Huberband, Rabbi Menahem Zemba und Hillel Zeitlin im Warschauer Ghetto, indem sie den Begriff Kiddusch HaSchem auf jedes jüdische Opfer des Holocaust anwandten.[75] Rabbi Shimon Huberband, der selbst den Gewalttod al Kiddusch HaSchem annahm, unterschied in seinen Aufzeichnungen über das religiöse und kulturelle jüdische Leben in Polen während des Holocaust zwischen aktivem und passivem Kiddusch HaSchem, beschränkte sich jedoch darauf, Fallbeispiele für den aktiven Kiddusch HaSchem unter NS-Diktatur anzuführen.[76] »Und die Hunderttausende Juden, die durch die Hand der Bösen zugrunde gingen – durch Hinschlachten, Erhängen, Erschießen, Verbrennen und andere gewaltsame Todesarten, sind Märtyrer, auch wenn sie nicht gezwungen wurden, den jüdischen Glauben zu leugnen. Man könnte dies als passiven Kiddusch HaSchem bezeichnen.«[77]

Rabbi Huberbands Unterscheidung zwischen aktivem und passivem Kiddusch HaSchem in der Schoah relativiert die Bedeutung der Willensfreiheit im martyrialen Zeugnis.

Jüdische Religionsphilosophen *nach* Auschwitz beschreiben gerade die Frage der Entscheidungs- und Handlungsfreiheit als ethische Achse in der kontroversen Diskussion, ob die Schoah als Martyrium *al Kiddusch HaSchem* zu deuten sei und ob es nach Auschwitz noch ein jüdisches Martyrium als Glaubensideal geben könne.

Schalom Ben-Chorin sieht den Holocaust, der den Tod zum entpersönlichten Massenereignis pervertierte, losgelöst von der jüdischen Geschichte und der Tradition des Kiddusch HaSchem. Die Einmaligkeit und Unvergleichbarkeit dieser Tragödie gründe in der Unmöglichkeit des Martyriums, da die Ohnmacht des Mordopfers die Willens- und Handlungsfreiheit des Märtyrers verdrängt habe: »Der Holocaust aber steht völlig isoliert da, auch in der jüdischen Geschichte, die so reich und überreich an Martyrium ist. Denkt man an die Ausrottung ganzer jüdischer Gemeinden in Frankreich und am Rhein während der Kreuzzüge, an die Schreckensherrschaft der Inquisition in Spanien und Portugal, die zur Vertreibung der Juden aus diesen Ländern führte, denkt man an die Pogrome in Polen und im zaristischen Rußland, so bietet sich zwar ein Bild des Grauens, das aber nicht mit dem Holocaust verglichen werden kann. Kreuzzüge und Inquisition gewährten dem Juden noch die Krone des Martyriums, machten ihn zum Blutzeugen seines Glaubens an die Einheit und Einzigkeit Gottes. Wer dem Martyrium entgehen wollte, konnte sich in den Schatten des Kreuzes retten, wenn er die Taufe nahm. Die überwiegende Mehrzahl des Volkes aber zog den Tod ›al Kiddusch Haschem‹, zur Heiligung des Göttlichen Namens, vor. In den Pogromen Osteuropas (...) wurden die Juden zum Opfer eines angefachten Volkszorns, der in wüste Anarchie ausartete. Ganz anders der Holocaust. Das NS-Regime raubte dem Juden die Würde des Martyriums. Seine Glaubenshaltung war vollkommen bedeutungslos. Keine Taufe konnte ihn retten. Man denke nur an das Schicksal der jüdischen Nonne Edith Stein, einer Karmelitin, die aus ihrem Kloster in Holland, in welches sie von Köln geflohen war, nach Auschwitz zur Vergasung deportiert wurde.«[78]

Auf den Fall der Edith Stein[79] bezieht sich auch der amerikanisch-jüdische Philosoph Richard L. Rubenstein und lehnt die herkömmliche Vorstellung des jüdischen Martyriums für den millionenfachen Judenmord ab: »Einer der größten Siege Hitlers besteht darin, daß er den Juden *jede* Möglichkeit des Märtyrertodes nahm. Ohne freie Entscheidung kann es kein Martyrium geben. In den Lagern war es gleichgültig, ob man Dr. Edith Stein, die Karmelitin geworden war, oder chassidischer Rabbiner war. Alle Juden wurden ohne Unterschied hingeschlachtet.«[80]

Ähnlich wie Schalom Ben-Chorin und Richard L. Rubenstein deutet auch Hans Jonas *Auschwitz* als Bruch in der langen jüdischen Tradition des Kiddusch HaSchem: Nichts von alledem, was die lange Geschichte des jüdischen Martyriums, des stolz und heroisch bekennenden Blutzeugen *al Kiddusch HaSchem* kennzeichne: »Nichts von alledem verfängt mehr bei dem Geschehen, das den Namen ›Auschwitz‹ trägt. Nicht Treue oder Untreue, Glaube oder Unglaube, nicht Schuld und Strafe, nicht Prüfung, Zeugnis und Erlösungshoffnung, nicht Stärke oder

Schwäche, Heldentum oder Feigheit, Trotz oder Ergebung hatten da einen Platz. Von alledem wußte Auschwitz nichts, das auch die unmündigen Kinder verschlang, zu nichts davon bot es auch nur die Gelegenheit. Nicht um des Glaubens *willen* starben jene dort (wie immerhin noch die Zeugen Jehovas), und nicht *wegen* ihres Glaubens oder irgendeiner Willensrichtung ihres Personseins wurden sie gemordet. Dehumanisierung durch letzte Erniedrigung und Entbehrung ging dem Sterben voran, kein Schimmer des Menschenadels wurde den zur Endlösung Bestimmten gelassen, nichts davon war bei den überlebenden Skelettgespenstern der befreiten Lager noch erkennbar. Und doch – Paradox der Paradoxe – war es das alte Volk des Bundes, an den fast keiner der Beteiligten, Töter und selbst Opfer mehr glaubte, aber eben gerade dieses und kein anderes, das unter der Fiktion der Rasse zu dieser Gesamtvernichtung ausersehen war: die gräßlichste Umkehrung der Erwählung in den Fluch, der jeder Sinngebung spottete. Also besteht doch ein Zusammenhang – perversester Art – mit den Gottsuchern und Propheten von einst, deren Nachfahren so aus der Zerstreuung ausgelesen und in die Vereinigung des gemeinsamen Todes versammelt wurden. Und Gott ließ es geschehen.«[81]

Wie Emil L. Fackenheim schreibt, war Auschwitz »der äußerste, der teuflischste Versuch, der jemals unternommen wurde, das Martyrium selbst zu morden, und falls das mißlänge, allen Tod, einschließlich des Martyriums, seiner Würde zu berauben.«[82].

Bereits im Lager erfaßten viele Häftlinge den nationalsozialistischen Versuch des Seelenmords als grausamsten Mordanschlag: »Die Deutschen erstrebten über alles, die jüdische Seele zu töten (...).« Doch das bewiesen ihnen jene mutigen Märtyrer und Märtyrinnen: »Daß sie, die deutschen Henker, keine Macht über die jüdische Seele haben, daß sie auf keinen Fall den Glauben aus dem Herzen der Juden reißen können.«[83]

Aus der Binnenperspektive der gottgehorsamen Märtyrer und Märtyrinnen *al Kiddusch HaSchem* »war Treblinka ein Glied in der Kette jüdischer Martyrologien. (...) Sie starben zur Heiligung des Namens«.[84]

Die posthumen religionsphilosophischen Diskussionen über

Kiddusch HaSchem in der Schoah nahm Rabbi Hillel Zeitlin bereits klärend im Lager vorweg, als einer der jüdischen Glaubenszeugen und Blutzeugen, die den religiösen Gedanken »zu ihren Lebzeiten förderten und ihn in ihrem Herzen in die Gaskammern Treblinkas trugen«[85]:

»›Ist es möglich, mit der Krone der Heiligkeit die Massen zu krönen, die zur Vernichtung geführt wurden? Ist es überhaupt möglich, einen Mensch aus Israel als *heilig* zu bezeichnen, solange nicht bekannt ist, ob er in der Versuchung bestanden hat, ob sein Wille frei war und er wählen konnte? Der Vernichtungsfeldzug, der durch Hitler geführt wurde, raubte im Gegensatz zum Zuschnitt der Vernichtung früherer Epochen dem Juden die Wahl, da vor ihm nur der eine Weg offen blieb, das war der Weg nach Treblinka.‹

Auf meine Frage gab Hillel Zeitlin mir diese Antwort: ›Diese Frage ist schon durch Rambam (= *Maimonides*) beantwortet worden. Falls ein Jude erschlagen am Weg gefunden wird, so wird er heilig genannt, sofern er wegen seines Judeseins erschlagen wurde. So entscheidet Rambam. Da also der Grund der Heiligkeit das Sterben aufgrund des Judeseins ist, kann daher ein Mensch aus Israel die Krone der Heiligkeit erreichen, ohne daß er in der Versuchung bestanden hat. Allerdings gibt es verschiedene Stufen in der Ordnung der Heiligkeit. Stirbt einer, nachdem er in der Versuchung bestanden hat, so erreicht er eine höhere Stufe, weil diese Sprosse höher ist auf der Leiter der Heiligkeit.‹ Die Juden Warschaus gingen in den Tod auf diese Weise: Sie starben zur Heiligung des Namens, zur Heiligung der Nation und zur Heiligung der Familie.«[86]

Der Aspekt der Willens- und Wahlfreiheit besitzt für die Bewertung des Martyriums traditionell eine graduelle, doch keine konstitutive Bedeutung. Die zeitgenössischen Kritiker des traditionellen Kiddusch HaSchem-Konzepts setzen hingegen den modernen Akzent auf das Problem der Autonomie und überschätzen ihre Relevanz für die Fragestellung.

»Kann es ein Martyrium geben, wo es keine Wahl gibt?« fragt Emil L. Fackenheim, und sein Ja der Selbstbestimmung trotzt dem Nein von Hitlers vernichtendem Nein: »Doch wir protestieren gegen eine verneinende Antwort; denn wir empören uns dagegen, Hitler zuzugestehen, uns die Bedingungen unseres religiösen Lebens zu diktieren. Wenn auch kein Martyrium, so kann es doch eine Treue geben, die diesem ähnelt, dann, wenn jemand nicht Wahl zwischen Leben und Tod, sondern nur zwischen Glaube und Verzweiflung hat.«[87]

Die Problematik des Kiddusch HaSchem in der Schoah ist aus verschiedenen Blickwinkeln ausgeleuchtet worden. Schier Unmögliches wurde versucht, denn Zeugnisse, die mit Blut geschrieben wurden, lassen sich nicht mit Tinte aufzeichnen.

Letztlich obliegt der Entscheid über das Martyrium nicht dem Forum der Menschen. »It is not for human beings to judge who is a martyr and who not«[88], betont auch Yosef Gottfarstein in seinem Jerusalemer Vortrag über Kiddusch HaSchem.

Die »Stimme von Auschwitz« *gebietet* die Pflicht zu leben: »Denn nach Auschwitz ist jüdisches Leben heiliger als jüdischer Tod, selbst um der Heiligkeit des Namens Gottes willen.«[89]

Dieser Ruf nach *Kiddusch HaSchem als Kiddusch HaChayim*, der Heiligung des Namens als Heiligung des Lebens, wurde bereits im Lager laut: Rabbi Jitzchaq Nissenboim, der 1943 im Warschauer Ghetto starb, beschrieb den Kiddusch HaChayim als Weg zum Kiddusch HaSchem[90]: »Es gibt verschiedene Wege, den Namen zu heiligen. Vielleicht zwingen sie heutzutage die Juden zur Vernichtung. Und vielleicht wäre es möglich, sich zu retten durch Selbstvernichtung, wie in Spanien oder bei der Ausrottung im Mittelalter, dann wäre unser Sterben an sich die Wahl des Kiddusch HaSchem. Rambam sagt sogar, daß wenn ein Jude getötet wird, weil er Jude ist, siehe, schon das ist Kiddusch HaSchem. Und die Halachah desgleichen. Aber heutigentags ist der einzige Weg, den Namen zu heiligen, tatsächlich der bewaffnete Widerstand.«[91]

Als mächtige Stimme, lebendigen Widerstand und wehrhaftes Leben fordernd, erhob sich Reb Jitzchaq Nissenboim: »Ich rede zu euch mit klarem Denken und sage euch, daß das der Weg ist: aufzustehen, Widerstand zu leisten, jeder, der die Fähigkeit hat, die Söhne Judas den Bogen zu lehren. Gewiß, viele von uns sind gegen den Aufstand und den Waffengebrauch. Der Mensch ist sich selbst der Nächste, jeder Mensch möchte leben. Gewiß, unsere Hände sind nicht den Krieg gewohnt, und besonders mit leeren Händen gegen einen Riesen an Waffen und Unreinheit gleichermaßen, aber alles das verdummt die Einsicht, das ist, was uns einschläfert, was unser Gefühl zum Schweigen bringt. Nicht wie die Wege des Kiddusch HaSchem von früher sind die Wege des Kiddusch HaSchem von heutigentags. Ich argumentiere gemäß der Halachah. Wenn für den Juden die Möglichkeit gegeben war, zu leben wie ein Nichtjude, genügte das ihm, den Namen zu heiligen allein dadurch, daß er Jude war, so hat entschieden Rambam. Aber heute, wenn aus dem Religionswechsel ein Nutzen entsteht, dann ist die Tötung eines Juden für ihn keineswegs eine Heiligung des Namens, sondern vielmehr sein Streben nach Leben.«[92]

Während eines Aufstandes im Warschauer Ghetto rief Rabbi Menachem Zemba zum Kiddusch HaChayim als situationsgerechtem Kiddusch HaSchem auf. Den Imperativ zu leben deutete er als ein religiöses Gebot *(mitzwah)*, das durch Rachemaßnahmen, äußerste Hingabe und Heiligung des Geistes und Willens zu verwirklichen sei.[93]

Wie ein Erdbeben erschütterte Auschwitz eine traditionelle Grundhaltung des Judentums, den Kiddusch HaSchem als passives Leiden und williges Sterben. Der Romancier Manès Sperber erklärt sogar, daß der Aufstand des Warschauer Ghettos und der Eichmann-Prozeß das Ende »einer tausendjährigen Epoche der Heiligung des Namens Gottes durch die Juden und ihrer Ergebenheit in den gewaltsamen Tod bedeuten«.[94]

Der moderne Staat will nicht mehr der ohnmächtige Diener der *aqedat Jitzchaq*, der Bindung Isaaks, sein, die jahrhundertelang ein Vor- und Leitbild des jüdischen Martyriums war. Der jüdisch-amerikanische Theologe Phillip Sigal stellt daher die Frage, »ob Israel in dieser Form noch Zeugnis für Gott ablegen kann«[95].

Die Grundhaltung des Diasporajudentums – das Leiden – sei dem modernen Israel verlorengegangen, resümiert Lea Fleischmann in dem Beitrag *Das Leiden nicht mehr gepachtet*.[96]

Die Opferhaltung und heroische Duldsamkeit als Erbe der zweitausendjährigen Diaspora sind von einem kämpferischen Willen zur Selbstbehauptung und Selbstverteidigung abgelöst worden. Als vitale Formel für einen jüdischen Lebens- und

Überlebenswillen hat der Kiddusch HaChayim den martyrialen Kiddusch HaSchem abgelöst und kehrt so in neuer sprachlicher Gewandung zum ursprünglichen Bedeutungsgehalt von Kiddusch HaSchem zurück. Denn *in genere* meint die Heiligung des göttlichen Namens *jüdisches Leben im Namen Gottes,* und nur *in extremis* verdichtet sie sich zum *jüdischen Sterben im Namen Gottes.*

Die »jüdische Verherrlichung des Martyriums«, formuliert Emil L. Fackenheim, ist *nach Auschwitz* »von Grund auf erschüttert«[97].

In einer soziologischen und historisch-politischen Sicht der Moderne verliert die Ikone des Märtyrers an Glanz und Glorie. Es ist das Bewußtsein, daß – mit Jean Zieglers Worten – »zu jedem Märtyrer ein Mörder gehört«[98].

Ethik der Erinnerung

> »Nur was nicht aufhört, weh zu tun,
> bleibt im Gedächtnis.«
> FRIEDRICH NIETZSCHE

Er leide an krankhafter Vergeßlichkeit, an Alterssklerose, klagt in Aharon Meggeds Erzählung *Jad Vashem*[1] die Familie über Großvater Siskind, der als einziger die Erinnerung an die Vergangenheit lebendig hält.

Wenn seine Enkelin und ihr junger Ehemann ihn einmal im Monat an einem Schabbat besuchen, wiederholt er sein hartnäckiges Zeremoniell des Totengedenkens: Aus dem Uhrkasten, die Pendeluhr geht längst nicht mehr, holt er einen Stoffbeutel, der einen Stapel Papier enthält. Er läßt den Nachruf auf seine zerstörte Heimatstadt in der Ukraine vorlesen und faltet die Bögen seufzend zusammen: »Und von alledem ist keine Spur mehr da. Alles Staub und Asche. Nicht einmal ein Gedenkstein. Stell dir vor, aus einer Gemeinde von zwanzigtausend Juden ist kein einziger übriggeblieben, der erzählen könnte, wie es einmal war ... keinerlei Erinnerung.« Dann zeigt er das Foto seines begabten Enkels Mendele, der zwölfjährig ermordet wurde: »Keinerlei Erinnerung.«[2]

Als der alte Mann von der Schwangerschaft seiner Enkelin erfährt, verfolgt er beharrlich sein Anliegen, im Falle eines männlichen Nachkommens, das Kind nach seinem toten Enkel »Mendele« zu nennen. Für die jungen Eltern trägt dieser Name jedoch den altmodischen und bitteren Klang der Diaspora,[3] sie lehnen ihn ab und wählen einen modernen israelischen Namen für ihren Sohn.

Der alte Mann stellt den jungen Vater zornig zur Rede: »›Idiot‹, fuhr Großvater Siskind ihn an, ›du glaubst, da kommen Menschen in die Wüste und gründen ein Volk, was? Du seist der erste einer neuen Nation? Bist du nicht der Sohn deines Vaters? Der Enkel deines Großvaters? Willst du sie vergessen? Schämst du dich ihrer, die dir an Kultur und Bildung hundertmal überlegen waren?‹ (...) Großvater Siskind wiegte den Kopf. ›Und du –

du schämst dich, deinen Sohn Mendele zu nennen, damit der Name dich nicht etwa daran erinnert, daß es Juden gegeben hat, die so hießen. Du meinst, diesen Namen müßte man vom Erdboden auslöschen, damit keine Erinnerung mehr daran übrigbleibt ...‹ Er verstummte, stieß einen tiefen Seufzer aus und sagte dann: ›Oh, ihr Söhne, ihr Söhne, ihr wißt nicht, was ihr tut ... Ihr beendet das Werk, das Israels Hasser begonnen haben. Sie haben die Körper aus der Welt geschafft und ihr – ihre Namen und ihr Andenken ... Keine Fortsetzung, kein Zeugnis, kein Denkmal und kein Name, keinerlei Erinnerung ...‹«[4]

Nach dem ersten Besuch der jungen Familie bei dem Großvater empfindet die Enkelin eine fast mitleidige Liebe zu ihrem neugeborenen Kind, »als sei es ganz allein auf der Welt, ein gänzlich vaterloses Waisenkind«[5].

Als Wissen um die eigenen Wurzeln wohnt der Erinnerung die Kraft des Wachstums inne. Erinnerung ist keineswegs, wie eine kurzsichtige Optik vorspiegelt, der medusenhaft rückwärts gewandte Blick auf eine versteinerte Vergangenheit, jenes nostalgische »es war einmal«, ein immer besseres Damals beschwörend, Resignation und Stagnation fördernd.

Erinnerung gibt Herkunft und Zukunft.

»Verbindung ist doch Erinnerung«[6], wirft Großvater Siskind im Streitgespräch mit den jungen Leuten ein, und er benennt damit die konnektive Struktur des kulturellen Gedächtnisses[7]. In ihrer Zeit- und Sozialdimension verbindet eine Kultur die Menschen durch einen gemeinsamen Erfahrungs-, Erwartungs- und Handlungsraum. Das Grundprinzip jeder konnektiven Struktur, die Wiederholung, wird in der jüdischen Ordnung (*seder*) der Pessach-Feier eingelöst, welche die zeitliche Abfolge des alljährlichen Festes festlegt und sie, gleichzeitig »rituelle Kohärenz«[8] erzeugend, mit dem vorjährigen Fest verknüpft. Die präsentische Kraft der Wieder-holung im Seder wird durch den Aspekt der Vergegenwärtigung in der Pessach-Haggadah verstärkt, die den Auszug aus Ägypten in einer Sammlung von Bibel-, Mischnah- und Midrasch-Texten, Benediktionen und Illustrationen aktualisierend auslegt.[9] Vergangenheit schlägt um in Gegenwart und ragt in die Zukunft.

Der Appell der Erinnerung ergibt sich aus dem Theologoumenon der Erwählung Israels, denn die Erwählung fordert die Wahrung des Bundes und die Tradierung verbindlicher Pflichten und Gebote.[10] Das Gedächtnis wird zum Hüter des Bundes.

»*Schamor ve zachor be-dibur echad* – Bewahre und Gedenke in einem einzigen Gebot!« lautet die musikalische Fassung in dem Schabbatlied *lekha dodi*. Unter der Weisung »Bewahre und Gedenke!« hat sich Israel als Volk »konstituiert und kontinuiert«[11].

Mehrmals wird in der Torah das Postulat ausgesprochen, dankbar des Exodus zu gedenken und die göttlichen Verordnungen, Satzungen und Zeugnisse an die Nachkommen weiterzugeben.[12] Die Botschaft von Exodus 13,8: »An diesem Tag erzähl deinem Sohn: Das geschieht für das, was der Herr an mir getan hat, als ich aus Ägypten auszog«, wird in der Pessach-Haggadah vergegenwärtigt: »Deswegen hat Gott es mir getan, als ich aus Ägypten auszog: mir, nicht ihm«.[13]

Geschichte wird erinnert und verinnerlicht als identitätsstiftendes und traditionsbildendes Element. Jedes Ich wird ein Glied in der Traditionskette des kollektiven Wir. Erinnerung ist Verbindung.

Gedächtnis und Erinnerungsvermögen sind zwar universale Phänomene, doch besitzen sie nach kulturgeschichtlichem Maßstab einen besonderen Stellenwert für Ägypten, Griechenland, Rom und Israel. Als Erfinder der Gedächtniskultur, »ars memoriae« oder »memorativa«, gilt der griechische Dichter Simonides im 6. Jahrhundert v. Z. Von den Römern wurde die Mnemotechnik als eines von fünf Gebieten der Rhetorik kodifiziert und dem Mittelalter und der Renaissance überliefert. Der rhetorischen Gedächtniskultur der Griechen und Römer steht die soziale Erinnerungskultur Israels gegenüber,[14] ein Gedächtnis, das Zeit zur Dauer dehnt und im Vergangenheitsbezug Gemeinschaft gründet.

Von Herodot stammt der Topos, Ägypten sei das Volk mit dem längsten Gedächtnis.[15] Zwischen Ägypten und Israel als zwei gedächtnisstarken Kulturen besteht ein Unterschied in der politisch-strategischen Rolle der Erinnerung. Während sich die langen Annalen und Königslisten für Ägypten als Quietiv der Geschichtsschreibung erweisen, wird die Vergangenheit zum

Inzentiv der Geschichte Israels, zum Motor seiner geschichtlichen Gestaltung.[16] Das Gedächtnis, auch schlechter Vergangenheit, befreit zu einer Erinnerung »mit Zukunftsgehalt«[17], in Kierkegaards Diktion: zur »wiederholenden Erinnerung nach vorn«[18].

Israel ist, wie Schalom Ben-Chorin es formulierte, »das Volk des ›Sikkaron‹, des Gedenkens, der steten Erinnerung«[19]. Für Israels Zeitverständnis bleibt die Vergangenheit in der Erinnerung »realpräsent«.

$Z^e chor$ – *Erinnere Dich* ist der ethische Imperativ des alten wie des modernen Israel. Er behauptet sich ungebrochen als Grundtenor der Torah bis zum käuflichen Emblem, das man als Anstecknadel für einige Schekel im Andenken-Geschäft der Jerusalemer Holocaust-Gedenkstätte *Yad VaSchem* erwerben kann: Erinnern als Souvenir.

In der Hebräischen Bibel kommt das Verb *zachar* (erinnern) 169mal vor.[20] *Jizkor*, in der dritten Person Singular Gott als Subjekt anrufend, wurde zur liturgischen Segensformel des Gedenkens an die Toten und die Katastrophen der Vergangenheit, vor allem der Schoah.[21] Die Imperativform $z^e chor!$ (gedenke! erinnere Dich!) wird biblisch 46mal gebildet.[22] Wo sie auftaucht, fordert sie nicht zu kontemplativer Nabelschau, sondern zum Handeln und zur Umkehr auf.

Den psychologisch-strategischen Einsatz von zukunftspendendem Erinnern und vernichtendem Vergessen bezeugt Deuteronomium 25,17–19, wonach die Angriffe der Amalekiter zu erinnern und nicht zu vergessen sind, damit die Erinnerung an die feindlichen Taten die Erinnerung an die Täter auslösche: »Denk daran, was Amalek dir unterwegs angetan hat, als ihr aus Ägypten zogt (...) Wenn der Herr, dein Gott, dir von allen deinen Feinden ringsum Ruhe verschafft hat in dem Land, das der Herr, dein Gott, dir als Erbbesitz gibt, damit du es in Besitz nimmst, dann lösche die Erinnerung an Amalek unter dem Himmel aus! Du sollst nicht vergessen!« Diese Verse kehren im einjährigen synagogalen Lesungszyklus aus der Torah wieder und geben dem jeweiligen Schabbat den Namen *Schabbat Zachor*.[23] In der Jerusalemer Altstadt zitiert eine Gedenktafel für einen getöteten israelischen Soldaten den Bibelspruch. Eine fast aggressiv vitale

Macht und Gewalt der Erinnerung bricht durch: Gewährte Erinnerung bewahrt; verwehrte Erinnerung vernichtet.

Die Erinnerung dokumentiert ein gelebtes Leben und entscheidet über sein symbolisches Weiterleben über den Tod hinaus. Dieser transzendierenden Kraft entspringt die jüdische Pflicht, der Opfer zu gedenken, denn das Andenken ihrer Namen rettet sie vor jener totalen Vernichtung, die ihre Mörder verfolgten. Das Werk, das Israels Hasser begonnen haben, zu beenden, wirft Großvater Siskind in Meggeds Erzählung dem jungen Vater vor, der seinen Sohn nicht nach dem ermordeten Vorfahren benennen will. »Sie haben die Körper aus der Welt geschafft und ihr – ihre Namen und ihr Andenken ... Keine Fortsetzung, kein Zeugnis, kein Denkmal und kein Name, keinerlei Erinnerung ...«[24]

Umgekehrt gestalten sich die Verhaltensweisen der Generationen in Art Spiegelmans eindrucksvollem Comic-Strip *Maus. Die Geschichte eines Überlebenden*: Hier recherchiert der jüdische Sohn, ein New Yorker Comic-Zeichner, das Schicksal seiner Eltern in der Schoah. Als er erfährt, daß sein Vater die Tagebücher der toten Mutter verbrannt hat, gerät er außer sich vor Zorn und beschimpft seinen Vater als »Mörder«.[25]

»Mörder« lautet das unerbittliche Schlußwort des ersten Bandes. Die Erinnerungen eines Menschen und die Erinnerung an einen Menschen zu vernichten, wird zum »Mord«.

Wer einen Namen und sein Andenken löscht, stößt einen Menschen in die Namenlosigkeit und in das Nichts. Es ist, als wäre er nie gewesen.

Als Waffe richtet sich das Vergessen gegen die Feinde, die im jüdischen Volksmund der Fluch trifft: »*jimmach scheman* – Mögen ihre Namen ausgelöscht werden!«[26] Vergessen als Totschweigen gebiert den Tod.

In der Hebräischen Bibel wird die Aufforderung zu gedenken wie die Mahnung, nicht zu vergessen, an Israel oder, vor allem in den Psalmen[27], an Gott adressiert. Denn auch Gott obliegt die Pflicht der Erinnerung, wie Psalm 44 im Aufbegehren des leidenden Gottesvolkes gegen seinen schlafenden und vergeßlichen Gott bezeugt. Das Martyrium, das der Psalmist in den Versen 12 und 23 beklagt, wird weniger der Gottvergessenheit Israels als jenem Gott zugeschrieben, der sein Angesicht verbirgt und die Not und Bedrängnis seines Volkes vergißt.

Erinnerung wurde zum Lebensnerv des jüdischen Volkes und zum Leitfaden jüdischer Geschichtsschreibung.

Auch Yosef Haim Yerushalmi betitelt seine Standortbestimmung jüdischer Historiographie mit dem imperativischen Infinitiv *Zachor! Erinnere Dich!*[28]. In vier großen Schritten durch die Hauptepochen jüdischer Geschichte versucht er das scheinbare Paradox zu ergründen, daß Juden zu allen Zeiten immer mehr am Sinn der Geschichte als an Geschichtsschreibung interessiert waren und Erinnerung als kondensierte Erfahrung wertschätzten, aber nicht der Historiographie, sondern dem Ritual und der Rezitation anvertrauten.[29]

Die biblische Religion ist von Geschichte durchdrungen. In der Sinai-Offenbarung wird der Schöpfer-Gott zum »Gott der Väter« (Ex 3,16), zum Gott der Geschichte, der sich seinem Volk im geschichtlichen Handeln mitteilt. Als Theophanie vermittelt die biblische Geschichte nicht einfach Tatsachen oder Fiktionen im modernen Verständnis, sondern »legitime und manchmal unumgängliche Arten der historischen Wahrnehmung und Deutung«.[30]

Das Ende des 1. Jahrhunderts markiert den Scheideweg: Ungefähr gleichzeitig zur Periode von Jabne (70–135 n. Z.), jener normativen Epoche in der Festlegung der verbindlichen Halachah des talmudischen Judentums, entstehen Flavius Josephus' Geschichtswerke, die *Geschichte des Jüdischen Krieges* (75–79 n. Z.) und die *Jüdischen Altertümer* (93/94 n. Z.). Die folgende Entwicklung richtet sich jedoch gegen die Geschichtsschreibung.

Die rabbinische Literatur verarbeitet das aktuelle Zeitgeschehen entweder gar nicht oder nur fragmentarisch und legendenhaft. Für den modernen Historiker üben die Rabbinen einen schwindelerregenden, unbefangen anachronistischen Umgang mit der Zeit, »als wäre sie ein Akkordeon, das sich nach Belieben auseinander- und zusammenziehen läßt«[31].

Das talmudische Zeitalter beeinflußte das mittelalterliche Judentum in seiner gesamten und damit auch ahistorischen Denkweise. Die hebräischen Kreuzzugschroniken greifen in der Schilderung der zeitgenössischen Pogrome und Massaker auf biblische Paradigmen wie die Bindung Isaaks zurück und erreichen damit eine theologische wie therapeutische Fassung der unfaßbar grausamen Zeitgeschichte. Wiederum zeichnet sich die Tendenz ab, »neuen Wein in alte Schläuche zu gießen«.[32]

Auch Abraham ben David ibn Daud, gestorben um 1180 in Toledo, verteidigt als Historiograph in seinem *Sefer HaQabbalah* die Kontinuität der rabbinischen Tradition und ihre schematische Sichtweise. Überzeugt von einer chronologischen »Symmetrie in der Geschichte«, übertrug er im Dienste einer messianischen Geschichtsdeutung Strukturen und Zahlen der Vergangenheit auf die Zukunft. Solche Geschichtsalgebra und Schematologie kennzeichnet das historische Denken des mittelalterlichen Judentums und verrät, mit Gerson Cohens Worten, »ein höchst oberflächliches Interesse an den Geschehnissen selbst in Verbindung mit einem tiefen Bedürfnis, ihren Sinn und Ort im Gesamtplan der Geschichte herauszufinden«.[33]

Neben dem *Jossipon*, der im 10. Jahrhundert in Süditalien verfaßten Geschichte des Zweiten Tempels, wurden im 16. Jahrhundert nur vier vor 1500 entstandene historische Werke gedruckt.[34]

Die Erinnerung gestaltete sich vornehmlich liturgisch in Ritualen biblischen Ursprungs und rabbinischer Prägung, in Fest-, Trauer- und Fasttagen.[35]

Das Ritual verleiht der Vergangenheit »die zyklische Qualität liturgischer Zeit«[36], und Mircea Eliade irrt, wenn er »die Idee der zyklischen Zeit« im Judentum für »überholt« hält[37]. Da die linear verlaufende Historie als Theophanie zu deuten und zu kommemorieren ist, fügt sich der chronologische Zeitlauf in den liturgischen Kreislauf des Festkalenders. »Vertikalität und Zirkularität« verschmelzen: »Die historischen Vorgänge der biblischen Zeit bleiben zwar einmalig und irreversibel; psychologisch *erlebt* werden sie aber als zyklisch wiederkehrend und zumindest in diesem Sinn als außerzeitlich.«[38] Erinnertes, wie es zum Beispiel die synagogalen Klagegesänge zum Ausdruck bringen, hat mit historischem Wissen wenig oder nichts zu tun. Rituale und Liturgien zielen auf »Evokation und Identifikation«[39].

Historische Katastrophen zeitigten im Mittelalter weniger Chroniken als vielmehr Selichot (Bußgebete), Memorbücher (Verzeichnis der Märtyrer, manchmal auch der Wohltäter), Purimfeste (zum Gedenken an die Errettung aus einer Gefahr oder Verfolgung) und Fasttage. Die drei großen Forschungsfelder des mittelalterlichen Judentums waren Halachah (Religionsgesetz), Philosophie und Kabbalah; Geschichtslektüre hingegen galt als Zeitvertreib oder Zeitverschwendung.[40]

Erst das 16. Jahrhundert verzeichnet eine kurze Blüte der jüdischen Geschichtsschreibung als *eine* Antwort auf die Vertreibung aus Spanien (1492). Zehn in rascher Folge entstandene Geschichtswerke verdichten sich zwar erstmalig zu dem Kulturphänomen einer jüdischen Historiographie, bilden jedoch nur einen geringen Bruchteil der jüdischen Literatur des 16. Jahrhunderts und der literarischen Reaktion auf die Reconquista und bewirkten letztlich keine Aufwertung von Geschichtswerken.[41]

So stellt die moderne jüdische Geschichtsschreibung, die im 19. Jahrhundert in Deutschland als »Wissenschaft des Judentums« entstand, einen radikalen Bruch in der jüdischen Geschichte dar. Inspiriert durch die historisch-kritische Schule der deutschen Geschichtsschreibung, ist sie eine assimilatorische Reaktion.[42] Der Prozeß der Historisierung war unaufhaltsam, doch Versuche der Säkularisierung der jüdischen Geschichte stießen auf Widerstand, vielleicht sogar auf ihre eigene Unmöglichkeit. Es ist augenscheinlich, wie im modernen Staat Israel selbst die von weltlichen Autoritäten gestaltete Erinnerungskultur auf die traditionellen Daten und Muster des religiösen Denkens zurückgreift.[43]

Yerushalmis Unbehagen in oder besser an der modernen Geschichtsschreibung entzündet sich an ihrer Funktion als Glaubensersatz ungläubiger Juden, als Identitätsritual der Moderne. Von der Reformbewegung bis zum Zionismus diente sie allen Ideologen als Berufungsinstanz und lieferte »den Appellanten jeden erwünschten Schluß«.[44]

In der modernen Historiographie sieht Yerushalmi jedoch »eine wirklich neue Art des Erinnerns«[45], wenngleich er einwendet, daß die Geschichtsschreibung des Holocaust »nicht am Amboß des Historikers, sondern im Schmelztiegel des Romanciers geformt«[46] werde. Diese Beobachtung bestätigt James E. Young zwar, doch befragt er kritisch den angeblichen Unterschied zwischen dem Amboß des Historikers und dem Schmelztiegel des Literaten: »Ist es wirklich der Unterschied zwischen eisenharter Geschichte und den luftigen Erfindungen der Schriftstellerphantasie?«[47] Young bringt die hermeneutischen Unterscheidungen zwischen geschichtlichem und literarischem Beschreiben des Holocaust in Schwebe, denn der Historiker literarisiert wie der Literat historisiert. Historische Traktate bedienen sich ebenso der Phantasie, Rhetorik, Interpretation, also metahistorischer, literarischer und mythologischer Mittel wie die fiktionale Literatur. »Jede adäquate Darstellung der Wahrheit bedarf der Anstrengung der Phantasie nicht minder als der des Verstandes; und das bedeutet, daß literarische Erzähltechniken zur Komposition eines historischen Diskurses vielleicht ebenso notwendig sind wie historische Bildung.«[48] Es gibt keine Mimesis, nur Poiesis, keine Wiedergabe, nur Konstruktion, mit Nietzsches Worten: keine Tatsachen, nur Interpretationen.[49] Schon der antike Mythos erinnert daran, daß die Nymphe *Mnemosyne* (Erinnerung) die Mutter der Musen ist.

Wenn Yerushalmi dem modernen Judentum vorwirft, kein direktes Verhältnis zur Geschichte zu haben und sich dem »Surrogat eines neuen metahistorischen Mythos«, dem Roman, verschrieben zu haben, bringt er eine typisch neuzeitliche Naivität zum Ausdruck, jene positivistische Illusion einer wissenschaftlichen Objektivität, die historische Fakten und Realien auszumachen glaubt. Die Konkurrenz von Geschichte und Fiktion ist eine moderne Erfindung. Vor der Französischen Revolution galt die Historiographie als literarische Wissenschaft bzw. Zweig der Rhetorik.[50]

Vor dem Hintergrund der jüdischen Geschichte wird die Grenzziehung zwischen Geschichte und Literatur noch nebulöser, denn die harten Geschichtsfakten wurden den traditionellen paradigmatischen Deutungen unterworfen.[51]

Die Fata Morgana einer objektiven, unverstellten und parteilosen Geschichtswissenschaft enthüllte bereits Theodor Lessing, der 1933 von nationalsozialistisch gedungenen Attentätern ermordet wurde und bis heute ein Unbequemer und Querdenker blieb, rüttelte er doch an den Grundfesten des modernen Wissenschaftsverständnisses. In seiner Schrift *Geschichte als Sinngebung des Sinnlosen oder Die Geburt der Geschichte aus dem Mythos* demaskierte Lessing den Geschichtsschreiber als einen »unbewußte(n) Dichter (fairy-teller)«[52] und die Geschichte als »Mythos«, »Sinngebung des Sinnlosen«, »logificatio post festum«[53]: »Geschichte ist eine nie beendete menschheitliche Mythendichtung. Sie ist geboren aus tröstenden Selbstheilungen und unvermeidlichen Wunsch- (Ideal-) einblendungen der Menschennot. Sie ist ein immer *werdender* Mythos, zu welchem die Arbeit der Wissenschaftler eben nur die gute Erde und die festen Bausteine heranschafft, so wie die Würmer und Rüsselkäfer ganz notwendig sind, damit das Rosenbeet blühe.«[54] Demnach ist »jedes Ereignis ›geschichtlicher Wirklichkeit‹ (...) ein *An*-Ereignis; vereignet (owned) durch Menschengruppen, an Hand ihrer Wunschangebilde oder Zielabsichten«.[55]

Ob geschichtliche, autobiographische, literarische, graphische, bildnerische, musikalische oder filmische Zeugnisse, alle Erinnerungsfiguren sind Produkte der Reflexion und Konstruktion und folgen der Technik der Gedächtnisbildung, die bereits Cicero in der *Rhetorica ad Herennium* aus dem 1. Jahrhundert v. Z. beschrieb: Es geht darum, »bestimmte Orte auszuwählen und von den Dingen, die man im Bewußtsein behalten will, geistige Bilder herzustellen und sie an die bewußten Orte zu heften. So wird die Reihenfolge dieser Orte die Anordnung des Stoffs bewahren, das Bild der Dinge aber die Dinge selbst bezeichnen«.[56]

Erinnerung muß sich in Zeit und Raum verorten. Erst durch diesen konstruktiven Zug kann sie im Gedächtnis der nachfolgenden Generationen rekonstruierbar sein. Es gibt, mit Blumenbergs Worten, »keine reinen Fakten der Erinnerung«, sondern nur das wird von der Vergangenheit bewahrt, »was die Gesellschaft in jeder Epoche mit ihrem jeweiligen Bezugsrahmen rekonstruieren kann«.[57]

Maurice Halbwachs, ein fast vergessener Pionier der Gedächtnisforschung, der 1945 in Buchenwald ermordet wurde – was in diesem Zusammenhang ebenfalls ins Gedächtnis zu rufen ist –, verdeutlichte, daß die Vergangenheit eine soziale Konstruktion, eine kulturelle Schöpfung sei, deren Beschaffenheit den Sinnbezügen und Bezugsrahmen der jeweiligen Gesellschaft entspreche.[58]

Prägend für alle Erinnerungen ist das identifikatorische Moment. Denkmäler sind, wie Reinhart Koselleck erfaßte, »Identitätsstiftungen der Überlebenden«[59], und das gilt nicht nur für die steingewordenen Erinnerungsgebilde, sondern für alle Texte und Kontexte wie die gesamte Textur der Erinnerung.

Fünfzig Jahre markieren eine »Epochenwende in der kollektiven Erinnerung«[60]. Eine Generation von Zeitzeugen der nationalsozialistischen Schreckensjahre beginnt auszusterben. Ihr autobiographischer Nachlaß ist ein kostbares Testament der Vergangenheit, für das unsere Gegenwart ihre hermeneutischen Lesarten entwickeln muß.

Mit der zunehmenden zeitlichen Distanz wachsen die Möglichkeit, die Fähigkeit und das Recht einer analytischen, interpretatorischen Lektüre der Holocaust-Augenzeugenliteratur.

Die Angst und Sorge, Himmlers zynische Prophezeiung könnte sich erfüllen und die Schoah bliebe für immer eine ungeschriebene Seite im Buch der Geschichte, erhob die literarische Zeugenschaft für manche Opfer zum einzigen Überlebensgrund.[61] Die Holocaust-Opfer schufen jedoch mit dem Zeugenbericht keine neue Literaturgattung, wie Elie Wiesel behauptet,[62] denn ihr Zeugnisablegen steht ideell und literarisch in der jüdischen Tradition: Bereits die Heilige Schrift besitzt als *edut* (Zeugnis) den Charakter des Augenzeugenberichts; und das Buch Exodus erscheint als textlicher Prototyp für die spätere dokumentarische Literatur.[63]

Es ist verständlich, daß dem Wort des Augenzeugen ein besonderes Gewicht beigemessen wird[64] und daß die objektive, dokumentarische Beweiskraft der Augenzeugenliteratur entschieden verteidigt wurde, nicht zuletzt aus apologetischer Abwehr jener Infamie, die das Faktum des Holocaust als »Geschichtslüge« kaschieren wollte.

Der amerikanische Autor James E. Young hat eine erste gründliche Untersuchung der Holocaust-Beschreibungen vorgelegt, die eine alternative Hermeneutik der autobiographischen Holocaust-Zeugnisse als historische Exegese entwirft. »Die ›Fiktionen‹, die in den Berichten der Überlebenden auftauchen, sind keine Abweichungen von der ›Wahrheit‹, sondern Bestandteil der Wahrheit, die in jeder einzelnen Version liegt. Wenn wir von dem fiktionalen Element im Zeugnis sprechen, dann diskutieren wir nicht über die Fakten, sondern über die unvermeidliche Diskrepanz zwischen der Wahrnehmung und der Darstellung dieser Fakten bei jedem einzelnen Zeugen, in jeder Sprache und jeder Kultur. Damit wird die These, eine *im* Holocaust geschriebene Literatur besitze mehr Faktenwahrheit oder sei gar authentischer als eine von den Überlebenden *nach* den Ereignissen geschriebene, endgültig ad absurdum geführt.«[65] Mit dieser kritisch-analytischen Lektüre soll nicht an der Glaubwürdigkeit der »oral history« gerüttelt werden, sondern die Wahrheit und Glaubwürdigkeit ihres Verständnisses und ihrer deutenden, ordnenden wie gestaltenden Erinnerung soll herausgestellt werden.[66]

Unmittelbar nach Kriegsende entstand in den DP-Lagern[67] eine Fülle von jüdischen Memoiren und Zeugenberichten, deren Fortsetzung und Sammlung vor allem jene Kibbuzim in Israel verfolgten, in denen einstige Partisanen und Ghettokämpfer lebten. Bereits in dieser frühen proto-historischen Literatur entdeckt der israelische Historiker Saul Friedländer die ideologische Grundstruktur des späteren offiziellen Gedenkens in Israel, das Widerstand und Vernichtung in der Schoah als existenzbegründende Elemente in die Geschichte des Staates Israel integriert.[68] Zur Mythomotorik des junges Staates gehört es, aus dem offiziellen Gedenken an den Holocaust eine nationale Orientierung und Legitimierung abzuleiten.[69]

Die Erinnerung an die Schoah hat sich in der israelischen Gesellschaft nach Friedländers Analyse in drei Stadien ausgebildet: Individuelle Initiativen führten zu einer öffentlichen Institutionalisierung und damit zur Etablierung einer symbolischen Struktur,

die ein säkulares Anliegen mit den religiös-traditionellen Formen des jüdischen Lebens aus der Diaspora durchsetzte. Die drei Erinnerungsmuster, die nach der Staatsgründung Israels (1948) das offizielle Gedenken an die Schoah prägten, ergänzen und überschneiden sich in der Realisierung häufig; sie verknüpfen die Katastrophe (*Schoah*) mit der Erlösung (*Schoah WeGeulah*), mit der Wiedergeburt (*Schoah WeTekumah*) oder mit dem Heldentum (*Schoah WeGewurah*).[70]
Diese drei Implikate der modernen israelischen Erinnerungskultur werden deutlich und durchsichtig bei der Datierung des Gedenktages für die Schoah (*Jom HaSchoah*).

Wenige Wochen, nachdem die Knesset von der offiziellen israelischen Forderung nach Reparationen von Deutschland informiert worden war, wurde am 12. April 1951 ein Gesetz über die Einrichtung eines Gedenktages an die Schoah verabschiedet. In Anlehnung an den Aufstand im Warschauer Ghetto, der in der Nacht auf Pessach am 14. Nisan (19. April) begonnen hatte, wurde der *Jom HaSchoah* auf den 27. Nisan datiert. In der offiziellen Interpretation der Entscheidung der Knesset für den 27. Nisan erklärte Rabbi Mordechai Nurock, der Vorsitzende des Knesset-Ausschusses, der mit dieser Angelegenheit befaßt war, folgendes:

»Wir mußten ein Datum wählen, das auf die meisten Massaker an der europäischen Judenheit und auch auf den Ghettoaufstand paßt, der im Monat Nisan stattfand. Deshalb wählte der Knesset-Ausschuß das Ende des Monats Nisan, eine Zeit, zu der viele heilige Gemeinschaften von den Kreuzrittern, den Vorfahren der Nazis, ermordet wurden.« Die Staatsgründung wird nicht nur als zeitlich-historische sondern auch als göttliche Folge der Schoah ausgelegt: » (...) wir haben einen Friedhof vor unseren Augen gesehen, einen Friedhof für sechs Millionen unserer Brüder und Schwestern, und vielleicht wurde uns wegen ihres Blutes, das vergossen wurde wie Wasser, das Vorrecht zuteil, unseren Staat zu bekommen.«[71]

Mehrfach wird dieser Geschichtsentwurf kausal und teleologisch vom Prinzip »Erlösung« durchwirkt: Die Schoah wird als Ende der langen Leidensgeschichte des Diasporajudentums und als Anfang der Staatswerdung Israels gedeutet und damit geschichtlich auf einen Erlösungsprozeß hin entworfen, der in der nationalen Wiedergeburt in *Eretz Israel* kulminiert. Die zentrale Stellung, die dem Warschauer Ghetto-Aufstand bei der Konzeption des *Jom HaSchoah* zufällt, dokumentiert die Akzentverschiebung vom passiven Gewaltopfer auf das aktive Heldentum.[72] Seit 1959 wird der *Jom HaSchoah WeHaGewurah* als nationaler Gedenktag der Katastrophe und des jüdischen Heldentums offiziell begangen.[73]

Als Unmöglichkeit und Ende des jüdischen Lebens in der Diaspora wird die Schoah in die jüdische Geschichte integriert, und als ein solcher Wendepunkt wird sie auch in den israelischen Gedenkstätten interpretiert, in den Museen der Kibbuzim in Lohamei Hageta'ot, Tel Yitzchak, Givat Chaim und Yad Mordechai wie in der offiziellen Holocaust-Gedenkstätte in Jerusalem, Yad VaSchem.[74]

Die Sinnsequenz Katastrophe – Heldentum – Erlösung – Wiedergeburt bestimmt ebenfalls den Aufbau der *Erinnerungsstätte für Helden und Märtyrer: Yad VaSchem*, die am 19. August 1953 eingerichtet wurde.

In der Holocaust-Dokumentation werden in drei Räumen die Phase der Verfolgungen (1933–1939), die Jahre der Vernichtung (1941–1945) und die Befreiung (1945) fotografisch dargestellt. Die Übergänge zwischen den Abteilungen sind fließend, der Besucher wird dem Sog der Schreckensbilder überlassen. Den Bildern der befreiten Konzentrationslager folgen unmittelbar die Bilder der Erlösung und nationalen Wiedergeburt in Israel. Eine der abschließenden Großaufnahmen der Ausstellung zeigt zwei jüdische Männer in gestreifter Lagerkleidung mit der Fahne Israels.

Aufschlußreich ist die Planungs- und Bebauungsgeschichte des *Yad VaSchem*-Geländes. Unter verschiedenen möglichen Orten wählte der Minister für Erziehung und Kultur, Ben-Zion Dinur, 1953 den »Berg der Erinnerung«, den heutigen *Har Herzl*.

1949 war Theodor Herzl dorthin überführt worden, und nach dem Ende der Kämpfe um Jerusalem wurde angrenzend ein Militärfriedhof angelegt. Der östliche Teil des Hügels mit Panorama auf die Stadt Jerusalem beherbergt somit das Grabmal des Begründers der Zionistischen Weltorganisation und des politischen

Patrons des jungen Staates, den Militärfriedhof des Befreiungskrieges und die Grabstätten israelischer Regierungsoberhäupter.

Auf der Seite, die sich den Hügeln zuwendet, wurde die Gedenkstätte für die Vernichtung des europäischen Judentums errichtet. Eine moderne Skulptur des Künstlers Nandor Glid – gleich Stacheldraht verflochtene Menschenleiber – vergittert den Blick auf die Höhen, wo 1948 ein palästinensisches Dorf dem Erdboden gleichgemacht wurde und wo sich heute ein neues jüdisches Wohngebiet erstreckt.

Die Bebauung des Har Herzl folgte zwar den örtlichen Gegebenheiten, doch spiegelt sie zugleich die Rangfolge der israelischen Werte wider: Die Symbole des neuen Staates haben Vorrang vor denen der Zerstörung.[75] Diese Hierarchie der Sinnbilder wird allerdings von einer Paradoxie unterlaufen: Die Funktion, die in anderen Ländern das Grab des Unbekannten Soldaten oder das Grabmal des Staatsgründers besitzen, wird in Israel von *Yad VaSchem* erfüllt. Ausländische Würdenträger besuchen weder Herzls Grab noch den Militärfriedhof auf dem »Berg der Erinnerung«, sondern die *Hall of Remembrance* in *Yad VaSchem*. Zwischen den Namen der Konzentrationslager brennt ein ewiges Licht; ein schlichter Raum, der alle Insignien eines geweihten Ortes trägt. Die Geste der Ehrenbezeigung geht auf die Initiative des zweiten Leiters von *Yad VaSchem*, Arie Kubovi, zurück, wurde jedoch bald zum Bestandteil eines etablierten nationalen Rituals, das den Holocaust als »das eigentliche Fundament der Legitimität des Staates Israel«[76] ausweist.

Zwar gibt es in der jüngeren jüdischen Generation Stimmen, die sich gegen die identitätsstiftende und staatslegitimierende Zentralität der Erinnerung an die Schoah wenden und das jüdisch-israelische Selbst-, Gemeinschafts- und Staatsverständnis nicht auf das negative Fundament der Verfolgung und Vernichtung gründen wollen. Denn aus dieser Sicht, protestiert Rafael Seligmann, 1947 als Sohn deutscher Eltern in Israel geboren und nach Deutschland zurückgekehrt, »degeneriert das Judentum zur Schicksalsgemeinschaft der Verfolgten oder der sich verfolgt Fühlenden. Es wird zunehmend zur Schöpfung des Antisemiten«[77]; Seligmann will sein Leben nicht vom Holocaust regiert wissen; er will nicht, wie Jean Améry es autobiographisch formulierte, »Jude ohne positive Bestimmbarkeit«, ein »Katastrophenjude« sein, dem das Katastrophengefühl zur »Dominante seiner Existenz« wird.[78]

Indem die Erinnerung an die Schoah in eine metahistorische Perspektive von Erlösung und Wiedergeburt eingebunden wurde, gewann sie jedoch eine psychologisch konstruktive Bedeutung für das Selbstbewußtsein des jungen Staates. Es war vielleicht der einzige Weg, aus dem Schatten der Schoah zu treten, ohne ihn zu verdrängen.

Tatsächlich folgte die Staatsgründung Israels zeitlich der Vernichtung des europäischen Judentums und legte jenen fundamentalen, archetypischen und psychologischen Zusammenhang von Katastrophe und erlösender Wiedergeburt nahe, der als theologische Vision zu den traditionellen jüdischen Deutemodellen der Geschichte zählt und nicht als eine christianisierte heilsgeschichtliche Chronologie auszugrenzen ist.[79] Bereits in der Hebräischen Bibel sind Zerstörung und Errettung dialektisch miteinander verbunden.

Die Betonung des Heldentums in der Schoah erfüllte eine mobilisierende Funktion für eine junge Staatlichkeit in feindlicher Nachbarschaft. Sie diente zugleich der Integration der Holocaust-Überlebenden, die 1948 nahezu die Hälfte der Bevölkerung Israels bildeten,[80] in das national stolze Epos der Staatsgründung, das Zeugnisse passiven Leidens und widerstandsloser Vernichtung nicht fassen konnte und wollte. Die Identifizierung der Schoah mit der *Gewurah* verlieh den Opfern die Würde des Heldentums.

Eine eher latente Funktion dieses mythischen Erinnerungsmodells liegt in der Linderung eines unterschwelligen Schuldgefühls in Israel, insofern der *Jischuw*, die jüdische Bevölkerung in Palästina, »zumindest auf der symbolischen Ebene, keinen überzeugenden Beweis für seine Pflicht zur Hilfeleistung lieferte. (...) Dieses Schuldgefühl kann durchaus zur Umformung der Katastrophe der europäischen Juden in einen Faktor der Wiedergeburt Israels im Rahmen der offiziellen Darstellung beigetragen haben, wie sie in den fünfziger Jahren etabliert wurde.«[81]

Der Sechs-Tage-Krieg (1967) eröffnete eine neue Phase in der Entwicklung der israelischen Gesellschaft und der Erinnerung an die Schoah, die zunehmend als Element der innergesellschaftlichen ideologischen Konfrontationen instrumentalisiert wurde. Die Ideologie der national-messianischen Gruppierung nutzt Symbole der Schoah zur Legitimation einer politischen Haltung, die gekennzeichnet ist durch die Betonung der Einzigartigkeit des jüdischen Schicksals und durch eine Rhetorik der Vernichtung, welche die Feindseligkeit der Araber gegenüber dem Staat Israel mit dem Judenhaß der Nazis gleichsetzt.[82]

Die linksliberalen Gruppen in Israel neigen in der Verarbeitung der Vergangenheit dazu, das jüdische Verhältnis zu den Palästinensern mit dem faschistischen oder nationalsozialistischen Verhalten gegenüber den Juden zu vergleichen; sie lehnen eine mythische Strukturierung der Erinnerung an die Schoah zugunsten einer alltagsgeschichtlichen Lesart ab, betonen die schrittweise Entwicklung der Vernichtungspolitik, die Vergleichbarkeit und Universalisierbarkeit des Phänomens.[83]

Wenn der gnadenlose Kritiker israelischer Politik, Jeshajahu Leibowitz, die ideologische Konzeption von *Yad VaSchem* als »dirty idea« verwirft,[84] zielt diese barsche Kritik auf eine Politisierung und Instrumentalisierung der Erinnerung an die Schoah.

Als »Identitätsstiftungen der Überlebenden« (Reinhart Koselleck) werden Erinnerungsfiguren zu Instrumenten der Herrschaft. Seit jeher haben Regenten und Repräsentanten Vergangenheit usurpiert, um retrospektiv mittels Erinnerung Herkunft zu garantieren und um prospektiv die Zukunft ihres Erinnertwerdens zu sichern.[85]

Die spätere Instrumentalisierung von Erinnerungsfiguren der Schoah ist nicht mit ihrer ursprünglichen Prägung gleichzusetzen, die wohl weniger bewußt war, als die nachträgliche Analyse suggeriert.

Jeder Mensch, der für das Leben optiert, versucht, die absolute Negation zu transzendieren. Insofern kann man die Dialektik von Katastrophe und Erlösung auf einen psychischen Archetypos zurückführen und gleichermaßen als ein meta-historisches Grundmuster der israelitisch-jüdischen Religionsgeschichte ausmachen, denn erst die visionäre Kraft und Hoffnung auf Erlösung führte die Verfolgten aus Krisen und Katastrophen hinaus. Auch bei den israelischen Erinnerungstypen der Schoah war jener Mechanismus wirksam, den man in Anlehnung an Theodor Lessings These als Versuch tröstender Selbstheilungen aus Menschennot verstehen kann.

Die erste und ursprünglichste Jerusalemer Gedenkstätte ist das *Chamber of the Holocaust* auf dem Berg Zion. In der zeitlichen und räumlichen Konzeption dieses Mahnmals erkennt Saul Friedländer ebenfalls das symbolische Strukturmuster von Katastrophe und Erlösung. Als im Dezember 1949 die Asche von Juden, die im Konzentrationslager Flossenbürg vernichtet worden waren, nach Israel überführt wurde, entschied Rabbi S. Z. Kahana, ein Ressortleiter im Ministerium für religiöse Angelegenheiten, daß diese Asche am 10. Tevet auf dem Berg Zion beigesetzt werden sollte. Der 10. Tevet ist in der jüdischen Tradition der Tag des *Kaddisch*, der Totentrauer, und das Datum, an dem die erste Belagerung Jerusalems durch den babylonischen König Nebukadnezzar begann und das nach jüdischer Tradition den Anfang einer Kette von Katastrophen bildet, die von Exil und Zerstörung gekennzeichnet ist. Der Berg Zion als Begräbnisplatz von König David wurde eine der wichtigsten jüdischen Wallfahrtsstätten und ein symbolischer Ort der Erlösung, da der Messias als Nachkomme Davids verheißen wurde.[86]

Die heutige Trägerschaft der Gedenkstätte betont weniger die messianische Konnotation des Ortes und spricht eher abstrakt und retrospektiv von »Mt. Zion, the eternal witness to so much of Jewish history«[87].

Die Steingewölbe bewahren die schmerzlichen Zeugnisse der Konzentrationslager: Asche aus den Krematorien, Seife, aus menschlichem Fett produziert, sakrale Gegenstände wie Torah-Rollen, die auf Befehl der Nazis zu Portemonnaies, Aktentaschen oder Kleidungsstücken verarbeitet und entweiht wurden. Gesammelt wurden Dokumentationen über ausgelöschte jüdische Gemeinden in Europa, an die zweitausend Marmortafeln an den Wänden erinnern.

In dem Raum *Children of the Holocaust* können auf Wunsch die Namen der zweiten Generation auf Wandtafeln festgehalten werden, der Kinder von Überlebenden: »Many sons and daughters have also lived through their own sort of ›hell‹ witnessing the mental and physical pain that their parents are destined to experience for their rest of their lives.« Damit wird die Darstellung der Katastrophe gerade nicht auf Erlösung hin entworfen, sondern der Schatten der Schoah wird hervorgehoben, der noch das Leben der zweiten Generation verdunkelt. Selbst unter dem Leitsatz »Continuing the Chain of Life« ist es Leben unter der psychologischen Hypothek des Überlebens.

Im letzten Raum werden antisemitische Hetzschriften aus der westlichen Welt ausgestellt, nach archivalischem Maßstab eine eher dilettantische als dokumentarische Sammlung. Auch auf diese Weise wird die Geschichte des Holocaust vielmehr fortgeschrieben als in eine versöhnliche Dialektik überführt.

In der Übergabe der Leitung von der ersten an die zweite Generation der Überlebenden bleibt das *Chamber of the Holocaust* weiterhin der Binnenperspektive der Opfer verschrieben und hat bis heute eine Musealisierung, gar ästhetische Inszenierung der »Exponate« vermieden.

Während *Yad VaSchem* bereits auf einer Metaebene Vermittlung von Erinnerung anstrebt, bietet die kleine Gedenkstätte auf dem Berg Zion eine noch relativ ungebrochene Erinnerung an erfahrenes Leid. Der Wächter des Gedächtnisortes führt es mir vor Augen: Er war in Auschwitz. Seine Erinnerung ist ins Fleisch gebrannt.

»Der Kindermord von Bethlehem ist eine Legende, aber der Kindermord von Auschwitz ist eine leidvolle Tatsache, ein nicht zu tilgender Schatten über unserem Jahrhundert (...).«[88] An anderthalb Millionen ermordete Kinder erinnert das *Childrens' Memorial* in *Yad Vashem*, das Abraham und Edita Spiegel in Erinnerung an ihren in Auschwitz getöteten Sohn Uziel stifteten. In einer Vorhalle werden fünf Kinderfotografien mittels einiger Spiegel mehrfach optisch gebrochen und widergespiegelt. Ein Weg führt in eine finstere Felshöhle, in der ein Sternenhimmel erstrahlt. Fünf Kerzen inmitten des Raums, die fünf Kindergesichter symbolisch erinnernd, werden durch unzählige kleine Spiegel ins Unendliche vervielfacht, oben, unten, seitlich, überall flackert Sternenlicht. Ein seltsames Raumgefühl, das schön und schrecklich zugleich ist, die Faszination des Firmaments ergreift und umfängt den Besuchenden, doch gleichzeitig löst die völlige Orientierungslosigkeit im Raum die ängstliche Unsicherheit aus, ein Schritt nach vorne könne zum Absturz in die Todesschlucht geraten. Eine monotone Stimme ruft die Namen der ermordeten Kinder in die Sternenfinsternis.

Letztlich bleibt die Wirkung jedes Mahnmals subjektiv, weil nicht nur seine ethische Aussage, sondern auch seine ästhetische Gestaltung beurteilt wird. Doch läßt sich dieses Denkmal schwerlich als eine Geisterbahn des Grauens oder eine euphemistische Inszenierung abtun, die das schreckliche Geschehen in kosmischem Glanz und tröstlicher Poesie auflöst. Der Gedächtnisort will nicht Vergangenheit abbilden, er drückt eine meditative Erinnerung aus, die als innerer Vorgang einem Abtauchen in andere Sphären gleichkommt. Die Nennung der Namen, und ich erinnere an die Reflexionen über den göttlichen Namen und die Nennung der Namenlosen, ist in der jüdischen Tradition eine symbolische Weise der Lebensrettung, die vor dem zweiten Tod in der Vergessenheit schützt. Aus dieser Sicht überzeugt auch die Namensgebung von *Yad VaSchem*, die sich auf Jesaja 56,4.5 beruft:

> »Denn so spricht der Herr:
> Den Verschnittenen, die meine Sabbate halten,
> die gerne tun, was mir gefällt,
> und an meinem Bund festhalten,
> ihnen allen errichte ich in meinem Haus
> und in meinen Mauern ein *Denkmal*,
> ich gebe ihnen einen *Namen*,
> der mehr wert ist als Söhne und Töchter:
> Einen *ewigen Namen* gebe ich ihnen,
> der niemals ausgetilgt wird.«

Zwar rekurriert *Yad VaSchem* ausdrücklich nur auf die kollektive Formulierung in Vers 5, doch besitzt die Konkretisierung in Vers 4 einen Aussagewert für das Anliegen der Gedenkstätte. Die »Verschnittenen« sind die Kinderlosen, die ohne Nachkommenschaft vom Vergessenwerden bedroht sind. Ihnen verleiht Gott ein Denkmal (*yad*) und einen Namen (*schem*), »der mehr wert ist als Söhne und Töchter«, einen *ewigen Namen*. Kinderlos blieben auch die in den Lagern ermordeten Kinder. In *Yad VaSchem* wird ein *Denkmal und Name* der Erinnerung gesetzt.

Kritisch ist gewiß, wie Young einwendet, wenn diese Gedenkstätten die »Autorität *un*rekonstruierter Realitäten«[89] in Anspruch nehmen, denn damit wird das Wesen der Erinnerung verkannt, deren konstitutives Prinzip die Konstruktion und damit Rekonstruierbarkeit des Vergangenen ist, sonst gelänge kein Transfer in die Gegenwart.

Denkmäler sind keine Realitätsbildungen der Vergangenheit, sie sind, wie eine Ausstellung zur Denkmalskultur nach Auschwitz verdeutlicht, »gegenwartsbestimmt und bestimmen die Gegenwart mit. Wenn dies den Denkmalsetzern und den Betrachtern bewußt ist, können Denkmale im positiven Sinne Steine des Anstoßes sein. Diese Steine können und sollen den Betrachter feinfühlig werden lassen im Umgang mit dem Gedenken an die Vergangenheit und deren Bedeutung für die Gegenwart«.[90]

Doch kann man überhaupt *eine Ethik der Erinnerung* appellativ fordern oder – wie Johann Baptist Metz – *für eine anamnetische Kultur*[91] plädieren? Läßt sich das Grauen der Schoah, das sich der bloßen historischen Anschauung entzieht, überhaupt im Gedächtnis greifen?

Verharrt man in jener Aporie, die *Auschwitz* als »black box« und »Niemandsland des Verstehens, ein(en) schwarze(n) Kasten des Erklärens, ein historiographische Deutungsversuche aufsaugendes, ja, *außerhistorische* Bedeutung annehmendes Vakuum« beschreibt,[92] endet jeder Ansatz in apathischem Schweigen.

Ja, nur »ex negativo« gelingt eine Annäherung an die äußerste Negation des Humanen, namens *Schoah*, nur in einer Sprache, die sich wundreibt am Unsagbaren. Erst der ständige »Versuch, die Vergeblichkeit des Verstehens zu verstehen,«[93] entspricht strukturell dem Kontinuitätsbruch »Auschwitz«. »Vielleicht enthüllt sich erst dem Bemühen, *das Scheitern des eigenen Verstehens zu verstehen*, das, was damals geschehen ist.«[94]

Zwei Semester lang habe ich an der Katholisch-Theologischen Fakultät der Universität Bonn ein moraltheologisches Seminar durchgeführt, das ich nicht zu betiteln, sondern nur zu umschreiben wußte: ich nannte es *Auschwitz – Zugänge zum Unzugänglichen. Spiegelung der Schoah in Theologie, Philosophie und Kunst*, und ich wußte, es war mehr als nur ein »Thema«, es war die Herausforderung, über das Undenkbare nachzudenken, über das Unsägliche zu sprechen.

Auschwitz, die »Fabrik« des Todes, wie der SS-Unterscharführer Franz Suchomel mit zynischer Definitionslust dem fragenden Claude Lanzmann im Film *Shoah* despotisch diktierte[95], Auschwitz, das »größte Schandmal« des Jahrhunderts (Andrzej J. Kaminski)[96], Mahnmal der menschlichen Unmenschlichkeit, Chiffre des radikal Bösen, wurde zu einem Namen des Unaussprechlichen. Auschwitz ist ein »Thema«, das an die »Grenzen des Geistes«[97] stößt, an den Rand der Sprache treibt, in die Nische des Schweigens flüchtet und in die geheimsten Falten des Herzens dringt. Auschwitz ist ein Erdbeben des Denkens, Glaubens, Sprechens und Fühlens.

»Diese Vergangenheit nicht zu kennen heißt, sich selbst nicht begreifen.«[98] Die Sentenz des bekannten Historiographen des Holocaust, Raul Hilberg, die ich am Anfang des Semesters als Ahnung zitierte, reifte im Verlauf des Seminars zur gemeinsamen Erfahrung. Das »Thema Auschwitz« sprengte die akademische Seminardauer und brach in die Erfahrungen, Beobachtungen und Gespräche des Alltags ein, brach ein als eine Verunsicherung, Transzendenz der Gegenwart und Wirklichkeit.

Immer wieder erweiterte sich unmerklich der Kreis der Seminarteilnehmer und -teilnehmerinnen, vorwiegend aus der Generation der Zwanzig- bis Dreißigjährigen, durch die gedankliche Präsenz ihrer Großväter und Großmütter, Väter und Mütter. Sie waren beteiligt an der suchenden Auseinandersetzung ihrer Söhne und Töchter. Fast irritierte mich die gleichzeitige, gleichklingende Darstellung in einem Zeitungsartikel des israelischen Schriftstellers Yoram Kaniuk. In seine öffentliche Debatte mit dem deutschen Schriftsteller Günter Grass über die Haltung der deutschen Friedensbewegung und Linken zum Golfkrieg treten immer wieder die Schatten der Geschichte und der eigenen Vorfahren: »Ich hatte«, schreibt Kaniuk, »meinen Vater und meinen Großvater mitgebracht, und sie sprachen beide an meiner Stelle.«[99] Die Begegnung der Gesprächspartner gerät zur Begegnung ihrer Väter und Großväter.

Nur durch die Zeitgeschichte gelingt eine individualgeschichtliche Standortbestimmung. Es ist der rückwärts gewandte Blick von Walter Benjamins *Engel der Geschichte,* der atavistisch wahrnimmt, denn solipsistisch würde er erblinden.

Es gibt keine »Gnade der späten Geburt«. Der Gedankenaustausch mit der Studentenschaft hat es mir noch eindrücklicher vergegenwärtigt. Es gibt eine Bürde der späten Geburt, vielleicht auch eine Chance. Uns, die Nachgeborenen, trifft ein bitteres Erbe, das wir, so sehr es auch belastet und beschwert, nicht verweigern können. Der Schatten der Geschichte ist lang.

Wir stellten uns Fragen, stellten uns den Problemen: Wir erlebten, wie sich die Perspektive auf das »Thema« spaltete in die Fronten der Opfer und der Täter; wir standen ratlos vor dem moralischen Paradox der sich unschuldig wähnenden schuldigen Täter und der sich schuldig fühlenden unschuldigen überlebenden Opfer; wir spürten die Unbeholfenheit und Unfertigkeit theologischer Rede, das Unbehagen deklaratorischer, selbstsicherer Antworten, die Ohnmacht, die uns im Bestreben nach Verstehen des Unbegreifbaren überfiel, uns antrieb und zugleich lähmte.

Es war eine Gratwanderung: Wir versuchten jenen schmalen Pfad zu verfolgen zwischen redender Aufklärung, um – mit Primo Levis Worten – »Vergangenes zu begreifen, Drohendes zu bannen«[100], und dem Takt des Schweigens, wo Sprache vor Schrecken, Scham, Demut verstummt. Auschwitz: eine schwierige Problematik, eine Herausforderung, ein Wagnis.[101]

Vor einer »puren moralischen Entrüstungs- oder Betroffenheitsrhetorik im Umgang mit dem Holocaust«[102] warnt Johann Baptist Metz zu Recht. Doch darf die Bedeutung der Betroffenheit in der Auseinandersetzung mit der Schoah nicht unterschätzt werden.

»Die menschliche Betroffenheit aus der erinnernden Empathie heraus«, schreibt eine Studentin des Seminars, »ist der *Zugang,* der dem *Unzugänglichen* am nächsten kommt.«

1945 sah die amerikanische Erzählerin und Kritikerin Susan Sontag zum ersten Mal in einer Buchhandlung Fotografien aus Bergen-Belsen und Dachau, und diese erste Begegnung mit der fotografischen Bestandsaufnahme des Grauens setzte eine Zäsur im Leben der damals Zwölfjährigen, teilte es in eine Zeit, bevor sie diese Bilder gesehen hatte, und in eine Zeit danach: »Als ich diese Fotos betrachtete, zerbrach etwas in mir. Eine Grenze war erreicht, und nicht nur die Grenze des Entsetzens; ich fühlte mich unwiderruflich betroffen, verwundet, aber etwas in mir begann sich zusammenzuballen; etwas starb; etwas weint noch immer.«[103]

Die Schreckensbilder gingen um die Welt: Metonymisch erinnern sie an Millionen ermorderter Menschen – die Berge von Haar, von Brillen, Prothesen, Schuhen, Spielzeug und Kleidern, und schon diese stilistische Reihung wird zum ungewollt zynischen Indiz jener Gefahr, die im Informiertsein, einer fast »vertrauten« Erinnerung an den Massenmord liegt: da ist der »Anfang der Gewöhnung«, »jene kurzfristige Verringerung des Grauens durch das Erinnern von Gelesenem, durch Wiedererkennen dessen, was man ohnehin schon im Kopf hat«[104]. Erich Fried erzählt, wie er bei seinem Besuch der Gedenkstätte Auschwitz unter dem angehäuften Spielzeug der ermordeten Kinder eine Puppe entdeckt, als Serienerzeugnis ein Doppelgänger seiner alten Puppe »Moritz«. Diese groteske Kleinigkeit ermöglicht ihm den Sprung aus dem Grauen und der Angst in die eigene Betroffenheit, die ihm Auschwitz nicht mehr als das nur »unvorstellbar Andere, das völlig Fremde und Tote«[105] nahe brachte.

Zugänge zum Unzugänglichen zu erschließen, ist auch Aufgabe christlicher Ethik *nach Auschwitz*, um die schmerzliche Erinnerung an die Vergangenheit zu verinnerlichen und ihren Handlungscharakter freizusetzen, in einer *Ethik der Erinnerung*, den Toten zum Gedenken und den Lebenden zur Mahnung.

»Wäre es nicht ureigenste Aufgabe auch der christlichen Moraltheologie, Menschen in solchen Prozessen helfend zu begleiten, dafür Konzepte zu entwickeln, Grundlagen aufzuspüren und Wege anzubieten?« fragt eine Studentin am Ende unserer gemeinsamen Erinnerungsarbeit im Seminar und zieht Bilanz: »Kleine Schritte eines befreienden Umgang mit ›Auschwitz‹ meine ich gefunden zu haben im Umgang mit Menschen *um* ›Auschwitz‹, in gemeinsamer Suche, auf gemeinsamen Wegen der Auseinandersetzung, in Wertschätzung und Vertrauen. Solche Wege zu gehen ist ein lebendiger Protest gegen jene Wege, die nach Auschwitz führten.«

Die Erinnerung an die Schoah als kategorischen Imperativ einer moralischen Erziehung und Aufklärung *nach Auschwitz* mahnten viele bekannte Denker an. Es gibt Formulierungen, die sich so verbreiteten, daß sie fast zur Formel erstarrten.

»Die Forderung, daß Auschwitz nicht noch einmal sei, ist die allererste an Erziehung«[106], diktierte Theodor W. Adorno. Und Max Horkheimer notierte in dem Aphorismus *Nach Auschwitz*: »Wir jüdischen Intellektuellen, die dem Martertod unter Hitler entronnen sind, haben nur eine einzige Aufgabe, daran mitzuwirken, daß das Entsetzliche nicht wiederkehrt und nicht vergessen wird, die Einheit mit denen, die unter unsagbaren Qualen gestorben sind. Unser Denken, unsere Arbeit gehört ihnen (...).«[107] Christlicherseits kann und darf sich das Erinnern an die Schoah nicht aus der historisch schicksalhaften Einheit der Schoah-Opfer noch aus einer theologischen Vereinnahmung des Holocaust herleiten. »Der Mord an Millionen findet kein verstehendes und lösendes Äquivalent im Kreuz Christi.«[108]

»Laßt uns unsere Toten!«[109] empörte sich Schalom Ben-Chorin in der Auseinandersetzung um das Karmelitinnen-Kloster und die Errichtung eines acht Meter hohen Kreuzes auf dem Gelände des ehemaligen Vernichtungslagers Auschwitz.

Es gibt kein stellvertretendes Gedenken.

In einer Studie über *jüdisches Leben und Sterben im Namen Gottes* richtet sich das Augenmerk vor allem auf die jüdischen Opfer der Schoah und die jüdische wie israelische Erinnerungsarbeit. Doch sei hier zumindest im Sinne einer Nennung an die »vergessenen Verfolgten« der NS-Zeit erinnert: die Sinti und Roma, die als »Zigeuner« verfolgt wurden, die Opfer der »Euthanasie«-Programme, die Homosexuellen, die Zeugen Jehovas und andere Gruppen, die heute noch diskriminiert werden und sich offizielles Gedenken und Denkmäler erstreiten müssen.

Es sind bestimmte Rechte und Vorrechte der Erinnerung zu respektieren, *traurige Vorrechte*, mit Jean Amérys Worten[110], der Opfer, ihrer Schicksalsgefährten und Nachkommen. Unrecht ist es jedoch, die Erinnerung an menschliches Leiden mit nationalen oder religiösen Machtansprüchen und moralischen Eigentumsrechten zu besetzen, denn dann beginnt jener absurde, bittere »Krieg der Opfer« und eine »würdelose Opfer-Arithmetik«[111], die abermals Menschen als statistisches Material verrechnet.

Eine Erklärung zum *Kloster und Kreuz in Auschwitz*, herausgegeben vom Gesprächskreis *Juden und Christen* beim *Zentralkomitee der deutschen Katholiken*, nähert sich der Problematik eines allgemeinen Erinnerungspostulats an die Schoah und eines individuell wie kollektiv unverzichtbaren Erinnerungsrechts der Opfer: »Es wird nicht einfach sein, diesen Ort *(die Gedenkstätte Auschwitz)* so zu erhalten, daß er die Erinnerung an die Opfer wachhält und den Besuchern jenes Gedenken ermöglicht, das ihrer unterschiedlichen Beziehung zu den Opfern gerecht wird.«[112]

Jeder Versuch einer christlichen Erinnerungsarbeit über jüdisches Leben und Sterben ist höchst prekär und muß sich mit einer Sorge jüdischerseits konfrontiert wissen, die christliches Interesse für das Judentum als Eingriff, Einmischung und Aneignung fürchtet.

Doch gerade von den christlichen Theologen und Theologinnen erwartet Schalom Ben-Chorin »ein Gespür für das partiell exklusive Erinnerungsvermögen«[113].

Das Christentum ist in seinem Wesen Erinnerung: Erinnerung des Leidens, des Todes und der Auferstehung Jesu Christi. »Tut dies zu meinem Gedächtnis!« steht als Mahnung im Mittelpunkt der eucharistischen Liturgie.[114] Die Wieder-holung der erlösenden Passion eröffnet die sakrale Dimension der Erinnerung.

Geschult am jüdischen Geist als einem privilegierten Träger einer tief verwurzelten anamnetischen Kultur[115], muß eine *Ethik der Erinnerung* sich von jenem *z^{e}chor! (Erinnere Dich! Gedenke!)* herschreiben, dem Appell und Postulat einer Erinnerung im Sinne der Umkehr und des moralischen Handelns, das aus der Vergangenheit die Lehre für eine bessere Gegenwart und Zukunft zieht. Gedenken wird dann zum vorwärts gerichteten Denken.[116]

In der Gefühlswelt der Überlebenden bleibt die Erinnerung als Wunde lebendig. Ein Nacherleben und ein Lebendighalten des Schmerzes will Claude Lanzmann in seinem filmischen Werk *Shoah* durch die Gesprächs- und Regieführung, durch die Choreographie der Bilder und Geräusche bewirken. In der Abgrenzung von einer vergangenheitsorientierten Erinnerung inszeniert Lanzmann die Reinkarnation des Geschehens, um »etwas von dem Schmerz miterleben zu lassen, den das Zeugnis auslöst«[117].

Wir, Nachgeborene mit dem unliebsamen Erbe unserer Vorfahren, können nie symbiotisch, doch wohl solidarisch und anamnetisch erinnernd dem Leiden der Opfer begegnen. Denn Erinnerung ist Verbindung, wie Großvater Siskind in Meggeds Erzählung erklärt.

»Nur im Eingedenken des Vergangenen, das niemals ganz von uns durchdrungen wird«, schreibt Gershom Scholem, »kann neue Hoffnung auf Restitution der Sprache zwischen Deutschen und Juden, auf Versöhnung der Geschiedenen keimen.«[118]

Während ich diese Seiten in Tel Aviv schreibe, sehe ich am gegenüberliegenden Fenster einen alten Mann, der im Schein der Schabbatkerzen ein Fotoalbum durchblättert. Der analytische Verstand mag Formen und Inhalte der Erinnerungen prüfen, doch ist es letztlich das Herz, das im Innersten erinnert.

IV

Von der Botschaft des Begriffs
Moraltheologische Gedanken

> »Denk an die Tage der Vergangenheit,
> lerne aus den Jahren der Geschichte.«
> DEUTERONOMIUM 32,7

Nein, es war nicht leicht.

Neben dem inhaltlichen Umfang und enzyklopädischen Anspruch der Thematik lag die Schwierigkeit der Arbeit darin, die Vorstellung der Heiligung des göttlichen Namens in ihrer sakralen Dimension und ihrer schmerzlichen Manifestation im menschlichen Leben zu vermitteln. So haben auch Furcht und Ehrfurcht, die doch die eigentliche Erfahrung des Heiligen im menschlichen Kreaturgefühl widerspiegeln, mein Schreiben und meine Schrift begleitet.

Man kann eine Geschichte, die zu weiten Teilen mit Blut geschrieben worden ist, nicht mit schwarzer Tinte aufzeichnen.

Die Freude am Wort und an der Wissenschaft wich oft der Trauer über unsägliches Menschenleid. Ich habe in meinen Büchern viele Gesichter des Todes beschrieben, aber der Blick der Toten von Auschwitz läßt jedes Wort erstarren.

Flaubert erwog einmal, ein Buch über das Schweigen zu schreiben. Es stellt keine geringe Irritation dar, daß die Botschaft dieses Buches in allen Kapiteln ins Schweigen mündet. Auf vielen Seiten spreche ich über Unaussprechbares ...

Das Heilige, der Name, das Opfer, Martyrium, Schoah, Sprache, Schweigen und Erinnerung: Ich habe versucht, den weiten Assoziationsraum des Leitgedankens Kiddusch HaSchem auszuleuchten. Jede einzelne Studie dieser Schrift erforderte den Kunstgriff des »uno capite plura«, vieles in einer Einheit zu erfassen.

Es kann am Ende dieser Schrift nicht mein Anliegen sein, alle

Ergebnisse zusammenzufassen: »Die Möglichkeit des Resümees verantwortlich formulierter Dinge bezweifle ich.«[1]

Auch abschließend vermeide ich eine Engführung der Erkenntnisse in einen Religionsvergleich von Judentum und Christentum. Der Text bietet zwar reichlich Anregungen für eine Gegenüberstellung der beiden Religionen, aber ein nur flüchtiger Seitenblick würde den Ernst solcher Beobachtungen verkennen. Ich bitte um Kenntnisnahme des dargestellten Inhalts, eines Leitmotivs der jüdischen Religionsgeschichte und eines Propriums jüdischer Ethik.

Mir war daran gelegen, den hebräischen und jüdischen Schriften in ihrem inneren Gefälle zu folgen und die Wahrnehmung nicht vorab durch systematische Begriffe und moderne moraltheologische Kontroversen zu verstellen. Die Versuchung der Systematiker, die Bibel als Fundgrube für »dicta probantia« zu benutzen, wird hier durch den Aufweis eines Bedeutungsreichtums unterminiert, der von keiner systematischen Theologie voll ausgeschöpft werden kann.

Kiddusch HaSchem ist mehr als ein Kernbegriff der jüdischen Ethik, Religion und Geschichte, er ist ein Herzstück jüdischen Lebens und Sterbens. Über die Jahrhunderte hinweg bleibt die Leitidee des Kiddusch HaSchem lebendig und damit wandelbar. Selbst in der Kritik zeitgenössischer jüdischer Denker behauptet sie sich noch in der Kraft der Negation, kehrt bisweilen in neuer Konnotation zurück und findet letztlich zu ihrer tiefsten Wahrheit und Wesenheit, wo sie in das Ideal des Kiddusch HaChayim, der Heiligung des Lebens, übersetzt wird. Das Diktum, daß »nach Auschwitz (...) jüdisches Leben heiliger als jüdischer Tod (ist), selbst um der Heiligkeit Gottes willen«[2], mindert nicht, sondern stärkt die Grundbedeutung von Kiddusch HaSchem: Die Heiligung des göttlichen Namens war und ist immer die Heiligung des Lebens, denn der Bundesschluß und die Erwählungsverpflichtung Israels verlangen ein Leben mit und nach der Torah, die – mit Rabbi Akibas Worten – die »Stätte unseres Lebens«, das »Lebenselement« des Judentums ist.

Kiddusch HaSchem bedeutet in genere jüdisches Leben im Namen Gottes und nur in extremis jüdisches Sterben für den göttlichen Namen. Noch das jüdische Blutzeugnis bekundet nicht die Sehnsucht nach dem Tod, sondern den unbeugsamen Willen zu einem jüdischen Leben im Namen Gottes. Wo sich der Begriff des Kiddusch HaSchem zum Synonym des Martyriums verdichtet, wirkt er als Movens und Motor einer Gemeinschaft, die ihr religiöses Überleben noch mit dem Leben verteidigt.

Das Konzept des Kiddusch HaSchem trifft die theologisch-ethische Grundfrage nach sittlicher Beanspruchung und sittlichem Anspruch des Menschen, also die Frage nach der menschlichen Freiheit und ihrem letzten Grund in Gott. In der dynamischen Heiligung des Heiligen durch den Menschen wird die Heiligkeit Gabe und Aufgabe des Geschöpfs. Der Heilige erwählt sein heiliges Bundesvolk, damit es *Ihn* heilig halte (Lev 22,32).

Die rabbinische Tradition hat die personal-ethische Bedeutung des Konzepts stärker als die national-erlösende Dimension betont und entfaltete vor allem die zweite Perspektive des biblischen Themas: die menschliche Initiative der Heiligung, ohne jedoch Kiddusch HaSchem und Chillul HaSchem als göttliche Akte zu leugnen.[3]

Die menschliche Autonomie lebt aus der Theonomie wie die Theonomie aus der menschlichen Autonomie. Kiddusch HaSchem ist die unverbrüchliche Liebe Gottes zu seinem Bundesvolk und des jüdischen Volkes zu seinem Bundesgott. Liebe, die Beidseitigkeit und Erwiderung braucht.

Für eine biblisch geprägte Religiosität und Ethik stellt sich die Kompatibilität von Theonomie und Autonomie nicht eigentlich als Problem. Theonomie und Autonomie, wenn wir die heutigen Kategorien verwenden wollen, verbinden sich »im Glauben Israels zu einer Einheit«.[4] Die Heiligung des göttlichen Namens erscheint geradezu als symbiotische Summe eines theonom-autonomen Ethos, einer verantwortlich gelebten Sittlichkeit im Namen Gottes.

Die kritischste geschichtliche Manifestation des Kiddusch HaSchem in der Schoah stellt die theologisch-ethische Frage nach der menschlichen Freiheit und ihrem letzten Grund in Gott in äußerster Härte und kann die christliche Ethik nicht ins Schweigen entlassen.

Eine moraltheologische Antwort auf diese historische Herausforderung entwickelte Franz Böckle seit den sechziger Jahren in seiner ethischen Grundkonzeption einer »theonomen Autonomie«, wonach »eine richtig verstandene Autonomie nur begründet werden kann aus der Theonomie, das heißt aus dem Anspruch Gottes an den Menschen«[5]. Gerade die geschichtliche Erfahrung des Totalitarismus lehrt, daß der Mensch weder sich selbst als Individuum noch seine Gesellschaft absolut setzen darf. Die theologische Begründung der menschlichen Freiheit unter dem Anspruch Gottes führt nicht zu einer Verabsolutierung konkreter zwischenmenschlicher Verhaltensregeln, sondern verbietet im Gegenteil jede Absolutsetzung und besitzt insofern eine »fundamentale ideologie-kritische Funktion«.[6]

Als Erkenntnis aus den Kriegsjahren erklärt auch der Moraltheologe und einstige Konzilstheologe Bernhard Häring seine moraltheologische Neuorientierung: »Ich habe jedoch – Gott sei es geklagt – den absurdesten Gehorsam von Christen gegenüber einem verbrecherischen Regime erlebt. Und das hat sich radikal auf mein Denken und Handeln als Moraltheologe ausgewirkt. Nach dem Krieg kehrte ich zur Moraltheologie zurück mit dem festen Entschluß, sie so zu lehren, daß ihr Kernbegriff nicht Gehorsam, sondern Verantwortungsbereitschaft, Mut zur Verantwortung heißt. Und ich glaube, daß ich diesem Entschluß treu geblieben bin, sicherlich nicht zum Schaden von echtem Gehorsam, eben einem verantworteten Gehorsam, aber verbunden mit Freimut und kritischem Sinn.«[7]

So läßt sich auch der Gehorsam autonom und theonom verankern. »Wahrhafte Erfüllung der Theonomie kann nur ein Gehorsam propter mandatum, d. h. ein autonomer Gehorsam sein.«[8]

Die Vermittlung einer jüdischen Tradition an eine christliche Leserschaft stellt einen »Beitrag zum christlich-jüdischen Dialog« dar, wie es Schalom Ben-Chorin in seinem Vorwort zu meiner Schrift formuliert. Das christlich-jüdische Gespräch ist, wie er einmal kritisch kommentierte, »im allgemeinen durchaus von gutem Willen getragen, nicht aber von entsprechender Sachkenntnis«.[9] Im Blick auf die Ökumene der Weltreligionen erstaunt der Mangel an religionswissenschaftlicher Forschung zur Ethik der Religionen. Zudem überwiegt in der keineswegs umfangreichen Literatur zur Ethik nichtchristlicher Religionen das theologische Interesse für die Ethik des Islams oder des Buddhismus. Dennoch ist festzustellen: »Nicht das Ende der Religion ist in Sicht, sondern Begegnung und Dialog der Religionen haben begonnen.«[10]

Eine Begegnung zwischen jüdischem Glauben und christlicher Religion will auch dieses Buch anbahnen, denn Bücher – notierte der italienische Schriftsteller Cesare Pavese – »sind Mittel, um zu den Menschen zu gelangen«.[11]

Zu den Toten führt nur der Weg der Erinnerung. Das jüngste Kapitel jüdischer Leidensgeschichte rückt in den Mittelpunkt der Ausführungen: Im Schatten der Schoah setze ich mich mit den Fragen der Theodizee, des Martyriums, der Erinnerung und der Sprache auseinander. Die Gedanken über Sprache und Schweigen nach Auschwitz sind von grundlegender Bedeutung für die Alltagssprache, Literatur, Wissenschaft und für die Theologie. Denn die theologische Reflexion nach der Schoah sollte zu einer Sprache finden, welche die Gebrechlichkeit und Gebrochenheit des Menschen vor Gott zur Sprache bringt und nicht in deklamatorischer Rede tarnt.

Das abschließende Kapitel referiert nicht nur die jüdische Gedächtniskultur, sondern plädiert auch für eine Ethik der Erinnerung und Verantwortung im Christentum, für eine Erinnerung »mit Zukunftsgehalt« (Johann Baptist Metz).

Die Erinnerung an die Schoah gewinnt eine bittere Aktualität: Brandanschlag auf die Gedenkstätte Sachsenhausen; jüdische Friedhöfe, Mahnmale und Stätten der Erinnerung werden wieder geschändet in Deutschland.

Bereits im Jahre 1952 formulierte Romano Guardini seine *Gedanken zur jüdischen Frage* in einer Universitätsrede unter dem Titel *Verantwortung*. Das Wort »Kollektivschuld« ersetzte er durch den Begriff der »Kollektivverantwortung« und warf der nackriegsdeutschen Gesellschaft die Verdrängung der Vergangenheit vor, die wie »ein stummer Block in ihrem Gemüt (sitzt); unbewältigt und gefährlich«.[12] Vor mehr als vier Jahrzehnten rief Guardini auf, jeder Verdrängung, Leugnung, Bagatellisierung oder gar Rechtfertigung des ungeheuerlichen Geschehens zu wehren: »Meine Damen und Herren: *Erlauben Sie das nicht!* Es geht um etwas, das unser alles Gemeinsames betrifft, die kommende Geschichte.«[13]

In diesem vielleicht barbarischsten Jahrhundert der Neuzeit wird »Verantwortung« zum Brennpunkt und Prüfstein einer christlichen Ethik. Es bleibt ihre vorrangige Aufgabe, die Geschichte als Verantwortung für die Gegenwart und vor Gott auszulegen.

Anmerkungen

I VOM WIDERSTAND DES BEGRIFFS

[1] Phillip Sigal, Judentum, Stuttgart, Berlin, Köln, Mainz 1986, S. 13.
[2] Ebd. S. 268.
[3] Hermann Cohen, Das Problem der jüdischen Sittenlehre. Eine Kritik an Lazarus' Ethik des Judentums, in: Ders., Jüdische Schriften, hrsg. von Bruno Strauß, 3 Bde., Bd. 3, Berlin 1924, S. 1–35; S. 10.
[4] Moritz Lazarus, Ethik des Judenthums, Frankfurt a. M. 1898 (Bd. 1), 1911 (Bd. 2, posthum hrsg. von J. Winter und A. Wünsche).
[5] Vgl. Rudolf Hofmann, Moraltheologische Erkenntnis- und Methodenlehre, München 1963, S. 9–54.
[6] Ebd. S. 215f.
[7] Wilhelm Dilthey, zit. in: Helmut Kron, Ethos und Ethik. Der Pluralismus der Kulturen und das Problem des ethischen Relativismus, Frankfurt a. M., Bonn 1960, S. 115.
[8] Peter Sloterdijk, Kritik der zynischen Vernunft, Frankfurt a. M. 1983, Bd. 2, S. 531; hier auch das Zitat von Arnold Gehlen im Kontext von Sloterdijks Phänomenologie des »Wissenszynismus«.
[9] Friedrich Niewöhner, Der Name und die Namen Gottes. Zur Theologie des Begriffs »Der Name« im jüdischen Denken, in: Archiv für Begriffsgeschichte 25 (1981), S. 133–161; S. 148.
[10] Bernd Jörg Diebner, »Synchronie« als Aufgabe, in: Dielheimer Blätter zum Alten Testament und seiner Rezeption in der Alten Kirche 26 (1989/90), S. 5–14; S. 10.
[11] Jean Starobinski, Die Ethik des Essays, in: Neue Rundschau 98 (1987), S. 5–22.
[12] Max Bense, Über den Essay und seine Prosa, in: Merkur 1 (1947), S. 414–424; S. 422.
[13] Ebd. S. 418.
[14] Vgl. Theodor W. Adorno, Der Essay als Form, in: Ders., Noten zur Literatur, hrsg. von Rolf Tiedemann, Frankfurt a. M. 1989, S. 9–33; S. 10f, 22, 24, 33.
[15] Georg von Lukács, Die Seele und die Formen, Berlin 1911, S. 21.
[16] Vgl. Jakob Wassermann, Deutscher und Jude. Reden und Schriften 1904–1933, hrsg. von Dierk Rodewald, Heidelberg 1984; Bense, Über den Essay und seine Prosa, S. 423. Meine Option für dieses Genre: Verena Lenzen, Zum Empfang des Ernst-Robert-Curtius-Förderpreises, in: Ernst-Robert-Curtius-Preis für Essayistik. Dokumente und Ansprachen, Bonn 1990, S. 25–31.
[17] Helmut Heißenbüttel, 13 Hypothesen über Literatur und Wissenschaft als vergleichbare Tätigkeiten, in: Ders., Über Literatur, München ²1972, S. 195–204; S. 204 (Kontext: Unerklärbarkeit der Welt).

II VOM WESEN UND WERDEN DES BEGRIFFS
Vom Nennen des göttlichen Namens zur Nennung der Namenlosen

[1] J. Buxtorfii Filii De Nominibus Dei Hebraicis. Dissertationes Philologico-Theologicae, Basel 1662, S. 227: El, Elohim, Elohai (Elohe), Zebaoth, Eljon, Ehejeh, Adonai, Jah, Schaddai, Jhwh. Mit Bezug auf: Hieronymus, Epistola XXV. Ad Marcellam: De decem Nominibus Dei, Opera III, Basel 1537, S. 91. Vgl. Friedrich Niewöhner, Der Name und die Namen Gottes. Zur Theologie des Begriffes »Der Name« im jüdischen Denken, in: Archiv für Begriffsgeschichte 25 (1981), S. 133–161; S. 135.

[2] Martin Luther, Vom Schem Hamphoras und vom Geschlecht Christi, in: Werke. Kritische Gesamtausgabe, Bd. 53, Weimar 1920, S. 606.

[3] Vgl. Arthur Marmorstein, The old Rabbinic Doctrine of God. I. The Names and Attributes of God, New York (1927) 1968, S. 54–107; Emmanuel Levinas, Le Nom de Dieu d'après quelques textes talmudiques, in: L'analisi del linguaggio teologico. Il nome di Dio, hrsg. von Enrico Castelli, Padova 1969, S. 155–167.

[4] Vgl. Samuel S. Cohon, The Name of God. A Study in Rabbinic Theology, in: Hebrew Union College Annual XXII/I (1950/51), S. 579–604; S. 596f. Die Haggadah betrachtet den 72buchstabigen Namen als den Namen, mit dem Gott Israel aus Ägypten befreit hat, und sie leitet ihn von den drei Versen Ex 14,19–21 ab, die jeweils 72 Buchstaben enthalten.

[5] Petrus Galantinus, De Arcanis Catholicae Veritatis, II 17, Frankfurt 1672, S. 98f, zit. nach: Niewöhner, Der Name und die Namen Gottes, S. 135.

[6] Vgl. Cohon, The Name of God, S. 600.

[7] Vgl. ebd.

[8] Vgl. ebd. S. 601.

[9] Vgl. Niewöhner, Der Name und die Namen Gottes, S. 136. Ebd. S. 134: »Die Unterscheidung zwischen den ›Benennungen‹ Gottes – in der Literatur als ›Askara‹ bezeichnet, eine Abkürzung von ›Haskarat Haschem‹, ›Aussprechen des Namens‹ – und dem ›Namen‹ (›schem‹) geht nach talmudischer Tradition auf Ex. 3,25 zurück: ›R. Abina wies auf einen Widerspruch hin: es heißt ›Dies ist mein Name auf ewige Zeiten‹ dagegen heißt es ›dies ist meine Benennung von Geschlecht zu Geschlecht‹!‹(b. Pesahim III, 8, fol. 50a).«

[10] Vgl. ebd. S .136–142.

[11] Heinrich Heine, Nächtliche Fahrt, in: Ders., Werke in vier Bänden, hrsg. von Paul Stapf, Basel, Bd. 2, Stuttgart o. J., S. 225f; S. 226.

[12] Vgl. Niewöhner, Der Name und die Namen Gottes, S. 139.

[13] Es ist umstritten, inwieweit es eine eigene Namenstheologie in der Hebräischen Bibel gibt. Nach Auffassung von Mettinger hat die *schem*- und *kawod*-Theologie in exilischer Zeit die *zewaot*-Theologie abgelöst. Die *schem*-Theologie wird dem deuteronomistischen Umfeld zugeschrieben; Ezechiel und die Priesterschrift verwenden zwar auch *schem* für JHWH, aber nicht in der zentralen Weise des Deuteronomisten. Der Ursprung der Bezeichnung *schem* wird in vorexilischer Zeit vermutet. Vgl. Tryggve N. D. Mettinger, The Dethronement of Sabaoth: Studies in the Shem and Kobod Theologies, Lund 1982, S. 42–45: Forschungsgeschichte der Namenstheologie.

[14] Vgl. Leopold Löw, Die Aussprache des vierbuchstabigen Gottesnamens (1867), in: Ders., Gesammelte Schriften, Bd. I, o. O. (1889) 1979, S. 187–212; S. 187–189.

[15] Gerhard von Rad, Theologie des Alten Testaments, Bd. I, München 1957, S. 185.

[16] Vgl. Gershom Scholem, Der Name Gottes und die Sprachtheorie der Kabbala, in: Ders., Judaica 3. Studien zur jüdischen Mystik, Frankfurt a. M., S. 7–70; S. 11; S. 14: »Er ist eine innerweltliche, in der Schöpfung wirkende Konfiguration der Macht, ja der Allmacht Gottes.« Vgl. unten: »Vom Heiligen zur Heiligung«.

[17] Heiliger Name; Name meiner Heiligkeit: Ez 20,39; 36,20–22; 39,7.25; 43,7f; Ps 3,21; 105,3; 106,47; 111,9; 1 Chr 16,10.35; 29,16. Sein Name ist »der Heilige«: Jes 57,15.

[18] Vgl. Niewöhner, Der Name und die Namen Gottes, S. 146.

[19] Den Namen segnen *(brk)*: Ps 72,19; 96,2; 100,4; 113,2; 145,21; Ijob 1,21; Neh 9,5; Dan 2,20 (aram.). – Den Namen entweihen: Ex 20,7; Lev 18,21; 19,12; 20,3; 21,6; 22,2.32; 24,16; Dtn 5,11; Jer 34,16; Jes 52,5; Ez 20,39; 36,20f; 39,7; 43,7f; Joel 2,26; Am 2,7; Ps 74,18; Spr 30,9. – Das Haus heiligen für meinen Namen: 1 Kön 9,7; 2 Chr 7,20.

[20] Die Abkürzungen »v. Z.« bzw. »n. Z.« (vor bzw. nach der Zeitenwende) werden wegen der größeren sprachlichen Neutralität hier vorgezogen.

[21] Scholem, Der Name Gottes und die Sprachtheorie der Kabbala, S. 17, vgl. S. 16.

[22] Niewöhner, Der Name und die Namen Gottes, S. 144.

[23] Vgl. Scholem, Der Name Gottes und die Sprachtheorie der Kabbala, S. 11.

[24] Vgl. ebd. S. 69, 19.

[25] Paul Riessler, Altjüdisches Schrifttum außerhalb der Bibel, Heidelberg ³1975: Jubiläenbuch oder Kleine Genesis, S. 539–666; S. 636.

[26] Vgl. Cohon, The Name of God, S. 594.

[27] Scholem, Der Name Gottes und die Sprachtheorie der Kabbala, S. 10: »Die Sprache Gottes, die sich in den Namen Gottes kristallisiert und letzten Endes in dem *einen* Namen, der ihr Zentrum ist, liegt aller gesprochenen Sprache zugrunde, in der sie sich reflektiert und symbolisch erscheint.« Vgl. Cohon, The Name of God, S. 595, Quellenverweis: Pirke de Rabbi Eliezer, 3, und Sefer Jezirah, wonach die Welt durch die Kombination der Buchstaben des göttlichen Namens geschaffen wurde.

[28] Vgl. bT Sota 38a; Joma 66a. bT = Babylonischer Talmud, zit. nach der deutsch-hebräischen Ausgabe: Babylonischer Talmud. Mit Einschluß der vollständigen Misnah, Haag 1933.

[29] Vgl. Scholem, Der Name Gottes und die Sprachtheorie der Kabbala, S. 15.

[30] Vgl. Mose ben Maimon, Führer der Unschlüssigen I 61, übers. u. komm. von Adolf Weiss, Bd. I, Hamburg 1972, S. 221–227; S. 226f.

[31] Ebd. S. 224. Für Maimonides ist der Name *Ihvh* (JHWH) der unabgeleitete und unaussprechbare, einzige und eigentümliche Name Gottes.

[32] Vgl. Niewöhner, Der Name und die Namen Gottes, S. 134.

[33] Scholem, Zehn unhistorische Sätze über die Kabbala, S. 264–271; S. 270f.

[34] Vgl. oben: »Vom Widerstand des Begriffs«.

[35] Vgl. unten: »Sprache und Schweigen«.

[36] Hermann Cohen, Die religiösen Bewegungen der Gegenwart, in: Jüdische Schriften, hrsg. von Bruno Strauß, Bd. I, Berlin 1924, S. 36–65; S. 63.

[37] Ein Wort Celans und der Titel des Buches: Christoph Jamme, Otto Pöggeler (Hrsg.), »Der glühende Leertext«. Annäherungen an Paul Celans Dichtung, München 1993. Ebd. S. 275–310: Lydia Koelle, Celans *Jerusalem*, benennt die Verf. treffend die Gefahren einer Interpretation von Celans Werk unter Zuhilfenahme theologischen Wissens: Integralismus, Paratheologie und Vulgärrezeption (S.300). An diesem kritischen Maßstab müßte sich auch der Versuch messen, den Zusammenhang der kabbalistischen Sprachtheologie und der vielschichtigen Dichtung Celans zu beschreiben. Friedrich G. Hoffmann, Herbert Rösch, Grundlagen, Stile, Gestalten der deutschen Literatur, Frankfurt a. M. 1972, S. 380–382, gehen hingegen im Literaturverweis sogar so weit: »Die sicherste Einführung bietet ein intensives Studium der Bücher von Gershom Scholem über die jüdische Mystik und ihre Symbolik«(S. 382). Die Autoren wenden, was eine Erweiterung des Blicks bewirken könnte, in eine interpretative Engführung, wenn sie zu glatte Gleichungen setzen und behaupten: »Jeder Versuch, die Gedichte ohne Kenntnis des Buches *Bahir*, des *Sohar*, der lurianischen Mystik und ihrer mythischen Einsprengsel deuten zu wollen, muß in die Irre gehen, zumal Celan für die gedrängten Abbreviaturen, in denen er Intention, Beginn und Grenze des poetischen Aktes festhält, die kabbalistische Symbolik nicht wörtlich übernimmt. ... In der Mystik der Kabbala fand er die Sprachproblematik der modernen Lyrik vorformuliert. Er führt diese auf ihren Ursprungsort zurück« (ebd.).

[38] Paul Celan, Gesammelte Werke in fünf Bänden, hrsg. von Beda Allemann, Stefan Reichert, Bd. 1, Frankfurt a. M. 1986, S. 211: »Es war Erde in ihnen«.

[39] Ebd. S. 225: »Psalm«. Vgl. auch das in diesem Kapitel als Motto zitierte Gedicht »KEIN Name, der nennte« des Zyklus »Fadensonnen« (1968), in: Bd. 2, S. 226. Es können hier nur Schlaglichter auf die Problematik geworfen werden; eine verantwortliche Studie verlangte gründlichere Textarbeit.

[40] Ders., Gespräch im Gebirg, in: Bd. 3, S. 169–173; S. 169.

[41] Nelly Sachs, Fahrt ins Staublose. Gedichte, Frankfurt a. M. 1961, S. 141: »Chassidische Schriften«.

[42] Gershom Scholem, Die Geheimnisse der Schöpfung. Ein Kapitel aus dem kabbalistischen Buche Sohar, Frankfurt a. M. 1971, S. 31.

[43] Edmond Jabès, Das Buch der Fragen, Frankfurt a. M. 1989, S. 33. Der Name ist in diesem Buch durchgängig von Bedeutung.

[44] Ebd. Klappentext.

[45] Vgl. Günther Nenning, Heim zu den Buchstaben. Eine Ausstellung in Wien über das jüdische Alphabet, in: Die Zeit, Nr. 47 v. 13. 11. 1992, S. 69. Peter Daniel schrieb auch ein Buch »En-Sof. Ewiges immer«. Den gleichen Titel trug seine Ausstellung im Wiener Literaturhaus im November 1992.

[46] Theodor W. Adorno, Quasi una Fantasia, in: Ders., Musikalische Schriften, Bd. II, Frankfurt a. M. 1963, S. 11. Vgl. Friedemann Grenz, Adornos Philosophie in Grundbegriffen. Auflösung einiger Deutungsprobleme, Frankfurt a. M. ²1975, S. 211–221: »Adornos Philosophie der Sprache oder die Lehre vom Nennen des göttlichen Namens«.

[47] Hermann Cohen, Die religiösen Bewegungen der Gegenwart, S. 63.

[48] Franz Rosenzweig, Der Stern der Erlösung. Mit einer Einführung von Reinhold Mayer und einer Gedenkrede von Gershom Scholem, Frankfurt a. M. 1988, S. 426.

[49] Ebd. S. 427.
[50] Sidur Safa Berura. Mit deutscher Übersetzung von S. Bamberger, Basel 1972, S. 36ff. Das Sch^ema $Jisrael$ wird geläufig, doch nicht ganz treffend als Haupt-»Gebet« bezeichnet; vgl. Johann Maier, Art. Shema 'Jisra'el, in: Ders., Peter Schäfer, Kleines Lexikon des Judentums, Stuttgart ²1987, S. 276. Jeshajahu Leibowitz machte mich nachdrücklich darauf aufmerksam, daß das Sch^ema $Jisrael$ kein Gebet, sondern ein Text Gottes sei, der gelesen bzw. vorgetragen werde.
[51] Elie Munk, Die Welt der Gebete. Kommentar zu den Werktags- und Sabbat-Gebeten nebst Übersetzung, Basel 1985, S. 136.
[52] Vgl. ebd.
[53] Ebd. S. 138.
[54] Zohar, Num 195b. In der Gebetsliturgie wurde die Bereitschaft zum Martyrium biblisch durch Ps 44,12.23 begründet; vgl. oben: »Vom Opfer zum Selbstopfer oder Gewaltopfer«.
[55] Trudi Birger, Jeffrey M. Green, Im Angesicht des Feuers. Wie ich der Hölle des Konzentrationslagers entkam, München, Zürich 1990, S. 148f.
[56] Mordechai Eliav, Ich glaube. Zeugnisse über Leben und Sterben gläubiger Leute in der Schoah, Jerusalem o. J., eigene Übersetzung aus dem Hebräischen; S. 42ff (»An der Öffnung des Schmelzofens«); vgl. ebd. S. 54 (»Sch^ema Jisrael«): »Und es erscholl der erhabene Ruf ›Sch^ema Jisrael‹ und stieß an die Wände des Gebäudes. Jüngling und Greis, Frauen und Kinder streckten ihre Hände nach oben mit einem einzigen drohenden Geheul, das meinen ganzen Körper erzittern ließ.«
[57] Ebd. S. 49ff (»Ich will gedenken Gottes und seufzen«); vgl. ebd. S. 61 (»Siehe, ich bringe mich selbst zum Opfer dar«); S. 135ff (»Über den richtigen Segenstext Kiddusch HaSchem«).
[58] Arnold Schönberg, Ein Überlebender aus Warschau, in: Schalom Ben-Chorin, Ich lege meine Hand auf meinen Mund. Meditation zu Johannes Brahms »Ein Deutsches Requiem« (Ausschnitte) und Arnold Schönberg »Ein Überlebender aus Warschau«, Zürich 1992, S. 30–33; S. 32f.
[59] Jean Améry, Jenseits von Schuld und Sühne. Bewältigungsversuche eines Überwältigten, Stuttgart 1977, S. 154f. Zur Situation der Gläubigen und der Atheisten im Konzentrationslager vgl. ebd. S. 33–37.
[60] Vgl. unten: »Von Kiddusch HaSchem zu Kiddusch HaChayim«.
[61] Adolf Hitler, Mein Kampf, München ⁷1933, S. 70; zit. in: NS Briefe. Schulungsblätter der NSDAP im Rhein-Main-Gebiet, Jg. 6., F. 75 (Oktober 1938).
[62] Vgl. Alex Carmel, Die Siedlungen der württembergischen Templer in Palästina 1868–1918. Ihre lokalpolitischen und internationalen Probleme, Stuttgart 1973.
[63] Elie Wiesel, Die Nacht zu begraben, Elischa. Roman, Frankfurt a. M., Berlin, Wien ³1990, S. 66. Vgl. Cordelia Edvardson, Gebranntes Kind sucht das Feuer, München ³1991, S. 46. In ihrem autobiographischen Buch erinnert sich C. Edvardson, wie ihr in Auschwitz-Birkenau die Nummer einer toten jüdischen Frau zugeteilt wurde. Die Nummer wird hier zum Substitut des Namens, das die Schicksale von zwei fremden Menschen verbindet: »Aber das Mädchen lebte und trug ihre Nummer, und diese Nummer wurde zu einem Bindeglied zwischen ihnen, einem Blutsband. 3709 würde nicht vergessen, nicht völlig ausgelöscht ein, solange A 3709 lebte und atmete,

wenn auch mit Mühe. Von nun an würde das Leben des Mädchens nie mehr nur ihr eigenes sein, eine andere hatte teil daran, ›jetzt und in der Stunde unseres Todes‹.«

[64] Vgl. unten: »Ethik der Erinnerung«. Bibelzitate nach der Einheitsübersetzung.

Vom Heiligen zur Heiligung

[1] Vgl. Haralds Biezais, Die heilige Entheiligung des Heiligen, in: Alcheringa oder die beginnende Zeit. Studien zu Mythologie, Schamanismus und Religion, hrsg. von Hans Peter Duerr, Frankfurt a. M. 1989, S. 163–190; S. 173, 184: Haltlos ist Heilers Behauptung, eine dreiköpfige Shiva im Tempel zu Elephanta in Indien habe Ottos Deutung des Heiligen angeregt, da diese Erfahrung später datiert. Die Berufung auf Jesaja und Ottos Notizen veranlassen Biezais zu der Vermutung, daß dieses Erlebnis die bekannte Identifizierung begründet hat. Er verweist auf Ottos Aufzeichnung (1911), ebd. zit. S. 184, Anm. 41: »Plötzlich löst sich die Stimmenverwirrung und – ein feierlicher Schreck fährt durch die Glieder – einheitlich, klar und unmißverständlich hebt es an: Kadosch Kadosch Kadosch Elohim Adonai Zebaoth Male'u haschamajim waharez kebodo! – Ich habe als Sanctus, Sanctus, Sanctus von den Kardinälen in Sankt Peter und das Swiat, Swiat, Swiat in der Kathedrale des Kreml und das Hagios, Hagios, Hagios vom Patriarchen in Jerusalem gehört. In welcher Sprache immer sie erklingen, diese erhabensten Worte, die je von Menschenlippen gekommen sind, immer greifen sie in die tiefsten Gründe der Seele, aufregend und rührend mit mächtigem Schauer das Geheimnis des Überweltlichen, das dort unten schläft.«

Zwar bezeichnet Otto diese Erfahrung nicht als Geburtsstunde seiner späteren Deutung des Heiligen, doch für Biezais liegt die Annahme nahe. In *Das Heilige* betont Otto die Bedeutung und Wirkung des Trishagion: »Wem nicht inne wird was das Numinose ist, wenn er das sechste Kapitel des Jesaias liest, dem hilft kein ›Klingen Singen und Sagen‹.« In: Rudolf Otto, Das Heilige. Über das Irrationale in der Idee des Göttlichen und sein Verhältnis zum Rationalen, München $^{31\text{-}35}$1963, S. 79f. (Ottos Orthographie und die Interpunktion der Sonderausgabe werden übernommen.)

[2] Emile Durkheim, Die elementaren Formen des religiösen Lebens, Frankfurt a. M. 1981.

[3] Friedrich Schleiermacher, Über die Religion. Reden an die Gebildeten unter ihren Verächtern, hrsg. von Rudolf Otto, Göttingen ^{6}1967.

[4] Nathan Söderblom, Das Heilige (Allgemeines und Ursprüngliches), in: Die Diskussion um das »Heilige«, hrsg. von Carsten Colpe, Darmstadt 1977, S. 76–116; S. 76 (aus: Ders., Holiness (General and Primitive), in: Encyclopaedia of Religion and Ethics VI (1913), S. 731–741).

[5] Hans Waldenfels, Das Heilige als Grundkategorie religiöser Erfahrung, in: Stimmen der Zeit 116 (1991), S. 17–32; S. 17.

[6] Otto, Das Heilige, S. 8. Vgl. Ders., Der Sensus numinis als geschichtlicher Ursprung der Religion. Eine Auseinandersetzung mit Wilhelm Wundts »Mythus und Religion« (1932), in: Die Diskussion um das »Heilige«, S. 257–301; S. 297: »Ohne diesen Trieb und das ihm unterliegende Erleben selber anzusetzen, kann man nicht Religionsgeschichte schreiben. Sie wäre eine Geometrie ohne den Raum. Es wäre so, als wenn man sich bemühen

würde, unter Leugnung eines selbständigen musikalischen Gefühles und einer eigenen musikalischen Anlage eine Musikgeschichte zu schreiben, mit dem beharrlichen Bemühen, die Äußerungen derselben etwa zu deuten als eine Art Turnen oder einer gymnastischen Übung.« Hier setzt die Kritik an Ottos erkenntnistheoretischer Basis an, das Numen als transzendent-gegenständliche Größe unmittelbar aus dem bewußtseinsimmanenten Gefühl ableiten zu wollen. Vgl. Biezais, Die heilige Entheiligung des Heiligen, S. 172. Zur Kritik an Otto: vgl. Friedrich Karl Feigel, »Das Heilige« (Auszüge), in: Die Diskussion um das »Heilige«, S. 380–405; Walter Baetke, Das Phänomen des Heiligen. Eine religionswissenschaftliche Grundlegung, in: Die Diskussion um das »Heilige«, S. 337–379; Joseph Geyser, Intellekt oder Gemüt? (Auszüge), in: Die Diskussion um das »Heilige«, S. 302–336. Zur Verteidigung Ottos und Kritik an Baetke: vgl. Werner Schilling, Das Phänomen des Heiligen. Zu Baetkes Kritik an Rudolf Otto, in: Die Diskussion um das »Heilige«, S. 406–427. In der Nachfolge Feigels konzentriert sich Baetkes Kritik an Otto vor allem auf den Vorwurf des Psychologismus und Sensualismus, ferner auf eine Verkennung des soziologischen Momentes der Religion, der Bedeutung von Überlieferung und Glaube für die Religion und der ethischen Dimension des Heiligen. – Den Einzelheiten der Auseinandersetzung um Otto gehe ich hier nicht nach, schließe mich jedoch grundsätzlich Schillings Auffassung an: »Auch wenn man sich nicht völlig und in allen Stücken der Ottoschen Konzeption verschreibt, wird man ihm danken müssen, daß er unsere Rationalisierungen zu einem guten Teile aufgelockert hat. Wer ihm aber hierin irgendwie zu folgen vermag, auf den werden alle Einwände wertfreier rationaler Denkkriterien, wie z. B. der Vorwurf des ›heillosen Psychologismus‹, der ›psychologischen Unmöglichkeit‹, einen entscheidenden Eindruck nicht machen« (ebd. S. 416f).

[7] Otto, Das Heilige, S. 79.
[8] Ebd. S. 80.
[9] Vgl. Untertitel des Buches.
[10] Vgl. ebd. S. 6.
[11] Vgl. ebd. S. 10, 20.
[12] Vgl. ebd. S. 42.
[13] Vgl. ebd. S. 14ff, 42ff.
[14] Aurelius Augustinus, Bekenntnisse 11,9,11.
[15] Vgl. Mircea Eliade, Das Heilige und das Profane. Vom Wesen des Religiösen, Frankfurt a. M. 1987, S. 14.
[16] Söderblom, Das Heilige, S. 76.
[17] Vgl. Theodorus Pieter van Baaren, Religiöse Erfahrung, in: Alcheringa, S. 149–162; S. 156.
[18] Vgl. Biezais, Die heilige Entheiligung des Heiligen, S. 170.
[19] Vgl. Eliade, Das Heilige und das Profane, S. 177f, 180.
[20] Vgl. Biezais, Die heilige Entheiligung des Heiligen, S. 186, Anm. 57.
[21] Vgl. Heinrich Groß, Art. Heiligkeit, in: Handbuch theologischer Grundbegriffe, hrsg. von Heinrich Fries, München 1962, Bd. 1, Sp. 653–658; S. 653; N. Wokart, Art. Heilig, Heiligkeit, in: Historisches Wörterbuch der Philosophie, hrsg. von Joachim Ritter, Darmstadt 1974, Bd. 3, Sp. 1034–1037; Sp. 1034.
[22] Holmer Ringgren, Art. qds, in: Theologisches Wörterbuch zum Alten

Testament, hrsg. von Heinz-Josef Fabry, Holmer Ringgren, Stuttgart 1989, Bd. VI, Sp. 1179–1204; Sp. 1181.

[23] Vgl. ebd.

[24] Vgl. Diether Kellermann, Art. Heiligkeit, II. Altes Testament, in: Theologische Realenzyklopädie, hrsg. von Gerhard Müller, Berlin, Bd. XIV, S. 697–703; S. 698.

[25] Vgl. ebd. S. 698; Ringgren, Art. qds, Sp. 1181; Hans-Peter Müller, Art. qds heilig, in: Theologisches Wörterbuch zum Alten Testament, hrsg. von Ernst Jenni, Claus Westermann, München 1979, Bd. II, S. 589–609; S. 590.

[26] Kellermann, Art. Heiligkeit, S. 698.

[27] Müller, Art. qds, S. 589. Vgl. Baetke, Das Phänomen des Heiligen, S. 379: Die Wissenschaft »darf keineswegs von der Annahme ausgehen, daß ein Wort, das zur Bezeichnung des Heiligen dient, ursprünglich einem andern Bedeutungsbereich angehörte; denn Religion ist ja nicht etwas, was jünger wäre als die profanen Kulturbereiche; diese sind ja im Gegenteil fast alle erst aus dem religiösen hervorgegangen. Wir müssen deshalb damit rechnen, daß es zum mindesten neben den auf Übertragung beruhenden urtümliche religiöse Bezeichnungen gibt, die nicht weiter ableitbar sind.«

[28] Vgl. Biezais, Die heilige Entheiligung des Heiligen, S. 185, Anm. 46: Mircea Eliade, Die Religionen und das Heilige, Salzburg 1954, S. 23.

[29] Vgl. ebd. S. 185, Anm. 47. Biezais folgert, ebd. S. 179, daß die Begriffe sakral und profan nur als relative, kontextanhängige Begriffe im heuristischen Sinne zu verwenden sind.

[30] Eliade, Das Heilige und das Profane, S. 26.

[31] Ebd. S. 27.

[32] Vgl. ebd. S. 156ff.

[33] Ebd. S. 26.

[34] Müller, Art. qds, S. 590.

[35] Franz Rosenzweig, Der Stern der Erlösung. Mit einer Einführung von Reinhold Mayer und einer Gedenkrede von Gershom Scholem, Frankfurt a. M. 1988, S. 427.

[36] Vgl. Söderblom, Das Heilige, S. 99–103. Söderblom veranschaulicht diese drei Stadien tabellarisch:

1. heilig unrein	2. heilig rein	3. heilig
profan rein	profan unrein	rein gewöhnlich unrein

[37] Vgl. Roland Barthes, Mythen des Alltags, Frankfurt a. M. ⁶1981; Dietmar Kamper, Christoph Wulf (Hrsg.), Das Heilige. Seine Spur in der Moderne, Frankfurt a. M. 1987; Biezais, Die heilige Entheiligung des Heiligen, S. 163–190; Eliade, Das Heilige und das Profane, S. 177: »Man könnte ein ganzes Buch schreiben über die Mythen des modernen Menschen, über die getarnten Mythologien in den Schauspielen, die er bevorzugt, in den Büchern, die er liest. Das Kino, diese ›Traumfabrik‹, macht sich zahllose mythische Motive zunutze: (...) Selbst die Lektüre hat eine mythologische Funktion: sie ersetzt nicht nur die Mythenerzählung in der archaischen Gesellschaft und die mündlich überlieferte Dichtung, die heute noch in den ländlichen Gemeinschaften Europas lebendig ist, sondern sie bietet dem modernen Menschen vor allem die Möglichkeit, ›aus der Zeit herauszutreten‹, ähnlich wie die Mythen es früher taten. Ob man mit einem Kriminalroman die Zeit ›totschlägt‹ oder in das zeitlich fremde Universum eines

Romans eindringt, das Lesen trägt den modernen Menschen aus seiner persönlichen Zeit heraus, es fügt ihn anderen Rhythmen ein und läßt ihn in einer anderen ›Geschichte‹ leben.«

[38] Ernst Simon, Totalität und Antitotalitarismus als Wesenszüge des überlieferten Judentums, in: Ders., Entscheidung zum Judentum. Essays und Vorträge, Frankfurt a. M. 1980, S. 33–74; S. 44. Ebenfalls in: Schalom Ben-Chorin, Verena Lenzen, (Hrsg.), Jüdische Theologie im 20. Jahrhundert, München, Zürich 1988, S. 319–351; S. 328.

[39] Vgl. u. »Vom Opfer zum Selbstopfer oder Gewaltopfer« und »Vom Blutzeugnis zum Lebenszeugnis«.

[40] Vgl. Samuel David Luzzato, Die Wurzel qds, in: Bikure Haittim NF. I, Wien 1845, S. 33–35; S. 34f. Ohne weiteren Kommentar legt Luzzato hier seine Etymologie der Wurzel *qds* dar. In seinem Kommentar zu Jesaja wendet Luzzato bei Jes 5,16 seine typologische These getreulich an; vgl. Ders., Il Profeta Isaia volgarizzato e commentato ad uso degli Israeliti, Padua 1867, S. 84.

[41] Vgl. Ders., Die Wurzel qds, S. 36. Luzzato hatte bereits 1845 den sprachkritischen Einwand gegen seine Deutung von *qds* als zweigliedriges Kompositum *qd-'es* formuliert: Ein aus zwei Wörtern zusammengesetztes Wort sei »ein keineswegs gebräuchlicher, sondern seltener Fall in der heiligen Sprache und ihren Verwandten«, doch sei die Existenz zusammengefügter Wurzeln im Hebräischen nicht gänzlich zu leugnen. Hier ist anzumerken, daß der Wegfall vollwertiger Stammvokale im Mischnah-Hebräisch zwar durchaus angängig ist, sich aber im Bibelhebräisch nicht belegen läßt.

[42] Vgl. Ringgren, Art. qds, Sp. 1181.

[43] Vgl. Hans Hermann Henrix, Von der Nachahmung Gottes. Heiligkeit und Heiligsein im biblischen und jüdischen Denken, in: Erbe und Auftrag 65 (1989), S. 177–187; S. 179.

[44] Biblia Sacra iuxta Vulgatam Versionem, Stuttgart 1983.

[45] Vgl. unten: »Von Kiddusch HaSchem zu Kiddusch HaChayim«.

[46] René Girard, Das Heilige und die Gewalt, Zürich 1992, S. 51. Bislang wurde Girards These nur von wenigen Theologen rezipiert, so: Hans Waldenfels, Das Heilige als Grundkategorie religiöser Erfahrung; Norbert Lohfink, Gewalt und Gewaltlosigkeit im AT, Freiburg 1983; Raimund Schwager, Brauchen wir einen Sündenbock? Gewalt und Erlösung in den biblischen Schriften, München [2]1986; Ders., Der wunderbare Tausch. Zur Geschichte und Deutung der Erlösungslehre, München 1986. Vgl. ferner: René Girard, Das Ende der Gewalt, Freiburg 1983; Ders., Der Sündenbock, Zürich 1988.

[47] Vgl. Girard, Das Heilige und die Gewalt, S. 379 u. a.

[48] Ebd. S. 9.

[49] Vgl. ebd. S. 377.

[50] Vgl. ebd. S. 385f. Hier auch Girards Kritik an Emile Benveniste, Das Heilige, in: Die Diskussion um das »Heilige«, S. 223–254.

[51] Vgl. Girard, Das Heilige und die Gewalt, S. 377; Waldenfels, Das Heilige als Grundkategorie religiöser Erfahrung, S. 18.

[52] Vgl. Girard, Das Heilige und die Gewalt, S. 388.

[53] Vgl. ferner Ex 15,11; Ps 76,8; 111,9f; Jes 6,3f.13; 29,23; Jos 24,19.

[54] *Personen: Priester*: Ex 22,30; Lev 21,6; 2 Chr 23,6; Esra 8,28; Num 16,5.7; *Leviten*: 2Chr 35,3; *Nasiräer*: Num 6,5.8; *Aaron*: Ps 106,16; *Volk*: Jes

62,12; 63,18; Dan 12,7; Ex 19,6; Dtn 7,6; 14,2.21; 26,19; 28,9; (»ihr«) Lev 11,44f; 19,2; 20,7.26; Num 15,40; *Erstgeburt*: Ex 28,36; 39,30.
Dinge: *heilige Kleider*: Ex 28,2.4; 29,29; 31,10; Lev 16,4; Ez 42,14; *Öl*: Ex 30,25–38; 37,39; Num 35,25; Ps 89,21; *Zelt und Geräte*: Ex 40,9; Num 3,31; 4,15; 1 Chr 22,19; *Kochtöpfe*: Sach 14,20f; *Schaubrote*: 1 Sam 21,5–7; *Speisen*: Ex 29,33f; Lev 22,10.14; Num 18,10; Jer 11,15 (Fleisch); *Opfer*: Lev 23,30; 27; Lev 27; Ez 41,8–14; Num 6,20; 18,17; Jos 6,19; Lev 5,14ff; *Steine*: Klgl 4,1; *heiliger Schmuck*: 2Chr 20,21; Ex 29,6; 39,30; *Gewicht*: Ex 30,13; 38,26; *Lade*: 2Chr 35,3; *Thron*: Ps 47,9; *Wasser*: Num 5,17.
Orte: *heiliges Zelt*: Ex 40,9; *Haus*: Lev 27,14; Jes 64,10; 1 Chr 29,3; *heilige Wohnung*: Sach 2,17; Ps 68,6; 2Chr 30,27; *Tempel*: Ps 65,5; 93,5; 134,2; 79,1; Dan 11,45; Ez 15,13; Jona 2,5.8; Mi 1,2; Hab 2,20; 1 Chr 16,29; *Jerusalem*: Jer 31,39(40); *Land, Zion*: Ez 45,1.4; Joel 4,17; Ob 17; Ps 114,2 (Juda); Jer 2,3 (Israel); *Berg*: Ez 28,14; Ps 87,1(pl); 110,3 (pl); Dan 9,16.20; Jes 27,13; Jer 31,23 (22); Sach 8,3; Ps 43,3; 15,1; *Heiligtum*: Dan 8,13f; Ex 28,29.35; 36; 38; Lev (z.B. 16); *Himmel*: Ps 20,7; *Weg*: Jes 35,8; *Stadt* (auch »Stadt des Heiligtums« möglich): Jes 48,2; 52,1; Neh 11,1.18; Jes 64,9; Dan 9,24; *heiliger Bezirk*: Ez 42,13f; Ps 78,54; *Ort*: Ex 3,5; Jos 5,15; Ps 24,3; Ez 9,8; *Heerlager*: Dtn 23,15; *Ort*: Ex 29,31; Lev 6,9.19.20; 7,6; 10,13; 16,24; 24,9; Ez 42,12; Koh 8,10.
Zeiten: *Festzeiten*: Lev 23; *Schabbat*: Ex 16,23; 31,14f; 35,2; Neh 9,14; Jes 58,13; *Jubeljahr*: Lev 25,12; *Tag*: Neh 8,9ff; 10,13; Jes 58,13.
Abstrakta: *Versammlung*: Ez 12,16.18; *Rest*: Jes 6,3; *Gemeinde*: Num 16,3; *Bund*: Dan 11,28.30.
[55] Zu Gottes Heiligkeit vgl. ferner die Heiligkeitsaussagen: *Heiligkeit abstrakt*: Ex 15,11; Ps 77,14; Dtn 26,15; Jes 63,15; Ps 89,36; Am 4,2; Ps 60,8; 108,8; 150,1; *Geist der Heiligkeit*: Ps 51,13; Jes 63,10f; *Arm der Heiligkeit*: Jes 52,10; Ps 98,1; *Name der Heiligkeit*: Ps 111,9; Jes 57,15; »ICH«: Lev 11,44f; 19,2; 20,26; 21,8; Ez 39,7; *der Heilige Israels*: 2 Kön 19,22; Jes 1,4; 5,19.25; 10,17; Ps 71,22; 78,41; 89,19; Jer 51,5; *der Heilige Jakobs*: Jes 29,23; als *Titel Gottes*: Jes 40,25; 43,15; 49,7; Hos 11,9; Ps 22,4; Ijob 6,10; Hab 3,3.
[56] Das Zustandsverbum *Qal* bezeichnet den Status gegenwärtigen oder künftigen Geweihtseins, alles betreffend, was mit dem Altar und der Opfermaterie in Berührung kam; ferner Aaron, die Waffenträger im Heiligen Krieg und den Bodenertrag für das Heiligtum: Ex 29,21; Jes 65,5; Num 17,2; Ex 29,37; 30,29; Lev 6,11.20; 1 Sam 21,6; Hag 2,12; Dtn 22,9; Num 17,3.
Das *Pi'el* kann in verschiedenen Bedeutungsnuancen übersetzt werden: faktitiv (etwas/jemanden nach Anwendung kultischer Regeln in den Zustand der Heiligkeit/Weihe versetzen), deklarativ (etwas/jemanden für heilig erklären) oder ästhimativ (etwas/jemanden für heilig halten): 1 Kön 8,64; Num 6,11; Lev 16,19; Ex 28,3.41; 29,1.27.33.36f.44; 30,29f; 40,9–11.13; Lev 8,11f; Ex 19,23; Lev 21,8; Ex 19,10; 29,44; Jer 22,7; Ez 36,23; 1 Sam 7,1; Mi 3,5; Neh 3,1; Dtn 32,51; Lev 25,10; Jer 17,22.24.27; Ez 37,28; Ex 31,13; Ez 20,12; Lev 20,8; 21,8; 22,32; 21,12; Lev 20,8; 21,8.23; 22,16.32; Ez 46,20; 2Chr 29,5.17; Ex 13,2; Jos 7,13; 2 Kön 10,20; Joel 1,14; 2,15; Lev 8,10; Num 7,1; 1 Sam 16,5; Ex 20,11; Lev 8,15; Ijob 1,5.
Pu'al als Passiv von Pi'el tritt fünfmal auf, und zwar ausdrücklich von Personen, Gegenständen und Zeiten, nie von Gott: Ez 48,11; Esra 3,5; 3 Chr 26,18; 31,6; Jes 13,3.

Das *Hitpaʿel* verhält sich reflexiv zum Piʿel und erlaubt folgende Übersetzungen: sich heiligen, weihen, sich in der Status der Weihe versetzen; geheiligt werden; (von Gott) sich als heilig erweisen: Jes 30,29; Ez 38,23; Lev 11,44; 20,7; 2 Chr 5,11; 30,17; 2 Sam 11,4; Jes 66,17; 2 Chr 31,18; Num 11,18; Jos 3,5; 1 Sam 16,5.
Für das *Hifʿil* sind folgende Varianten belegt: heilig machen, weihen, darbringen; etwas/jemanden für heilig halten; schließlich: Gott erklärt etwas/jemanden für geweiht: 2 Sam 8,11; Zef 1,7; 2 Chr 30,8; Num 3,13; Ri 17,3; 1 Kön 9,3.7; Jer 1,5; Jes 29,23; 2 Chr 29,19; Lev 27,14ff; Neh 12,47; 2 Chr 2,3; 30,17ff; Num 20,12; 1 Chr 23,13; Jer 12,3; Jes 8,13; Ex 28,28; Jos 20,7.
Hofʿal als Passiv von Hifʿil ist nicht belegt.
Das *Nifʿal* hat ausschließlich Gott zum Subjekt, der sich als heilig erweist und seine Heiligkeit in Israel zur Selbstdarstellung bringt: Jes 5,16; Ex 29,43; Lev 22,32; Ez 20,41; 28,22.25; 39,27; 36,23; 38,16; Lev 10,3; Num 20,13.

[57] Ex 29,43; Lev 10,3; Jes 5,16; Ex 29,43; Num 20,13.
[58] Moritz Lazarus, Die Ethik des Judenthums, Frankfurt a. M. 1898, Bd. I, S. 197f.
[59] Hugo Bergmann, Die Heiligung des Namens, in: Vom Judentum. Ein Sammelbuch, hrsg. vom Verein jüdischer Hochschüler Bar Kochba in Prag, Leipzig ²1913, S. 32–43; S. 32 (Erstveröffentlichung); ebenso in: Ders., Jawne und Jerusalem. Gesammelte Aufsätze, Königstein i. Taunus (1919) 1981, S. 86–91; S. 86; ferner in: Jüdische Theologie im 20. Jahrhundert, S. 161–171; S. 161.
[60] Vgl. Bergmann, Die Heiligung des Namens, S. 33ff.
[61] Martin Buber, Die Erzählungen der Chassidim, Zürich 1949, S. 258.
[62] Vgl. Art. Opfer, in: Die Bibel und ihre Welt, hrsg. von Gaalyahu Cornfeld, G. Johannes Botterweck, München 1972, Bd. 4, S. 1074–1091; S. 1090: Die Propheten der vorexilischen Zeit polemisierten gegen ein formalistisches Ritual des israelitischen Opferkultes und gegen das Eindringen fremder Kultformen (Jes 29,13; 1,11–17; Jer 6,20; 7,21–23; Hos 2,13; 6,6; Am 4,4; 21–27; Mi 6,6–8).
[63] Vor allem David Hartman hat die zentrale Bedeutung der »covenantal idea« (Bundesidee) in seinen Schriften herausgearbeitet: Ders., Maimonides: Torah and Philosophic Quest, Philadelphia 1976; Ders., Joy and Responsibility. Israel, Modernity and the Renewal of Judaism, Jerusalem 1978; Ders., A Living Covenant. The Innovative Spirit in Traditional Judaism, New York, London 1985; Ders., Abraham Halkin, Crisis and Leadership: Epistles of Maimonides, Philadelphia, New York, Jerusalem 1985, S. 46: »Israel must defy the world and bear witness to its covenantal destiny (...) The concept of election – which is the foundation of *kiddush ha-Shem* – casts Jews in the role of witnesses to the divine reality.«
[64] Vgl. Verena Lenzen, Leben mit der Tora. Eine Auseinandersetzung mit dem jüdischen Denker Jeshajahu Leibowitz, in: Lebendiges Zeugnis 47 (1992), S. 296–306. Im Mittelpunkt von Leibowitz' Denken steht die Erfüllung der Gebote (*mitzwot*) als torahtreues Leben.
[65] Vgl. Johann Maier, Art. Ethik/Ethos, in: Kleines Lexikon des Judentums, hrsg. von Johann Maier, Peter Schäfer, Stuttgart ²1987, S. 95f; S. 96.
[66] Lazarus, Die Ethik des Judenthums, Bd. I, S. 188, Anm. 1.

[67] Martin Buber, Nachahmung Gottes, in: Ders., Werke, München, Heidelberg 1964, Bd. 2, S. 1053–1065; S. 1060.
[68] Vgl. Michael Brocke, »Nachahmung Gottes« im Judentum, in: Drei Wege zu dem einen Gott. Glaubenserfahrung in den monotheistischen Religionen, hrsg. von Abdoldjavad Falaturi, Jakob J. Petuchowski, Walter Strolz, Freiburg i. Br., Basel, Wien 1976; S. 75–102; S. 81, 101.
[69] Vgl. Maier, Art. Kabbala, S. 166f.
[70] Vgl. Buber, Nachahmung Gottes, S. 1058; Henrix, Von der Nachahmung Gottes; Arthur Marmorstein, The Imitation of God (Imitatio Dei) in the Haggadah, in: Ders., Studies in Jewish Theology. The Arthur Marmorstein Memorial Volume, hrsg. von J. Rabbinowitz, M. S. Lew, London, New York 1950, S. 106–121; Brocke,«Nachahmung Gottes« im Judentum, S. 97f: »Die Frage, wie das Judentum die Spannung Gott – Mensch in der Nachahmung ausgehalten hat, wird man nun beantworten können. Es war nicht möglich ohne unterschiedliche Weisen einer Vermittlung zwischen Gott und Mensch, sei es durch ›anthropomorphes‹ Modellverhalten Gottes, seien es seine ›Attribute‹, seine ›Wege‹ und ›Namen‹ und besonders die *Sefirot* der Kabbala. Deren Vermittlerfunktion zwischen Transzendenz und ›Mitmenschlichkeit‹ Gottes gerät jedoch nicht zu Personifizierungen. Es gibt nicht die Auflösung der Spannung in einem paradigmatischen Menschen und dessen Nachahmung, wie es im Christentum und (wenngleich anders) im Islam geschieht. Wohl kennt man einzelne paradigmatische Menschen, wie z.B. die *Zaddikim* des Chassidismus, denen man sich, lebendige Torah suchend, anschließt, um durch sie sich an Gott haften zu können, doch diese immer Mitmenschen und *Zeit*genossen, die man nicht als ›Heilige‹ im christlich herkömmlichen Sinn bezeichnen wird. Gott selbst ist das bleibende Paradigma für das, was der Mensch am Menschen – und an Gott – verwirklichen soll, konkrete alltägliche Mitmenschlichkeit.«
[71] Buber, Nachahmung Gottes, S. 1059.
[72] Vgl. Müller, Art. qds, S. 606.
[73] Jakob J. Petuchowski, Jüdische »Heilige«, in: Christ werden braucht Vorbilder, hrsg. von A. Biesinger, G. Biemer, Mainz 1983, S. 67–80; S. 69. Zur Problematik der Bezeichnung »kedoschim« für die Gewaltopfer des Naziterrors vgl. u. »Von Kiddusch HaSchem zu Kiddusch HaChayim«.
[74] Otto, Das Heilige, S. 76.
[75] »Der Heilige aber wohnt in seinem heiligen Tempel. Alle Welt schweige in seiner Gegenwart«, bestimmt bereits der Prophet Habakuk (2,20; vgl. Sach 2,17). In derselben Tradition göttlich gebotener Stille stehen noch Franz Kafkas Notiz, in: Ders., Hochzeitsvorbereitungen auf dem Lande und andere Prosa aus dem Nachlaß, hrsg. von Max Brod, Frankfurt a. M. 1980, S. 67: »Der Himmel ist stumm, nur dem Stummen Widerhall«, wie Edmond Jabès' Worte in seiner elliptisch erlöschenden Sprache: »GOTT ist, von GOTT, Das Schweigen, das schweigt«, in: Ders., Das kleine unverdächtige Buch der Subversion, München, Wien 1985, S. 13. Der »Rückzug aus dem Wort« scheint dem Heiligen eigen zu sein, wie George Steiner in seiner sprachphilosophischen Reflexion ausführt: »Der Heilige, der geweihte Mensch, entzieht sich nicht nur den Verführungen weltlichen Handelns, er zieht sich auch von der Sprache zurück. Sein Sich-Zurückziehen in die Berghöhle oder Klosterzelle ist die äußere Geste seines Schweigens. Selbst

den Novizen auf dieser steinigen Straße wird gelehrt, den Verschleierungen der Sprache zu mißtrauen, durch sie hindurch zu stoßen zum Wahreren, Echteren, Wirklicheren. Das *koan* im Zen-Buddhismus – wir kennen den Klang zweier aneinander schlagender Hände, doch was ist der Klang von einer? – ist eine Anfänger-Übung auf dem Rückzug aus dem Worte. Auch die westliche Überlieferung kennt Übergänge vom Sprechen zum Schweigen. Das Trappisten-Ideal des Aufgebens der Rede geht zurück bis in die alten Zeiten der Styliten und Wüstenväter«, in: Ders., Der Rückzug aus dem Wort, in: Ders., Sprache und Schweigen. Essays über Sprache, Frankfurt a. M. 1969, S. 44–73; S. 45. Vgl. u. »Sprache und Schweigen«.
[76] Vgl. Otto, Das Heilige, S. 138.
[77] Emile M. Cioran, Von Tränen und von Heiligen, Frankfurt a. M. 1988, S. 7.
[78] Ebd. S. 37. Vgl. das Kapitel »Vom Blutzeugnis zum Lebenszeugnis«.

Vom Opfer zum Selbstopfer oder Gewaltopfer

[1] Felix Eberty, Die Gestirne und die Weltgeschichte – Gedanken über Raum, Zeit und Ewigkeit, Berlin 1925. Auf diese kleine Schrift mit merkwürdigem Schicksal machte mich in Jerusalem Dr. Grete Leibowitz aufmerksam, die eine hebräische Übersetzung des Originals veröffentlicht hat.
[2] Vgl. Philo von Alexandria, Über Abraham, in: Die Werke in deutscher Übersetzung, hrsg. von Leopold Cohn, Isaak Heinemann, Berlin ²1962, Bd. I, S. 93–152; S. 133f.
[3] Efraim zu Gen 22,9: Vgl. Rolf-Peter Schmitz, Aqedat Jishaq. Die mittelalterliche jüdische Auslegung von Genesis 22 in ihren Hauptlinien, Hildesheim, New York 1979, S. 185.
[4] Vgl. Günter Stemberger, Die Patriarchenbilder der Katakombe in der Via Latina im Lichte der jüdischen Tradition, in: Ders., Studien zum rabbinischen Judentum, Stuttgart 1990; S. 89–176; S. 154. *aqd* = binden, fesseln; *aqedah* bedeutet »Hände und Füße nach hinten zusammenbinden«.
[5] Vgl. Menschenopfer, die nicht von Gott befohlen waren: Ri 11,31: Jiftachs Tochter als Brandopfer; 2 Kön 3,27: Sohnesopfer des Königs von Moab.
[6] Porphyrius, De abstinentia IV,15, zitiert Asklepiades' Behauptung; zit. nach Stemberger, Die Patriarchenbilder, S. 159, Anm. 105.
[7] René Girard, Das Heilige und die Gewalt, Frankfurt a. M. 1992, S. 11.
[8] Ebd. S. 148; Girard nimmt hier Bezug auf Godfrey R. Lienhardt, Divinity and Experience. The Religion of the Dinka, London 1961.
[9] Erich Auerbach, Mimesis. Dargestellte Wirklichkeit in der abendländischen Literatur, Bern ⁴1967, S. 7–30: »Die Narbe des Odysseus«; S. 16.
[10] Ebd.
[11] Ebd.
[12] Martin Luther, Aus der Genesis-Vorlesung, in: Gerhard von Rad, Das Opfer des Abraham. Mit Texten von Luther, Kierkegaard, Kolakowski und Bildern von Rembrandt, München 1971, S. 45–57; S. 57, vgl. S. 56.
[13] Sören Kierkegaard, Furcht und Zittern, Köln ²1986, S. 135.
[14] Ebd. S. 7f.
[15] Ebd. S. 12.
[16] Ebd. S. 128.
[17] Vgl. ebd. S. 31: »In den Helden denk ich mich hinein, in Abraham vermag

ich nicht mich hineinzudenken; wenn ich den Gipfel erreicht habe, falle ich herab, denn das, was sich mir bietet, ist ein Paradox.« Ebd. S. 128: » (...) denn, wie gesagt, Abraham kann ich nicht verstehen, ich kann ihn lediglich bewundern.«

[18] Vgl. ebd. Geschichtliche Einleitung, S. VII–XIII; S. XI.
[19] Ebd. S. 56.
[20] Vgl. ebd. S. 60f, 72.
[21] Ebd. S. 81f.
[22] Ebd. S. 61.
[23] Vgl. Franz Kafka, Hochzeitsvorbereitungen auf dem Lande und andere Prosa aus dem Nachlaß, hrsg. von Max Brod, Frankfurt 1980, S. 91–93; ferner die nachfolgend zitierten Briefe an Max Brod und Robert Klopstock. Zur Wirkung von Kierkegaards *Furcht und Zittern* in Kafkas literarischem Werk, eben auch zu Brods Interpretation der Sortini-Episode im Roman *Das Schloß* als »Parallelstück zu Kierkegaards Buch«: vgl. Wilhelm Emrich, Franz Kafka, Bonn 1958, S. 356–358; Walter H. Sokel, Franz Kafka – Tragik und Ironie. Zur Struktur seiner Kunst, München, Wien 1964, S. 466–468, 570–572.
[24] Franz Kafka, Briefe 1902–1924, hrsg. von Max Brod, Frankfurt 1975, S. 234–236; S. 235f. Vgl. ebenfalls den nachfolgenden Brief an Brod, Ende März 1918, ebd. S. 237–240.
[25] Vgl. Sokel, Franz Kafka – Tragik und Ironie, S. 468, 572.
[26] Kafka, Briefe, S. 332–334; S. 333f.
[27] Ebd. S. 334.
[28] Vgl. Gen 17,17. 18,12f. 21,6: Als Kind des Alters erregt Isaak das Gelächter der Eltern und der Umgebung, bereits bei der Verkündigung und bei seiner Geburt. Eine andere Namensdeutung leitet sich aus Gen 26,8 ab: *jitzchaq metzacheq, Isaak liebkoste.* Interessant, welche Bedeutung die Etymologie von Isaaks Namen und damit *das Lachen* in Philos ethisch-allegorischer Deutung gewinnt; vgl. Philo von Alexandria, Über Abraham 202, S. 137: Die Opferung Isaaks bedeutet, daß der Weise das Lachen, d. h. die Heiterkeit und Freude der Seele, Gott opfern soll, »er gibt damit durch ein Sinnbild die Lehre, daß die Freude Gott allein zukommt; denn das menschliche Geschlecht ist trübselig und ängstlich«.
[29] Vgl. Aron Sandler, Kunsthistorischer Nachtrag zum Art. Isaak von Alexander Kristianpoller, in: Jüdisches Lexikon, Frankfurt a. M. (1927) ²1987, Bd. III, Sp. 39; Theodor Ehrenstein, Das Alte Testament im Bilde, Wien 1923, S. 181–202; Kutna, in: Ost und West H. 2 u. 4 (1908): 23 Reproduktionen; E. Lucchesi Palli, Art. Abrahams Opfer, in: Lexikon der christlichen Ikonographie, hrsg. von Engelbert Kirschbaum, Rom, Freiburg i. Br., Basel, Wien 1968, Bd. 1, Sp. 23–30; A. M. Smith, The Iconography of the Sacrifice of Isaac in Early Christian Art, in: American Journal of Archaeology 26 (1922), S. 159–173: Die Autorin listet die bis dahin bekannten Darstellungen nach ihrer Klassifizierung auf; I. Speyart van Woerden, The Iconography of the Sacrifice of Abraham, in: Vigiliae Christianae 15 (1961), S. 214–255; H.-J. Geischer, Heidnische Parallelen zum frühchristlichen Bild des Isaak-Opfers, in: JbAC 10 (1967) S. 127–144; Judah Goldin, Introduction, in: Shalom Spiegel, The Last Trial. On the Legends and Lore of the Command to Abraham to Offer Isaac as a Sacrifice: the Akedah. Translated from the Hebrew, with an introduction, by Judah Goldin, New

York 1967, S. VII–XXVI; S. XI, verweist auf den Index christlicher Kunst in Princeton, der 1.450 Darstellungen zu Gen 22 verzeichnet. Ziva Amishai-Maisels, Depiction and Interpretation. The Influence of the Holocaust on the Visual Art, Oxford, New York, Seoul, Tokyo 1993, S. 167–172: Isaac sacrified.

[30] Vgl. Lucchesi Palli, Abrahams Opfer, Sp. 24.

[31] Vgl. Stemberger, Die Patriarchenbilder, S. 89–176. Der Autor unternimmt hier den Versuch, die Patriarchenbilder der Katakombe Via Latina aus der jüdischen, vor allem der rabbinischen Tradition zu deuten und kommt nach akribischer Untersuchung zu dem Gesamtergebnis, daß den Malern der Via Latina jüdische Tradition entweder direkt oder über ihre Vorbilder bekannt waren, vermutlich durch bebilderte Handschriften.

[32] Vgl. Lucchesi Palli, Abrahams Opfer, Sp. 24, 27f.

[33] Vgl. u.a. die Gemälde von Rubens (Paris), Rembrandt (St. Petersburg, München), Piazetta (Dresden); Caravaggios Original gilt als verschollen und ist nur noch durch verschiedene Kopien bekannt, z. B. von Tommaso Salini (Madrid).

[34] Martin Luther, Aus der Genesis-Vorlesung, S. 53: »Denn es muß sich ja, da nun der Altar zugerichtet, das Messer bereitet und das Feuer angezündet gewesen ist, etwa eine Rede zwischen Vater und Sohn zugetragen haben, dadurch Isaak von dem Willen und Gebote Gottes hat mögen berichtet werden. Der Vater wird gesagt haben: Du, mein lieber Sohn, den mir Gott gegeben hat, bist verordnet zum Brandopfer. Da denn der Sohn ohne Zweifel sich entsetzt hat und erschrocken ist, wird der Vater wiederum der Verheißung erinnert haben, nämlich also: Mein lieber Vater, gedenke doch, daß ich der Same bin, dem Könige und Völker und ein groß Geschlecht verheißen ist etc. Es hat mich ja Gott meiner Mutter gegeben durch ein großes Wunderwerk. Wie wird denn die Verheißung können erfüllt werden, wenn ich getödtet bin? Laß uns doch zuvor miteinander davon weiter reden und handeln.«

[35] Ebd.

[36] Netty Reiling (Anna Seghers), Jude und Judentum im Werke Rembrandts. Mit einem Vorwort von Christa Wolf, Leipzig ³1990, S. 46.

[37] Ebd. S. 33.

[38] Ebd. S. 46.

[39] Zur Problematik der Lokalisierung und zur Etymologie von Morijah: vgl. GenR 55,7; 56,14 (Wünsche, S. 263; 270). – Ausführlich handelt darüber: Bernd Jörg Diebner, »Auf einem der Berge im Lande Morija« (Gen 22,2) oder: »In Jerusalem auf dem Berge Morija« (2 Chron 3,1), in: Dielheimer Blätter zum Alten Testament und seiner Rezeption in der Alten Kirche 23 (1987), S. 174–179; Stemberger, Die Patriarchenbilder, S. 145 und Anm. 84. – Die Gleichsetzung des Opferortes Abrahams mit der beständigen Wohnstätte Gottes, dem Tempel, beruht auf einer sehr alten Tradition, die schon in 2 Chr 3,1, im Jubiläenbuch 18,13 und bei Flavius Josephus, Ant. Jud. I 226, bezeugt ist. Den Zusammenhang des Abrahamopfers mit dem Tempelopfer betont vor allem die mittelalterliche jüdische Exegese; die aqedat Jishaq ist somit »das ›Uropfer‹, das in den täglichen Tempelopfern eine unaufhörliche Repräsentation erfährt«; vgl. Schmitz, Aqedat Jishaq, S. 148ff.

[40] Das vierte Buch der Makkabäer, in: Altjüdisches Schrifttum außerhalb der

Bibel, übers. und erläutert von Paul Riessler, Heidelberg ³1975, S. 700–728; S. 726.
[41] Ebd. S. 539–666; S. 587f.
[42] Des Flavius Josephus Jüdische Altertümer, übers. und mit Einleitung und Anmerkungen versehen von Heinrich Clementz, Wiesbaden ⁵1983; I, 13.
[43] In den Mittelpunkt meiner Ausführungen stelle ich einen der ältesten Auslegungsmidraschim, *Bereschit Rabbah (GenR)*: Der Midrasch Bereschit Rabbah (Bibl. Rabb.), übers. von August Wünsche, Leipzig 1881; S. 260ff. Zur Datierung: Die Encyclopaedia Judaica (EJ) (1971), Bd. 11, S. 1512, datiert den Midrasch Bereschit Rabbah (Genesis Rabbah) 400–500 n. Z.; Strack/Stemberger datiert GenR 1. Hälfte des 5. Jahrhunderts n. Z. Vgl. Hermann L. Strack; Günter Stemberger, Einleitung in Talmud und Midrasch, München ⁷1982, S. 257–263; hier auch die Forschungsdiskussion über Name, Inhalt, Aufbau, Quellen, Redaktion, Handschriften, Geniza-Fragmente, Drucke, Kommentare. GenR erklärt in den Paraschen (Abschnitten) 55 und 56 das 22. Kapitel Genesis Vers für Vers. Die Parallelen zu *Midrasch Tanchumah (Jelamdenu) (Tan-Jel)*, übers. von August Wünsche, Wien 1863, aus: August Wünsche, Aus Israels Lehrhallen, Leipzig 1907, S. 49ff, und *Pesikta Rabbati (PesR)*, übers. ins Engl. von William G. Braude, New Haven, London 1968, S. 713ff, reichen oft bis in den Wortlaut, die Allegorik und Argumentation und werden neben dem Aufweis weiterer Parallelen in den Anmerkungen berücksichtigt. Nach Strack/Stemberger, S. 261, 280f, besagen die Parallelen zu Tanchuma nicht, daß Tanchuma die Quelle für GenR gewesen sei. Die Tan-Jel-Midraschim sind eine in vielen Fassungen überlieferte Gruppe von Homilien-Midraschim zum Pentateuch, und die Suche nach einem Ur-Tanchuma scheint hoffnungslos.
Tan-Jel: Datierung nach EJ, Bd. 11, S. 1512: im Zeitraum von 775–900 n. Z.; nach Strack/Stemberger, S. 279–282: in der Nachfolge von Zunz' Datierung: in die 1. Hälfte des 9. Jahrhunderts.
PesR ist eine Sammlung von Predigten zu Festen und besonderen Sabbaten. Nach Grözinger sind fünf oder sechs Quellen zu unterscheiden; nach Zunz ist PesR in die zweite Hälfte des 9. Jahrhunderts zu datieren, doch ist diese globale Spätdatierung kaum haltbar; die Lokalisierung (Griechenland, Süditalien oder Palästina) ist ebenfalls umstritten und ungesichert; vgl. Strack/Stemberger, S. 273–279. Vgl. Bereishis. Genesis. A New Translation with a Commentary Anthologized from Talmudic, Midrashic and Rabbinic Sources. Translation and Commentary by Rabbi Meir Zlotowitz, New York 1986, S. 599ff: Talmudische, midraschische und rabbinische Quellen, in englischer Sprache kompiliert und kommentiert.
[44] Julius Wellhausen, Prolegomena zur Geschichte Israels, Berlin, Leipzig ³1899 (1883), S. 317f: »In der älteren Literatur dagegen kommt Isaak schon bei Amos, Abraham aber zuerst Isa. 40–66 vor; Micha 7,20 ist nachexilisch und in Isa. 29,23 sind die Worte ›der Abraham erlöste‹ unecht. (...) Es fällt mir übrigens nicht ein zu behaupten, daß zur Zeit des Amos Abraham noch unbekannt gewesen wäre; nur stand er schwerlich schon mit Isaak und Jakob auf gleicher Stufe.«
[45] Herbert Schmid, Die Gestalt des Isaak. Ihr Verhältnis zur Abraham- und Jakobtradition, Darmstadt 1991, S. 32–34; S. 33. Vgl. ebd. S. 57–64: Neuere Untersuchungen des zweiundzwanzigsten Genesis-Kapitels, das

konventionell als elohistisch gilt, bezeugen unterschiedliche Methoden und einen uneinheitlichen Forschungsstand.
[46] Vgl. Stemberger, Die Patriarchenbilder der Katakombe in der Via Latina im Lichte der jüdischen Tradition, S. 138: demnach eine vorelohistische Traditionsschicht.
[47] Vgl. ebd. S. 138f.
[48] Vgl. Schmitz, Aqedat Jishaq, S. 98ff, 133f. Der Autor untersucht jene in hebräischer Sprache verfaßten Kommentare, Superkommentare, Abhandlungen und religionsphilosophischen Schriften, die aus dem arabisch-islamischen und französischen Bereich stammen und wesentliche Interpretationstraditionen aufweisen, die in der Zeit von Saadja Gaon bis Isaak Abravanel niedergeschrieben wurden und einen direkten Bezug zu Gen 22 aufweisen. Hauptaugenmerk setzt er dabei auf den Bibelkommentar zu Gen 22 von Isaak Abravanel, dessen deutsche Übersetzung er anfügt, ebd. S. 196–258.
[49] Vgl. Schmid, Die Gestalt des Isaak, S. 59. Es ist erstaunlich, daß Schmid in seinem gründlichen Forschungsüberblick die jüdische Auslegungsgeschichte ignoriert.
[50] Vgl. Stemberger, Die Patriarchenbilder, S. 143: weitere rabbinische Quellenangaben. Der Zohar 119b zu Gen., ed. R. M. Margoliuth, Jerusalem 1960, wendet ein, daß man eigentlich von der Versuchung Isaaks sprechen müßte, da dieser, siebenunddreißigjährig, nicht mehr der Autorität des Vaters unterstand und sich hätte weigern können. Abraham ibn Esra erwähnt zu Gen 22,4 diese Auffassung, daß Isaak bei der Akedah 37 alt gewesen sei, lehnt sie jedoch ab, um Isaak weiterhin als unfreiwilliges Opfer und Abraham im Mittelpunkt zu belassen; eine Auslegung, die sich jedoch von den frühen rabbinischen Deutungen unterscheidet.
[51] Des Flavius Josephus Altertümer (1. Buch, 13. Kapitel), Bd. I, S. 50.
[52] Vgl. Stemberger, Die Patriarchenbilder, S. 143: Aus dem Vergleich von Jub 15,1 mit 17,15, unter Voraussetzung von Dillmanns Korrektur, sonst ergäben sich sechzehn Jahre.
[53] Philo, De Abrahamo 176, S. 133.
[54] Wünsche, S. 262; vgl. Tan-Jel zu Gen 22,1, Wünsche, S. 49; weitere rabbinische Quellenangaben: Stemberger, Die Patriarchenbilder, S. 142f.
[55] Wünsche, S. 262.
[56] Ebd. S. 268. Vgl. Tan-Jel, Wünsche, S. 56: Hier wird das Alter von Isaak eindeutig mit 37 Jahren veranschlagt. Zu Isaaks Wunsch der Akedah (Bindung), um eine Abwehrgeste und daraus resultierende Opferuntauglichkeit zu vermeiden: vgl. Stemberger, S. 153.
Bei PesR 40, S. 718, bittet Isaak ebenfalls um seine Bindung, um eine eventuelle Reaktion vitalen Widerstands zu vermeiden, die ihn als Opfer unbrauchbar machen könnte. Eine Folgerung bzgl. seines Alters wird daraus jedoch nicht gezogen.
[57] Vgl. Schmitz, Aqedat Jishaq, S. 1–36, zit. Abraham ibn Esra zu Gen 22,6–10(17b): »Unsere Lehrer sagten, daß Isaak, als er geopfert werden sollte, 37 Jahre alt war. Wenn das Tradition ist, so wollen wir es annehmen. Aber nach den Wegen der Vernunfterwägung verhielt es sich nicht so; denn dann hätte Isaaks fromme Hingebung hervorgehoben werden müssen und sein Lohn wäre doppelt so groß gewesen als der seines Vaters, da er sich freiwillig dem Opfertod hingab. Die Schrift selbst aber spricht von Isaaks Op-

fermut gar nicht. Andere sagen, er wäre fünf Jahre alt gewesen, doch ist das unrichtig, da er die Holzscheite zur Opferung trug. Das Wahrscheinlichste ist, daß er dreizehn Jahre alt war und daß ihn sein Vater zwang und gegen seinen Willen band. Dafür zeugt der Umstand, daß sein Vater ihm das Geheimnis verbarg und ihm sagte ›Gott wird sich das Lamm ersehen‹. Denn hätte er ihm geantwortet: Du bist das Opfer, so wäre er vielleicht entflohen.«

[58] Vgl. ebd. S. 138, 140f.
[59] Nach bT Aboth 5,4 wurde Abraham mit zehn Versuchungen geprüft.
[60] Wünsche, S. 261; vgl. ähnlich Tan-Jel, Wünsche, S. 50.
[61] Wünsche, S. 263; vgl. ähnlich bT Sanh 89b; Tan-Jel, Wünsche, S. 52; weitere rabbinische Quellen: vgl. Stemberger, Die Patriarchenbilder, S. 144. Vgl. Schalom Ben-Chorin, Die Erwählung Israels. Ein theologisch-politischer Traktat, München 1993, S. 123; er kritisiert den revidierten Luther-Text von 1973, der den Vers so übersetzt (»Nimm Isaak, deinen einzigen Sohn, den du lieb hast ...«), daß der Ausgangspunkt und die Grundlage für die genannte rabbinische Auslegung verlorengehen.
[62] Wünsche, S. 266.
[63] Vgl. Martin Hengel, Die Zeloten. Untersuchungen zur jüdischen Freiheitsbewegung im späthellenistischen Zeitalter. Herodes I. bis 70 n. Chr., Leiden, Köln 1961, S. 265, Fn. 4: Beispiele von Kreuzigungen; S. 266, Fn. 2: zur sprachlichen Wendung des ›Kreuz-Tragens‹. Hengels These, daß die Formel des ›Kreuz-Tragens‹ vermutlich auf zelotischem Sprachgebrauch zurückgehe, entzieht sich mangels zelotischer Quellen der Verifizierbarkeit.
[64] Vgl. Irenäus von Lyon, Contra haereses IV 5,4 (Migne PG 7, S. 985f); Meliton von Sardes, Fragmentum ex catena in Genesin (Migne PG 5, S. 1215–1218). Vgl. zur reformatorischen wie vor- und nachreformatorischen Auslegung von Genesis 22: David Lerch, Isaaks Opferung, christlich gedeutet. Eine auslegungsgeschichtliche Untersuchung, Tübingen 1950 (= Beiträge zur historischen Theologie, Bd. 12).
[65] Hingegen eine theologische Konfrontation von Morijah und Golgotha führt Ben-Chorin, Die Erwählung, S. 124, durch: »Es scheint mir angebracht, daß man zum Augenblick innehält und die beiden Gipfel der Heilsgeschichte Moria und Golgatha, miteinander vergleicht. Auf beiden verlangt Gott das Sohnesopfer. Auf Moria begnügt er sich aber mit dem Gehorsam, auf Golgatha muß das Opfer bis zum bitteren Ende durchlitten werden, endend mit dem Verzweiflungsschrei: ›Mein Gott, mein Gott, warum hast du mich verlassen!‹«
[66] GenR 56,3 zu Gen 22,6, Wünsche, S. 266, ebenso S. 267;. PesR 40, S. 717; weitere rabbinische Quellen: vgl. Stemberger, ebd.; ferner: Flavius Josephus, Jüdische Altertümer I 13,4, S. 51; Philo, De Abrahamo 172, S. 132; 4 Makk 13,12. 16,20.
[67] Vgl. Philo, Das Buch der Biblischen Altertümer, in: Altjüdisches Schrifttum, S. 735–861; S. 805f.
[68] Ebd. S. 539–666; S. 586.
[69] Vgl. Stemberger, Die Patriarchenbilder, S. 141.
[70] Wünsche, S. 266.
[71] Ebd. S. 267. Nach PesR 40, S. 717, baut Abraham den Opferaltar ohne Isaak, damit dieser nicht bei der Arbeit verletzt und damit als Opfer unbrauchbar würde.

[72] GenR 56,6 zu Gen 22,10, Wünsche, S. 267f: »*Abraham streckte seine Hand aus und nahm das Messer.* R. Ba'a Kumi und R. Chija der Große sagten: Woher lässt sich beweisen, daß nur mit etwas Beweglichem geschlachtet werden darf? Von hier, weil es heisst: Abraham streckte seine Hand aus. Wenn du das aus der Haggada beweisen willst, muss ich dir widersprechen, führst du den Beweis aber aus der Halacha, so stimme ich dir bei. R. Levi hat gelehrt: Wenn die Dinge, mit welchen geschlachtet wird, anfangs gesteckt haben (unbeweglich waren), so sind sie unbrauchbar, waren sie aber lose und wurden dann erst gesteckt (befestigt), so sind sie brauchbar, wie gelehrt worden ist: Wenn einer mit einer Handsäge, einer Sichel, einem Stein oder Rohr schlachtet, so ist das Fleisch brauchbar. (...)«
[73] Vgl. A. Neubauer, M. Stern, (Hrsg.), Hebräische Berichte über die Judenverfolgungen während der Kreuzzüge, Berlin 1892 (= Quellen zur Geschichte der Juden in Deutschland. Hrsg. durch die historische Commission für Geschichte der Juden in Deutschland, Bd. II), S. 96, 101, 119f.
[74] Max Joseph, Art. Schechita, in: Jüdisches Lexikon, Frankfurt a. M. ²1987, Bd. IV/2, S. 162f.
[75] Vgl. Wünsche, S. 53–55.
[76] Wünsche, S. 268. Bereits GenR 56,5 zu Gen 22,9, Wünsche, S. 267, erwähnt, daß die Dienstengel weinten, als Abraham seine Hand ausstreckte, um das Messer zu nehmen und seinen Sohn zu schlachten.
[77] Ebd. S. 268f.
[78] Vgl. Schmitz, Aqedat Jishaq, S. 57. Der Autor faßt die Hauptprobleme und Lösungsversuche zusammen: »1) Der Befehl. Ihn suchte man durch den Hinweis auf Jr 35,2 abzuschwächen bzw. aufzuheben. 2) Das Opfer. Die Möglichkeit eines wirklichen Opfers sollte durch die Deutung im Sinne von Gn 11,3 ausgeschlossen werden. 3) Änderung des göttlichen Willens. Die Möglichkeit der Aufhebung eines göttlichen Befehls durch Gott hat ein biblisches Fundament in Ex 13,2/Nm 3,45. 4) Die Erkenntnis Gottes. Der scheinbare Erkenntniszuwachs Gottes wird dadurch ausgeschlossen, daß man die entsprechende Stelle im Sinne von Ex 33,2 deutet.«
[79] Ebd. S. 91.
[80] Ebd. und S. 95, Raschi zu Gen 22,12: »*Denn jetzt weiß ich* – R. Aba sagt: Abraham sagte vor ihm (Gott), ich will meine Rede vor dir ausbreiten: gestern sagtest du mir *nach Isaak soll deine Nachkommenschaft benannt werden* (21,12); dann wiederum sagst du mir *nimm doch deinen Sohn*, und jetzt sagst du *strecke nicht deine Hand nach dem Jungen aus!* Da sagte ihm der Heilige, gelobt sei er, *meinen Bund entweihe ich nicht und ändere auch nicht den Spruch meiner Lippen* (Ps 89,35). Als ich dir sagte *nimm*, habe ich nicht das geändert, was über meine Lippen kam. Ich habe dir nicht gesagt *schlachte ihn*, sondern *führe ihn hinauf*. Du hast ihn hinaufgeführt, führe ihn jetzt wieder hinab.«
[81] Vgl. ebd. S. 158, vgl. S. 91.
[82] Martin Buber, Franz Rosenzweig, Die Bücher der Weisung, Köln, Olten 1954, S. 58.
[83] Wünsche, S. 58.
[84] Vgl. GenR 56,9 zu Gen 22,13, Wünsche, S. 269: »*Und Abraham hob seine Augen auf und sah und siehe! ein Widder war hinten.* Was bedeutet *echad*? R. Judan sagte: Hinter allen Thaten werden die Israeliten in Sünden und Drangsale verwickelt, aber endlich werden sie durch die Hörner des Wid-

ders erlöst werden s. Sach. 9,14. Nach R. Jehuda bar Simon will *echad* besagen: Nach allen Geschlechtern wird Israel, wenn sie auch in Sünden gerathen und in Drangsale verstrickt sind, doch durch die Hörner des Widders erlöst (...). R. Chanina bar R. Jizchak sagte: Alle Tage des Jahres sind die Israeliten in Sünden gefangen und in Nöthe verstrickt, am Neujahrstage aber nehmen sie das Horn, stossen hinein, und es wird ihrer vor Gott gedacht, er vergiebt ihnen und sie werden durch die Hörner des Widders erlöst (...). R. Levi sagte: Als unser Vater Abraham den Widder sah, wie dieser sich von dem einen Gebüsch losmachte und in dem andern Gebüsch sich verwickelte, sprach Gott zu ihm: So werden auch deine Kinder dereinst von einem Reiche in das andere verwickelt werden, von Babylon nach Medien, von Medien nach Javan, von Javan nach Edom, zuletzt aber werden sie durch die Hörner des Widders ihre Erlösung erhalten (...).«

[85] Vgl. Stemberger, Die Patriarchenbilder, S. 162ff: Quellenverweis.
[86] Vgl. Ismar Elbogen, Der jüdische Gottesdienst in seiner geschichtlichen Entwicklung, Frankfurt a. M. ²1924, S. 280–305: Kap. II. Die Epoche des Piut, hier S. 290; Johann Maier, Art. Poesie, in: Kleines Lexikon des Judentums, S. 242f; Ders., Geschichte der jüdischen Religion. Von der Zeit Alexanders des Großen bis zur Aufklärung mit einem Ausblick auf das 19./20. Jahrhundert, Freiburg i. Br., Basel, Wien ²1992, S. 118–125.
[87] Elbogen, Der jüdische Gottesdienst in seiner geschichtlichen Entwicklung, S. 228.
[88] Vgl. Willem Zuidema, Isaak wird wieder geopfert, in: Ders., Isaak wird wieder geopfert. Die »Bindung Isaaks« als Symbol des Leidens Israels. Versuche einer Deutung, Neukirchen-Vluyn 1987, S. 35ff.
[89] Vgl. Sidur Safa Berura. Mit deutscher Übersetzung von S. Bamberger, Basel 1972, S. 3ff; S.7.
[90] Vgl. Stemberger, Die Patriarchenbilder, S. 164: Quellenverweis.
[91] Vgl. ebd. S. 165 und Anm. 116, Verweis auf R. Le Déaut: »Nach ihm ist die Verbindung von Is 53 mit Gen 22 durch das Problem des Martyriums veranlaßt, daher nach 167 v. Chr., wohl aber schon vor der neutestamentlicher Zeit erfolgt.« Die Datierung der Akedah auf Ostern ist für Stemberger, ebd. S. 165, ein entscheidender Grund dafür, daß das Neue Testament in Tod und Auferstehung Jesu eine Parallele zur Akedah sieht. Die von ihm zitierten neutestamentlichen Stellen dokumentieren diesen Zusammenhang jedoch *nicht*.
[92] Vgl. PesR 40, S. 721: »And at each and every part of the sacrifice, he (=Abraham) says this: Let it be acknowledged by Thee that in sacrificing this ram I have in fact sacrificed my son Isaac.«
[93] Vgl. Schmitz, Aqedat Jishaq, S. 168, mit Bezug auf Raschi und Nachmanides.
[94] Ebd. S. 186.
[95] Vgl. Wünsche, S. 271.
[96] Vgl. Louis Ginzberg, The Legends of the Jews, Philadelphia 1909, Bd. I, S. 282.
[97] Vgl. Stemberger, Die Patriarchenbilder, S. 155f.
[98] Wünsche, S. 52f.
[99] Ebd. S. 53.
[100] Gen 21,12: »Gott sprach aber zu Abraham: »(...) Hör auf alles, was dir Sara sagt!« Nach Pnina Navè Levinson, Was wurde aus Saras Töchtern?

Frauen im Judentum, Gütersloh 1989, S. 40, blieb dieser Vers »richtungweisend für das Verhältnis von Eheleuten im Judentum«.
[101] Wünsche, ebd.
[102] Ginzberg, The Legends of the Jews, Bd. I, S. 275.
[103] Ebd. S. 275f.
[104] Wünsche, S. 56.
[105] Vgl. Ginzberg, The Legends of the Jews, Bd. I, S. 280.
[106] Wünsche, S. 57. Vgl. Ginzberg, The Legends of the Jews, Bd. I, S. 278: Sarah stirbt bei Satans Nachricht von dem beschlossenen Sohnesopfer, erwacht jedoch noch kurz und spricht einen gottgehorsamen Segensspruch über Abraham. Vgl. ebd. S. 286: Als Abraham bei seiner Heimkehr die Wahrheit von der Opferung enthüllt, gibt Sarah in ihrem Kummer ihren Geist auf. Vgl. ebd. S. 286f: Bei Satans Schilderung der Opferszene erstarrt Sarah wie ein Stein; als Satan jedoch seine Lüge aufdeckt und zugibt, daß Isaak nicht getötet worden sei, stirbt Sarah, von Freude überwältigt.
[107] Darauf weist Wünsche in seinem kurzen Kommentar hin, ebd. S. 59f.
[108] Am 17. 8. 1938 wurden allen Juden der Vorname »Israel« und allen Jüdinnen der Vorname »Sarah« im Paß vermerkt. Vor diesem geschichtlichen Hintergrund teile ich Hans Mayers Unbehagen angesichts neuer Modewellen von jüdischer Namensgebung in Deutschland: »Ich hatte ein tiefes Unbehagen, als nach dem Sechs-Tage-Krieg in Deutschland bei der deutschen Jugend eine ungeheure Sympathie für Israel und die Reise nach Israel aufkam und ein sich Anbiedern dort – vielleicht im einzelnen Fall sehr ehrlich, insgesamt aber eine Mode. Auch als plötzlich dann die Germanen ihre Kinder Sarah und Abraham und Daniel und David nannten – ich hab jetzt gelesen, Daniel ist ein Lieblingsname, einer der meist gebrauchten Namen –, habe ich das mit großem Unbehagen gesehen.« Vgl. »Daraus muß man ja Folgerungen ziehen ...« Ein Gespräch mit Hans Mayer, in: Babylon. Beiträge zur jüdischen Gegenwart 2 (1987), S. 34–39; S. 39.
[109] Mordechai Eliav, Ich glaube. Zeugnisse über Leben und Sterben gläubiger Leute, Jerusalem o. J., eigene Übersetzung aus dem Hebräischen, S. 54f: »Letzter Wille von 93 Märtyrinnen«.
[110] Neubauer, Stern, Hebräische Berichte über die Judenverfolgungen während der Kreuzzüge, 2. Bericht des Elieser bar Nathan, hebr. S. 36–46, dt. S. 153–168; S. 166.
[111] 1. Bericht des Salomo bar Simeon, ebd. hebr. S. 1–35, dt. S. 81–152; S. 98; die kritischen Anmerkungen füge ich kursiv in den Bericht ein; vgl. ähnlich S. 158 im 2. Bericht des Elieser bar Nathan. Ebd. S. 97, 130: der Vergleich der jüdischen Märtyrerleiden mit den zehn Versuchungen Abrahams.
[112] Vgl. Ephraim bar Jacob, ebd. S. 187–213; S. 194.
[113] Vgl. ebd. S. 101f. Nach dem Vorbild von 2 Makk 7, das Martyrium der Mutter und ihrer sieben Söhne.
[114] Ebd. S. 115.
[115] Philo, Über Abraham 195, S. 136, erfaßt die psychologische Situation der späten Elternschaft einfühlsam: »(...) in die spätgeborenen Kinder sind die Eltern beinahe rasend verliebt, entweder weil sie lange Zeit ihre Geburt ersehnt haben oder weil sie auf andere (Kinder) nicht mehr hoffen, da die Natur hier gleichsam an der äußersten und letzten Grenze Halt macht.«

[116] Ebd. 3. Anonymer Bericht der Darmstädter Handschrift, ebd. S. 169–186; S. 174f.
[117] Rabbi Efrajim ben Ja'akob ben Kalonymos aus Bonn, Die ›Akeda, in: Willem Zuidema, Isaak wird wieder geopfert, S. 45–51; S. 50. Alle 26 Strophen hebr. in: A. M. Haberman, Pijjute rabbi efrajim birabbi ja'akob mi-bonna, Jerusalem 1968, S. 48–52.
[118] Zit. nach Zuidema, Isaak wird wieder geopfert, S. 36.
[119] Vgl. Judah Goldin, Introduction, in: Spiegel, The Last Trial, S. XX: »Not only that, but more and more the term is employed for scenes and echoes of the acts of *martyrs*. Isaac is the paradigm of whom? Not of the survivor of the ordeal, but of everyone who paid for the Sanctification of the Name with his life.«
[120] Albert H. Friedlander, Medusa und Akeda, in: Wolkensäule und Feuerschein. Jüdische Theologie des Holocaust, hrsg. von Michael Brocke; Herbert Jochum, Gütersloh 1993 (München 1982), S. 218–237; S. 229.
[121] Elie Wiesel, Bijbels Erbetoon. Porträts und Legenden, 1976, zit. nach Zuidema, Isaak wird wieder geopfert, S. 13–44; S. 39. – Das Thema der aqedat Jitzchaq klingt auch in Elie Wiesels Text der Kantate an: *Ani maamin* ein verlorener und wiedergefundener Gesang, in: Ders., Jude heute. Erzählungen, Essays, Dialoge, Wien 1987, S. 217–265.
[122] André Neher, L'Exil de la Parole: du silence biblique au silence d'Auschwitz, Paris 1970, zit. nach Friedlander, Medusa und Akeda, S. 232.
[123] Schalom Ben-Chorin, Theologie nach Auschwitz, in: Ders., Als Gott schwieg. Ein jüdisches Credo, Mainz 1989, S. 21–34; S. 22f.
[124] Ebd. S. 23.
[125] Zuidema, Isaak wird wieder geopfert, S. 14; vgl. H. J. Zimmels, The Echo of the Nazi Holocaust in Rabbinic Literature, New York 1977, S. 113f.
[126] Zuidema, Isaak wird wieder geopfert, S. 15; vgl. ebd. S. 40: »Die Geschichte ist wirklich geschehen und geschieht immerfort. In jeder Generation gibt es Menschen, die sich in Abraham oder Isaak wiedererkennen können. In unseren Tagen wurde Isaak getötet in den Gaskammern und verbrannt in den Öfen von Treblinka und Auschwitz. Die Geschichte wird immer aufs neue geschrieben, denn sie wird aufs neue erlebt.«
[127] Peter Weiss, Die Ermittlung. Oratorium in 11 Gesängen, Reinbek bei Hamburg 1980. Vgl. Ders., Rede in englischer Sprache. Gehalten an der Princeton University USA am 25. April 1966, unter dem Titel: I come out of my hiding place, in: Volker Canaris (Hrsg.), Über Peter Weiss, Frankfurt am Main 1970, S. 11f; M. Richter (Hrsg.), Peter Weiss im Gespräch, Frankfurt a. M. 1971, S. 50, 88. Die Umkehrung der Rollen von Opfer und Täter thematisiert in seinen bitter satirischen Romanen: Edgar Hilsenrath, Der Nazi & der Friseur, München [2]1991; Ders., Nacht, München 1990.
[128] Vgl. Ingeborg Schmitz, Dokumentartheater bei Peter Weiss: Von der »Ermittlung« zu »Hölderlin«, Frankfurt a. M., Bern 1981, bes. S. 79–90; S. 82.
[129] Vgl. Hannah Arendt, Eichmann in Jerusalem. Ein Bericht von der Banalität des Bösen, Reinbek bei Hamburg 1983.
[130] Vgl. u. »Von Kiddusch HaSchem zu Kiddusch HaChayim«.
[131] Claude Lanzmann, Shoah, München 1988, S. 28f.

[132] Jean Améry, Jenseits von Schuld und Sühne. Bewältigungsversuche eines Überwältigten, Stuttgart 1977, S. 7.
[133] Ebd. S. 16; vgl. S. 10, 39, 40, 108, 110, 145.
[134] Raul Hilberg, Die Vernichtung der europäischen Juden, Frankfurt a. M. 1990, Bd. 3, S. 1100.
[135] Ebd.
[136] Vgl. Simon Huberband, Kiddush Hashem. Jewish Religious and Cultural Life in Poland during the Holocaust, hrsg. von Jeffrey Gurock, New York 1987; Stephen Mallinger, Kiddush HaShem. A Bibliography on Judaism during the Holocaust, 1974 (photocopy of typescript); Yosef Gottfarstein, Kiddush HaShem Bi-Chol Ha-Dorot, hrsg. von M. Kohn, Jerusalem-Yad VaSchem 1971 (Quellentexte, Reflexionen von Opfern über die Frage von Kiddusch HaSchem im Konzentrationslager). In Jerusalem berichtete mir Aliza Levanon, die eine hebräischsprachige Dissertation über *Kiddusch HaSchem in den chassidischen Predigten im Konzentrationslager und Ghetto* verfaßt, daß die aqedat Jitzchaq in diesen Predigten häufig als tröstendes und ermutigendes Paradigma verwendet wird.
[137] Améry, Jenseits von Schuld und Sühne, S. 39.
[138] Vgl. Hengel, Die Zeloten, S. 271.
[139] Jizchak Katzenelson, Dos Kelbl (Das Kälbchen), in: Lin Jaldati, Eberhard Rebling (Hrsg.), 's brent, briderlech, 's brent. Es brennt, Brüder, es brennt. Jiddische Lieder, Berlin 1985, S. 150f.
[140] Elie Wiesel, Die Nacht zu begraben, Elischa. Roman, Frankfurt a. M., Berlin ³1990, S. 95.
[141] Ebd. S. 52.
[142] Aufruf der jüdischen Kampforganisation in Warschau vom 27. Januar 1943, in: Faschismus – Getto – Massenmord, S. 498; Aufruf der Vereinigten Antifaschistischen Organisation in Bialystok vom 16. August 1943, S. 558f. Der Satz bildete die erste Zeile eines Appells aus dem Untergrund an die jüdische Bevölkerung in Wilna im Winter 1941; zit. nach: Hilberg, Die Vernichtung der europäischen Juden, Bd. 3, S. 1107f.
[143] Herman Kruk, Diary of the Vilna Ghetto, in: YIVO Annual of Jewish Social Science, New York 1965, Bd. 13; auszugsweise in deutscher Übersetzung zit. im Programmheft zu: Joshua Sobol, Ghetto. Schauspiel. Düsseldorfer Schauspielhaus 1985/86.
[144] Manès Sperber, Churban oder Die unfaßbare Gewißheit, in: Ders., Churban oder Die unfaßbare Gewißheit. Essays, München ²1983, S. 45–68; S. 65.
[145] Lea Fleischmann, Das Leiden nicht mehr gepachtet. Die Juden in der Diaspora mögen jammern, Israel muß kämpfen, in: Die Zeit, Nr. 27 v. 30. 6. 1989.
[146] Naomi Shemer sings Naomi Shemer, Isradisc Ltd. S. I. 31018; in dt. Übersetzung zit. nach Zuidema, Isaak wird wieder geopfert, S. 42f; S. 43.
[147] Schlomo Dov Goitein, Kunst des Geschichtenerzählens, zit. in: Jacobus Schoneveld, Die Bibel in der israelischen Erziehung – Eine Studie über Zugänge zur Hebräischen Bibel und zum Bibelunterricht in der israelischen pädagogischen Literatur, Neukirchen-Vluyn 1987, S. 153.
[148] Kafka, Brief an Robert Klopstock, S. 333.
[149] Eugen Drewermann, Abrahams Opfer. Gen 22,1–19 in tiefenpsychologischer Sicht, in: Bibel und Kirche 41 (1986), S. 113–124, hier S. 113. Dre-

wermann deutet *Gen 22* tiefenpsychologisch als Modellfall einer Erziehung und Liebe, die Bindung und Erfüllung gerade in der Loslösung und Freigabe des Geliebten erfährt, S. 118: »Menschen verliert man, wenn man sie behalten will. Menschen behält man nur, wenn man sie aus den Händen gibt. Und gerade diese Wahrheit scheint den Kern der Abraham-Erzählung auszumachen.« Nachdem Abraham diese Lösung von seinem geliebten Sohn gelungen ist, lebt er nicht mehr »in seinen Kindern«, sondern allein in seinem Gott, der ihm ein eigenes Leben und eine eigene Zukunft schenkt, S. 124: »Das ›Opfer‹, das Gott fordert, bildet nach der Geschichte Abrahams daher nur den Geburtsschmerz eines eigentlichen, innerlich geweiteten und selbständigen Lebens. Es ist der Wendepunkt, an dem sich das erfüllt, was Gott als Lebensweg und -auftrag Abraham zu sein bestimmte: ›Ergehe dich vor meinem Angesicht und sei ein ganzer Mensch.‹ (Gen 17,1).«

[150] Vgl. The Tel Aviv Foundation, 40 Jahre Staat Israel. Israelische Kunst – Sehnsucht nach Frieden, hier drei Beispiele von Bildern Menashe Kadishmans und Genia Bergers Bild »Abrahams Opfer«. Bekannte Skulpturen der Akedah befinden sich z. B. in Yafo und auf dem Universitäts-Campus in Tel Aviv.

[151] Naftali Jadlin, Unterricht in Geschichten der Tora, zit. in: Schoneveld, Die Bibel in der israelischen Erziehung, S. 150.

[152] Ebd. S. 157.

[153] Vgl. ebd. S. 158, zit. in dt. Übersetzung: »In der Akedaerzählung wird das moralische Element zugunsten des religiösen etwas zurückgedrängt; auf der anderen Seite aber gestatten die Bibelverse in ihrer ruhigen Zurückhaltung eine vielfältige Deutung. Da ist das Motiv der bedingungslosen Hingabe an Gott, das Motiv der Liebe des Vaters zu seinem Sohn, das Motiv der Furcht und das der Größe. Die biblische Erzählung zeigt die Abrahamsgestalt in ihrer ganzen Komplexität, vielfach deutbar, während der Midrasch sie auf eine Bedeutung festlegt. Der Verfasser des Midrasch hatte keine Schwierigkeiten bei dem Gedanken, daß das moralisch bedingte Zögern Abrahams vom Satan ist, weil der höchste Wert in seiner Werteskala die Religion, Gott, ist, während Moral zweitrangig und der Religion untergeordnet ist. In seinen Augen besteht kein Zweifel, daß bei einem Zusammenstoß beider Werte die Religion den Vorrang hat und vor der Moral kommt. Aber das ist nicht die Sicht unserer Schüler heute. Uns wie ihnen fällt es schwer, sich mit dem Gedanken abzufinden, daß moralische Erwägungen über die Akeda vom Satan stammen.«

[154] Ebd. S. 159.

[155] Ebd.

[156] Vgl. ebd.

[157] Auerbach, Mimesis, S. 20.

Vom Blutzeugnis zum Lebenszeugnis

[1] Das Grab wird im 4. Jahrhundert in Antiochia belegt: Vgl. Adolf Schlatter, Synagoge und Kirche bis zum Barkochba-Aufstand. Vier Studien zur Geschichte des Rabbinats und der jüdischen Christenheit, Stuttgart 1966, S. 284f.

[2] Vgl. Ulrich Kellermann, Das Danielbuch und die Märtyrertheologie der Auferstehung, in: Die Entstehung der jüdischen Martyrologie, hrsg. von

J. W. van Henten, Leiden, New York, Kobenhavn, Köln 1989, S. 50–75; S. 71: Einfluß auf AssMos 9,1–7; 4 Makk 8–18; BJ VII 417–419, bT Git 57b, Midrasch EchaR zu Klg 1,16.
[3] Vgl. ebd.: Einfluß auf die Ignatiusbriefe und das Polykarpmartyrium.
[4] Vgl. Hans von Campenhausen, Die Idee des Martyriums in der alten Kirche, Göttingen 1936.
[5] Thomas von Aquin, Summa Theologica. Vollständige, ungekürzte deutschlateinische Ausgabe, übers. von Dominikanern und Benediktinern Deutschlands und Österreichs, hrsg. von der Albertus-Magnus-Akademie, Bd. 36 (III, Supplement 87–99: Die letzten Dinge), komm. von A. Hoffmann, 1961, S. 256 (q.96 a.6).
[6] Vgl. Martin Hengel, Die Zeloten. Untersuchungen zur jüdischen Freiheitsbewegung im späthellenistischen Zeitalter. Herodes I. bis 70 n. Chr., Leiden, Köln 1961, S. 261f: Das Frühjudentum hat den Begriff μάρτυς (*martys*) = Blutzeuge in dieser Bedeutung zwar noch nicht gekannt, doch um so verbreiteter war der dahinterstehende Inhalt. Häufig findet sich das Wortfeld *edut* = Zeugnis.
[7] Vgl. B. A. G. M. Dehandschutter, J. W. van Henten, Einleitung, in: Die Entstehung der jüdischen Martyrologie, S. 1–19; S. 15ff.
[8] Vgl. Peter Schäfer, Geschichte der Juden in der Antike. Die Juden Palästinas von Alexander dem Großen bis zur arabischen Eroberung, Stuttgart 1983, S. 43–77; Ders., Makkabäer und Hasmonäer, in: Die Juden. Ein historisches Lesebuch, hrsg. von Günter Stemberger, München [2]1990, S. 65–73.
[9] Max Joseph, Art. Speisegesetze, in: Jüdisches Lexikon, Frankfurt a. M. [2]1984, Bd. 4, Sp. 539–543; Sp. 540.
[10] Vgl. Stefan Rohrbacher, Michael Schmidt, Judenbilder. Kulturgeschichte antijüdischer Mythen und antisemitischer Vorurteile, Reinbek bei Hamburg 1991, S. 161.
[11] Paul Riessler, Altjüdisches Schrifttum außerhalb der Bibel, Heidelberg [3]1975, S. 700–727: 4. Makkabäerbuch. Ebenso die Josephus-Handschriften: Flavius Josephus, Über die Makkabäer oder über die Herrschaft der Vernunft, in: Des Flavius Josephus kleinere Schriften, übers. und komm. von Heinrich Clementz, Halle a. d. S., o. J., S. 205–248.
[12] Vgl. Die Bibel und ihre Welt. Eine Enzyklopädie, hrsg. von Gaalyahu Cornfeld, G. Johannes Botterweck, München 1972, Bd. 2, Sp. 427, zur Frage, ob 4 Makk als Predigt oder Diatribe, ein in Redeform gekleideter philosophischer Traktat, zu charakterisieren ist. Vgl. Leonhard Rost, Einleitung in die alttestamentlichen Apokryphen und Pseudepigraphen einschließlich der großen Qumran-Handschriften, Heidelberg [2]1979, S. 81.
[13] Vgl. Hengel, Die Zeloten, S. 271, Anm. 1, zur Tradition von Git 57b und einer Parallele in der christlichen Überlieferung bei Eusebius.
[14] Die Selbstzerstörung des Rasi (2 Makk 14,41ff), der sich von einem Dach zu Tode stürzte, scheint fast Modellcharakter für Todeswillige des rabbinischen Judentums besessen zu haben. Im Talmud wird von mehreren Suizidanten berichtet, die sich wie Rasi vom Dach stürzten. Vgl. Fred Rosner, Suicide in Jewish Law, in: Ders., Jewish Bioethics, New York 1979, S. 321–24.
[15] Vgl. Hengel, Die Zeloten, S. 268.
[16] Vgl. Verena Lenzen, Selbsttötung. Ein philosophisch-theologischer Diskurs

mit einer Fallstudie über Cesare Pavese, Düsseldorf 1987, S. 113–123; S. 88–89 (Rasi); S. 86–87 (Eleasar).

[17] Vgl. Johann Maier, Das Judentum. Von der biblischen Zeit bis zur Moderne, München ²1973, S. 196f: »Der Blick richtete sich auf eine ausgleichende göttliche Gerechtigkeit nach dem Tod. (...) Die Annahme einer Vergeltung nach dem Tod wurde zu einem Brennpunkt des Interesses, und die ihrerseits hellenistisch mitstimulierte Ansicht von einem den körperlichen Tod überlebenden Seelen-Selbst des Menschen wurde gerade in der Verfolgungszeit weithin populär (...). All dies war geeignet, den konkreten Widerstandswillen zu stärken, und es förderte zugleich ein martyriumfreudiges Duldertum.«

[18] Vgl. Kellermann, Das Danielbuch und die Märtyrerüberlieferung, S. 54ff, zur Deutung von Dan 6 (Daniel in der Löwengrube) und Dan 7 (Menschensohnpsalm) als Märtyrertexte. Ich richte hier das Augenmerk auf Dan 3.

[19] Vgl. Ernst Haag, Die drei Männer im Feuer nach Dan 3:1–30, in: Die Entstehung der jüdischen Martyrologie, S. 20–50; S. 20, verweist auf die Kritik von M. A. Beek und K. Koch, Dan 3,1–30 sei wegen des guten Endes im streng theologischen Sinn keine eigentliche Märtyrergeschichte.

[20] Vgl. Kellermann, Das Danielbuch und die Märtyrertheologie, S. 56: zur griechischen Überlieferung von Dan 3.

[21] Ebd. S. 58.

[22] Ebd. S. 58f.

[23] Vgl. Johannes van der Klaauw, Zusammenfassung der Diskussion, ebd. S. 220–261; S. 220.

[24] Das Bild des gefahrlosen Durchschreitens des Feuers ist Jes 43,2 entlehnt: »Wenn du durchs Feuer gehst, wirst du nicht versengt, / keine Flamme wird dich verbrennen.« Vgl. das Gedicht, das Ben-Chorin über diese Märtyrerlegende verfaßte: Schalom Ben-Chorin, Aus Tiefen rufe ich. Biblische Gedichte, Hamburg 1966, S. 51f: »Die drei Männer im Feuerofen«.

[25] Vgl. Kellermann, Das Danielbuch und die Märtyrerüberlieferung, S. 58.

[26] Vgl. ebd. S. 57.

[27] Vgl. bT Pesahim 118a.b; bT Taanith 18b.

[28] Midrasch Schir HaSchirim, übers. von August Wünsche, Leipzig o. J.

[29] Vgl. Schlatter, Synagoge und Kirche bis zum Barkochba-Aufstand, S. 300.

[30] Vgl. Harold Marcuse, Frank Schimmelfennig, Jochen Spielmann, Steine des Anstoßes. Nationalsozialismus und Zweiter Weltkrieg in Denkmalen 1945–1985, Hamburg 1985, S. 25.

[31] Claude Lanzmann, Shoah, München 1988, S. 197.

[32] Jüdisches Schicksal in Köln 1918–1945. Katalog zur Ausstellung des Historischen Archivs der Stadt Köln/NS-Dokumentationszentrum, Köln 1988/89, S. 73: Anzeige in: Kölner Jüdisches Wochenblatt, Nr. 48 v. 30. 11. 1928

[33] Vgl. Ismar Elbogen, Der jüdische Gottesdienst in seiner geschichtlichen Entwicklung, Frankfurt a. M. ²1924, S. 30–132; Friedrich Thieberger (Hrsg.), Jüdisches Fest. Jüdisches Brauchtum, Königstein i. Ts. ³1985, S. 343ff.

[34] Vgl. Johann Maier, Peter Schäfer, Kleines Lexikon des Judentums, Stuttgart ²1987, S. 200. Gleichzeitig sind auch Widerstände gegen eine ursprünglich griechisch geprägte Körper- und Sportkultur im Staat Israel zu

verzeichnen; unter dem Schlagwort »Gegen Hellenisierung!« wird der profitorientierte Leistungssport in bestimmten jüdisch-orthodoxen Kreisen als moderner Götze kritisiert, wie die Auseinandersetzung um die Errichtung eines Fußballstadions in Jerusalem 1979 bewies: Vgl. Israel Meir Levinger, Kiddusch Haschem: Heiligung des göttlichen Namens. Gedanken zum Martyrium im Judentum, in: Auschwitz als Herausforderung für Juden und Christen, hrsg. von Günther B. Ginzel, Heidelberg 1980, S. 157–169; S. 164.

[35] Vgl. Hengel, Die Zeloten, S. 181–188; 176–178.
[36] Vgl. ebd. S. 276.
[37] Vgl. ebd. S. 264.
[38] Vgl. Maier, Das Judentum, S. 221f. Maier stellt die Gruppen der Essener, Zeloten und Sikarier zusammenfassend in dem Abschnitt »Die eschatologisch orientierten Radikalen« dar.
[39] Vgl. Hengel, Die Zeloten, S. 267; Lenzen, Selbsttötung, S. 118–123.
[40] Vgl. Flavius Josephus, De Bello Judaico. Der Jüdische Krieg. Griechisch und Deutsch, hrsg. u. eingeleitet von Otto Michel, Otto Bauernfeind, München 1962ff: Bd. I (Buch I–III) ²1962; Bd. II,1 (Buch IV–V) 1963; Bd. II (Buch VI–VII) 1969; Bd. III (Ergänzungen, Register) 1969.
[41] Vgl. Hengel, Die Zeloten, S. 276: »Der Selbstmord hatte in der jüdischzelotischen Märtyrervorstellung deshalb seinen Platz, weil die Gefangenschaft für den Juden die Befolgung des Gesetzes weithin unmöglich machte. Hinzu kam die Rücksicht auf die Familie: Die Frauen wurden der Schande ausgeliefert und die Kinder standen in der Gefahr, selbst Heiden und Götzendiener zu werden. Auch der Gedanke an Schändung des eigenen Leibes konnte als unerträglich empfunden werden. Der Selbstmord mochte so als eine um der Treue zum Gesetz willen notwendige Handlung erscheinen.«
[42] Vgl. Lenzen, Selbsttötung, S. 122.
[43] Vgl. Hengel, Die Zeloten, S. 267f (zum Martyrium der Essener); S. 261–277 (zum Martyrium der Sikarier und Zeloten).
[44] Ebd. S. 271f. Vgl. S. 261–277 zur Darstellung der erwähnten Beispiele.
[45] Vgl. Bernard Heller, Masada and the Talmud, in: Tradition 10/2 (1968), S. 31–34; S. 31: »Instead we witness a veritable blackout of the episode in the whole range of Talmudic and Midrashic lore.«
[46] Yigael Yadin, Masada. Der letzte Kampf um die Festung des Herodes, Hamburg 1967.
[47] Vgl. Othmar Keel, Max Küchler, Orte und Landschaften der Bibel. Ein Handbuch und Studien-Reiseführer zum Heiligen Land. Zürich 1982, Bd. 2, S. 377, hier despektierlich vermerkt.
[48] Vgl. Dov I. Frimer, Masada – In the Light of Halakhah, in: Tradition 12/1 (1972/72), S. 27–43; S. 38f; Heller, Masada and the Talmud, S. 34.
[49] Christoph Schwerin, »Bitterer Brunnen des Herzens«. Erinnerungen an Paul Celan, in: Monat 32/1981, S. 73–81; S. 81. Eine Erklärung für Celans Verhalten liegt in seinen Schuldgefühlen, aus dem Arbeitslager entkommen zu sein, was er womöglich im Gegensatz zu der mutigen Gegenwehr und furchtlosen Verweigerung der Aufständischen von Masada empfand.
[50] Vgl. Zvi Kolitz, Masada – Suicide or Murder? in: Tradition 12/1 (1971/72), S. 5–26; S. 23, 25.
[51] Vgl. Frimer, Masada – In the Light of Halakhah, S. 30f.
[52] Vgl. ebd. S. 33.

[53] Vgl. Hengel, Die Zeloten, S. 271.
[54] Vgl. Schlatter, Synagoge und Kirche bis zum Barkochba-Aufstand, S. 12, 263.
[55] Vgl. ebd. S. 16.
[56] Vgl. Schäfer, Geschichte der Juden in der Antike, S. 159ff.
[57] Vgl. Schlatter, Synagoge und Kirche bis zum Barkochba-Aufstand, S. 16.
[58] »Si non vero, bene trovato«, kommentiert Israel Zwi Kanner (Hrsg.), Jüdische Märchen, Frankfurt a. M. 1976, S. 147.
[59] Vgl. Encyclopaedia Judaica, Bd. 11, S. 619; The Jewish Encyclopedia, Bd. 8, S. 227–228.
[60] Sifra, übers. von J. Winter, Breslau 1938, S. 580.
[61] Vgl. A Rabbinic Anthology, hrsg. von A. Montefiore, H. Loewe, London 1938.
[62] Vgl. Harry G. Friedman, Kiddush Hashem and Hillul Hashem, in: Hebrew Union College Annual 1 (1904), S. 193–214; S. 206.
[63] Vgl. Friedman, Kiddush Hashem and Hillul Hashem, S. 195.
[64] Vgl. David Hartman, Abraham Halkin, Crisis and Leadership: Epistles of Maimonides, Philadelphia, New York, Jerusalem 1985, S. 10f. Ebd. S. 13–90: The Epistle of Martyrdom (Text in englischer Übersetzung: S. 13–34, Anmerkungen: S. 34–45, Diskussion: S. 46–90).
[65] Vgl. Hartman, Introduction, S. 6.
[66] Vgl. Maimonides, The Epistle of Martyrdom, S. 16, 29f.
[67] Vgl. ebd. S. 24ff.
[68] Vgl. Ders., The Book of Knowledge, übers. von Isidor Twersky, Jerusalem 1972 (hebr.-engl.).
[69] Vgl. Hartman, S. 10f.
[70] Vgl. Die Geschichte von den Zehn Märtyrern. Synoptische Edition, hrsg., übers. und komm. von Gottfried Reeg, Tübingen 1985. Die Zehn Märtyrer sind idealisierte Gestalten und keine geschichtlichen Persönlichkeiten. Die Forschungsgeschichte dieses ahistorischen, schematischen Märtyrerberichts ist schwierig. Die Ursprünge der Erzählung liegen wahrscheinlich nicht im rabbinischen Umkreis, sondern werden in der apokryphen Literatur oder in der Hekhalot-Literatur vermutet.
[71] Vgl. Maimonides, The Epistle of Martyrdom, S. 28.
[72] Vgl. ebd. S. 30.
[73] Vgl. ebd. S. 30ff.
[74] Vgl. ebd. S. 20.
[75] Vgl. ebd. S. 23.
[76] Vgl. Hartman, Introduction, S. 11.
[77] Vgl. Maimonides, The Epistle of Martyrdom, S. 32: »Likewise, our father Abraham, we find, despised his family and his home and ran for his life to escape from the doctrine of the heretics.« Vgl. Hartman, Discussion, S. 79f.
[78] Vgl. Hans Mayer, Der Repräsentant und der Märtyrer. Konstellationen der Literatur, Frankfurt a. M. 1971: Buchtitel nach dem Wort von Thomas Mann aus dem Jahre 1937, das als Motto zitiert wird.
[79] Vgl. Yeshayahu Leibowitz, The Faith of Maimonides, Tel Aviv 1989, S. 11ff.
[80] Vgl. Ernst Loewy, Exil. Literarische und politische Texte aus dem deutschen Exil 1933–1945, Frankfurt a. M. 1981, Bd. 1, S. 1ff.

[81] Vgl. Friedrich Battenberg, Das europäische Zeitalter der Juden. Zur Entwicklung einer Minderheit in der nichtjüdischen Umwelt Europas, Darmstadt 1990, Bd. 1, S. 130ff.
[82] Vgl. Haim Hillel Ben-Sasson, Geschichte des jüdischen Volkes, München 1979, Bd. 2, S. 38.
[83] Vgl. Jakob Wassermann, Das Los der Juden, in: Ders., Deutscher und Jude. Reden und Schriften 1904–1933, hrsg. von Dierk Rodewald, Heidelberg 1984, S. 17–27; S. 19.
[84] Hermann Greive, Die Juden. Grundzüge ihrer Geschichte im mittelalterlichen und neuzeitlichen Europa, Darmstadt ²1982, S. 105.
[85] Vgl. Battenberg, Das europäische Zeitalter der Juden, Bd. 1, S. 22.
[86] Vgl. Greive, Die Juden, S. 84.
[87] Vgl. o. »Vom Opfer zum Blutopfer oder Gewaltopfer«; Hebräische Berichte über die Judenverfolgungen während der Kreuzzüge, hrsg. von A. Neubauer, M. Stern, Berlin 1892; Das Martyrologium des Nürnberger Memorbuches, hrsg. von Siegmund Salfeld, Berlin 1898; Jüdische Geisteswelt, hrsg. von Hans Joachim Schoeps, Baden-Baden 1986, S. 141–172.
[88] Vgl. Ben-Sasson, Geschichte des jüdischen Volkes, S. 41.
[89] Vgl. Battenberg, Das europäische Zeitalter der Juden, Bd. 1, S. 76.
[90] Ebd. S. 92.
[91] Ebd.
[92] Ben-Sasson, Geschichte des jüdischen Volkes, Bd. 2, S. 37.
[93] Wilhelm Bousset, H. Gressmann, Die Religion des Judentums im späthellenistischen Zeitalter, Tübingen ³1926, S. 374.
[94] Yosef Hayim Yerushalmi, Zachor: Erinnere Dich! Jüdische Geschichte und jüdisches Gedächtnis, Berlin 1988, S. 137, Anm. 31.
[95] Ebd.
[96] Ernst Simon, Chajjim Nachman Bialik. Eine Einführung in sein Leben und sein Werk, Berlin 1935, S. 81.
[97] Vgl. Chaim Nachman Bialik, In der Stadt des Schlachtens. Aus dem Jiddischen und mit einem Nachwort von Richard Chaim Schneider, Salzburg, Wien 1990, Nachwort: S. 28–31. Das Pogrom von Kischinew reiht sich in eine lange Kette der osteuropäischen Judenverfolgungen ein: vom Chielnitzi-Massaker, 1648, bis zu den Pogromen von 1881/82; 1903–1906; 1919/20. Der Hinweis muß hier genügen, da es sich nicht um eine Geschichte des Judentums handelt. Nach dem Krimkrieg und der Befreiung von 30 Millionen Leibeigenen im Jahre 1861 wuchsen die sozialen Spannungen. Die Unzufriedenheit wurde auf die Juden als Sündenböcke abgelenkt. Erste Ausschreitungen gegen die Juden brachen 1871 in Odessa aus. Durch den Anschlag auf Zar Alexander II. im März 1881 wurden weitere Übergriffe ausgelöst. Die zweite blutige Pogromwelle dauerte von 1903 bis 1906. Die russische Niederlage gegen die Japaner, der Generalstreik von 1905 und die Kapitulation Zar Nikolaus' II. mit der Zustimmung zu einer konstitutionellen Regierung provozierten Ausschreitungen in über 600 südrussischen Städten und Dörfern, denen in einer Woche 900 Juden zum Opfer fielen, über 8000 wurden verletzt. Die dritte und grausamste Pogromwelle folgte während des Bürgerkrieges 1918 bis 1920 mit über 60.000 Toten.
[98] Simon, Chajjim Nachman Bialik, S. 79, 81.
[99] Bialik, In der Stadt des Schlachtens, S. 26f.

[100] Vgl. ebd. S. 15; S. 29 (Nachwort); Simon, Chajjim Nachman Bialik, S. 80ff.
[101] Immanuel Jakobovits, Jewish Medical Ethics, New York ³1967, S. 52. Vgl. Kolitz, Masada – Suicide or Murder?, S. 22: »Das Judentum ist eine lebensbejahende Religion, und sie bietet keinerlei Raum – und tat dies niemals – weder für die Abtötung des Fleisches noch für die Idealisierung des Todes.«
[102] Jakob J. Petuchowski, The Limits of Self-Sacrifice, in: Modern Jewish Ethics. Theory and Practice, hrsg. von Marvin Fox, Ohio 1975, S. 103–118; S. 116.
[103] Vgl. Leo Prijs, Die Welt des Judentums. Religion, Geschichte, Lebensweise, München 1982, S. 49: Prijs bietet diese freie Übersetzung für die Beschreibung in bT Berakhoth 61a.b.
[104] Zvi Kolitz, Josel Rackower spricht zu Gott, in: Erinnern, nicht vergessen. Zugänge zum Holocaust, hrsg. von Martin Stöhr, München 1970, S. 107–118; S. 117.
[105] David Frischmann, Ein Schmaus, in: Das Buch von den polnischen Juden, Berlin 1916, S. 213–222; S. 219–221.

III VON DER KRISE DES BEGRIFFS
Sprache und Schweigen

[1] Ludwig Wittgenstein, Schriften in acht Bänden, Frankfurt a. M. 1984, Bd. VIII, S. 472.
[2] Ders., Tractatus logico-philosophicus. Logisch-philosophische Abhandlung, Frankfurt a. M. ¹⁵1980, S. 115.
[3] Martin Heidegger, Vom Ursprung des Kunstwerks, in: Ders., Holzwege, Frankfurt a. M. 1950, S. 61.
[4] Walter Benjamin, Briefe, hrsg. von Gershom Scholem und Theodor W. Adorno, Frankfurt a. M. 1978, Bd. I, S. 125–128: Brief an Martin Buber (Juli 1916); S. 127.
[5] Vgl. zum Begriff *zimzum*: Gershom Scholem, Schöpfung aus Nichts und Selbstverschränkung Gottes, in: Ders., Über einige Grundbegriffe des Judentums, Frankfurt a. M. 1970, S. 53–89; S. 86f.
[6] Theodor W. Adorno, Ästhetische Theorie, hrsg. von Gretel Adorno und Rolf Tiedemann, Frankfurt a. M. ⁵1981, S. 123.
[7] Christiaan L. Hart Nibbrig, Rhetorik des Schweigens. Versuch über den Schatten literarischer Rede, Frankfurt a. M. 1981, S. 16.
[8] George Steiner, Der Dichter und das Schweigen, in: Ders., Sprache und Schweigen. Essays über Sprache, Literatur und das Unmenschliche, Frankfurt a. M. 1969, S. 74–97; S. 87.
[9] Cesare Pavese, Das Handwerk des Lebens. Tagebuch 1935–1950, Frankfurt a. M. 1979, S. 387: letzte Tagebucheintragung vor der Selbsttötung. Vgl. Verena Lenzen, Cesare Pavese. Tödlichkeit in Dasein und Dichtung, München 1989.
[10] Vgl. Alfred Alvarez, Der grausame Gott. Eine Studie über den Selbstmord, Frankfurt a. M. 1980, S. 192, 209.
[11] Steiner, Der Rückzug aus dem Wort, in: Ders., Sprache und Schweigen, S. 44–73.
[12] Ders., Der Dichter und das Schweigen, S. 89.

[13] Hugo von Hofmannsthal, Ein Brief, in: Ders., Gesammelte Werke. Erzählungen. Erfundene Gespräche und Briefe. Reisen, Frankfurt a. M. 1979, S. 461–472; S. 465f.
[14] Hart Nibbrig, Rhetorik des Schweigens, S. 83.
[15] Ebd. S. 158.
[16] Vgl. ebd. Inhaltsverzeichnis.
[17] Werner Kraft, Zeit aus den Fugen, Frankfurt a. M. 1968, S. 212.
[18] eugen gomringer, schweigen, in: ders., konkrete poesie. deutschsprachige autoren. anthologie, stuttgart 1976, S. 58. Es wird hier nach Gomringers Prinzip der »kleinschrift« zitiert, ausnahmsweise wird das Zitat nicht durch Anführungszeichen gekennzeichnet, um die visuelle Wirkung des Ideogramms als »sehgegenstand« nicht einzuschränken.
[19] Vgl. ebd. S. 155.
[20] Ulrich Gregor, Enno Patalas, Geschichte des Films, Reinbek bei Hamburg 1976, Bd. 2, S. 349.
[21] Paul Celan, Gesammelte Werke, hrsg. von Beda Allemann, Stefan Reichert, Frankfurt a. M. 1986, Bd. 1, S. 39–42: »Todesfuge«; S. 41.
[22] Ebd. S. 42.
[23] Gottfried Benn, zit. nach Steiner, Das hohle Wunder, in: Ders., Sprache und Schweigen, S. 129–146; S. 136.
[24] Ebd. S. 135.
[25] Ebd. S. 131.
[26] Vgl. ebd. 134.
[27] Vgl. ebd. 135.
[28] Vgl. Ders., Der Dichter und sein Schweigen, S. 93.
[29] Ebd. S. 91.
[30] Paul Celan, Der Meridian. Rede anläßlich der Verleihung des Georg-Büchner-Preises (1961), in: Ders., Gesammelte Werke, Bd. 3, S. 185–202; S. 196.
[31] Vgl. Detlev Claussen, Nach Auschwitz. Ein Essay über die Aktualität Adornos, in: Zivilisationsbruch. Denken nach Auschwitz, hrsg. von Dan Diner, Frankfurt a. M. 1988, S. 54–68; S. 62.
[32] Theodor W. Adorno, Kulturkritik und Gesellschaft, in: Ders., Gesellschaftstheorie und Kulturkritik, Frankfurt a. M. 1975, S. 46–65; S. 65.
[33] Günter Grass, Schreiben nach Auschwitz. Frankfurter Poetik-Vorlesung, Frankfurt a. M. 1990, S. 15.
[34] Peter Rühmkorf, Kein Apolloprogramm für Lyrik, in: Ders., Walther von der Vogelweide, Klopstock und ich, Reinbek bei Hamburg 1975, S. 181–190; S. 183.
[35] Ebd. S. 184.
[36] Grass, Schreiben nach Auschwitz, S. 14.
[37] Theodor W. Adorno, Minima Moralia. Reflexionen aus dem beschädigten Leben, Frankfurt a. M. 1982, S. 62–66 (33: Weit vom Schuß); S. 65.
[38] Ders., Kulturkritik und Gesellschaft, S. 65.
[39] Wolfdietrich Schnurre, Der Schattenfotograf. Aufzeichnungen, München 1978, S. 456.
[40] Ebd. S. 455.
[41] Vgl. Claude Lanzmann, Shoah, München 1988, S. 28f. In Lanzmanns Filmdokumentation berichten zwei jüdische Überlebende von Wilna von dem Versuch der Nazis, den Begriff des Opfers sprachlich »auszurotten«.

[42] Vgl. z. B. Günter Grass, Schwierigkeiten eines Vaters, seinen Kindern Auschwitz zu erklären, in: Arbeitstexte für den Unterricht. Deutsche Essays des 20. Jahrhunderts, Stuttgart 1980, S. 109–112; S. 109: »(...) Gedichte, die nach Auschwitz geschrieben worden sind, werden sich den Maßstab gefallen lassen müssen.«
[43] Klaus Laermann, Die Stimme bleibt. Theodor W. Adornos Diktum – Überlegungen zu einem Darstellungsverbot, in: Die Zeit, Nr. 14/1992, S. 69.
[44] Max Frisch, Tagebuch 1946–1949, Frankfurt a. M. 1971, S. 37.
[45] Ders., Andorra. Stück in zwölf Bildern, Frankfurt a. M. 1961; Stiller. Roman, Frankfurt a. M., Hamburg 1971.
[46] Laermann, Die Stimme bleibt.
[47] Theodor W. Adorno, Engagement, in: Ders., Noten zur Literatur, Frankfurt a. M. [4]1989, S. 409–430; S. 423.
[48] Ebd. S. 423.
[49] Ebd. S. 423f.
[50] Ders., Negative Dialektik, Frankfurt a. M. 1990, GS Bd. 6, S. 359.
[51] Ebd.
[52] Ders., Minima Moralia, S. 57–58 (30: Pro domo nostra); S. 58.
[53] Ebd. S. 57.
[54] Ebd. S. 58.
[55] Ebd. S. 298–300 (143: In nuce); S. 299.
[56] Ders., Aufzeichnungen zu Kafka, in: Ders., Prismen, Frankfurt a. M. [3]1987, S. 250–283; S. 251.
[57] Ders., Minima Moralia, S. 99–101 (50: Lücken); S. 99.
[58] Ebd.
[59] Ebd. S. 101.
[60] Vgl. Dieter Lamping (Hrsg.), Dein aschenes Haar Sulamith. Dichtung über den Holocaust, München 1992, Nachwort: S. 271–292; S. 273.
[61] Vgl. Rühmkorf, Kein Apolloprogramm für Lyrik, S. 183.
[62] Adorno, Paralipomena, in: Ders., Ästhetische Theorie, S. 389–490; S. 477.
[63] Ebd. S. 476.
[64] Lamping, Nachwort, S. 279.
[65] Paul Celan, Ansprache anläßlich der Entgegennahme des Literaturpreises der Freien Hansestadt Bremen (1958), in: Ders., Gesammelte Werke, Bd. 3, S. 185–196; S. 185f.
[66] »Atemwende« heißt ein Gedichtband Celans aus dem Jahre 1967; das Bild des »Atems« erscheint in den Gedichtbänden »Sprachgitter« (1959) und »Die Niemandsrose« (1963); ferner heißt es in seiner Büchnerpreisrede, »Der Meridian«, S. 195: »Dichtung: Das kann eine Atemwende bedeuten. Wer weiß, vielleicht legt die Dichtung den Weg – auch den Weg der Kunst – um einer solchen Atemwende willen zurück?«
[67] Steiner, Das hohle Wunder, S. 146.
[68] Susan Shapiro, Vom Hören auf das Zeugnis totaler Verneinung, in: Concilium 20 (1984), S. 363–369; S. 363.
[69] Ebd. S. 365.
[70] Jean Améry, Jenseits von Schuld und Sühne. Bewältigungsversuche eines Überwältigten, Stuttgart 1977, S. 145.
[71] Ebd. S. 145.
[72] Peter Sloterdijk, Der Denker auf der Bühne. Nietzsches Materialismus, Frankfurt a. M. 1986, S. 83 f.

[73] Elie Wiesel, zit. nach: Shapiro, Vom Hören auf das Zeugnis totaler Verneinung, S. 364f.
[74] Ders., Art and Culture after the Holocaust, in: Auschwitz: Beginning of a New Era? Reflections on the Holocaust, hrsg. von Eva Fleischner, New York 1977, S. 403–415; S. 403.
[75] Vgl. Andrzej J. Kaminski, Konzentrationslager 1896 bis heute. Geschichte, Funktion, Typologie, München 1990, S. 11.
[76] Améry, Jenseits von Schuld und Sühne. Das erste Kapitel lautet »An den Grenzen des Geistes«.
[77] Primo Levi, Ist das ein Mensch? Erinnerungen an Auschwitz, Frankfurt a. M. 1979, S. 183.
[78] Vgl. Sören Kierkegaard, Furcht und Zittern, Köln ²1986, S. 97–99; Hart Nibbrig, Rhetorik des Schweigens, S. 16.
[79] Edmond Jabès, Das kleine unverdächtige Buch der Subversion, München, Wien 1985, S. 35f.
[80] Ebd. S. 88f.
[81] Thomas H. Macho, Todesmetaphern. Zur Logik der Grenzerfahrung, Frankfurt a. M. 1987, S. 19. Das Buch enthält auch wertvolle Anregungen für die hier erörterte Fragestellung.
[82] Celan, Gesammelte Werke, Bd. 1, S. 125f: »Nächtlich geschürzt«; S. 125.
[83] Macho, Todesmetaphern, S. 19.
[84] Celan, Gesammelte Werke, Bd. 1, S. 167: »Sprachgitter«.
[85] Gotthold Ephraim Lessing, Miss Sara Sampson. Ein bürgerliches Trauerspiel, in: Ders., Gesammelte Werke, Berlin 1927, Bd. 2, S. 1–89; S. 47.
[86] Adorno, Minima Moralia, S. 21–22 (5: Herr Doktor, das ist schön von Euch); S. 21.

Zwischen Theodizee und Anthropodizee

[1] Johann Wolfgang Goethe, Dichtung und Wahrheit, in: Ders., Werke in acht Bänden, hrsg. von Paul Stapf, Wiesbaden o. J., Bd. V, S. 7–674; S. 30f.
[2] Gottfried Wilhelm Leibniz, Metaphysische Abhandlung, hrsg. von Herbert Herring, Hamburg 1975, S. 17.
[3] Ders., Die Theodizee, Hamburg ²1968
[4] Voltaire, Zadig oder das Schicksal, Frankfurt a. M. 1975.
[5] Ders., Candid oder Die Beste der Welten, Stuttgart 1982.
[6] Ernst Sander, Nachwort, ebd. S. 113–118; S. 117.
[7] Vgl. Odo Marquard, Schwierigkeiten mit der Geschichtsphilosophie. Aufsätze, Frankfurt a. M. 1982, S. 62.
[8] Vgl. Franz Böckle, Fundamentalmoral, München ²1978, S. 130.
[9] Hans Jonas, Der Gottesbegriff nach Auschwitz. Eine jüdische Stimme, Frankfurt a. M. 1987, S. 44.
[10] Vgl. Regina Ammicht-Quinn, Von Lissabon bis Auschwitz. Zum Paradigmawechsel in der Theodizeefrage, Freiburg i. Ue. 1992, S. 10f. Kritisch hinzuzufügen ist, daß dieser Paradigmawechsel für »Lissabon« in der metonymischen Bedeutung des Erdbebens von 1755 gilt. In der jüdischen Geschichte erinnert der Name »Lissabon« vielmehr an das Massaker unter den Marranen Lissabons (1506), geschätzte Opfer zwischen 2000 und 4000, und an die weiteren Verfolgungen durch die Inquisition seit 1540. In dieser Lesart dokumentiert die Metapher »Lissabon« eine Kontinuität der jüdischen Leidensgeschichte, von Lissabon bis Auschwitz.

[11] Vgl. ebd. S. 77: S. Behn, Zur Erinnerung an Leibniz, in: Begegnung 1 (1946), Nr. 5, S. 132–134; S. 132.
[12] Vgl. ebd. S. 89.
[13] Ebd. S. 88.
[14] Vgl. Johann Baptist Metz, Die Rede von Gott angesichts der Leidensgeschichte der Welt, in: Gottesnamen. Gott im Bekenntnis der Christen, hrsg. von Matthias Lutz-Bachmann, Andreas Hölscher, Berlin, Hildesheim 1992, S. 180–192; S. 180.
[15] Vgl. Ammicht-Qinn, Von Lissabon bis Auschwitz, S. 14.
[16] Vgl. Klaus Haacker, Der Holocaust als Datum der Theologiegeschichte, in: Gottes Augapfel. Beiträge zu einer Erneuerung von Christen und Juden, hrsg. von Edna Brocke, Jürgen Seim, Neukirchen-Vluyn 1986, S. 137–145; S. 145.
[17] Vgl. Rolf Rendtorff, Ekkehard Stegemann (Hrsg.), Auschwitz – Krise der christlichen Theologie. Eine Vortragsreihe, München 1980.
[18] Yoram Kaniuk, Dreieinhalb Stunden und fünfzig Jahre mit Günter Grass in Berlin, in: Die Zeit, Nr. 26 v. 21.6.1991, S. 53–54; S. 53.
[19] Herlinde Koelbl, Jüdische Portraits. Photographien und Interviews, Frankfurt a. M. 1989, S. 25.
[20] Ebd. S. 139.
[21] Emil L. Fackenheim, Die gebietende Stimme von Auschwitz, in: Wolkensäule und Feuerschein. Jüdische Theologie des Holocaust, hrsg. von Michael Brocke, Herbert Jochum, Gütersloh 1993 (München 1982), S. 73–110; S. 82, Anm. 18. Vgl. Ders., To Mend the World. Foundations of Post-Holocaust Jewish Thought, New York 1989. Die Anthologie *Wolkensäule und Feuerschein*, nachfolgend in der Kurzfassung *Wolkensäule* zitiert, enthält Lebens- und Werkdaten der hier vorgestellten Autoren, S. 271–286.
[22] Vgl. Ernst Ludwig Ehrlich, Holocaust oder die Schoa? Die Juden wollten kein »Brandopfer« bringen, in: Allgemeine jüdische Wochenzeitung, Nr. 43 v. 19. 8. 1988, S. 1. Zu den anderen Termini vgl. die nachfolgend dargestellten Positionen.
[23] Margarete Susman, Das Buch Hiob und das Schicksal des jüdischen Volkes. Mit einem Vorwort von Heinrich Schlier und einer Einführung von Hermann Levin Goldschmidt, Freiburg i. Br., Basel, Wien 1968.
[24] Ebd. S. 79.
[25] Hermann Levin Goldschmidt, ebd. S. 23. – Gershom Scholem, Juden und Deutsche, in: Ders., Judaica 2, Frankfurt a. M. 1970, S. 20–46; S. 43, begegnet kritisch der »Bereitschaft vieler Juden, eine Theorie für das Opfer ihrer jüdischen Existenz zu erfinden« und kritisiert am Beispiel von Susmans Entwurf »eine große innere Demoralisierung, ein(en) Enthusiasmus für das Selbstopfer, der für eine Gemeinschaft ganz im Leeren bleiben mußte und von niemand ernstgenommen wurde als von Antisemiten (...).«
[26] Karl Wolfskehl, Hiob oder die vier Spiegel, Hamburg 1950.
[27] Schalom Ben-Chorin, Die Antwort des Jona. Zum Gestaltwandel Israels – ein geschichts-theologischer Versuch, Hamburg 1956, S. 24.
[28] Ebd. S. 31.
[29] Vgl. ebd. S. 32, 33f, 35, 37.
[30] Ebd. S. 42.
[31] Ebd. S. 44.
[32] Ders., Als Gott schwieg. Ein jüdisches Credo, Mainz 1989, S. 47.

[33] Vgl. ebd. S. 54.
[34] Vgl. Michael Brocke, Herbert Jochum, Der Holocaust und die Theologie – »Theologie des Holocaust«, in: Wolkensäule, S. 238–270, S. 240.
[35] Ignaz Maybaum, Der dritte Churban, in: Wolkensäule, S. 9–19; S. 9, 11.
[36] Ebd. S. 12, 13, 14, 15, 19.
[37] Vgl. Immanuel Menachem Hartom, »Unserer Sünden wegen ...«, in: Wolkensäule, S. 20–26.
[38] Vgl. Deot 19 (1962) und 20 (1962).
[39] Yitzchok Hutner, Bürde der Erwählung, in: Wolkensäule, S. 27–42; S. 40f.
[40] Eliezer Berkovits, Das Verbergen Gottes, in: Wolkensäule, S. 43–72; S. 43, 45, 47, 52.
[41] Ebd. S. 64.
[42] Ebd. S. 65.
[43] Ebd. S. 66.
[44] Ebd. S. 72.
[45] Jonas, Der Gottesbegriff nach Auschwitz, S. 7.
[46] Ebd. – Vgl. Hans Küng, Das Judentum, München, Zürich 1991, S. 714–733: Küngs Auseinandersetzung mit dem »Gottesverständnis nach Auschwitz«, v. a. mit Hans Jonas.
[47] Ders., in: Koelbl, Jüdische Portraits, S. 121.
[48] Ders., Der Gottesbegriff nach Auschwitz, S. 14.
[49] Vgl. Schalom Ben-Chorin, Begegnungen. Porträts bekannter und verkannter Zeitgenossen, hrsg. von Verena Lenzen, Gerlingen 1991, S. 132–137: Alfred Mombert; S. 136.
[50] Jonas, Der Gottesbegriff nach Auschwitz, S. 33.
[51] Vgl. ebd. S. 37.
[52] Vgl. Paul Volz, Der Geist Gottes und die verwandten Erscheinungen im Alten Testament und im anschließenden Judentum, Tübingen 1910; Ders., Das Dämonische in Jahwe. Vortrag auf dem Alttestamentlertag in München, Tübingen 1924.
[53] Jonas, Der Gottesbegriff nach Auschwitz, S. 38.
[54] Vgl. ebd. S. 33, 32, 31f.
[55] Ebd. S. 15.
[56] Ebd. S. 46.
[57] Jürgen Moltmann, Schöpfung aus nichts, in: Wenn nicht jetzt, wann dann? Festschrift H.-J. Kraus, hrsg. von H. G. Geyer, J. M. Schmidt, Neukirchen-Vluyn 1983, S. 259–269; S. 261. Vgl. Eberhard Jüngel, Gottes ursprüngliches Anfangen als schöpferische Selbstbegrenzung. Ein Beitrag zum Gespräch mit Hans Jonas über den »Gottesbegriff nach Auschwitz«, in: Gottes Zukunft – Zukunft der Welt. Festschrift Jürgen Moltmann, hrsg. von H. Deuser, München 1986, S. 265–275; Hans Hermann Henrix, Auschwitz und Gottes Selbstbegrenzung. Zum Gottesverständnis bei Hans Jonas, in: Theologie der Gegenwart 32 (1989), S. 129–143.
[58] Jonas, in: Koelbl, Jüdische Portraits, S. 121.
[59] Vgl. Odo Marquard, Ende des Schicksals? Einige Bemerkungen über die Unvermeidlichkeit des Unverfügbaren, in: Ders., Abschied vom Prinzipiellen. Philosophische Studien, Stuttgart 1982, S. 67–90; S. 73.
[60] Jonas, Der Gottesbegriff nach Auschwitz, S. 46f.
[61] Ders., Das Prinzip Verantwortung. Versuch einer Ethik für die technologische Zivilisation, Frankfurt a. M. ³1982, S. 392.

[62] Richard L. Rubenstein, Der Tod Gottes, in: Wolkensäule, S. 111–125; S. 117f.
[63] Vgl. Ders., Homeland and Holocaust, in: Ders. The Religious Situation, Boston 1968, S. 39–111.
[64] Vgl. Ders., Tod-Gottes-Theologie und Judentum, in: Jüdische Theologie im 20. Jahrhundert, hrsg. von Schalom Ben-Chorin, Verena Lenzen, München 1988, S. 272–288; S. 273f.
[65] Vgl. ebd. S. 273–275.
[66] Ebd. S. 286.
[67] Vgl. Marquard, Ende des Schicksals?, S. 75.
[68] Vgl. Ders., Schwierigkeiten mit der Geschichtsphilosophie, Frankfurt a. M. 1982, S. 65 (in anderem Kontext).
[69] Ders., Ende des Schicksals?, S. 74f.
[70] Arthur A. Cohen, Mysterium tremendum, in: Wolkensäule, S. 126–135; S. 129, 134f.
[71] Irving Greenberg, Augenblicke des Glaubens, in: Wolkensäule, S. 136–177; S. 137. Vgl. Ders., Cloud of Smoke, Pillar of Fire: Judaism, Christianity, and Modernity after the Holocaust, in: Auschwitz: Beginning of a New Era? Reflections on the Holocaust, hrsg. von Eva Fleischner, New York 1977, S. 7–55.
[72] Ebd. S. 138f
[73] Ebd. S. 144.
[74] Ebd. S. 146.
[75] Ebd. S. 148.
[76] Ebd. S. 154.
[77] Michael Wyschogrod, Gott – ein Gott der Erlösung, in: Wolkensäule, S. 178–194; S. 185. Vgl. Ders., The Body of Faith. God in People Israel, New York 1989.
[78] Vgl. Ders., Gott – ein Gott der Erlösung, S. 186.
[79] Ebd. S. 190, 193f.
[80] Vgl. Jacob Neusner, Holocaust – Mythos und Identität, in: Wolkensäule, S. 195–212; S. 195.
[81] Ebd. S. 205f. – Zu Emil L. Fackenheim vgl. u. »Von Kiddusch HaSchem zu Kiddusch HaChayim«.
[82] Ebd. S. 211f.
[83] Ebd.
[84] Emmanuel Levinas, Die Tora mehr zu lieben als Gott, in: Wolkensäule, S. 213–217; S. 215.
[85] Ebd. S. 217.
[86] Ebd. S. 214.
[87] Zvi Kolitz, Jossel Rackower spricht zu Gott, in: Erinnern, nicht vergessen. Zugänge zum Holocaust, hrsg. von Martin Stöhr, München 1979, S. 107–118; 117.
[88] Ebd. S. 110.
[89] Ebd. S. 117.
[90] Jean Améry, Jenseits von Schuld und Sühne. Bewältigungsversuche eines Überwältigten, Stuttgart 1977.
[91] Ben-Chorin, Die Antwort des Jona, S. 26.
[92] Elie Wiesel, Plädoyer für die Überlebenden, in: Ders., Jude heute. Erzählungen, Essays, Dialoge, Wien 1987, S. 183–216; S. 202: »Eine Theologie

von Auschwitz fällt sowohl für den Ungläubigen wie für den Gläubigen in der Bereich der Gotteslästerung.«
[93] Ders., Eine Quelle für die Hoffnung finden, in: Süddeutsche Zeitung, Nr. 249/1989, SZ am Wochenende: »Es kann keine Theologie nach Auschwitz und schon gar nicht über Auschwitz geben. Denn wir sind verloren, was immer wir tun; was immer wir sagen, ist unangemessen. Man kann das Ereignis niemals mit Gott begreifen; man kann das Ereignis nicht ohne Gott begreifen. Theologie, der Logos von Gott? Wer bin ich, um Gott zu erklären? Und dennoch ... Es ist ihr Recht, es zu versuchen. Nach Auschwitz ist alles ein Versuch.«
[94] Dorothee Sölle, Leiden, Stuttgart ⁶1984, S. 32–39; S. 32.
[95] Vgl. Markus Roentgen, Alles verstehen hieße alles verzeihen. Prolegomena zu Anlaß und Unmöglichkeit von theologischen Reflexionen nach Auschwitz, Bonn 1991, S. 2.
[96] Ammicht-Quinn, Von Lissabon bis Auschwitz, S. 82.
[97] Metz, Die Rede von Gott angesichts der Leidensgeschichte der Welt, S. 187.
[98] Hermann Häring, Das Problem des Bösen in der Theologie, Darmstadt 1985, S. 165.
[99] Vgl. Ammicht-Quinn, Von Lissabon bis Auschwitz, S. 20f, 264.
[100] Ebd. S. 20.
[101] Vgl. Metz, Die Rede von Gott angesichts der Leidensgeschichte der Welt, S. 191: »War Israel etwa glücklich mit seinem Gott? War Jesus glücklich mit seinem Vater? Macht Religion glücklich? Macht sie ›reif‹? Schenkt sie Identität? Heimat, Geborgenheit, Frieden mit uns selbst? Beruhigt sie die Angst? Beantwortet sie die Fragen? Erfüllt sie die Wünsche, wenigstens die glühendsten? Ich zweifle.«
[102] Vgl. ebd. S. 190f.
[103] Ebd. S. 180f.
[104] Ebd. S. 183.
[105] Edmond Jabès, Das Buch der Fragen, Frankfurt a. M. 1989, S. 166.

Von Kiddusch HaSchem zu Kiddusch HaChayim

[1] Der Schlußsatz des Buches: Cordelia Edvardson, Gebranntes Kind sucht das Feuer, München ³1991, S. 130, ist im modernen Israel als nationale Sprachformel geläufig.
[2] Vgl. Adolf Diamant, Durch Freitod aus dem Leben geschiedene Juden 1938–1943, Frankfurt a. M. 1983, Textende (ohne Paginierung). Dr. Wassermann von *Yad VaSchem* in Jerusalem teilte dem Frankfurter Stadtarchiv mit, daß dieser Text bei »Suicides and even those awaiting deportation« gebräuchlich sei (ebd.). Eine Ausstellung von Judith Freise und Joachim Martini in der Frankfurter Paulskirche (7.–25.11.1990) über jüdische Musikerinnen und Musiker in Frankfurt (1933–1942) zitierte ein Beispiel: »Florence Bassermann – 5.7.1863 – 6.2.1942 – Gestorben zur Heiligung des Namens«. Vgl. Adolf Diamant, Jiskor für Selbstmörder, in: Jüdische Allgemeine v. 4. 3. 1983, S. 18.
[3] Walter Benjamin, zit. in: Saul Friedländer, Haß war die treibende Kraft. Die Vernichtung der europäischen Juden, in: Juden und Deutsche. Spiegel Spezial 2/1992, S. 30–40; S. 30.
[4] Vgl. Konrad Kwiet, The Ultimate Refuge. Suicide in the Jewish Community

under the Nazis, in: Leo Baeck Year Book XXIX, London, Jerusalem, New York 1984, S. 135–167; S. 160; Ders., Helmut Eschwege, Selbstbehauptung und Widerstand. Deutsche Juden im Kampf um Existenz und Menschenwürde 1933–1945, Hamburg [2]1986, S. 194–215: Der Selbstmord; S. 214: die Aussage von Camilla Neumann, die ihren Mann vom Weg der Selbsttötung überzeugen wollte; dieser wandte sich jedoch gegen die Paradoxie des Freitodes aus Todesfurcht.

[5] Vgl. Ders., The Ultimate Refuge, S. 138: »Suicide was the ultimate and most radical attempt to elude Nazi terror.«

[6] Vgl. ebd. S. 154; Ders. Widerstand und Selbstbehauptung, S. 203: »Staatsanwalt: Gab es eine Möglichkeit, sich der Deportation zu entziehen? Zeugin: Nur den Selbstmord ... Die Selbstmorde begannen unmittelbar vor dem ersten Transport nach Litzmannstadt und steigerten sich in einem sehr schnellen Tempo. Die Leute nahmen Veronal, zum Teil auch Zyankali.«

[7] Ebd. S. 202; Ders., The Ultimate Refuge, S. 149. Für manche gab es noch die Flucht in den Untergrund.

[8] Vgl. ebd. S. 201f; Ders., The Ultimate Refuge, S. 149.

[9] Vgl. Ders., Widerstand und Selbstbehauptung, S. 198, 200.

[10] Diamant, Durch Freitod aus dem Leben geschiedene Juden 1938–1943.

[11] Vgl. ebd. die Suizidstatistik für Frankfurt von 1938 bis 1945. Konrad Kwiet führt weitere Daten, Statistiken und Schätzungen für Berlin, Mannheim, andere Städte und Regionen an, in: The Ultimate Refuge; Ders., Widerstand und Selbstbehauptung, S. 199: Selbstmordkurve der Juden in Deutschland 1933–1945. Vgl. auch Hans Lamm, Über die innere und äußere Entwicklung der deutschen Juden im Dritten Reich, Erlangen 1951, S. 343: In seiner philosophischen Dissertation bietet Lamm einen Überblick von 1.169 jüdischen Suiziden in 38 Gemeinden, Berlin und Wien ausgeschlossen, der auf seiner eigenen Umfrage nach Kriegsende beruht.

[12] Vgl. Kwiet, Widerstand und Selbstbehauptung, S. 207; Ders., The Ultimate Refuge, S. 160.

[13] Vgl. Kwiet, The Ultimate Refuge, S. 135.

[14] Vgl. ebd. S. 157; S. 138. Vgl. Ders., Widerstand und Selbstbehauptung, S. 196, 201.

[15] Ders., Widerstand und Selbstbehauptung, S. 205.

[16] Vgl. ebd., Ders., The Ultimate Refuge, S. 146, 155.

[17] Vgl. ebd. S. 153.

[18] Vgl. Jochen Klepper, Unter dem Schatten Deiner Flügel. Aus den Tagebüchern 1932–1942, Stuttgart 1956, S. 1133: Tagebucheintragung am Tage vor der gemeinsamen Selbsttötung.

[19] Dokumente zur Geschichte der Frankfurter Juden, Frankfurt a. M. 1963, S. 507.

[20] Vgl. Kwiet, The Ultimate Refuge, S. 160.

[21] Vgl. Verena Lenzen, Selbsttötung. Ein philosophisch-theologischer Diskurs mit einer Fallstudie über Cesare Pavese, Düsseldorf 1987, S. 30f.

[22] Vgl. Kwiet, The Ultimate Refuge, S. 161; Ders., Widerstand und Selbstbehauptung, S. 208.

[23] Jean Améry, Jenseits von Schuld und Sühne. Bewältigungsversuche eines Überwältigten, Stuttgart 1977, S. 41.

[24] Vgl. Hermann Langbein, Der Auschwitz-Prozeß. Eine Dokumentation,

Wien 1975, S. 166f. Kwiet, The Ultimate Refuge, S. 161ff, nennt Zahlen und Schätzungen von Suiziden in einigen Lagern.
[25] Elie Wiesel, Plädoyer für die Überlebenden, in: Ders., Jude heute. Erzählungen, Essays, Dialoge. Aus dem Französischen von Hilde Linnert, Wien 1987, S. 183–216; S. 186.
[26] Vgl. Tadeusz Borowski, Bei uns in Auschwitz. Erzählungen. Aus dem Polnischen von Vera Cerny, München ²1982.
[27] Améry, Jenseits von Schuld und Sühne, S. 148.
[28] Vgl. Ders., Hand an sich legen. Diskurs über den Freitod, Stuttgart 1976, S. 69: die vorweggenommene Beschreibung seiner Selbsttötung zwei Jahre später.
[29] Ders., Jenseits von Schuld und Sühne, S. 146.
[30] Vgl. Elias Canetti, Der Überlebende, Hamburg 1981, S. 9, 11, 65.
[31] Vgl. Leah Abramowitz, The Surfacing of the ›Survivors' Syndrome‹, in: The Jerusalem Post v. 23. 8. 1987, S. 5.
[32] Primo Levi, Die Untergegangenen und die Geretteten, München 1993, S. 82.
[33] Ders., Das periodische System, 1987, München 1991, S. 163. Das Buch trägt das Motto: »Ibergekumene zoress is gut zu derzajln. Überstandene Leiden lassen sich gut erzählen.«
[34] Vgl. Ders., Die Atempause. Eine Nachkriegsodyssee, Frankfurt a. M. 1982, S. 201: Am Ende seines Buches erzählt Levi von jenem Traum, der ihn in verschiedenen Variationen immer wieder einholt: »Ich sitze am Familientisch, bin unter Freunden, bei der Arbeit oder in einer grünen Landschaft – die Umgebung jedenfalls ist friedlich, scheinbar gelöst und ohne Schmerz; dennoch erfüllt mich eine leise und tiefe Beklemmung, die deutliche Empfindung einer drohenden Gefahr. Und wirklich: Nach und nach, oder auch mit brutaler Plötzlichkeit löst sich im Verlauf des Traumes alles um mich herum auf; die Umgebung, die Wände, die Personen weichen zurück; die Beklemmung nimmt zu, wird drängender, deutlicher. Alles ringsum ist Chaos, ich allein im Zentrum eines grauen wirbelnden Nichts; und plötzlich *weiß* ich, was es zu bedeuten hat – habe es immer gewußt: Ich bin immer wieder im Lager, nichts ist wirklich außer dem Lager (...) Der innere Traum, der Traum vom Frieden, ist zu Ende, der äußere dagegen eisig weiter: Ich höre eine Stimme, wohlbekannt, ein einziges Wort, nicht befehlend, sondern kurz und gedämpft, das Morgenkommando von Auschwitz, ein fremdes Wort, gefürchtet und erwartet: Aufstehn, ›Wstawac‹.« .
[35] Vgl. Gideon Kraft, Internationales Celan-Kolloquium in Haifa, in: Stimme 432/Februar 1986, S. 3.
[36] Erich Fried, Lebensschatten. Gedichte, Berlin 1981, S. 90.
[37] Wiesel, Plädoyer für die Überlebenden, S. 185.
[38] Vgl. James E. Young, Beschreiben des Holocaust. Darstellung und Folgen der Interpretation, Frankfurt a. M. 1992, S. 164ff, 190ff, 205.
[39] Vgl. Alfred Alvarez, The Literature of Holocaust, in: Commentary/November 1964, S. 65–69; S. 64.
[40] Vgl. Young, Beschreiben des Holocaust, S. 203.
[41] Emile Durkheim, Der Selbstmord, Frankfurt a. M. 1983, S. 172; vgl. S. 167f, 171.
[42] Vgl. Améry, Jenseits von Schuld und Sühne, S. 130–156: »Über Zwang und Unmöglichkeit, Jude zu sein«.

[43] Vgl. Kwiet, The Ultimate Refuge, S. 165f.
[44] Vgl. Jean Baechler, Tod durch eigene Hand. Eine wissenschaftliche Untersuchung über den Selbstmord, Frankfurt a. M., Berlin, Wien 1975, S. 85ff; L. Headley, Jewish Suicide in Israel, in: Suicide in Different Cultures, hrsg. von Norman L. Farberow, Baltimore, London, Tokyo 1975, S. 215–230; S. 218.
[45] Vgl. Lenzen, Selbsttötung, S. 63ff: biblische Fallstudien: Die Selbstgetöteten Simson (Ri 16,28ff), Ahitofel (2 Sam 17,23) und Saul (1 Sam 31,4ff) werden moralisch nicht verurteilt, vielmehr durch das würdevolle Begräbnis im Grab des Vaters geehrt. Die Selbsttötung von Sauls Waffenträger (1 Sam 31,4ff), Eleasar (1 Makk 6,43ff), Ptolemäus Makron (2 Makk 10,12f) und Rasi (Makk 14,41ff) wird mit menschlicher Wärme und Sensibilität für die Tragik dieser Gestalten geschildert. Simri (1 Kön 16,18ff) und Abimelech (Ri 9,50ff) werden nicht als Selbstgetötete, sondern als Mörder, Bruder- bzw. Königsmörder, moralisch verworfen. Dies., Selbsttötung in der Bibel. Für eine Ethik der Liebe zu den Leidenden, in: Bibel und Kirche 47 (1992), S. 87–93; Kwiet, The Ultimate Refuge, S. 136.
[46] Vgl. The Jerusalem Post v. 20. 8. 1990, S. 10.
[47] Ich glaube. Zeugnisse über Leben und Sterben gläubiger Leute in der Schoah, gesammelt und redigiert von Mordechai Eliav, Jerusalem o. J., S. 81f: »Warum haben wir unser Leben nicht verteidigt?«
[48] Vgl. ebd. »Aufgrund dessen, weil doch die Mehrheit wenigstens verborgen und im geheimen mit charedischen Gefühlen aufgewachsen ist und in unseren Herzen eingepflanzt ist, den Selbstmord zu verabscheuen (...).«
[49] Ebd. S. 27: »Solche wollen sie dort von uns«.
[50] Vgl. Saul Friedländer, Die Shoah als Element in der Konstruktion israelischer Vergangenheit, in: Babylon 2 (1987), S. 10–22; S. 12.
[51] Eliav, Ich glaube, S. 42ff: »Ein Gerechter in Sodom«.
[52] Tallit = Gebetsmantel; Tefillin = Gebetsriemen; Minjan = die für Gemeinde und Gottesdienst konstitutive Anzahl von zehn Männern.
[53] Eliav, Ich glaube, S. 42ff.
[54] Ebd. S. 27: »Über die Heiligung des Jom Kippur«. Vgl. ebd. S. 61: den Zeugentod al Kiddusch HaSchem des Reb Menasche: »Siehe, ich bringe mich selbst zum Opfer dar.« Ebd. S. 73f: »Der chassidische Rebell«, über die Selbsttötung al Kiddusch HaSchem von Leib Schtscharanski.
[55] Vgl. S. 42ff: »An der Öffnung des Schmelzofens«.
[56] Elie Wiesel, Ani maamin: ein verlorener wiedergefundener Gesang, in: Ders., Jude heute, S. 217–265; S. 263ff.
[57] Vgl. Yosef Gottfarstein, Kiddush Hashem over the Ages and its Uniqueness in the Holocaust Period, Jerusalem-Yad VaSchem o. J., S. 446f, nennt Fragen zum religiösen Brauchtum, die Rabbi Ephraim Oshry im Ghetto von Kovno entschied, bzgl. Torahrollen, Tzizit (Schaufäden), Schabbath, Mezuzot (Türpfosten-Kapsel mit Inschrift) u. a.
[58] Améry, Jenseits von Schuld und Sühne, S. 36.
[59] Eliav, Ich glaube, S. 137ff: »Ob es erlaubt sei, sich in Gefahr zu begeben wegen der Torah und dem öffentlichen Gebet«. Vgl. ebd. S. 139ff zum Problem: »Ein Kohen, den sie zwangen, den Glauben zu wechseln und der danach floh und zu seinem Volk zurückkehrte, ob ihm erlaubt sei, sich zu einem Minjan zu gesellen, ihn zum Rischon leTorah zu machen als Kohen, und ob es ihm erlaubt sei, seine Hände auszustrecken«.

[60] Ebd. S. 48f: »Die heilige Krone«.
[61] Ebd.
[62] Hugo Bergmann, Die Heiligung des Namens (Kiddusch Haschem) in: Jüdische Theologie im 20. Jahrhundert, hrsg. von Schalom Ben-Chorin, Verena Lenzen, München, Zürich 1988, S .161–171; S. 171.
[63] Manès Sperber, Churban oder Die unfaßbare Gewißheit, in: Ders., Churban oder Die unfaßbare Gewißheit. Essays, München ²1983, S. 45–68; S. 46.
[64] Reeve Robert Brenner, The Faith and Doubt of Holocaust Survivors, New York, London 1980, S. 158.
[65] Ebd. S. 158 (hier übersetzt aus dem Englischen); vgl. S. 159 weitere Aussagen von Überlebenden: »Und ein anderer Überlebender sagte einfach: ›Jetzt glaube ich, die Juden sind anders, ja, wir sind anders; auserwählt, nein.‹ Und andere sagten: ›Während des Holocaust erkannte ich, daß die Vorstellung, daß die Juden oder sonst jemand auserwählt wären, Unsinn ist; nur Prahlerei und Snobismus.‹ ›Wenn ich um mich herum unsere Erniedrigung sah, wußte ich, wir waren nicht gerade auserwählt.‹ Uns schließlich: ›Erwählt? Erwählt wozu? Um hingeschlachtet zu werden? Daran glaube ich nicht mehr.‹«
[66] Vgl. ebd. S. 233: 59%.
[67] Ebd. S. 233f.
[68] Vgl. ebd. S. 234.
[69] Wiesel, Plädoyer für die Überlebenden, S. 188.
[70] Herlinde Koelbl, Jüdische Portraits. Photographien und Interviews, Frankfurt a. M. 1989, S. 139–141: Werner Kraft; S. 139.
[71] Wiesel, Plädoyer für die Überlebenden, S. 206.
[72] Ebd. S. 187; vgl. S. 215: »(...) laßt sie um Himmels willen in Frieden, gewährt ihnen etwas Ruhe. Wenn sie Sie nicht auf ihr Niveau hinaufziehen können, versuchen Sie nicht, sie auf das Ihre hinunterzuziehen.«
[73] Vgl. Brenner, The Faith and Doubt of Holocaust Survivors, S. 236, die folgende Erklärung eines religiösen Juden: »Jeder einzelne Jude, der während des Krieges starb, der von den Nazis und ihren Henkern in irgendeinem Land Europas getötet wurde, gab sein Leben, willentlich oder unwillentlich, bewußt oder unbewußt, al Kiddusch HaSchem, für die Heiligung des großen Namens Gottes. Wann immer ein Jude stirbt, weil er ein Jude ist, ob er zu Lebzeiten ein guter Mensch oder ein schlechter Mensch war, er wird sofort zu der besonderen Kategorie des Märtyrers und Heiligen erhoben. Ihr bloßer Tod, per definitionem, erhöhte und verherrlichte sie. Sie reihen sich in die Ränge der sich selbst opfernden, tugendhaften Juden ein, vom Beginn der Geschichte bis zu unseren Tagen, die ihr Leben für einen edlen Zweck einbüßten, für Gott und für das jüdische Volk. Alle Mordopfer durch Tyrannenhand (harugai malchut) sind heilige Märtyrer im Augenblick ihres Todes.«
[74] Vgl. Rabbi Shimon Huberband, Kiddush Hashem. Jewish Religious and Cultural Life in Poland during the Holocaust, hrsg. von Jeffrey S. Gurock, Robert S. Hirt, New Jersey, New York 1987, S. 247; vgl. ebenfalls Gottfarstein, Kiddush Hashem over the Ages and its Uniqueness in the Holocaust Period, S. 471.
[75] Vgl. Pesach Schindler, Hasidic Responses to the Holocaust in the Light of Hasidic Thought, New Jersey 1990, S. 60.

[76] Vgl. Huberband, Kiddusch Haschem, S. 248ff; ebenso: Rabbi H. J. Zimmels, The Echo of the Nazi Holocaust in Rabbinic Literature, New York 1977, S. 112ff; Stephen Mallinger, Kiddush Hashem. A Bibliography on Judaism during the Holocaust, 1972 (photocopy of typescript), von der Verf. eingesehen im Hebrew Union College – Jewish Institute of Religion, in Cincinnati/Ohio; Yosef Gottfarstein, Kiddush Ha-Shem Bi-Chol Ha-Dorot, hrsg. von M. Kohn, Jerusalem-Yad VaSchem 1971 (Quellentexte, Reflexionen von Opfern über die Frage von Kiddusch HaSchem im Konzentrationslager).

[77] Huberband, Kiddush Hashem, S. 247.

[78] Schalom Ben-Chorin, Die Unvergleichbarkeit des Holocaust, in: Ders., Als Gott schwieg. Ein jüdisches Credo, Mainz 1989, S. 11–19; S. 13f. Vgl. auch Ben-Chorins Geleitwort zu meiner Schrift.

[79] Die heikle Frage, ob Edith Steins gewaltsamer Tod in Auschwitz als christliches Martyrium oder als Blutzeugnis al Kiddusch HaSchem zu deuten ist, wird hier nicht erörtert; vgl. Felix M. Schandl, »Ich sah aus meinem Volk die Kirche wachsen«. Jüdische Bezüge und Strukturen im Leben Edith Steins (1891–1942), Sinzig 1990, S. 174; Waltraud Herbstrith (Hrsg.), Erinnere dich – vergiß es nicht. Edith Stein. Christlich-jüdische Perspektiven, Essen 1990. Weitaus weniger bekannt ist der in mancher Hinsicht vergleichbare, sehr komplexe Fall des Bonner Philosophen und Soziologen Paul Ludwig Landsberg (1901–1944), der den jüdischen Tod im KZ Sachsenhausen in der Nachfolge der Passion Christi annahm; vgl. Verena Lenzen, Paul Ludwig Landsberg – ein Name in Vergessenheit, in: Exil 1933–1945, 1/1991, S. 5–22.

[80] Richard L. Rubenstein, Der Tod Gottes, in: Wolkensäule und Feuerschein. Jüdische Theologie des Holocaust, hrsg. von Michael Brocke, Herbert Jochum, Gütersloh 1993 (München 1982), S. 111–125; S. 119.

[81] Hans Jonas, Der Gottesbegriff nach Auschwitz. Eine jüdische Stimme, Frankfurt a. M. 1987, S. 12f.

[82] Emil L. Fackenheim, Die gebietende Stimme von Auschwitz, in: Wolkensäule, S. 73–110; S. 83. In einem Leserbrief vom 8.8.1990 an die Jerusalem Post, S. 4, urteilt Fackenheim entschiedener: »Im Holocaust hingegen wurden Juden wegen ihrer Abstammung ermordet, und man braucht nur an die ermordeten Kinder zu denken, um zu folgern, daß mit dem Mord an den Kindern der Mord am jüdischen Martyrium einherging.«

[83] Eliav, Ich glaube, S. 49ff: »Ich will gedenken Gottes und seufzen«.

[84] Ebd. S. 48f: »Die heilige Krone«.

[85] Ebd.

[86] Vgl. ebd. S. 35ff: »Über den richtigen Segenstext Kiddusch HaSchem«, ebenfalls Bezug auf Maimonides, Mischneh Torah.

[87] Ebd. S. 83.

[88] Gottfarstein, Kiddush Hashem over the Ages and its Uniqueness in the Holocaust Period, S. 464. Allerdings schließt Gottfarstein seine globale Schätzung der Schoah-Opfer als Märtyrer an: »Let all those who perish at the hands of the evildoers be considered martyrs.«

[89] Fackenheim, Die gebietende Stimme von Auschwitz, S. 98.

[90] Vgl. Schindler, Hasidic Responses to the Holocaust in the Light of Hasidic Thought, S. 61–65.

[91] Eliav, Ich glaube, S. 75f: »Wir sind zum Widerstand verpflichtet«.

[92] Ebd. S. 76f: »Der Aufstand – gebotener Krieg«.
[93] Vgl. Schindler, Hasidic Responses to the Holocaust in the Light of Hasidic Thought, S. 65: »Mit der Autorität der Torah von Israel bestehe ich also darauf, daß absolut kein Zweck noch irgendein Wert im Sinn von Kiddusch HaSchem im Tod eines Juden liegt. In unserer gegenwärtigen Lage wird Kiddusch HaSchem durch den Lebenswillen eines Juden verkörpert. Dieser Kampf des Strebens und Sehnens nach Leben ist eine mitzvah (ein religiöser Imperativ), (zu verwirklichen durch) nekamah (Rache), mesirat nefesch (äußerste Hingabe) und die Heiligung des Verstandes und Willens.«
[94] Manès Sperber, Wie eine Träne im Ozean, Wien 1976, S. XIV.
[95] Phillip Sigal, Judentum, Stuttgart, Berlin, Köln, Mainz 1986, S. 239.
[96] Vgl. Lea Fleischmann, Das Leiden nicht mehr gepachtet. Die Juden in der Diaspora mögen jammern, Israel muß kämpfen, in: Die Zeit, Nr. 27 v. 30. 6. 1989.
[97] Fackenheim, Die gebietende Stimme von Auschwitz, S. 84.
[98] Jean Ziegler, Die Lebenden und der Tod, Frankfurt a. M., Berlin, Wien 1982, S. 10. Vgl. zur Soziologie des Martyriums: Eugene Weiner, Anita Weiner, The Martyr's Conviction. A Sociological Analysis, Atlanta 1989.

Ethik der Erinnerung

[1] Vgl. Aharon Megged, Jad Vashem, in: Ich ging durch Meer und Steine. Israelisches Lesebuch, hrsg. von Ita Kaufmann, München 1989, S. 186–202; S. 191f.
[2] Ebd.
[3] Ebd. S. 194: Im Gespräch mit ihrer Mutter empört sich die Enkelin über den Namensvorschlag: »›Was redest du denn, Mutter‹, bäumte sich Raja aus tiefster Seele gegen sie auf, ›ein Diasporaname, häßlich, grauenhaft! Den bringe ich auf keinen Fall über die Lippen. Willst du, daß ich mein Kind hasse?‹«
[4] Ebd. S. 198f.
[5] Ebd. S. 202.
[6] Ebd. S. 198.
[7] Vgl. Jan Assmann, Das kulturelle Gedächtnis. Schrift, Erinnerung und politische Identität in frühen Hochkulturen, München 1992.
[8] Ebd. S. 17.
[9] Vgl. ebd. »Die vergegenwärtigte Erinnerung vollzieht sich in der Deutung der Überlieferung.« Vgl. Yosef Hayim Yerushalmi, Zachor! Erinnere Dich! Jüdische Geschichte und jüdisches Gedächtnis, Berlin 1988, S. 57.
[10] Vgl. Assmann, Das kulturelle Gedächtnis, S. 31.
[11] Ebd. S. 30.
[12] Ex 12,26f; 13,8.14f; Dtn 6,10–12.20; 8,11–18; 25,17–19; Jes 44,20 u.a.
[13] Vgl. Assmann, Das kulturelle Gedächtnis, S. 16.
[14] Vgl. ebd. S. 30ff.
[15] Vgl. ebd. S. 73.
[16] Vgl. ebd. S. 68ff. Assmann überträgt das evolutionäre Schema, das Claude Lévi-Strauss zur Kennzeichnung der idealtypischen Pole des Zivilisationsprozesses, der primitiven und der zivilisierten Gesellschaft, verwendet, auf die kulturellen Optionen und gedächtnispolitischen Strategien von Gesellschaften: Während die »kalte« Gesellschaft ein Eindringen der Geschichte und damit Veränderungen abwehrt, verinnerlicht die »heiße« Gesellschaft

Geschichte als Kraftquelle ihrer Entwicklung und Veränderung. Das mittelalterliche Judentum versteht Assmann als klassisches Beispiel des »kalten« Gedächtnisses. Von Assmanns These weicht meine Interpretation ab, wonach das Judentum in seiner Geschichte die Vergangenheit schöpferisch verarbeitet.

[17] Johann Baptist Metz, Glaube in Geschichte und Gesellschaft. Studien zu einer praktischen Fundamentaltheologie, Mainz 1977, S. 96. Metz beruft sich auf Herbert Marcuse; das Wort trifft auch auf diesen Kontext zu.

[18] Ebd. S. 165, in Berufung auf Sören Kierkegaard, Die Wiederholung, in: Ders., Gesammelte Werke, Düsseldorf 1955, Bd. 5/6, S. 1–97.

[19] Schalom Ben-Chorin, Die Antwort des Jona, Hamburg 1956, S. 22.

[20] Vgl. Yerushalmi, Zachor!, S. 111.

[21] Vgl. James E. Young, Beschreiben des Holocaust. Darstellung und Folgen der Interpretation, Frankfurt a. M. 1992, S. 227.

[22] Solomon Mandelkern, Konkordanz, Leipzig 1925. Vgl. Edna Brocke, Im Tode sind alle gleich – Sind im Tode alle gleich?, in: Holocaust: Die Grenzen des Verstehens. Eine Debatte über die Besetzung der Geschichte, hrsg. von Hanno Loewy, Reinbek bei Hamburg 1992, S. 71–82; S. 71, gibt nur 8 Imperative an. Die S. 71f zitierten Bibelstellen, Dtn 25,17, Ex 20,8, sind keine Imperative, sondern Infinitive mit imperativischer Bedeutung.

[23] Vgl. ebd. S. 72.

[24] Megged, Jad Vashem, S. 199.

[25] Art Spiegelman, Maus. Die Geschichte eines Überlebenden, Reinbek bei Hamburg 1989, S. 159. Zweiter Band: Ders., Maus II. Die Geschichte eines Überlebenden, Reinbek bei Hamburg 1992. *Maus* handelt vom Mord an den europäischen Juden. Berichtet wird die authentische Leidensgeschichte des polnischen Juden Wladek Spiegelman, der Auschwitz überlebte. Sein Sohn Art hat sie aufgezeichnet in einem zweibändigen Comic, der in der Tradition des symbolischen Underground-Comic der sechziger und frühen siebziger Jahre steht. Ästhetisch ausdrucksstark und kompositorisch eindrucksvoll in seiner autobiographisch-literarischen und psychologischen Gestaltung wie pädagogischen Wirkung auf jugendliche und erwachsene LeserInnen, ist er ein ungewöhnliches Zeugnis der Annäherung an die Geschichte der NS-Zeit und des Holocaust. Das kühne Wagnis, das Unaussprechliche Tieren in den Mund zu legen (die Juden sind Mäuse, die Deutschen Katzen), schlägt nicht in Respektlosigkeit, Verniedlichung oder Verharmlosung um, sondern beeindruckt durch seine Ernsthaftigkeit.

[26] In Anlehnung an Ps 109,13, Dtn 25,6 u.a. Bibelstellen. Vgl. o. »Vom Nennen des göttlichen Namens zur Nennung der Namenlosen«.

[27] Ps 25,6.7; 74,2.18.22; 89,48; 106,4; 119,49; 132,1; 137,7.

[28] Yerushalmi, Zachor!, vgl. Anm. 9.

[29] Vgl. ebd. S. 10, 24.

[30] Ebd. S. 26.

[31] Ebd. S. 30.

[32] Ebd. S. 50.

[33] Ebd. S. 51f

[34] Vgl. ebd. S. 52: Seder Olam Rabbah; Seder Olam Zuta; Iggeret R. Sherira; Ibn Dauds Sefer ha Qabbalah.

[35] Vgl. S. 52f.

[36] Ebd. S. 54.

[37] Vgl. Mircea Eliade, Das Heilige und das Profane. Vom Wesen des Religiösen, Frankfurt a. M. 1984, S. 97.
[38] Vgl. Yerushalmi, Zachor!, S. 54.
[39] Ebd. S. 56.
[40] Vgl. ebd. S. 58–64.
[41] Vgl. ebd. S. 79, 91.
[42] Vgl. ebd. S. 91.
[43] Vgl. S. 12.
[44] Ebd. S. 92.
[45] Yerushalmi, Zachor!, S. 100f.
[46] Ebd. S. 104.
[47] Young, Beschreiben des Holocaust, S. 22.
[48] Ebd. S. 25.
[49] Vgl. ebd. S. 33; S. 36.
[50] Vgl. ebd. S. 24.
[51] Vgl. ebd. S. 22f.
[52] Theodor Lessing, Geschichte als Sinngebung des Sinnlosen oder Die Geburt der Geschichte aus dem Mythos, Hamburg 1962, S. 117.
[53] Vgl. ebd. S. 102, 155, 178.
[54] Ebd. S. 11.
[55] Ebd. S. 100; vgl. S. 101: »Der Mensch fälscht die Inhalte seiner Erinnerung im Sinne der ihm wünschenswerten Zukunft.«
[56] Assmann, Das kulturelle Gedächtnis, S. 29 (in Berufung auf Cicero, De Oratore).
[57] Vgl. ebd. S. 40.
[58] Vgl. ebd. S. 68 (in Berufung auf Maurice Halbwachs, La mémoire).
[59] Ebd. S. 63.
[60] Ebd. S. 11.
[61] Vgl. Young, Beschreiben des Holocaust, S. 37.
[62] Elie Wiesel, zit. nach: Susan Shapiro, Vom Hören auf das Zeugnis totaler Verneinung, in: Concilium 20 (1984), S. 363–369; S. 365; vgl. Ders., Art and Culture after the Holocaust, in: Auschwitz: Beginning of a New Era? Reflections on the Holocaust, hrsg. von Eva Fleischner, New York 1977, S. 403–415; S. 403.
[63] Vgl. ebd. S. 41f.
[64] Vgl. Wiesel, zit. nach: Shapiro, Vom Hören auf das Zeugnis, S. 365: »Das letzte Wort gehört den Opfern. Der Zeuge soll es ergreifen, es zum Ausdruck bringen und dieses Geheimnis anderen mitteilen.«
[65] Young, Beschreiben des Holocaust, S. 61.
[66] Vgl. ebd. S. 28f, 21. Auf die eindrucksvollen autobiographischen Zeugnisse der folgenden Autorinnen sei besonders hingewiesen: Ruth Elias, Die Hoffnung erhielt mich am Leben. Mein Weg von Theresienstadt und Auschwitz nach Israel, München, Zürich ⁴1990; Ruth Klüger, weiter leben. Eine Jugend, Göttingen 1993; Charlotte Delbo, Trilogie. Auschwitz und danach, Frankfurt a. M. 1993.
[67] Lager für Vertriebene (DP = displaced persons). Bis Ende 1946 wuchs die Zahl der jüdischen DPs in den westlichen Besatzungszonen Deutschlands und Österreichs auf etwa 204.000 an, von denen 183.600 auf das amerikanisch besetzte Gebiet entfielen. Vgl. Raul Hilberg, Die Vernichtung der europäischen Juden, Frankfurt a. M. 1990, Bd. 3, S. 1221ff.

[68] Vgl. Friedländer, Die Shoah als Element in der Konstruktion israelischer Vergangenheit, S. 14f.
[69] Vgl. Assmann, Das kulturelle Gedächtnis, S. 77.
[70] Vgl. Friedländer, Die Shoah als Element in der Konstruktion israelischer Erinnerung, S. 11.
[71] Ebd. S. 12f, Anm. 6, 7.
[72] Vgl. ebd. S. 13.
[73] Vgl. Young, Beschreiben des Holocaust, S. 287.
[74] Vgl. ebd. S. 286.
[75] Vgl. Friedländer, Die Shoah als ein Element in der Konstruktion israelischer Vergangenheit, S. 16.
[76] Ebd.
[77] Rafael Seligmann, Mit beschränkter Hoffnung. Juden, Deutsche, Israelis, Hamburg 1991, zit. nach Gabriele von Arnim, »Wie können Sie hier noch leben?« Rafael Seligmanns Gratwanderung zwischen Vergangenheit und Gegenwart, in: Die Zeit, Nr. 46/ 8.11.1991, S. 22.
[78] Vgl. Jean Améry, Jenseits von Schuld und Sühne. Bewältigungsversuche eines Überwältigten, Stuttgart 1977, S. 147, 155.
[79] Vgl. Michael Wolffsohn, Eine Amputation des Judentums? Einige kritische Fragen zur Washingtoner Holocaust-Gedenkstätte, in: Frankfurter Allgemeine Zeitung, Nr. 87 v. 15. 4. 1993, S. 32. Wolffsohn deutet die Abfolge von Holocaust, dann Israel als heilsgeschichtliche Chronologie, schließlich gar als unheilsgeschichtliches Modell: »Die Erinnerung wird aufgefrischt, aber das Judentum negativ fremdbestimmt und geradezu christianisiert. Wie das? ›Christlich gesehen‹, so der katholische Theologe Eugen Biser in der Europäischen Akademie der Wissenschaften und Künste, ›steht der Holocaust in einer offenkundigen Konkurrenz zu Golgatha. Während das Christentum als bisher einzige Weltreligion es wagte, mit dem Kreuz den Inbegriff der Negativität ins Zentrum seines Kultes zu rücken, soll nunmehr das seiner Tradition entfremdete Judentum im Holocaust einen neuen ›unheilsgeschichtlichen‹ Orientierungspunkt gewinnen‹.«
[80] Vgl. Young, Beschreiben des Holocaust, S. 216.
[81] Friedländer, Die Shoah als Element in der Konstruktion israelischer Vergangenheit, S. 17.
[82] Vgl. ebd. S. 18.
[83] Vgl. ebd. S. 19. Dabei hat ein interessanter Paradigmawechsel zwischen diesen ideologischen Gegenpolen stattgefunden, ebd. S. 20: »In gewisser Weise sind die politischen Erben jener linken Organisationen, die dreißig Jahre zuvor den Mythos von *Shoah WeTekuma (Katastrophe und Wiedergeburt; V.L.)* begründet haben, jetzt zu denjenigen geworden, die aufgrund der Entwicklung der israelischen Gesellschaft versuchen, diese mythische Erinnerungsform an die Vergangenheit zu reduzieren, während die politische Opposition in den fünfziger und sechziger Jahren sich das Kernstück dieser mythischen Erinnerung für ihre eigenen Zweck instrumentalisierte und ihren latenten Inhalt in eine manifeste Botschaft zu verwandeln sucht.«
[84] Im Gespräch mit der Verfasserin am 10.8.1992 in Jerusalem.
[85] Vgl. Assmann, Das kulturelle Gedächtnis, S. 70f.
[86] Vgl. Friedländer, Die Shoah als Element in der Konstruktion israelischer Vergangenheit, S. 119.
[87] Faltblatt des Chamber of the Holocaust, Jerusalem.

[88] Schalom Ben-Chorin, Israel und die Ökumene. Vorlesung gehalten anläßlich der Ehrenpromotion an der Katholisch-Theologischen Fakultät der Universität Bonn am 28.4.1993.

[89] Young, Beschreiben des Holocaust, S. 270.

[90] Harold Marcuse, Frank Schimmelfennig, Jochen Spielmann, Steine des Anstoßes. Nationalsozialismus und Zweiter Weltkrieg in Denkmalen 1945–1985. Broschüre zur gleichnamigen Wanderausstellung, hrsg. vom Museum für Hamburgische Geschichte, Hamburg 1985, S. 3.

[91] Johann Baptist Metz, Für eine anamnetische Kultur, in: Holocaust: Die Grenzen des Verstehens, S. 35–41.

[92] Dan Diner, Zwischen Aporie und Apologie. Über Grenzen der Historisierbarkeit der Massenvernichtung, in Babylon 2 (1987), S. 22–33; S. 33.

[93] Ebd.

[94] Helmut Peukert, »Erziehung nach Auschwitz« – eine überholte Situationsdefinition? in: Neue Sammlung 30 (1990), S. 345–354; S. 347.

[95] Claude Lanzmann, Shoah, München 1988, S. 88.

[96] Andrzej J. Kaminski, Konzentrationslager 1896 bis heute. Geschichte – Funktion – Typologie, München, Zürich 1990, S. 12.

[97] Améry, Jenseits von Schuld und Sühne: Das erste Kapitel lautet »An den Grenzen des Geistes«.

[98] Raul Hilberg, Die Vernichtung der europäischen Juden, Bd. 1, S. 10.

[99] Yoram Kaniuk, Dreieinhalb Stunden und fünfzig Jahre mit Günter Grass in Berlin, in: Die Zeit, Nr. 26 v. 21. 6. 1991, S. 53–54; S. 54.

[100] Primo Levi, Ist das ein Mensch? Erinnerungen an Auschwitz. Aus dem Italienischen von Heinz Riedt, Frankfurt a. M. 1979, S. 183.

[101] Vgl. Verena Lenzen, Nach Auschwitz. Ein Fragment über Theodizee und Martyrium, in: Bibel und Kirche 46 (1991), S. 172–180.

[102] Metz, Für eine anamnetische Kultur, S. 36.

[103] Susan Sontag, In Platos Höhle, in: Dies., Über Fotografie, Frankfurt a. M. 1980, S. 9–30; S. 25f.

[104] Erich Fried, Meine Puppe in Auschwitz, in: Ders., Fast alles Mögliche. Wahre Geschichten und gültige Lügen, Berlin 1987, S. 104–116; S. 105.

[105] Ebd. S. 107. Erich Fried erwähnt auch die Beschreibung von Peter Weiss' Auschwitz-Besuch: Peter Weiss, Meine Ortschaft, in: Ders., In Gegensätzen denken. Ein Lesebuch, Frankfurt a. M. 1986, S. 198–208.

[106] Theodor W. Adorno, Erziehung nach Auschwitz, in: Ders., Stichworte. Kritische Modelle 2, Frankfurt a. M. ^{5}1980, S. 85–101; S. 85.

[107] Max Horkheimer, Notizen in Deutschland, hrsg. von Walter Brede, Frankfurt a. M. 1974, S. 213. Zur epistemologischen Bedeutung der Erinnerung im Denken Walter Benjamins vgl. Ottmar John, Fortschrittskritik und Erinnerung. Walter Benjamin, ein Zeuge der Gefahr, in: Edmund Arens, Ottmar John, Peter Rottländer, Erinnerung, Befreiung, Solidarität. Benjamin, Marcuse, Habermas und die politische Theologie, Düsseldorf 1991, S. 13–80.

[108] Markus Roentgen, Alles verstehen hieße alles verzeihen. Prolegomena zu Anlaß und Möglichkeit von theologischen Reflexionen nach Auschwitz, Bonn 1991, S. 112. Ebd.: »Würde ein Erlösungszusammenhang hergestellt derart, daß das geschichtliche Ereignis der ›Haschoah‹ sich aufhebt ins geschichtliche Ereignis des Kreuzes, so geschieht Immunisierung – letztlich aber das Unausdenkbare: die Bestätigung, inhärent die Bejahung der Ver-

nichtung; sie wäre verstanden und damit insgesamt verziehen.« Problematisch erscheint mir daher auch die folgende Deutung von Werner G. Jeanrond, Die Sprache der Erinnerung. Gedanken zur theologischen Auseinandersetzung mit dem Phänomen des Massentodes, in: Concilium 29 (1993), S. 238–243; S. 242: »Die Erinnerung an das Leiden ungezählter Menschen kann so mit in die Erinnerung an das Leiden Jesu Christi hineingenommen werden. Der Schrei Jesu am Kreuz und unser Schrei angesichts der Opfer gewaltsamen oder unglücksbedingten Todes können zum Beginn einer neuen Hoffnung werden.«

[109] Schalom Ben-Chorin, Das Kreuz von Auschwitz, in: Ders., Theologia Judaica II, hrsg. von Verena Lenzen, Tübingen 1992, S. 228–230; S. 230; vgl. ebd. S. 223–227: Der Rückschritt.

[110] Vgl. Améry, Jenseits von Schuld und Sühne, S. 135.

[111] »Jetzt haben wir den Krieg der Opfer«, sagte der polnische Jesuitenpater Musial: »Und Hitler lacht.« Vgl. Joachim Riedl, »Die wollen sich hier einnisten«. Über den Auschwitz-Streit zwischen Juden und Katholiken, in: Der Spiegel, Nr.43/4.9.1989, S. 166–168; S. 167. Ich beschränke meine Darstellung auf die jüdisch-israelische Erinnerung an die Schoah und befasse mich hier nicht mit den polnischen Gedenkstätten, ebenfalls nicht mit den amerikanischen Holocaust-Memorials, obwohl sich auch ein amerikanischer Einfluß bei den israelischen Gedenkstätten zeigt, z. B. im Diaspora-Museum in Tel Aviv. Scharfe Kritik an der »Amerikanisierung des Holocaust« übt Henryk M. Broder, Das Shoah-Business, in: Der Spiegel, Nr.16 v. 19. 4. 1993, S. 248–256: »Amerika erlebt einen Holocaust-Rausch (...) Ging es einst noch darum, an die Ermordeten zu erinnern und die Überlebenden zu trösten, so kommt es heute nur darauf an, mit viel Aufwand, Pomp und High-Tech makabre Kultstätten mit pseudopädagogischem Anspruch zu errichten. (...) Der Pseudo-Rekonstruktion von Auschwitz wohnt kein moralisch-aufklärerischer Wert inne, allenfalls ein geiler Schauder, der die Teilnehmer des Rundgangs durch die ›Holocaust Section‹ zu virtuellen Überlebenden einer makabren Übung macht.«

[112] Gesprächskreis »Juden und Christen« beim Zentralkomitee der deutschen Katholiken, Erklärung: Kloster und Kreuz in Auschwitz?, Bonn 1990, S. 7.

[113] Schalom Ben-Chorin, Als Gott schwieg, Mainz 1989, S. 12; vgl. Ders., Ich lege meine Hand auf meinen Mund, Zürich 1992, S. 27: »Der Begriff des Sikkaron, des Gedenkens, ist ein Zentralbegriff des Judentums und hat sich auch auf das Christentum übertragen.«

[114] Vgl. ebd. S. 39.

[115] Vgl. Metz, Für eine anamnetische Kultur, S. 36.

[116] Zum Begriff »Erinnerungsarbeit« im Feminismus: Vgl. Elisabeth Schüssler-Fiorenza, Brot statt Steine. Die Herausforderung einer feministischen Interpretation der Bibel, Freiburg i. Ue. 1988; Rosemary Radford Ruether, Sexismus und die Rede von Gott. Schritte zu einer anderen Theologie, Gütersloh 1985; Frigga Haug, Erinnerungsarbeit, Hamburg 1990; in diesem Kontext v. a. Judith Plaskow, Und wieder stehen wir am Sinai. Eine jüdisch-feministische Theologie, Luzern 1992. – Die Erfahrung der Frauen und die hermeneutischen Methoden von Verdacht und Erinnern bilden die wichtigen Voraussetzungen einer Kritik an androzentrischen Strukturen und Inhalten. Judith Plaskows Aufbruch zu einem feministischen Judentum beginnt mit dem Hören des Verschwiegenen und der Wahrnehmung der

Abwesenheit der Frauen-Perspektive in der jüdischen Tradition. Sie fordert die Erfahrungen von Frauen in der jüdischen Geschichte und die Erinnerungen von Frauen an die jüdische Geschichte als lebendige Teilhabe ein, nicht nur um verwischte Spuren von Frauen in der Torah aufzudecken, sondern um tieferliegende patriarchale Strukturen zu durchbrechen und ein neues Verständnis der jüdischen Religion und Geschichte zu eröffnen. Die befreiungstheologische Dimension der Erinnerung an eine Unterdrückungs- und Leidensgeschichte verdeutlichen besonders die feministischen Autorinnen.

[117] Vgl. Young, Beschreiben des Holocaust, S. 261; Lanzmann, Shoah, S. 153ff, 274ff: Das eindrucksvollste Beispiel für Lanzmanns Erlebenlassen der Erinnerung stellt die Sequenz mit dem Friseur Abraham Bomba dar. Lanzmann mietete einen Friseursalon in Tel Aviv für die Aufnahme, veranlaßte Bomba, im Friseurkittel einem Freund die Haare zu schneiden und gleichzeitig zu erzählen, wie er jüdischen Frauen vor der Gaskammer die Haare abschneiden mußte. Unter dem fast hypnotischen Druck von Lanzmanns suggestiven und unerbittlichen Fragen beginnt Bomba, die alten Gesten zu wiederholen, er erlebt erneut die qualvolle Vergangenheit und verkörpert plötzlich das Geschehen, das er nur noch durch Tränen und Schweigen auszudrücken vermag.

[118] Gershom Scholem, Juden und Deutsche, in: Ders., Judaica 2, Frankfurt a. M. 1970, S. 20–46; S. 46.

IV VON DER BOTSCHAFT DES BEGRIFFS

[1] Theodor W. Adorno, Soziologische Schriften, Frankfurt a. M. 1980, Bd. I, S. 574.

[2] Emil L. Fackenheim, Die gebietende Stimme von Auschwitz, in: Wolkensäule und Feuerschein. Jüdische Theologie des Holocaust, hrsg. von Michael Brocke, Herbert Jochum, München 1982, S. 73–110; S. 83.

[3] Vgl. Haim Hillel Ben-Sasson, Kiddusch HaSchem und Chillul HaSchem, in: Encyclopeadia Judaica, Jerusalem 1971, Bd. 10, S. 977–986; S. 978.

[4] Alfons Auer, Autonome Moral und christlicher Glaube. Zweite Auflage, mit einem Nachtrag zur Rezeption der Autonomievorstellung in der katholisch-theologischen Ethik, Düsseldorf ²1989, S. 63, hier im Blick auf das Erste Testament.

[5] Franz Böckle, Verantwortlich leben. Menschenwürdig sterben, Zürich 1991, S. 11–30; S. 18. Vgl. u. a.. Ders., Theonome Autonomie. Zur Aufgabenstellung einer fundamentalen Moraltheologie, in: Humanum. Moraltheologie im Dienst des Menschen (FS Egenter), hrsg. von Johannes Gründel u. a., Düsseldorf 1972, S. 17–46; Ders., Fundamentalmoral, München ⁵1991 (1977).

[6] Franz Böckle, Homo homini ... Die Verantwortung des Menschen gegenüber dem Menschen, in: Zivilschutz-Forschung, hrsg. vom Bundesamt für Zivilschutz, Bonn-Bad Godesberg 1975, S. 107–115. Diesen Vortrag aus dem Jahre 1973 beginnt F. Böckle mit der Erinnerung an seinen Besuch der Gedenkstätte Auschwitz. Über deren Eingangsportal stehen kommentarlos die Worte »homo homini...«. Der Vortrag macht deutlich, wie die Reibung mit der nationalsozialistischen Geschichtserfahrung Böckles Konzept einer »theonomen Autonomie« mitprägte.

[7] Bernhard Häring, Meine Erfahrung mit der Kirche. Einleitung und Fragen von Gianni Licheri, Freiburg, Basel, Wien 1989, S. 35.
[8] Hans Blumenberg, Theonomie und Autonomie, in: Die Religion in Geschichte und Gegenwart, hrsg. von Kurt Galling, Tübingen ³1957, S. 788–792; S. 792.
[9] Schalom Ben-Chorin, Jüdische Ethik anhand der Patristischen Perikope. Jerusalemer Vorlesungen, Tübingen 1983, S. 106.
[10] Hans Waldenfels, Weltreligionen, viele Kulturen, Sprachen und Systeme – und die Welt des Menschen, in: Die Welt für morgen. Ethische Herausforderungen im Anspruch der Zukunft, hrsg. von Gerfried Hunold, Wilhelm Korff, München 1986, S. 357–366; S. 357.
[11] Vgl. Verena Lenzen, Cesare Pavese. Tödlichkeit in Dasein und Dichtung, München 1989, S. 135.
[12] Romano Guardini, Verantwortung. Gedanken zur jüdischen Frage, München ³1954, S. 30.
[13] Ebd. S. 41.

Literatur

Abramowitz, Leah, The Surfacing of the ›Survivors' Syndrome‹, in: The Jerusalem Post v. 23. 8. 1987, S. 5
Adorno, Theodor W., Ästhetische Theorie, hrsg. von Gretel Adorno und Rolf Tiedemann, Frankfurt a. M. ⁵1981
Adorno, Theodor W., Aufzeichnungen zu Kafka, in: Ders., Prismen, Frankfurt a. M. ³1987, S. 250–283
Adorno, Theodor W., Engagement, in: Ders., Noten zur Literatur, Frankfurt a. M. ⁴1989, S. 409–430
Adorno, Theodor W., Erziehung nach Auschwitz, in: Ders., Stichworte. Kritische Modelle 2, Frankfurt a. M. ⁵1980, S. 85–101
Adorno, Theodor W., Der Essay als Form, in: Ders., Noten zur Literatur, hrsg. von Rolf Tiedemann, Frankfurt a. M. 1989, S. 9–33
Adorno, Theodor W., Kulturkritik und Gesellschaft, in: Ders., Gesellschaftstheorie und Kulturkritik, Frankfurt a. M. 1975
Adorno, Theodor W., Minima Moralia. Reflexionen aus dem beschädigten Leben, Frankfurt a. M. 1982
Adorno, Theodor W., Negative Dialektik, Frankfurt a. M. 1990, GS Bd. 6
Adorno, Theodor W., Quasi una Fantasia, in: Ders., Musikalische Schriften, Bd. II, Frankfurt a. M. 1963
Adorno, Theodor W., Soziologische Schriften, Frankfurt a. M. 1980
Alcheringa oder die beginnende Zeit. Studien zu Mythologie, Schamanismus und Religion, hrsg. von Hans Peter Duerr, Frankfurt a. M. 1989
Alvarez, Alfred, Der grausame Gott. Eine Studie über den Selbstmord, übers. von Maria Dessauer, Frankfurt a. M. 1980
Alvarez, Alfred, The Literature of Holocaust, in: Commentary/November 1964, S. 65–69
Améry, Jean, Hand an sich legen. Diskurs über den Freitod, Stuttgart 1976
Améry, Jean, Jenseits von Schuld und Sühne. Bewältigungsversuche eines Überwältigten, Stuttgart 1977
Amishai-Maisels, Ziva, Depiction and Interpretation. The Influence of the Holocaust on the Visual Art, Oxford, New York, Seoul, Tokyo 1993
Ammicht-Quinn, Regina, Von Lissabon bis Auschwitz. Zum Paradigmawechsel in der Theodizeefrage, Freiburg i. Ue. 1992
Arendt, Hannah, Eichmann in Jerusalem. Ein Bericht von der Banalität des Bösen, Reinbek bei Hamburg 1983
Assmann, Jan, Das kulturelle Gedächtnis. Schrift, Erinnerung und politische Identität in frühen Hochkulturen, München 1992

Auer, Alfons, Autonome Moral und christlicher Glaube. Zweite Auflage, mit einem Nachtrag zur Rezeption der Autonomievorstellung in der katholisch-theologischen Ethik, Düsseldorf ²1989
Auerbach, Erich, Mimesis. Dargestellte Wirklichkeit in der abendländischen Literatur, Bern ⁴1967
Auschwitz – Krise der christlichen Theologie. Eine Vortragsreihe, München 1980
Auschwitz als Herausforderung für Juden und Christen, hrsg. von Günther B. Ginzel, Heidelberg 1980
Auschwitz: Beginning of a New Era? Reflections on the Holocaust, hrsg. von Eva Fleischner, New York 1977
Baaren, Th. P. van, Religiöse Erfahrung, in: Alcheringa, S. 149–162
Babylonischer Talmud. Mit Einschluß der vollständigen Misnah, übers. von Lazarus Goldschmidt, Haag 1933
Baechler, Jean, Tod durch eigene Hand. Eine wissenschaftliche Untersuchung über den Selbstmord, übers. von Christian Seeger, Frankfurt a. M., Berlin, Wien 1975
Baetke, Walter, Das Phänomen des Heiligen. Eine religionswissenschaftliche Grundlegung, in: Die Diskussion um das «Heilige», S. 337–379; aus: Ders., Das Heilige im Germanischen, Tübingen 1942, S. 1–46
Barthes, Roland, Mythen des Alltags, übers. von Helmut Scheffel, Frankfurt a. M. ⁶1981
Battenberg, Friedrich, Das europäische Zeitalter der Juden. Zur Entwicklung einer Minderheit in der nichtjüdischen Umwelt Europas, Darmstadt 1990
Behn, S., Zur Erinnerung an Leibniz, in: Begegnung 1 (1946), Nr. 5, S. 132–134
Ben-Chorin, Schalom, Als Gott schwieg. Ein jüdisches Credo, Mainz 1989
Ben-Chorin, Schalom, Die Antwort des Jona. Zum Gestaltwandel Israels – ein geschichts-theologischer Versuch –, Hamburg 1956
Ben-Chorin, Schalom, Aus Tiefen rufe ich. Biblische Gedichte, Hamburg 1966
Ben-Chorin, Schalom, Begegnungen. Porträts bekannter und verkannter Zeitgenossen, hrsg. von Verena Lenzen, Gerlingen 1991
Ben-Chorin, Schalom, Die Erwählung Israels. Ein theologisch-politischer Traktat, München 1993
Ben-Chorin, Schalom, Ich lege meine Hand auf meinen Mund, Zürich 1992
Ben-Chorin, Schalom, Israel und die Ökumene. Vorlesung gehalten anläßlich der Ehrenpromotion an der Katholisch-Theologischen Fakultät der Universität Bonn am 28.4.1993
Ben-Chorin, Schalom, Jüdische Ethik anhand der Patristischen Perikopen. Jerusalemer Vorlesungen, Tübingen 1983

Ben-Chorin, Schalom, Das Kreuz von Auschwitz, in: Ders., Theologia Judaica II, hrsg. von Verena Lenzen, Tübingen 1992, S. 228–230

Ben-Chorin, Schalom, Theologie nach Auschwitz, in: Ders., Als Gott schwieg. Ein jüdisches Credo, S. 21–34

Ben-Chorin, Schalom, Die Unvergleichbarkeit des Holocaust, in: Ders., Als Gott schwieg. Ein jüdisches Credo, S. 11–19

Ben-Chorin, Schalom, Verena Lenzen (Hrsg.), Jüdische Theologie im 20. Jahrhundert, München, Zürich 1988

Ben-Sasson, Haim Hillel, Geschichte des jüdischen Volkes, übers. von Modeste zur Nedden Pferdekamp, München 1979

Ben-Sasson, Haim Hillel, Kiddusch HaSchem und Chillul HaSchem, in: Encycopeadia Judaica, Jerusalem 1971, Bd. 10, S. 977–986

Benjamin, Walter, Briefe, hrsg. von Gershom Scholem und Theodor W. Adorno, Frankfurt a. M. 1978, Bd. I

Bense, Max, Über den Essay und seine Prosa, in: Merkur 1 (1947), S. 414–424

Benveniste, Emile, Das Heilige, in: Die Diskussion um das »Heilige«, S. 223–254

Bergmann, Hugo, Die Heiligung des Namens, in: Vom Judentum. Ein Sammelbuch, hrsg. vom Verein jüdischer Hochschüler Bar Kochba in Prag, Leipzig ²1913, S. 32–43; ebenso in: Ders., Jawne und Jerusalem. Gesammelte Aufsätze, Königstein i. Ts. (1919) 1981, S. 86–91; ferner in: Jüdische Theologie im 20. Jahrhundert, S. 161–171

Berkovits, Eliezer, Das Verbergen Gottes, in: Wolkensäule und Feuerschein, S. 43–72

Bialik, Chaim Nachman, In der Stadt des Schlachtens. Aus dem Jiddischen und mit einem Nachwort von Richard Chaim Schneider, Salzburg, Wien 1990

Die Bibel und ihre Welt. Eine Enzyklopädie, hrsg. von Gaalyahu Cornfeld, G. Johannes Botterweck, München 1972

Biezais, Haralds, Die heilige Entheiligung des Heiligen, in: Alcheringa oder die beginnende Zeit. Studien zu Mythologie, Schamanismus und Religion, S. 163–190

Birger, Trudi, Jeffrey M. Green, Im Angesicht des Feuers. Wie ich der Hölle des Konzentrationslagers entkam, übers. von Christian Spiel, München, Zürich 1990

Blumenberg, Hans, Theonomie und Autonomie, in: Die Religion in Geschichte und Gegenwart, hrsg. von Kurt Galling, Tübingen ³1957, S. 788–792

Böckle, Franz, Fundamentalmoral, München ⁵1991

Böckle, Franz, Homo homini ... Die Verantwortung des Menschen gegenüber dem Menschen, in: Zivilschutz-Forschung, hrsg. vom Bundesamt für Zivilschutz, Bonn-Bad Godesberg 1975, S. 107–115

Böckle, Franz, Theonome Autonomie. Zur Aufgabenstellung einer fundamentalen Moraltheologie, in: Humanum. Moraltheologie im

Dienst des Menschen (FS Egenter), hrsg. von Johannes Gründel u. a., Düsseldorf 1972, S. 17–46

Böckle, Franz, Verantwortlich leben. Menschenwürdig sterben, Zürich 1991

Borowski, Tadeusz, Bei uns in Auschwitz. Erzählungen. Aus dem Polnischen von Vera Cerny, München ²1982

Bousset, Wilhelm, H. Gressmann, Die Religion des Judentums im späthellenistischen Zeitalter, Tübingen ³1926

Brenner, Reeve Robert, The Faith and Doubt of Holocaust Survivors, New York, London 1980

Brocke, Edna, Im Tode sind alle gleich – Sind im Tode alle gleich?, in: Holocaust: Die Grenzen des Verstehens, S. 71–82

Brocke, Michael, »Nachahmung Gottes« im Judentum, in: Drei Wege zu dem einen Gott. Glaubenserfahrung in den monotheistischen Religionen, hrsg. von Abdoldjavad Falaturi, Jakob J.Petuchowski, Walter Strolz, Freiburg i. Br. , Basel, Wien 1976; S. 75–102

Brocke, Michael, Herbert Jochum, Der Holocaust und die Theologie – »Theologie des Holocaust«, in: Wolkensäule und Feuerschein, S. 238–270

Broder, Henryk M., Das Shoah-Business, in: Der Spiegel, Nr. 16 v. 19. 4. 1993, S. 248–256

Buber, Martin, Die Erzählungen der Chassidim, Zürich 1949

Buber, Martin, Nachahmung Gottes, in: Ders. Werke, München, Heidelberg 1964, Bd. 2, S. 1053–1065

Buber, Martin, Franz Rosenzweig, Die Bücher der Weisung, Köln, Olten 1954

Buxtorfii Filii, J., De Nominibus Dei Hebraicis. Dissertationes Philologico-Theologicae, Basel 1662

Campenhausen, Hans von, Die Idee des Martyriums in der alten Kirche, Göttingen 1936

Canetti, Elias, Der Überlebende, Hamburg 1981

Carmel, Alex, Die Siedlungen der württembergischen Templer in Palästina 1868–1918, übers. von Perez Leshem, Stuttgart 1973

Celan, Paul, Gesammelte Werke in fünf Bänden, hrsg. von Beda Allemann, Stefan Reichert, Frankfurt a. M. 1986

Cioran, Emile M., Von Tränen und von Heiligen, übers. von Verena von der Heyden-Rynsch, Frankfurt a. M. 1988

Claussen, Detlev, Nach Auschwitz. Ein Essay über die Aktualität Adornos, in: Zivilisationsbruch. Denken nach Auschwitz, hrsg. von Dan Diner, Frankfurt a. M. 1988, S. 54–68

Cohen, Arthur A., Mysterium tremendum, in: Wolkensäule und Feuerschein, S. 126–135

Cohen, Hermann, Das Problem der jüdischen Sittenlehre. Eine Kritik an Lazarus' Ethik des Judentums, in: Ders., Jüdische Schriften, hrsg. von Bruno Strauß, 3 Bde., Berlin 1924

Cohen, Hermann, Die religiösen Bewegungen der Gegenwart, in: Ders., Jüdische Schriften, hrsg. von Bruno Strauß, Bd. I, Berlin 1924, S. 36–65

Cohon, Samuel S., The Name of God. A Study in Rabbinic Theology, in: Hebrew Union College Annual XXII/I (1950/51), S. 579–604

Delbo, Charlotte, Trilogie. Auschwitz und danach, übers. von Elisabeth Thielicke, Frankfurt a. M. 1993.

Diamant, Adolf, Durch Freitod aus dem Leben geschiedene Juden 1938–1943, Frankfurt a. M. 1983

Diamant, Adolf, Jiskor für Selbstmörder, in: Jüdische Allgemeine v. 4. 3. 1983, S. 18

Diebner, Bernd Jörg, »Auf einem der Berge im Lande Morija« (Gen 22,2) oder: »In Jerusalem auf dem Berge Morija« (2 Chron 3,1), in: Dielheimer Blätter zum Alten Testament und seiner Rezeption in der Alten Kirche 23 (1987), S. 174–179

Diebner, Bernd Jörg, »Synchronie« als Aufgabe, in: Dielheimer Blätter zum Alten Testament und seiner Rezeption in der Alten Kirche 26 (1989/90), S. 5–14

Diner, Dan, Zwischen Aporie und Apologie. Über Grenzen der Historisierbarkeit der Massenvernichtung, in Babylon 2 (1987), S. 22–33

Die Diskussion um das »Heilige«, hrsg. von Carsten Colpe, Darmstadt 1977

Drewermann, Eugen, Abrahams Opfer. Gen 22,1–19 in tiefenpsychologischer Sicht, in: Bibel und Kirche 41 (1986), S. 113–124

Durkheim, Emile, Die elementaren Formen des religiösen Lebens, Frankfurt a. M. 1981

Durkheim, Emile, Der Selbstmord, übers. von Sebastian und Hanne Herkommer, Frankfurt a. M. 1983

Eberty, Felix, Die Gestirne und die Weltgeschichte – Gedanken über Raum, Zeit und Ewigkeit, Berlin 1925

Edvardson, Cordelia, Gebranntes Kind sucht das Feuer, übers. von Anna-Liese Kornitzky, München ³1991

Ehrenstein, Theodor, Das Alte Testament im Bilde, Wien 1923

Ehrlich, Ernst Ludwig, Holocaust oder die Schoa? Die Juden wollten kein »Brandopfer« bringen, in: Allgemeine jüdische Wochenzeitung, Nr. 43 v. 19. 8. 1988, S. 1

Elbogen, Ismar, Der jüdische Gottesdienst in seiner geschichtlichen Entwicklung, Frankfurt a. M. ²1924

Eliade, Mircea, Das Heilige und das Profane. Vom Wesen des Religiösen, Frankfurt a. M. 1987

Eliade, Mircea, Die Religionen und das Heilige, Salzburg 1954

Elias, Ruth, Die Hoffnung erhielt mich am Leben. Mein Weg von Theresienstadt und Auschwitz nach Israel, München, Zürich ⁴1990

Eliav, Mordechai, Ich glaube. Zeugnisse über Leben und Sterben gläubiger Leute in der Schoah, Jerusalem o. J.

Emrich, Wilhelm, Franz Kafka, Bonn 1958
Die Entstehung der jüdischen Martyrologie, hrsg. von J. W. van Henten, Leiden, New York, Kobenhavn, Köln 1989
Erinnern, nicht vergessen. Zugänge zum Holocaust, hrsg. von Martin Stöhr, München 1970
Fackenheim, Emil L., Die gebietende Stimme von Auschwitz, in: Wolkensäule und Feuerschein, S. 73–110
Fackenheim, Emil L., To Mend the World. Foundations of Post-Holocaust Jewish Thought, New York 1989
Feigel, Friedrich Karl, »Das Heilige« (Auszüge), in: Die Diskussion um das »Heilige«, S. 380–405; aus: Ders., »Das Heilige«. Kritische Abhandlung über Rudolf Ottos gleichnamiges Buch, Tübingen (1929) ²1948, S. 13–35; 70–78
Flavius Josephus, De Bello Judaico. Der Jüdische Krieg. Griechisch und Deutsch, hrsg. u. eingeleitet von Otto Michel, Otto Bauernfeind, München 1962ff: Bd. I (Buch I–III) ²1962; Bd. II,1 (Buch IV–V) 1963; Bd. II (Buch VI–VII) 1969; Bd. III (Ergänzungen, Register) 1969
Fleischmann, Lea, Das Leiden nicht mehr gepachtet. Die Juden in der Diaspora mögen jammern, Israel muß kämpfen, in: Die Zeit, Nr. 27 v. 30. 6. 1989
Fried, Erich, Lebensschatten. Gedichte, Berlin 1981
Fried, Erich, Meine Puppe in Auschwitz, in: Ders., Fast alles Mögliche. Wahre Geschichten und gültige Lügen, Berlin 1987, S. 104–116
Friedlander, Albert H., Medusa und Akeda, in: Wolkensäule und Feuerschein, S. 218–237
Friedländer, Saul, Haß war die treibende Kraft. Die Vernichtung der europäischen Juden, in: Juden und Deutsche. Spiegel Spezial 2/1992
Friedländer, Saul, Die Shoah als Element in der Konstruktion israelischer Vergangenheit, in: Babylon 2 (1987), S. 10–22
Friedman, Harry G., Kiddush Hashem and Hillul Hashem, in: Hebrew Union College Annual 1 (1904), S. 193–214
Frimer, Dov I., Masada – In the Light of Halakhah, in: Tradition 12/1 (1972/72), S. 27–43
Frisch, Max, Andorra. Stück in zwölf Bildern, Frankfurt a. M. 1961
Frisch, Max, Stiller. Roman, Frankfurt a. M. 1971
Frisch, Max, Tagebuch 1946–1949, Frankfurt a. M. 1971
Frischmann, David, Ein Schmaus, in: Das Buch von den polnischen Juden, Berlin 1916, S. 213–222
Geischer, H.-J., Heidnische Parallelen zum frühchristlichen Bild des Isaak-Opfers, in: Jahrbuch für Antike und Christentum 10 (1967), S. 127–144
Die Geschichte von den Zehn Märtyrern. Synoptische Edition, hrsg., übers. und komm. von Gottfried Reeg, Tübingen 1985
Geyser, Joseph, Intellekt oder Gemüt? (Auszüge), in: Die Diskussion

um das »Heilige«, S. 302–336; aus: Ders., Intellekt oder Gemüt? Eine philosophische Studie über Rudolf Ottos Buch »Das Heilige«, Freiburg i. Br. 1921, S. 1–23; 27–37; 38–50

Ginzberg, Louis, The Legends of the Jews, übers. von Henrietta Szold, Philadelphia 1909

Girard, René, Das Ende der Gewalt, übers. von Elisabeth Mainberger-Ruh, Freiburg 1983

Girard, René, Das Heilige und die Gewalt, übers. von Elisabeth Mainberger-Ruh, Zürich 1992

Girard, René, Der Sündenbock, übers. von Elisabeth Mainberger-Ruh, Zürich 1988

Goethe, Johann Wolfgang, Dichtung und Wahrheit, in: Ders., Werke in acht Bänden, hrsg. von Paul Stapf, Wiesbaden o. J., Bd. V

Goldin, Judah, Introduction, in: Shalom Spiegel, The Last Trial. On the Legends and Lore of the Command to Abraham to Offer Isaac as a Sacrifice: the Akedah. Translated from the Hebrew, with an introduction, by Judah Goldin, New York 1967, S. VII–XXVI

Gomringer, Eugen, schweigen, in: ders., konkrete poesie. deutschsprachige autoren. anthologie, stuttgart 1976

Gottfarstein, Yosef, Kiddush HaShem Bi-Chol Ha-Dorot, hrsg. von M. Kohn, Jerusalem-Yad Vashem 1971

Gottfarstein, Yosef, Kiddush Hashem over the Ages and its Uniqueness in the Holocaust Period, Jerusalem-Yad Vashem o. J.

Grass, Günter, Schreiben nach Auschwitz. Frankfurter Poetik-Vorlesung, Frankfurt a. M. 1990

Grass, Günter, Schwierigkeiten eines Vaters, seinen Kindern Auschwitz zu erklären, in: Arbeitstexte für den Unterricht. Deutsche Essays des 20. Jahrhunderts, Stuttgart 1980, S. 109–112

Greenberg, Irving, Augenblicke des Glaubens, in: Wolkensäule und Feuerschein, S. 136–177

Greenberg, Irving, Cloud of Smoke, Pillar of Fire: Judaism, Christianity, and Modernity after the Holocaust, in: Auschwitz: Beginning of a New Era? Reflections on the Holocaust, hrsg. von Eva Fleischner, New York 1977, S. 7–55

Gregor, Ulrich, Enno Patalas, Geschichte des Films, Reinbek bei Hamburg 1976

Greive, Hermann, Die Juden. Grundzüge ihrer Geschichte im mittelalterlichen und neuzeitlichen Europa, Darmstadt ²1982

Grenz, Friedemann, Adornos Philosophie in Grundbegriffen. Auflösung einiger Deutungsprobleme, Frankfurt a. M. ²1975

Groß, Heinrich, Art. Heiligkeit, in: Handbuch theologischer Grundbegriffe, hrsg. von Heinrich Fries, München 1962, Bd. 1, Sp. 653–658

Guardini, Romano, Verantwortung. Gedanken zur jüdischen Frage, München ³1954

Haacker, Klaus, Der Holocaust als Datum der Theologiegeschichte, in:

Gottes Augapfel. Beiträge zu einer Erneuerung von Christen und Juden, hrsg. von Edna Brocke, Jürgen Seim, Neukirchen-Vluyn 1986, S. 137–145
Haag, Ernst, Die drei Männer im Feuer nach Dan 3:1–30, in: Die Entstehung der jüdischen Martyrologie, S. 20–50
Häring, Bernhard, Meine Erfahrung mit der Kirche. Einleitung und Fragen von Gianni Licheri, Freiburg, Basel, Wien 1989
Häring, Hermann, Das Problem des Bösen in der Theologie, Darmstadt 1985
Hart Nibbrig, Christiaan L., Rhetorik des Schweigens. Versuch über den Schatten literarischer Rede, Frankfurt a. M. 1981
Hartman, David, Joy and Responsibility. Israel, Modernity and the Renewal of Judaism, Jerusalem 1978
Hartman, David, A Living Covenant. The Innovative Spirit in Traditional Judaism, New York, London 1985
Hartman, David, Maimonides: Torah and Philosophic Quest, Philadelphia 1976
Hartman, David, Abraham Halkin, Crisis and Leadership: Epistles of Maimonides, Philadelphia, New York, Jerusalem 1985
Hartom, Immanuel Menachem, »Unserer Sünden wegen ...«, in: Wolkensäule und Feuerschein, S. 20–26
Haug, Frigga, Erinnerungsarbeit, Hamburg 1990
Headley, L., Jewish Suicide in Israel, in: Suicide in Different Cultures, hrsg. von Norman L. Farberow, Baltimore, London, Tokyo 1975, S. 215–230
Hebräische Berichte über die Judenverfolgungen während der Kreuzzüge, hrsg. von A. Neubauer, M. Stern, übers. von S. Baer, Berlin 1892
Das Heilige. Seine Spur in der Moderne, hrsg. von Dietmar Kamper, Christoph Wulf, Frankfurt a. M. 1987
Heidegger, Martin, Vom Ursprung des Kunstwerks, in: Ders., Holzwege, Frankfurt a. M. 1950
Heine, Heinrich, Nächtliche Fahrt, in: Ders., Werke in vier Bänden, hrsg. von Paul Stapf, Basel, Bd. 2, Stuttgart o. J.
Heißenbüttel, Helmut, 13 Hypothesen über Literatur und Wissenschaft als vergleichbare Tätigkeiten, in: Ders., Über Literatur, München ²1972, S. 195–204
Heller, Bernard, Masada and the Talmud, in: Tradition 10/2 (1968), S. 31–34
Hengel, Martin, Die Zeloten. Untersuchungen zur jüdischen Freiheitsbewegung im späthellenistischen Zeitalter. Herodes I. bis 70 n. Chr., Leiden, Köln 1961
Henrix, Hans Hermann, Auschwitz und Gottes Selbstbegrenzung. Zum Gottesverständnis bei Hans Jonas, in: Theologie der Gegenwart 32 (1989), S. 129–143
Henrix, Hans Hermann, Von der Nachahmung Gottes. Heiligkeit und

Heiligsein im biblischen und jüdischen Denken, in: Erbe und Auftrag 65 (1989), S. 177–187
Herbstrith Waltraud (Hrsg.), Erinnere dich – vergiß es nicht. Edith Stein. Christlich-jüdische Perspektiven, Essen 1990
Hilberg, Raul, Die Vernichtung der europäischen Juden, übers. von Christian Seeger, Harry Maor, Walle Bengs, Wilfried Szepan, Frankfurt a. M. 1990
Hilsenrath, Edgar, Nacht, München 1990
Hilsenrath, Edgar, Der Nazi & der Friseur, München ²1991
Hoffmann, Friedrich G., Herbert Rösch, Grundlagen, Stile, Gestalten der deutschen Literatur, Frankfurt a. M. 1972
Hofmann, Rudolf, Moraltheologische Erkenntnis- und Methodenlehre, München 1963
Hofmannsthal, Hugo von, Ein Brief, in: Ders., Gesammelte Werke. Erzählungen. Erfundene Gespräche und Briefe. Reisen, Frankfurt a. M. 1979, S. 461–472
Holocaust: Die Grenzen des Verstehens. Eine Debatte über die Besetzung der Geschichte, hrsg. von Hanno Loewy, Reinbek bei Hamburg 1992
Horkheimer, Max, Notizen in Deutschland, hrsg. von Walter Brede, Frankfurt a. M. 1974
Huberband, Shimon, Kiddush Hashem. Jewish Religious and Cultural Life in Poland during the Holocaust, übers. von David E. Fishman, hrsg. von Jeffrey S. Gurock, Robert S. Hirt, New Jersey, New York 1987
Hutner, Yitzchok, Bürde der Erwählung, in: Wolkensäule und Feuerschein, S. 27–42
Ich ging durch Meer und Steine. Israelisches Lesebuch, hrsg. von Ita Kaufmann, München 1989
Ich glaube. Zeugnisse über Leben und Sterben gläubiger Leute in der Schoah, gesammelt und redigiert von Mordechai Eliav, Jerusalem
Jabès, Edmond, Das Buch der Fragen, übers. von Henriette Beese, Frankfurt a. M. 1989
Jabès, Edmond, Das kleine unverdächtige Buch der Subversion, München, Wien 1985
Jakobovits, Immanuel, Jewish Medical Ethics, New York ³1967
Jeanrond, Werner G., Die Sprache der Erinnerung. Gedanken zur theologischen Auseinandersetzung mit dem Phänomen des Massentodes, in: Concilium 29 (1993), S. 238–243
John, Ottmar, Fortschrittskritik und Erinnerung. Walter Benjamin, ein Zeuge der Gefahr, in: Edmund Arens, Ottmar John, Peter Rottländer, Erinnerung, Befreiung, Solidarität. Benjamin, Marcuse, Habermas und die politische Theologie, Düsseldorf 1991, S. 13–80.
Jonas, Hans, Der Gottesbegriff nach Auschwitz. Eine jüdische Stimme, Frankfurt a. M. 1987

Jonas, Hans, Das Prinzip Verantwortung. Versuch einer Ethik für die technologische Zivilisation, Frankfurt a. M. ³1982

Joseph, Max, Art. Schechita, in: Jüdisches Lexikon, Frankfurt a. M. ²1987, Bd. IV/2, S. 162f

Joseph, Max, Art. Speisegesetze, in: Jüdisches Lexikon, Frankfurt a. M. ²1984, Bd. 4, Sp. 539–543

Jüdische Geisteswelt, hrsg. von Hans Joachim Schoeps, Baden-Baden 1986,

Jüdische Theologie im 20. Jahrhundert, hrsg. von Schalom Ben-Chorin, Verena Lenzen, München, Zürich 1988

Jüdisches Schicksal in Köln 1918–1945. Katalog zur Ausstellung des Historischen Archivs der Stadt Köln/NS-Dokumentationszentrum, Köln 1988/89

Jüngel, Eberhard, Gottes ursprüngliches Anfangen als schöpferische Selbstbegrenzung. Ein Beitrag zum Gespräch mit Hans Jonas über den »Gottesbegriff nach Auschwitz«, in: Gottes Zukunft – Zukunft der Welt. Festschrift Jürgen Moltmann, hrsg. von H. Deuser, München 1986, S. 265–275

Kafka, Franz, Briefe 1902–1924, hrsg. von Max Brod, Frankfurt 1975

Kafka, Franz, Hochzeitsvorbereitungen auf dem Lande und andere Prosa aus dem Nachlaß. Hrsg. von Max Brod, Frankfurt a. M. 1980, S. 91–93

Kaminski, Andrzej J., Konzentrationslager 1896 bis heute. Geschichte, Funktion, Typologie, München 1990

Kaniuk, Yoram, Dreieinhalb Stunden und fünfzig Jahre mit Günter Grass in Berlin, in: Die Zeit, Nr. 26 v. 21. 6. 1991, S. 53–54

Kanner, Israel Zwi (Hrsg.), Jüdische Märchen, Frankfurt a. M. 1976

Katzenelson, Jizchak, Dos Kelbl (Das Kälbchen), in: Lin Jaldati; Eberhard Rebling (Hrsg.), 's brent, briderlech, 's brent. Es brennt, Brüder, es brennt. Jiddische Lieder, Berlin 1985, S. 150f

Keel, Othmar, Max Küchler, Orte und Landschaften der Bibel. Ein Handbuch und Studien-Reiseführer zum Heiligen Land. Zürich 1982

Kellermann, Diether, Art. Heiligkeit, II. Altes Testament, in: Theologische Realenzyklopädie, hrsg. von Gerhard Müller, Berlin, Bd. XIV, S. 697–703

Kellermann, Ulrich, Das Danielbuch und die Märtyrertheologie der Auferstehung, in: Die Entstehung der jüdischen Martyrologie, S. 50–75

Kierkegaard, Sören, Furcht und Zittern, übers. von Emanuel Hirsch, Köln ²1986

Kleines Lexikon des Judentums, hrsg. von Johann Maier, Peter Schäfer, Stuttgart ²1987

Klepper, Jochen, Unter dem Schatten Deiner Flügel. Aus den Tagebüchern 1932–1942, Stuttgart 1956

Klüger, Ruth, Weiter leben. Eine Jugend, Göttingen 1993

Koelbl, Herlinde, Jüdische Portraits. Photographien und Interviews, Frankfurt a. M. 1989
Koelle, Lydia, Celans Jerusalem, in: Christoph Jamme, Otto Pöggeler (Hrsg.), »Der glühende Leertext«. Annäherungen an Paul Celans Dichtung, S. 275–310
Kolitz, Zvi, Josel Rackower spricht zu Gott, in: Erinnern, nicht vergessen. Zugänge zum Holocaust, S. 107–118
Kolitz, Zvi, Masada – Suicide or Murder? in: Tradition 12/1 (1971/72), S. 5–26
Kraft, Gideon, Internationales Celan-Kolloquium in Haifa, in: Stimme 432/Februar 1986, S. 3
Kraft, Werner, Zeit aus den Fugen, Frankfurt a. M. 1968
Kron, Helmut, Ethos und Ethik. Der Pluralismus der Kulturen und das Problem des ethischen Relativismus, Frankfurt a. M., Bonn 1960
Kruk, Herman, Diary of the Vilna Ghetto, in: YIVO Annual of Jewish Social Science, Bd. 13, New York 1965
Küng, Hans, Das Judentum, München, Zürich 1991
Kwiet, Konrad, The Ultimate Refuge. Suicide in the Jewish Community under the Nazis, in: Leo Baeck Year Book XXIX, London, Jerusalem, New York 1984, S. 135–167
Kwiet, Konrad, Helmut Eschwege, Selbstbehauptung und Widerstand. Deutsche Juden im Kampf um Existenz und Menschenwürde 1933–1945, Hamburg ²1986
Laermann, Klaus, Die Stimme bleibt. Theodor W. Adornos Diktum – Überlegungen zu einem Darstellungsverbot, in: Die Zeit, Nr. 14 v. 27. 3. 1992, S. 69
Lamping, Dieter (Hrsg.), Dein aschenes Haar Sulamith. Dichtung über den Holocaust, München 1992
Langbein, Hermann, Der Auschwitz-Prozeß. Eine Dokumentation, Wien 1975
Lanzmann, Claude, Shoah, übers. von Nina Börnsen, Anna Kamp, München 1988
Lazarus, Moritz, Ethik des Judenthums, Frankfurt a. M. 1898 (Bd. 1), 1911 (Bd. 2, posthum hrsg. von J. Winter und A. Wünsche)
Leibniz, Gottfried Wilhelm, Metaphysische Abhandlung, übers. und hrsg. von Herbert Herring, Hamburg 1975
Leibniz, Gottfried Wilhelm, Die Theodizee, übers. von Artur Buchenau, Hamburg ²1968
Leibowitz, Yeshayahu, The Faith of Maimonides, Tel Aviv 1989
Lenzen, Verena, Cesare Pavese. Tödlichkeit in Dasein und Dichtung, München 1989
Lenzen, Verena, Leben mit der Tora. Eine Auseinandersetzung mit Jeshajahu Leibowitz, in: Lebendiges Zeugnis 47 (1992), S. 296–306
Lenzen, Verena, Nach Auschwitz. Ein Fragment über Theodizee und Martyrium, in: Bibel und Kirche 46 (1991), S. 172–180

Lenzen, Verena, Paul Ludwig Landsberg – ein Name in Vergessenheit, in: Exil 1933–1945, 1/1991, S. 5–22
Lenzen, Verena, Selbsttötung in der Bibel. Für eine Ethik der Liebe zu den Leidenden, in: Bibel und Kirche 47 (1992), S. 87–93
Lenzen, Verena, Selbsttötung. Ein philosophisch-theologischer Diskurs mit einer Fallstudie über Cesare Pavese, Düsseldorf 1987
Lenzen, Verena, Zum Empfang des Ernst-Robert-Curtius-Förderpreises, in: Ernst-Robert-Curtius-Preis für Essayistik. Dokumente und Ansprachen, Bonn 1990, S. 25–31
Lerch, David, Isaaks Opferung, christlich gedeutet. Eine auslegungsgeschichtliche Untersuchung, Tübingen 1950 (= Beiträge zur historischen Theologie, Bd. 12)
Lessing, Gotthold Ephraim, Miss Sara Sampson. Ein bürgerliches Trauerspiel, in: Ders., Gesammelte Werke, Berlin 1927, Bd. 2, S. 1–89
Lessing, Theodor, Geschichte als Sinngebung des Sinnlosen oder Die Geburt der Geschichte aus dem Mythos, Hamburg 1962
Levi, Primo, Die Atempause. Eine Nachkriegsodyssee, übers. von Barbara und Robert Picht, Frankfurt a. M. 1982
Levi, Primo, Ist das ein Mensch? Erinnerungen an Auschwitz, übers. von Heinz Riedt, Frankfurt a. M. 1979
Levi, Primo, Das periodische System, übers. von Edith Plackmeyer, 1987, München 1991
Levi, Primo, Die Untergegangenen und die Geretteten, übers. von Moshe Kahn, München 1993
Levinas, Emmanuel, Le Nom de Dieu d'après quelques textes talmudiques, in: L'analisi del linguaggio teologico. Il nome di Dio, hrsg. von Enrico Castelli, Padova 1969, S. 155–167
Levinas, Emmanuel, Die Tora mehr zu lieben als Gott, in: Wolkensäule und Feuerschein, S. 213–217
Levinger, Israel Meir, Kiddusch Haschem: Heiligung des göttlichen Namens. Gedanken zum Martyrium im Judentum, in: Auschwitz als Herausforderung für Juden und Christen, hrsg. von Günther B. Ginzel, Heidelberg 1980, S. 157–169
Levinson, Pnina Navè, Was wurde aus Saras Töchtern? Frauen im Judentum, Gütersloh 1989
Lienhardt, Godfrey R., Divinity and Experience. The Religion of the Dinka, London 1961
Loewy, Ernst, Exil. Literarische und politische Texte aus dem deutschen Exil 1933–1945, Frankfurt a. M. 1981
Lohfink, Norbert, Gewalt und Gewaltlosigkeit im AT, Freiburg 1983
Löw, Leopold, Die Aussprache des vierbuchstabigen Gottesnamens (1867), in: Ders., Gesammelte Schriften, Bd. I, o.O. (1889) 1979, S. 187–212
Lucchesi Palli, E., Art. Abrahams Opfer, in: Lexikon der christlichen

Ikonographie, hrsg. von Engelbert Kirschbaum, Rom, Freiburg i. Br., Basel, Wien 1968, Bd. 1, Sp. 23–30
Lukács, Georg von, Die Seele und die Formen, Berlin 1911
Luther, Martin, Vom Schem Hamphoras und vom Geschlecht Christi, in: Werke. Kritische Gesamtausgabe, Bd. 53, Weimar 1920
Luzzato, Samuel David, (Die Wurzel qds), in: Bikure Haittim NF. I, Wien 1845, S. 33–35
Luzzato, Samuel David, Il Profeta Isaia volgarizzato e commentato ad uso degli Israeliti, Padua 1867
Macho, Thomas H., Todesmetaphern. Zur Logik der Grenzerfahrung, Frankfurt a. M. 1987
Maier, Johann, Geschichte der jüdischen Religion. Von der Zeit Alexanders des Großen bis zur Aufklärung mit einem Ausblick auf das 19./20. Jahrhundert, Freiburg i. Br., Basel, Wien ²1992
Maier, Johann, Das Judentum. Von der biblischen Zeit bis zur Moderne, München ²1973
Maier, Johann, Peter Schäfer (Hrsg.), Kleines Lexikon des Judentums, Stuttgart ²1987, S. 95f
Maimonides, The Book of Knowledge, übers. von Isidor Twersky, Jerusalem 1972 (hebr.-engl.)
Maimonides, Epistles, in: David Hartman, Abraham Halkin, Crisis and Leadership: Epistles of Maimonides, Philadelphia, New York, Jerusalem 1985
Mallinger, Stephen, Kiddush Hashem. A Bibliography on Judaism during the Holocaust, 1974 (photocopy of typescript)
Mandelkern, Solomon, Konkordanz, Leipzig 1925
Marcuse, Harold, Frank Schimmelfennig, Jochen Spielmann, Steine des Anstoßes. Nationalsozialismus und Zweiter Weltkrieg in Denkmalen 1945–1985. Broschüre zur gleichnamigen Wanderausstellung, hrsg. vom Museum für Hamburgische Geschichte, Hamburg 1985
Marmorstein, Arthur, The Imitation of God (Imitatio Dei) in the Haggadah, in: Ders., Studies in Jewish Theology. The Arthur Marmorstein Memorial Volume, hrsg. von J. Rabbinowitz, M. S. Lew, London, New York 1950, S. 106–121
Marmorstein, Arthur, The old Rabbinic Doctrine of God. I. The Names and Attributes of God, New York (1927) 1968
Marquard, Odo, Ende des Schicksals? Einige Bemerkungen über die Unvermeidlichkeit des Unverfügbaren, in: Ders., Abschied vom Prinzipiellen. Philosophische Studien, Stuttgart 1982, S. 67–90
Marquard, Odo, Schwierigkeiten mit der Geschichtsphilosophie. Aufsätze, Frankfurt a. M. 1982
Das Martyrologium des Nürnberger Memorbuches, hrsg. von Siegmund Salfeld, Berlin 1898
Maybaum, Ignaz, Der dritte Churban, in: Wolkensäule und Feuerschein, S. 9–19

Mayer, Hans, Der Repräsentant und der Märtyrer. Konstellationen der Literatur, Frankfurt a. M. 1971

Megged, Aharon, Jad Vashem, übers. von Ruth Achlama, in: Ich ging durch Meer und Steine. Israelisches Lesebuch, hrsg. von Ita Kaufmann, München 1989, S. 186–202

Mettinger, Tryggve N. D., The Dethronement of Sabaoth: Studies in the Shem and Kobod Theologies, übers. von Frederick H. Cryer, Lund 1982

Metz, Johann Baptist, Für eine anamnetische Kultur, in: Holocaust: Die Grenzen des Verstehens, S. 35–41

Metz, Johann Baptist, Glaube in Geschichte und Gesellschaft. Studien zu einer praktischen Fundamentaltheologie, Mainz 1977

Metz, Johann Baptist, Die Rede von Gott angesichts der Leidensgeschichte der Welt, in: Gottesnamen. Gott im Bekenntnis der Christen, hrsg. von Matthias Lutz-Bachmann, Andreas Hölscher, Berlin, Hildesheim 1992, S. 180–192

Metz, Johann Baptist, u. a., Diagnosen zur Zeit, Düsseldorf 1994

Midrasch Bereschit Rabba (Bibl. Rabb.), übers. von August Wünsche, Leipzig 1881

Midrasch Schir HaSchirim, übers. von August Wünsche, Leipzig o. J.

Midrasch Tanchumah, übers. von August Wünsche, Wien 1863

Moltmann, Jürgen, Schöpfung aus nichts, in: Wenn nicht jetzt, wann dann? Festschrift H.-J. Kraus, hrsg. von H. G. Geyer, J. M. Schmidt, Neukirchen-Vluyn 1983, S. 259–269

Mose ben Maimon, Führer der Unschlüssigen, übers. u. komm. von Adolf Weiss, Hamburg 1972

Munk, Elie, Die Welt der Gebete. Kommentar zu den Werktags- und Sabbat-Gebeten nebst Übersetzung, Basel 1985

Neher, André, L'Exil de la Parole: du silence biblique au silence d'Auschwitz, Paris 1970

Nenning, Günther, Heim zu den Buchstaben. Eine Ausstellung in Wien über das jüdische Alphabet, in: Die Zeit, Nr. 47 v. 13. 11. 1992, S. 69

Neubauer, A., M. Stern (Hrsg.), Hebräische Berichte über die Judenverfolgungen während der Kreuzzüge, übers. von S. Baer, Berlin 1892 (= Quellen zur Geschichte der Juden in Deutschland, hrsg. durch die historische Commission für Geschichte der Juden in Deutschland, Bd. II)

Neusner, Jacob, Holocaust – Mythos und Identität, in: Wolkensäule und Feuerschein, S. 195–212

Niewöhner, Friedrich, Der Name und die Namen Gottes. Zur Theologie des Begriffs »Der Name« im jüdischen Denken, in: Archiv für Begriffsgeschichte 25 (1981), S. 133–161

Otto, Rudolf, Das Heilige. Über das Irrationale in der Idee des Göttlichen und sein Verhältnis zum Rationalen, München $^{31-35}$1963

Otto, Rudolf, Der Sensus numinis als geschichtlicher Ursprung der Religion. Eine Auseinandersetzung mit Wilhelm Wundts »Mythus und Religion« (1932), in: Die Diskussion um das »Heilige«, S. 257–301

Pavese, Cesare, Das Handwerk des Lebens. Tagebuch 1935–1950, übers. von Charlotte Birnbaum, Frankfurt a. M. 1979

Pesikta Rabbati, übers. ins Engl. von William G. Braude, New Haven, London 1968

Petuchowski, Jakob J., Jüdische »Heilige«, in: Christ werden braucht Vorbilder, hrsg. von A. Biesinger, G. Biemer, Mainz 1983, S. 67–80

Petuchowski, Jakob J., The Limits of Self-Sacrifice, in: Modern Jewish Ethics. Theory and Practice, hrsg. von Marvin Fox, Ohio 1975, S. 103–118

Peukert, Helmut, »Erziehung nach Auschwitz« – eine überholte Situationsdefinition? in: Neue Sammlung 30 (1990), S. 345–354

Plaskow, Judith, Und wieder stehen wir am Sinai. Eine jüdisch-feministische Theologie, übers. von Veronika Merz, Luzern 1922

Prijs, Leo, Die Welt des Judentums. Religion, Geschichte, Lebensweise, München 1982

A Rabbinic Anthology, hrsg. von A. Montefiore, H. Loewe, London 1938

Rad, Gerhard von, Das Opfer des Abraham. Mit Texten von Luther, Kierkegaard, Kolakowski und Bildern von Rembrandt, München 1971

Rad, Gerhard von, Theologie des Alten Testaments, Bd. I, München 1957

Reiling, Netty (Anna Seghers), Jude und Judentum im Werke Rembrandts. Mit einem Vorwort von Christa Wolf, Leipzig ³1990

Rendtorff, Rolf, Ekkehard Stegemann (Hrsg.), Auschwitz – Krise der christlichen Theologie. Eine Vortragsreihe, München 1980

Riedl, Joachim, »Die wollen sich hier einnisten«. Über den Auschwitz-Streit zwischen Juden und Katholiken, in: Der Spiegel, Nr. 43 v. 4. 9. 1989, S. 166–168

Riessler, Paul, Altjüdisches Schrifttum außerhalb der Bibel, Heidelberg ³1975

Ringgren, Holmer, Art. qds, in: Theologisches Wörterbuch zum Alten Testament, hrsg. von Heinz-Josef Fabry, Holmer Ringgren, Stuttgart 1989, Bd. VI, Sp. 1179–1204

Roentgen, Markus, Alles verstehen hieße alles verzeihen. Prolegomena zu Anlaß und Unmöglichkeit von theologischen Reflexionen nach Auschwitz, Bonn 1991

Rohrbacher, Stefan, Michael Schmidt, Judenbilder. Kulturgeschichte antijüdischer Mythen und antisemitischer Vorurteile, Reinbek bei Hamburg 1991

Rosenzweig, Franz, Der Stern der Erlösung. Mit einer Einführung von

Reinhold Mayer und einer Gedenkrede von Gershom Scholem, Frankfurt a. M. 1988

Roskies, David G., Against the Apocalypse. Responses to Catastrophe in modern Jewish Culture, Cambridge, Mass., London 1984

Roskies, David G., The Literature of Destruction. Jewish Responses to Catastrophe, New York-Jerusalem 1988

Rosner, Fred, Suicide in Jewish Law, in: Ders., Jewish Bioethics, New York 1979, S. 321-24

Rost, Leonhard, Einleitung in die alttestamentlichen Apokryphen und Pseudepigraphen einschließlich der großen Qumran-Handschriften, Heidelberg ²1979

Rubenstein, Richard L., Homeland and Holocaust, in: Ders. The Religious Situation, Boston 1968, S. 39-111

Rubenstein, Richard L., Tod-Gottes-Theologie und Judentum, in: Jüdische Theologie im 20. Jahrhundert, S. 272-288

Rubenstein, Richard L., Der Tod Gottes, in: Wolkensäule und Feuerschein, S. 111-125

Ruether, Rosemary R., Sexismus und die Rede von Gott. Schritte zu einer anderen Theologie, Gütersloh 1985

Rühmkorf, Peter, Kein Apolloprogramm für Lyrik, in: Ders., Walther von der Vogelweide, Klopstock und ich, Reinbek bei Hamburg 1975, S. 181-190

Sachs, Nelly, Fahrt ins Staublose. Gedichte, Frankfurt a. M. 1961

Sandler, Aron, Kunsthistorischer Nachtrag zum Art. Isaak von Alexander Kristianpoller, in: Jüdisches Lexikon, Frankfurt a. M. (1927) ²1987, Bd. III, Sp. 39

Schäfer, Peter, Geschichte der Juden in der Antike. Die Juden Palästinas von Alexander dem Großen bis zur arabischen Eroberung, Stuttgart 1983

Schäfer, Peter, Makkabäer und Hasmonäer, in: Die Juden. Ein historisches Lesebuch, hrsg. von Günter Stemberger, München ²1990

Schandl, Felix M., »Ich sah aus meinem Volk die Kirche wachsen«. Jüdische Bezüge und Strukturen im Leben Edith Steins (1891-1942), Sinzig 1990

Schilling, Werner, Das Phänomen des Heiligen. Zu Baetkes Kritik an Rudolf Otto, in: Die Diskussion um das »Heilige«, S. 406-427, aus: Ders., Zeitschrift für Religions- und Geistesgeschichte 2 (1949/50), S. 206-222

Schindler, Pesach, Hasidic Responses to the Holocaust in the Light of Hasidic Thought, New Jersey 1990

Schlatter, Adolf, Synagoge und Kirche bis zum Barkochba-Aufstand. Vier Studien zur Geschichte des Rabbinats und der jüdischen Christenheit, Stuttgart 1966

Schleiermacher, Friedrich, Über die Religion. Reden an die Gebildeten unter ihren Verächtern, hrsg. von Rudolf Otto, Göttingen ⁶1967

Schmid, Herbert, Die Gestalt des Isaak. Ihr Verhältnis zur Abraham- und Jakobtradition, Darmstadt 1991

Schmitz, Ingeborg, Dokumentartheater bei Peter Weiss: Von der »Ermittlung« zu »Hölderlin«, Frankfurt a. M., Bern 1981

Schmitz, Rolf-Peter, Aqedat Jishaq. Die mittelalterliche jüdische Auslegung von Genesis 22 in ihren Hauptlinien, Hildesheim, New York 1979

Schnurre, Wolfdietrich, Der Schattenfotograf. Aufzeichnungen, München 1978

Scholem, Gershom, Die Geheimnisse der Schöpfung. Ein Kapitel aus dem kabbalistischen Buche Sohar, Frankfurt a. M. 1971

Scholem, Gershom, Juden und Deutsche, in: Ders., Judaica 2, Frankfurt a. M. 1970, S. 20–46

Scholem, Gershom, Der Name Gottes und die Sprachtheorie der Kabbala, in: Ders., Judaica 3. Studien zur jüdischen Mystik, Frankfurt a. M., S. 7–70

Scholem, Gershom, Schöpfung aus Nichts und Selbstverschränkung Gottes, in: Ders., Über einige Grundbegriffe des Judentums, Frankfurt a. M. 1970, S. 53–89

Scholem, Gershom, Zehn unhistorische Sätze über die Kabbala, ebd. S. 264–271

Schönberg, Arnold, Ein Überlebender aus Warschau, in: Schalom Ben-Chorin, Ich lege meine Hand auf meinen Mund. Meditation zu Johannes Brahms »Ein Deutsches Requiem« (Ausschnitte) und Arnold Schönberg »Ein Überlebender aus Warschau«, Zürich 1992, S. 30–33

Schoneveld, Jacobus, Die Bibel in der israelischen Erziehung – Eine Studie über Zugänge zur Hebräischen Bibel und zum Bibelunterricht in der israelischen pädagogischen Literatur, Neukirchen-Vluyn 1987

Schüssler Fiorenza, Elisabeth, Brot statt Steine. Die Herausforderung einer feministischen Interpretation der Bibel, Freiburg i. Ue. 1988

Schwager, Raimund, Brauchen wir einen Sündenbock? Gewalt und Erlösung in den biblischen Schriften, München [2]1986

Schwager, Raimund, Der wunderbare Tausch. Zur Geschichte und Deutung der Erlösungslehre, München 1986

Schwerin, Christoph, »Bitterer Brunnen des Herzens«. Erinnerungen an Paul Celan, in: Monat 32/1981, S. 73–81

Seligmann, Rafael, Mit beschränkter Hoffnung. Juden, Deutsche, Israelis, Hamburg 1991

Shapiro, Susan, Vom Hören auf das Zeugnis totaler Verneinung, übers. von Mieke Scharffenorth-Korenhof, in: Concilium 20 (1984), S. 363–369

Sidur Safa Berura. Mit Deutscher Übers. von S. Bamberger, Basel 1972

Sifra, übers. von J. Winter, Breslau 1938

Sigal, Phillip, Judentum, übers. von K. Hermans, Stuttgart, Berlin, Köln, Mainz 1986

Simon, Ernst, Chajjim Nachman Bialik. Eine Einführung in sein Leben und sein Werk, Berlin 1935
Simon, Ernst, Totalität und Antitotalitarismus als Wesenszüge des überlieferten Judentums, in: Ders., Entscheidung zum Judentum. Essays und Vorträge, Frankfurt a. M. 1980, S. 33–74
Sloterdijk, Peter, Der Denker auf der Bühne. Nietzsches Materialismus, Frankfurt a. M. 1986
Sloterdijk, Peter, Kritik der zynischen Vernunft, Frankfurt a. M. 1983
Smith, A. M., The Iconography of the Sacrifice of Isaac in Early Christian Art, in: American Journal of Archaeology 26 (1922), S. 159–173
Söderblom, Nathan, Das Heilige (Allgemeines und Ursprüngliches), in: Die Diskussion um das »Heilige«, S. 76–116 (aus: Ders., Holiness (General and Primitive), in: Encyclopaedia of Religion and Ethics VI (1913), S. 731–741)
Sokel, Walter H., Franz Kafka – Tragik und Ironie. Zur Struktur seiner Kunst, München, Wien 1964
Sölle, Dorothee, Leiden, Stuttgart [6]1984
Sontag, Susan, In Platos Höhle, in: Dies., Über Fotografie, übers. von Mark W. Rien, Gertrud Baruch, Frankfurt a. M. 1980, S. 9–30
Sperber, Manès, Churban oder Die unfaßbare Gewißheit. Essays, München [2]1983
Sperber, Manès, Wie eine Träne im Ozean, Wien 1976
Speyart van Woerden, I., The Iconography of the Sacrifice of Abraham, in: Vigiliae Christianae 15 (1961), S. 214–255
Spiegel, Shalom, The Last Trial. On the Legends and Lore on the Command to Abraham to offer Isaac as a Sacrifice, New York 1967
Spiegelman, Art, Maus. Die Geschichte eines Überlebenden, übers. von Christine Brinck und Josef Joffe, Reinbek bei Hamburg 1989
Spiegelman, Art, Maus II. Die Geschichte eines Überlebenden, übers. von Christine Brinck und Josef Joffe, Reinbek bei Hamburg 1992
Starobinski, Jean, Die Ethik des Essays, in: Neue Rundschau 98 (1987), S. 5–22
Steiner, George, Sprache und Schweigen. Essays über Sprache, Literatur und das Unmenschliche, übers. von Axel Kaun, Frankfurt a. M. 1969
Stemberger, Günter, Die Patriarchenbilder der Katakombe in der Via Latina im Lichte der jüdischen Tradition, in: Ders., Studien zum rabbinischen Judentum, Stuttgart 1990, S. 89–176
Strack, Hermann L., Günter Stemberger, Einleitung in Talmud und Midrasch, München [7]1982
Susman, Margarete, Das Buch Hiob und das Schicksal des jüdischen Volkes. Mit einem Vorwort von Heinrich Schlier und einer Einführung von Hermann Levin Goldschmidt, Freiburg i. B., Basel, Wien 1968

Thieberger, Friedrich (Hrsg.), Jüdisches Fest. Jüdisches Brauchtum, Königstein i. Ts. ³1985

Thomas von Aquin, Summa Theologica. Vollständige, ungekürzte deutsch-lateinische Ausgabe, übers. von Dominikanern und Benediktinern Deutschlands und Österreichs, hrsg. von der Albertus-Magnus-Akademie, Bd. 36 (III, Supplement 87–99: Die letzten Dinge), komm. von A. Hoffmann, 1961

Voltaire, Candid oder Die Beste der Welten, übers. von Ernst Sander, Stuttgart 1982

Voltaire, Zadig oder das Schicksal, übers. von Ilse Lehmann, Frankfurt a. M. 1975

Volz, Paul, Das Dämonische in Jahwe. Vortrag auf dem Alttestamentlertag in München, Tübingen 1924

Volz, Paul, Der Geist Gottes und die verwandten Erscheinungen im Alten Testament und im anschließenden Judentum, Tübingen 1910

Waldenfels, Hans, Das Heilige als Grundkategorie religiöser Erfahrung, in: Stimmen der Zeit 116 (1991), S. 17–32

Waldenfels, Hans, Kontextuelle Fundamentaltheologie, Paderborn, München, Zürich, Wien 1985

Waldenfels, Hans, Weltreligionen, viele Kulturen, Sprachen und Systeme – und die Welt des Menschen, in: Die Welt für morgen. Ethische Herausforderungen im Anspruch der Zukunft, hrsg. von Gerfried Hunold, Wilhelm Korff, München 1986, S. 357–366

Wassermann, Jakob, Das Los der Juden, in: Ders., Deutscher und Jude. Reden und Schriften 1904–1933, hrsg. von Dierk Rodewald, Heidelberg 1984, S. 17–27

Weiner, Eugene, Anita Weiner, The Martyr's Conviction. A Sociological Analysis, Atlanta 1989

Weiss, Peter, Die Ermittlung. Oratorium in 11 Gesängen, Reinbek bei Hamburg 1980

Weiss, Peter, Meine Ortschaft, in: Ders., In Gegensätzen denken. Ein Lesebuch, Frankfurt a. M. 1986, S. 198–208

Wellhausen, Julius, Prolegomena zur Geschichte Israels, Berlin, Leipzig ³1899 (1883)

Wiesel, Elie, Ani maamin: ein verlorener wiedergefundener Gesang, in: Ders., Jude heute, S. 217–265

Wiesel, Elie, Art and Culture after the Holocaust, in: Auschwitz: Beginning of a New Era? Reflections on the Holocaust, S. 403–415

Wiesel, Elie, Die Nacht zu begraben, Elischa. Roman, übers. von Curt Meyer-Clason, Frankfurt a. M., Berlin, Wien ³1990

Wiesel, Elie, Plädoyer für die Überlebenden, in: Ders., Jude heute. Erzählungen, Essays, Dialoge. Aus dem Französischen von Hilde Linnert, Wien 1987, S. 183–216

Wiesel, Elie, Eine Quelle für die Hoffnung finden, in: Süddeutsche Zeitung, Nr. 249/1989, SZ am Wochenende

Wittgenstein, Ludwig, Schriften in acht Bänden, Bd. VIII, Frankfurt a. M. 1984

Wittgenstein, Ludwig, Tractatus logico-philosophicus. Logisch-philosophische Abhandlung, Frankfurt a. M. ^{15}1980

Wokart, N., Art. Heilig, Heiligkeit, in: Historisches Wörterbuch der Philosophie, hrsg. von Joachim Ritter, Darmstadt 1974, Bd. 3, Sp. 1034–1037

Wolffsohn, Michael, Eine Amputation des Judentums? Einige kritische Fragen zur Washingtoner Holocaust-Gedenkstätte, in: Frankfurter Allgemeine Zeitung, Nr. 87 v. 15. 4. 1993, S. 32

Wolfskehl, Karl, Hiob oder die vier Spiegel, Hamburg 1950

Wolkensäule und Feuerschein. Jüdische Theologie des Holocaust, hrsg. von Michael Brocke, Herbert Jochum, Gütersloh 1993 (München 1982)

Wünsche, August, Aus Israels Lehrhallen, Leipzig 1907

Wyschogrod, Michael, The Body of Faith. God in People Israel, New York 1989

Wyschogrod, Michael, Gott – ein Gott der Erlösung, in: Wolkensäule und Feuerschein, S. 178–194

Yadin, Yigael, Masada. Der letzte Kampf um die Festung des Herodes, Hamburg 1967

Yerushalmi, Yosef Hayim, Zachor: Erinnere Dich! Jüdische Geschichte und jüdisches Gedächtnis, übers. von Wolfgang Heuss, Berlin 1988

Young, James E., Beschreiben des Holocaust. Darstellung und Folgen der Interpretation, übers. von Christa Schuenke, Frankfurt a. M. 1992

Zenger, Erich, Das Erste Testament. Die jüdische Bibel und die Christen, Düsseldorf ^{3}1993

Ziegler, Jean, Die Lebenden und der Tod, übers. von Wolfram Schäfer, Frankfurt a. M., Berlin, Wien 1982

Zimmels, H. J., The Echo of the Nazi Holocaust in Rabbinic Literature, New York 1977

Zuidema, Willem, Isaak wird wieder geopfert. Die »Bindung Isaaks« als Symbol des Leidens Israels. Versuche einer Deutung, übers. von Wolfgang Bunte, Neukirchen-Vluyn 1987

Bildnachweis

Abb. 1: Fußbodenmosaik Synagoge Bet-Alfa, Ausschnitt, unterer Teil. *Abb. 2, 3, 6, 7:* Rijksprentenkabinet Amsterdam. *Abb. 5:* Israel-Museum, Jerusalem. *Abb. 4:* Alte Pinakothek, München. *Abb. 8:* Musée National, Nice (© AGADP Paris). *Abb. 9:* Tel Aviv Foundation, Tel Aviv. *Abb. 10:* Alfred Kantor, Das Buch des Alfred Kantor, Frankfurt/M. 1987, © Athenäum Verlag, Frankfurt/M.
Der Comic auf S. 179 wurde mit freundlicher Genehmigung des Rowohlt-Verlages, Reinbek, aufgenommen.